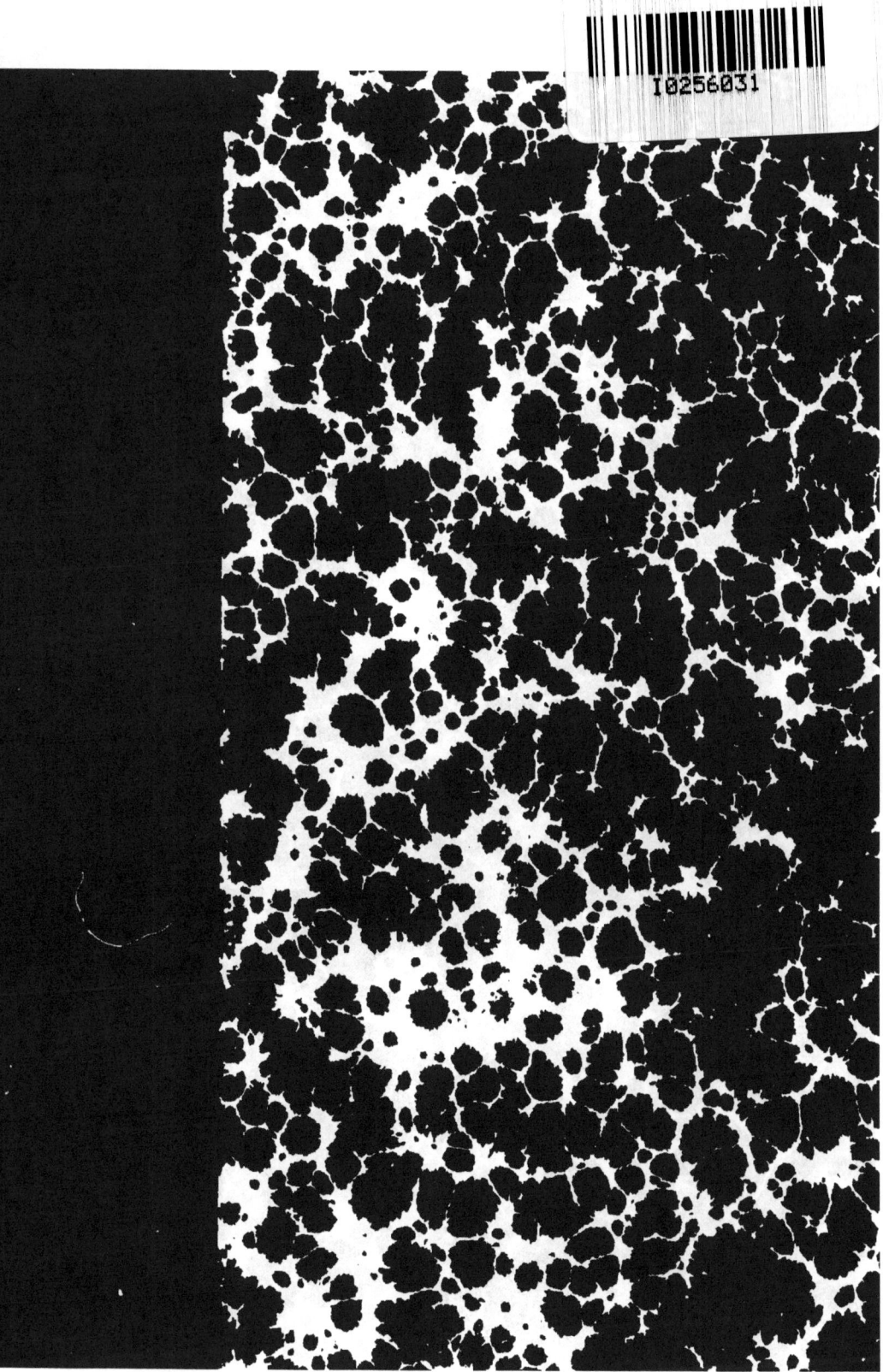

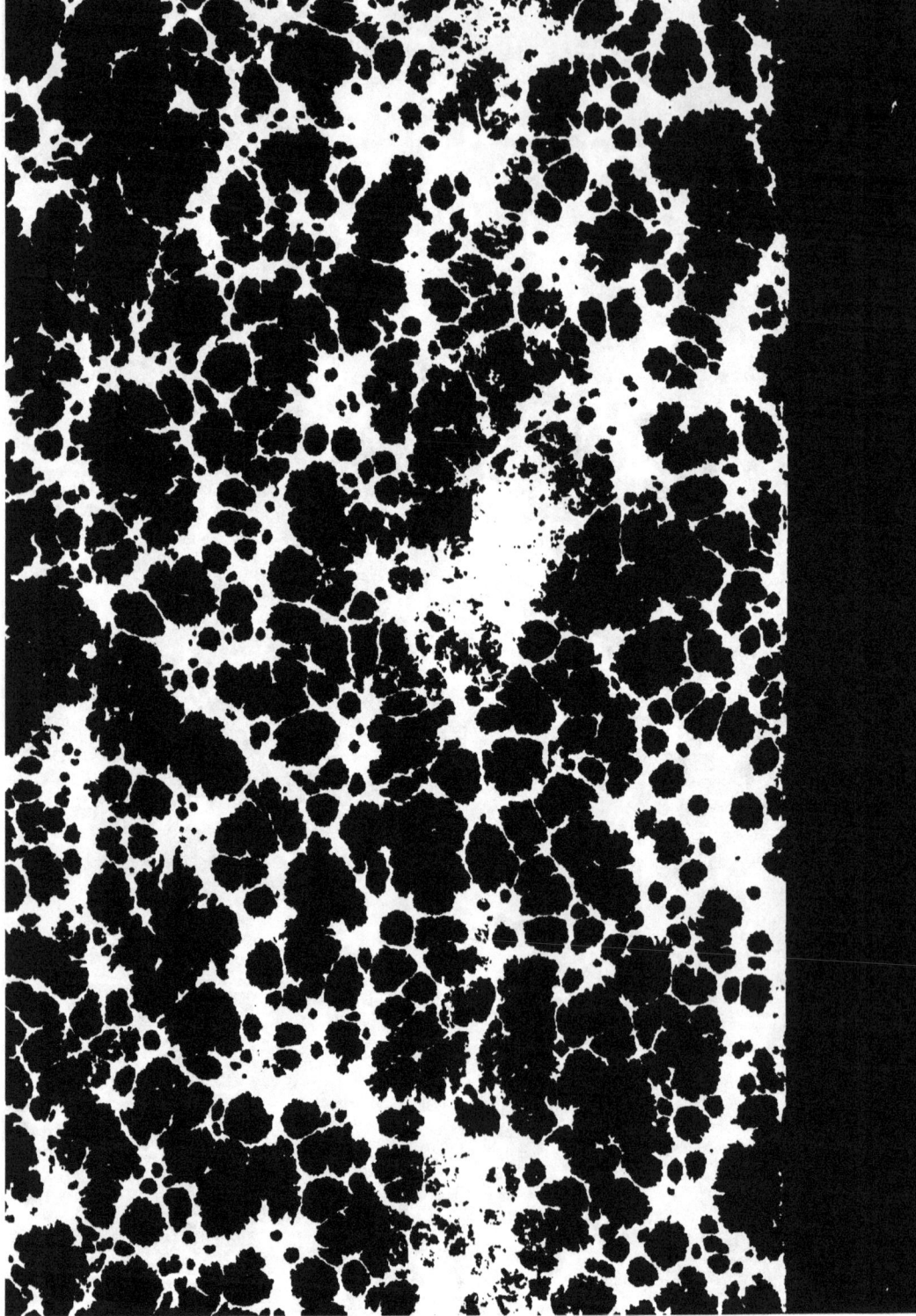

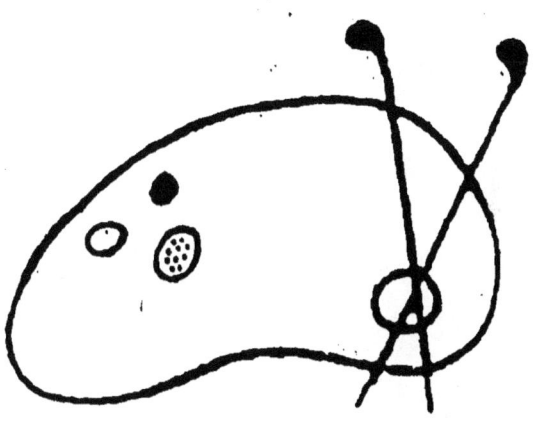

Fin d'une série de documents en couleur

PUBLICATIONS

DE LA

SOCIÉTÉ DE L'ORIENT LATIN

SÉRIE GÉOGRAPHIQUE

III

ITINÉRAIRES FRANÇAIS

XIe-XIIIe siècles

LIBRAIRES DE LA SOCIÉTÉ

PARIS: *Ernest Leroux*, 28, rue Bonaparte.
LEIPZIG: *Otto Harrassowitz*.

Original en couleur
NF Z 43-120-8

ITINÉRAIRES

A

JÉRUSALEM

ET

DESCRIPTIONS DE LA TERRE SAINTE

rédigés en français

AUX XIe, XIIe & XIIIe SIÈCLES

publiés par

HENRI MICHELANT & GASTON RAYNAUD

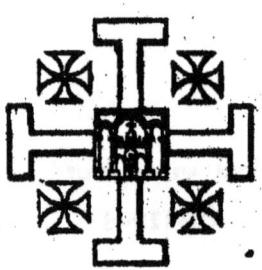

GENÈVE

Imprimerie Jules-Guillaume Fick

1882

Tiré à 500 exemplaires numérotés, dont :
50 fur grand papier,
50 fur papier vélin,
400 fur papier ordinaire.

N° xlviij

La Bibliothèque nationale de Paris

SOCIÉTÉ DE L'ORIENT LATIN

EXTRAIT DES STATUTS

Art. 19. Les publications de la Société sont faites sous la surveillance du Comité de Direction, & la garantie de l'un des commissaires responsables.

Vu l'édition des Itinéraires français des XIe-XIIIe siècles, par MM. Henri Michelant & Gaston Raynaud.

Le commissaire responsable,

Comte DE MAS LATRIE.

Certifié.

Le secrétaire-trésorier,

Comte RIANT.

Paris, le 1er juin 1882.

TABLE

		Page
Préface.		ix
I	*Les Saints Lieux* d'après la *Chanson du voyage de Charlemagne à Jérusalem.*	xj
II	*Patriarcats de Jérusalem & d'Antioche.*	xij
III	*L'estat de la citez de Iherusalem.*	xiij
IV	Ernoul, *L'estat de la cité de Iherusalem.*	xv
V	Ernoul, *Fragments relatifs à la Galilée.*	xviij
VI	*Les Pelerinaiges por aler en Iherusalem.*	xix
VII	Philippe Mousket.	xxj
VIII	Matthieu Paris.	xxij
IX	*L'Eracles-Rothelin.*	xxiv
X	*Chemins & pelerinages de la Terre Sainte.*	xxvij
XI	Voyage des Polo.	xxviij
XII	*Pelrinages & pardouns de Acre.*	xxx
XIII	*La devise des chemins de Babiloine.*	xxxj
XIV	*Les casaus de Sur.*	xxxiij

*

I	*Les Saints Lieux* d'après la *Chanson du voyage de Charlemagne à Jérusalem* (v. 1075).	1
II	*Patriarcats de Jérusalem & d'Antioche* (v. 1180).	9
III	*L'estat de la cité de Iherusalem* (v. 1187).	21
IV	Ernoul, *L'estat de la cité de Iherusalem* (v. 1231).	29
V	Ernoul, *Fragments relatifs à la Galilée* (v. 1231).	53
	Rédaction abrégée.	77

	Page
VI *Les Pelerinaiges por aler en Iherufalem* (v. 1231).	87
Les fains pelerinages que l'on doit requerre en la Terre Sainte.	104
VII PHILIPPE MOUSKET, *Defcription rimée des Saints Lieux* (v. 1241).	105
VIII *Itinéraire de Londres à Jérufalem*, attribué à MATTHIEU PARIS (v. 1244). Légendes de la partie confacrée à la Terre Sainte.	123
IX LE CONTINUATEUR ANONYME DE GUILLAUME DE TYR (dit de Rothelin). *La Sainte cité de Iherufalem, les Saints Lieux & le Pelerinage de la Terre* (1261).	141
X *Les Chemins & les Pelerinages de la Terre Sainte* (av. 1265),	177
Texte A.	179
Texte B.	189
XI RUSTICIEN DE PISE, *Voyages en Syrie de Nicolo, Maffeo & Marco Polo* (1269-1271).	201
Rédaction de Thibaut de Cépoy.	213
XII *Pelrinages & Pardouns de Acre* (v. 1280).	227
XIII *La devife des chemins de Babiloine* (1289-1291).	237
XIV *Les cafaus de Sur* (av. 1291).	253
INDEX.	257

PRÉFACE

LE premier volume des textes français, que la Société de l'Orient Latin publie aujourd'hui, était peut-être, de toute la série géographique, celui dont la préparation offrait le plus de difficultés. Ces difficultés portaient sur deux points principaux : le classement chronologique & la détermination de l'originalité des documents.

J'ai déjà exposé dans mon Rapport de 1877 [1], combien il était embarrassant, dans la plupart des cas, de fixer une date à peu près exacte à la rédaction de textes anonymes, reproduisant presque toujours dans le même ordre la description de lieux dont l'aspect extérieur, aussi bien que les traditions, ont toujours revêtu depuis le Moyen-Age jusqu'à nos jours, ce caractère immuable, propre aux choses & aux usages de l'Orient. Des synchronismes archéologiques douteux sont alors le seul guide qui permette au critique d'assigner au texte qu'il a sous les yeux, la place chronologique qu'il croit devoir lui marquer ; mais que d'hésitations & que de réserves à faire !

Résoudre, pour chaque document, la question de savoir s'il est original ou traduit du latin, est plus facile : car ici la philologie peut, en certains cas, venir au secours de la critique. Cependant le nombre des descriptions françaises anonymes des lieux saints est considérable, & pour affirmer que l'une quelconque d'entre elles est originale, il faut d'abord la comparer à une centaine d'autres descriptions écrites en latin, en grande partie encore inédites, & ne différant les unes des autres que par des détails insignifiants ; travail de collation aussi long & ingrat qu'incertain dans ses résultats.

Je n'ai donc point la prétention d'avoir triomphé complètement de ces deux séries de difficultés.

[1] Pp. 17-18.

En ce qui concerne le classement chronologique, je suis arrivé, souvent avec beaucoup de peine, presque toujours sans grande certitude, à assigner à chaque texte une date approximative de rédaction : je chercherai à justifier cette date dans chacun des articles qui vont suivre.

Pour la question d'originalité, qui devait déterminer l'admission des textes dans le présent volume, j'espère ne point m'être trompé & n'avoir donné que des documents originaux, c'est-à-dire rédigés en français & sans recours littéral à des textes grecs ou latins antérieurs. J'affirmerai, en tout cas, que, si les documents réunis ici n'ont pas été écrits directement en français, l'original latin ne nous en est point parvenu ; je ne ferai d'exception que pour le n° II & j'expliquerai tout à l'heure les raisons de cette exception.

Il serait aisé d'écrire sur les textes de ce volume un commentaire géographique & critique de cinq cents pages. Le règlement qui préside à nos publications s'y oppose, & je m'en félicite. Les érudits qui se livrent à l'étude des questions spéciales à la Terre-Sainte sont assurés désormais d'avoir entre les mains une reproduction fidèle des manuscrits ; je me flatte de l'espoir qu'elle leur sera utile & qu'ils la mettront à profit ; je serai heureux même qu'ils apportent à l'orthographe de quelques-uns des noms de lieu, donnés par les manuscrits, des corrections dont nous avons dû être très avares, & qu'ils viennent éclairer de discussions étendues, plus d'un passage obscur des documents que nous publions. Je me contenterai, quant à moi, de grouper dans les paragraphes qui vont suivre, quelques remarques, destinées surtout à justifier les solutions que j'ai cru devoir donner, pour chaque texte, aux deux questions que je viens d'exposer.

Le présent volume est dû à la collaboration de celui qui signe la préface, & qui s'est chargé de la préparation & du classement des textes, & de MM. Henri Michelant & Gaston Raynaud qui ont travaillé à leur établissement. M. Gaston Raynaud a rédigé de plus les remarques philologiques qui suivent chacun des paragraphes de la préface : c'est également lui qui a dressé la table générale qui termine le volume.

I

LES SAINTS LIEUX D'APRÈS LA CHANSON DU VOYAGE DE CHARLEMAGNE A JÉRUSALEM.

Après les savants travaux de M. Gaston Paris, qui a montré[1] *avec tant de sagacité que la* Chanson du voyage de Charlemagne à Jérusalem *reflétait exactement, dans le récit du séjour de l'empereur en Terre-Sainte, les rapports des pèlerins contemporains de la rédaction de ce poème, il était impossible de ne point placer ce fragment vénérable en tête du volume des témoignages géographiques français relatifs à la Terre-Sainte.*

M. G. Paris a traité avec tant de détails toutes les questions que peut soulever ce texte, que je me bornerai à renvoyer le lecteur à son curieux commentaire[2].

Je rappellerai seulement qu'il place la rédaction de la Chanson *au commencement du dernier quart du XI*e *siècle, & que, malgré l'opinion contraire de M. Léon Gautier*[3], *cette date doit être considérée comme définitive.*

MANUSCRITS & ÉDITIONS. — *La* Chanson *n'existe que dans un seul manuscrit:* Londres, Brit. Mus. Roy. 16 E VIII *(vél., XIII*e *s., in-8), qui a été publié deux fois, d'abord sans changements par M. Francisque Michel (*Charlemagne, an anglo-norman poem *[London, 1836, in-12]), puis avec de nombreuses corrections par M. Koschwitz (*Karls d. Grossen Reise nach Jerusalem *[Heilbronn, 1880, in-12]).*

[M. Gaston Paris, qui a bien voulu revoir le texte de M. Koschwitz, a fait revivre partout les formes françaises de l'original: Charlemaigne *&* non Carlemaigne, chapes *&* non capes *&c.; il a, de plus, proposé un certain nombre de nouvelles & meilleures corrections, tout en adoptant cependant la plupart du temps celles de l'éditeur allemand. D'où que viennent les corrections, on n'a pas cru nécessaire de mettre en note les*

---

1 *La Chanson du pèl. de Charlemagne* (P. 1880, 8°, extr. de la *Romania*, t. IX, pp. 16-30).
2 Id., *Ibid*.
3 *Epopées franç.*, 2e éd., III, p. 271 ; cf. *Arch. de l'O. L.*, I, p. 12, n. 10, p. 14, n. 18, p. 16, n. 25.

leçons du manuscrit, dont on pourra facilement se rendre compte en se reportant à l'édition Koschwitz.

C'est par suite d'une erreur typographique que l'on a imprimé avec un è (*& non un é*) les mots comme passèrent, fiéres, &c. Aux vers 103 & 237 il faut lire jiut & Franceis.]

II

PATRIARCATS DE JÉRUSALEM ET D'ANTIOCHE.

La liste de métropoles & d'évêchés, publiée sous ce titre, n'est pas originale. Rédigées d'abord — au moins pour l'Eglise d'Orient — en grec, ces nomenclatures furent traduites en latin & dans d'autres langues, l'arménien en particulier [1]. Elles servaient de répertoire aux chancelleries patriarcales pour l'envoi des encycliques & des lettres synodales : on comprend donc que chaque chancellerie ait eu la sienne propre, & ait modifié celle-ci de siècle en siècle suivant les changements de l'état effectif des diocèses. A Rome, ces listes, qui portaient le nom de Provinciales, devinrent plus importantes encore qu'à Constantinople ou à Jérusalem, lorsqu'elles servirent à établir les états des taxes apostoliques : on s'explique ainsi parfaitement les nombreuses éditions que l'on en a faites, avant & même après l'invention de l'imprimerie [2]. Si donc nous avions suivi rigoureusement les règles d'édition que s'est imposées la Société, nous aurions dû donner, à la suite de l'original grec des nomenclatures d'évêchés orientaux, les versions & remaniements successifs de cet original, en latin d'abord, puis en arménien, en français &c. L'original grec étant fort ancien, les versions au contraire d'âge &

---

[1] R. des hist. arm. des cr., I, pp. 673-676.

[2] Plusieurs sont énumérées dans les *Itin. Hieros. lat.*, I, præf. p. lj.; mais il en existe encore d'autres, sans parler de celles de la *Practica cancellariæ Apost.* Voir Rattinger, *Patriarcatsprengel CP.* (*Hist. Jahrbuch*, 1881, II, pp. 25 & f.); Rebuffus, *Praxis beneficiorum* (P., 1664), p. 475; *Notitia episcopatuum*, ed. Labbe, ad episcopatuum calcem, *Antiq. collect. decretalium* (P., 1610); A. Miræus, *Not. episcoporum tot. orbis* (P., 1610, f°), pp. 26 & suiv. (éd. de 1611 & de 1613); Weidenbach, *Kalendarium hist. christianum* (Regensb., 1855), p. 273; Binterim, *Denkwürdigkeiten*, I, II, p. 588 (réimpression de Scheleftrate); Döllinger, *Material. zur Gesch. des XV.-XVI. Jahr.*, p. 295 & f.

de rédaction très diverses, il a paru plus utile de faire une infraction à la règle générale. Les listes seront publiées successivement dans les volumes où leur date de rédaction les fera rentrer chronologiquement : c'est ainsi que le tome I de nos Itinera Hierof. latina [1] contient déjà les listes antérieures aux croisades, que la liste arménienne viendra dans le recueil des Itinera diversa, & que nous avons fait entrer à sa date, dans le présent volume, la liste française.

Cette liste fait partie d'un Provincial français, probablement unique, inséré lui-même à la fin d'une compilation historico-géographique contemporaine de saint Louis, de Frédéric II & de Grégoire IX : elle a dû être rédigée après 1168 ; car elle cite la métropole de la Pierre du Désert & l'évêché d'Hébron créés en 1168 [2], & avant 1187, date de l'occupation par les Infidèles de la plupart des diocèses qu'elle énumère. J'ai pris la date intermédiaire de 1180.

Le compilateur qui l'a insérée, & probablement aussi le scribe qui l'a copiée, étaient évidemment étrangers à la géographie de l'Orient ; aussi est-elle extrêmement corrompue, mutilée à la fin, & offre-t-elle plusieurs erreurs grossières & un certain nombre de noms inintelligibles. Elle n'en est pas moins intéressante, en ce qu'elle nous offre la forme française de plusieurs noms de villes, dont nous ne connaissions que la forme grecque ou latine.

MANUSCRIT. — Le manuscrit unique qui contient notre liste est conservé à la Bibliothèque publique de Berne sous le n° 590 (vél., XIII° s., in-8). Il a appartenu à P. Daniel. Il débute par une Chronique anonyme de France — 1226, suivie (ff. 138a-143a) de la compilation géographique que termine notre liste, & offre à la fin une version française du premier livre de Salomon [3]. Nous devons la copie dont nous nous sommes servis à l'obligeance de M. Hagen.

III

L'ESTAT DE LA CITEZ DE IHERUSALEM.

La Chronique d'Ernoul, dont je vais m'occuper au paragraphe suivant, a donné lieu, probablement très peu de temps

[1] Pp. 321-343.
[2] Wilh. Tyr., l. XX, c. 3 (R. des hist. occ. des cr., I, p. 944).
[3] Hagen, Cat. cod. mss. Bernensium, p. 472.

après qu'elle a vu le jour, à un remaniement très curieux qui, sous le titre de : Estoires d'Oultremer & de la naissance Salehadin, contient d'abord le roman de la prétendue origine picarde de Saladin [1], puis, sans transition, le texte d'Ernoul, tantôt abrégé, tantôt augmenté, & en somme assez profondément modifié, pour qu'une édition de cette Estoire doive, un jour ou l'autre, être entreprise.

En cherchant, dans les trois manuscrits qui nous l'ont conservée, les passages correspondant aux deux textes géographiques que nous devions emprunter à Ernoul, la Citez de Iérusalem & les Descriptions de Galilée, & n'y trouvant que des abrégés de ces deux textes, je fus naturellement amené à penser que le compilateur de l'Estoire les avait écrits d'après Ernoul, &, bien entendu, postérieurement à celui-ci. Ils devaient donc être placés chronologiquement après lui.

Un examen plus attentif m'a montré que, si cette conclusion était exacte pour l'abrégé des Descriptions de Galilée, elle ne pouvait s'appliquer à l'abrégé de la Citez de Iherusalem, évidemment antérieur à l'occupation de la Ville Sainte par Saladin, & par conséquent à Ernoul.

Le texte tiré de l'Estoire parle, en effet, des monastères hiérosolymitains comme encore peuplés de leurs religieux [2], & du patriarche comme habitant encore Jérusalem [3], tandis qu'Ernoul, ainsi que je le montrerai plus loin, écrivait après l'expulsion complète des Latins.

Je pense donc que si le compilateur anonyme de l'Estoire, dans le cours du travail de remaniement auquel il se livrait sur le texte d'Ernoul, s'est contenté d'abréger les Descriptions de Galilée, éparses dans la chronique qu'il avait sous les yeux & en formant partie intégrante, il a, en présence de la Citez de Iherusalem, petit traité complet inséré comme une sorte de hors-d'œuvre dans le récit historique d'Ernoul, trouvé ce hors-d'œuvre trop long, & préféré le remplacer par un texte à la fois plus ancien & plus court, qu'il avait également à sa disposition.

---

1 « Come il issist de la contesse de Pontieu »; le roman, que l'*Hist. litt. de la Fr.* (XXI, 680) prétend avoir été précédé d'une chanson de geste (?), existe isolément dans les mmss. Paris, B. Nat. fr. 25462 (anc. N. Dame 272) & Arsenal 5298 (anc. B. L. fr. 215). Il a été publié par Méon, *N. rec. de fabliaux*, I, pp. 437-454.

2 C. II, VIII, X, pp. 24, 27.

3 C. IX, p. 27.

Nous aurions donc, dans la petite defcription que nous donne l'Eſtoire, l'original ou une partie de l'original, développé plus tard par Ernoul. Je dis une partie; car, malgré la phraſe finale qui paraît clore réellement le texte, il faut remarquer qu'il ne décrit qu'une portion de la ville, & n'embraſſe que la matière des cinq premiers chapitres, ſoit à peine le premier quart de la defcription d'Ernoul.

MANUSCRITS. — 1. *Paris, B. Nat., fr.* 770 *(anc.* 7185 3·3, *Cangé* 6*), vél., XIII*ᵉ ſ*., in-f., ff.* 348ᵃ-349ᵃ.

2. *Id., fr.* 12203 *(anc. Suppl. fr.* 455*), vél., XIII*ᵉ ſ*., in-f., ff.* 40-41.

3. *Id., fr.* 24210 *(anc. Sorb.* 397*), vél., XV*ᵉ ſ*., in-f., ff.* 56ᵇ-57ᵇ.

ÉDITION. — *En* 1679, *P.-A. de Citry de la Guette publia ſous le titre de* Hiſtoire de la conqueſte du royaume de Jéruſalem ſur les chreſtiens par Saladin, extraite d'un ancien manuſcrit *(Paris, Gervais Clouzier,* 266 *p. in-*12*), un abrégé en français rajeuni*[1] *du fr.* 770, *qui appartenait alors à Cabart de Villermont & paſſa depuis dans la bibliothèque de Cangé. Aux pages* 387-389 *ſe trouve un petit remaniement du texte que nous publions.*

[*Pour conſtituer ce texte, on a pris pour baſe le premier manuſcrit qui a été déſigné par la lettre* K, *& on a mis en note les variantes principales des autres manuſcrits. Ce manuſcrit* K *eſt l'œuvre d'un ſcribe qui appartenait à la région ſeptentrionale extrême du domaine français, comme le prouvent les formes* apielée *(p.* 23*),* dieſtre *(p.* 24*),* deviers *(id.) &c.*]

IV

ERNOUL. L'ESTAT DE LA CITÉ DE IÉRUSALEM.

Le comte de Mas Latrie a ſurabondamment prouvé qu'Ernoul écrivait en 1228, *& ſon copiſte & continuateur, Bernard le*

---

[1] A l'apparition de ce petit volume, aujourd'hui rariſſime, on crut à une ſupercherie : v. *Journ. des ſav.*, 1679, VII, p. 80; Lelong, *Bibl. hiſt. de la Fr.*, II, p. 141, n. 16700; *Hiſt. litt. de la Fr.*, l. c.; P. Paris, *Mmſſ. fr.*, VI, p. 133; H. Monachus, ed. Riant, p. 68.

xvj   PRÉFACE.

Trésorier, en 1231. Est-ce la première de ces dates qu'il convient également d'assigner à la rédaction de la description de Jérusalem dont Ernoul a fait précéder, comme d'une digression nécessaire, le récit de la prise de la Ville Sainte par Saladin, consacrant à cette digression un chapitre tout entier de sa chronique?[1] Me séparant ici complètement de l'opinion de Tobler[2], qui voyait dans ce chapitre un document antérieur à 1187 & inséré tout d'une pièce dans le texte d'Ernoul, je n'y trouve rien qui autorise à assigner à l'Estat de la Citez une date de rédaction antérieure à celle des autres chapitres d'Ernoul, & à ne point y voir, comme dans ceux-ci, l'œuvre personnelle de ce chroniqueur.

Qu'Ernoul ait eu sous les yeux une description de Jérusalem antérieure à l'expulsion des Latins, que cet original ait été très semblable au texte que nous venons d'examiner, ait été peut-être ce texte lui-même, dont le commencement se retrouve dans Ernoul, & qui, en ce cas, aurait été mutilé des trois derniers quarts par le compilateur de l'Estoire d'Oultremer — c'est une hypothèse fort plausible & que j'admettrais volontiers. Mais à cet original, & postérieurement à la rentrée des Sarrasins dont il relate formellement les méfaits[3], Ernoul, surtout dans la seconde moitié de la description, a dû ajouter beaucoup du sien : il l'a mis au courant, & avec un tel sans-gêne qu'on trouve simultanément, dans son texte, les formes au présent, impliquant encore l'occupation latine, & les formes à l'imparfait impliquant la réoccupation musulmane. Dans un cas même, en parlant des moines de Josaphat, la même phrase se retrouve au présent (ch. II) & à l'imparfait (ch. XXIV). En sorte qu'on pourrait presque reconstituer la partie de l'original antérieur à 1187, que ne nous a point conservée l'Estoire d'Oultremer, en supprimant simplement dans les ch. VI-XXVI d'Ernoul les phrases rédigées à l'imparfait.

Tobler a illustré ce texte de commentaires topographiques & archéologiques si abondants que je ne puis qu'y renvoyer le lecteur[4].

MANUSCRITS. — 1. Paris, B. Nat., fr. 781 (anc. 71885, Cangé 9), vél., XIIIᵉ s., in-4, ff. 97 & s.

[1] Le chap. XVII.
[2] Descriptiones T. S. (Lpz., Heinrichs, 1874, 8°), pp. 453-454.
[3] C. XXIV, p. 51.
[4] Descript. T. S., pp. 452-496.

PRÉFACE.   xvij

2. *S. Omer* [1], 722 *(S. Bertin)*, *vél.*, *XIV*e *f.*, *in-f.*, *ff.* 40 b *& f.*
3. *Berne*, 41, *vél.*, *XIII. f.*, *in-f.*, *ff.* 38 *& f.*
4.   »   115,   »   »   » 27
5. *Bruxelles*, 11142, *vél.*, *XIII*e *f.*, *in-f.*, *ff.* 52 *& f.*
6. *Paris*, B. Nat., N. acq., *fr.* 3537, *pap.*, *XVIII*e *f.*, *in-f.*, *ff.* 55 *& f.*
7. *Id.*, *Moreau* 1565 [2], *pap.*, *XVIII*e *f.*, *in-f.*, *ff.* 64 *& f.*
8. *Id.*, *Arfenal* 4797 *(anc. H. fr.* 677), *vél.*, *XIII*e *f.*, *in-f.*, *ff.* 51 *& f.*
9. *Berne*, 113, *vél.*, *XIII*e *f.*, *in-f.*, *ff.* 135 *& f.*
10.   »   340 *(Fauchet)*, *vél.*, *XIV*e *f.*, *in-4*, *ff.* 50 *& f.*
11. *Paris*, B. Nat., 9086 *(anc. Supp. fr.* 450), *vél.*, *XIII*e *f.*, *ff.* 375 *& f.*

ÉDITIONS. — A. *Robinfon*, Biblical refearches in Paleftina *(Lond., Murray*, 1856, *in-8)*, pp. 556-562 [*cod.* 5].

B. *Tobler*, Topographie von Jerufalem *(Berlin, Reimer,* 1854, *in-12)*, II, *pp.* 984-1005 [*cod.* 3, 4, 5, 9].

C. *Ernoul*, Chronique, *éd. Mas Latrie (Paris, J. Renouard,* 1871, *in-8), pp.* 188-210 [*cod.* 1, 3, 5, 7, 8, 9, 10, 11] [3].

D. Defcriptiones Terræ Sanctæ, *ed. T. Tobler (Leipzig, Heinrichs,* 1874, *in-8), pp.* 196-224 [4].

[Des neuf manufcrits qui repréfentent ce texte (nous ne parlons pas des manufcrits 6 & 7, copies du manufcrit 9), fept ont été connus & utilifés par M. de Mas Latrie; on leur a laiffé la

---

[1] M. Giry a bien voulu mettre à notre difpofition une excellente copie qu'il avait faite de ce précieux manufcrit, dont M. de Mas Latrie n'avait pu fe fervir.

[2] Les nos 6 & 7 font des copies du no 9, — Les nos 1-5 font des Ernoul, les nos 6-10 des Bernard-le Tréforier.

[3] M. de Mas Latrie s'eft fervi, en outre, des mmff. Paris, B. N., fr. 9083 & 24209, qui ne contiennent pas Ernoul, mais bien le remaniement de 1261, publié ici plus loin fous le no IX & auparavant par l'Académie (*R. des hift.*

occ. des cr.*, II, pp. 490-507). Il a de plus donné fous la lettre L quelques-unes des variantes de l'édition académique. Quant aux leçons qu'il défigne fous la lettre I comme provenant du Par., B. N., fr. 24208 (Guill. de Tyr traduit & contin. — 1231), nous n'en avons point fait ufage, n'ayant pu retrouver l'*Eftat de la citex* dans ce mf.

[4] Il eft difficile d'indiquer les manufcrits dont Tobler s'eft fervi pour cette édition, où il a mêlé le texte d'Ernoul avec celui du remaniement de 1261.

lettre par laquelle le précédent éditeur les a désignés ; ce sont les manuscrits A, B, C, D, E, F, J). Quant aux deux autres, parmi lesquels le manuscrit de St-Omer se recommande par son excellence, ils sont nouveaux.

Le texte est celui de M. de Mas Latrie, corrigé en certains endroits ; on a joint aux variantes de la précédente édition celles qui sont fournies par les nouveaux manuscrits.]

V

ERNOUL. FRAGMENTS RELATIFS A LA GALILÉE.

Nous avons également emprunté à Ernoul plusieurs morceaux géographiques d'une certaine étendue qui se trouvent aux chapitres VII-X de sa Chronique, & qui sont relatifs à plusieurs lieux de Galilée. Ici il ne saurait y avoir d'hésitation sur les deux questions de date & d'originalité : Ernoul est bien l'auteur de ces descriptions, qu'il a peut-être rédigées de visu & certainement en même temps que le reste de son livre.

MANUSCRITS. — Les manuscrits employés sont les mêmes que pour le n° précédent, à l'exception du Paris, B. N., fr. 9086, qui ne contient pas les Fragments sur la Galilée.

EDITIONS. — A. Ernoul, Chronique, éd. Mas Latrie, p. 62-72, 75-80, 97-98, 107-109, 112-114.

B. Guillaume de Tyr & ses continuateurs, éd. Paulin Paris (Paris, Didot, 1879-1880, 2 vol. in-8), t. II, pp. 496-512.

Comme je l'ai dit plus haut, le compilateur anonyme de l'Estoire d'Oultremer & de la Naissance de Salehadin a abrégé & remanié cette partie géographique du récit d'Ernoul, ce qui forme une seconde rédaction.

[Pour la première rédaction de ce texte, on ne peut que répéter ce qui a été déjà dit au sujet du n° IV. Nous retrouvons ici six manuscrits connus par M. de Mas Latrie ; les deux autres sont nouveaux.

La seconde rédaction, la rédaction abrégée, est contenue dans trois manuscrits, les mêmes qui ont servi au texte n° III. Comme pour ce texte, c'est le manuscrit K qui a été pris pour base de l'édition.]

VI

LES PELERINAIGES POR ALER EN IHERUSALEM.

En jetant les yeux sur la liste des manuscrits de l'Eracles[1], *on voit aussitôt que, sur les cinq classes, entre lesquelles on a été amené à répartir ces manuscrits, deux seulement contiennent des descriptions spéciales des Lieux-Saints, savoir la II*[e] *(Ernoul & Bernard le Trésorier) & la IV*[e] *(Rothelin): un manuscrit de la V*[e] *classe (Noailles-Colbert, Guillaume de Tyr traduit & continué jusqu'en 1275) fait exception: il se termine par une description des Lieux-Saints de Palestine, dont une copie isolée se trouve aussi dans un manuscrit de Vienne*[2].

Je n'ai trouvé aucun texte latin dont cette description puisse être considérée, soit comme la traduction, soit comme le remaniement: je n'affirmerais point cependant, avec autant d'assurance que je viens de le faire pour l'Estat de la Citez de Jérusalem, qu'elle soit originale.

Quant à la place chronologique que j'ai cru devoir lui assigner, elle n'a rien de très sûr. Si l'on regardait comme parfaitement certains tous les synchronismes qu'offre le document, il faudrait en placer la rédaction à la fois avant 1187 (Sainte-Marie Latine est encore occupée par ses religieux & la maison de Saint-Jean de Jérusalem par les Hospitaliers[3]*), après 1218 (la Vraie Croix n'est plus à Jérusalem*[4] *& le château d'Athlit est construit*[5]*, l'église de Notre-Dame du Mont-Sion est détruite*[6]*), enfin après 1265*[7]*, époque où Arsur, vendu en 1251*[8] *aux Hospitaliers, leur fut enlevé par Boudocar*[9]*. L'une ou l'autre de ces indications étant évidemment erronée, il faut supposer que nous*

---

1 *Invent. des mss. de l'Eracles* (Arch. de l'Or. L., I, pp. 248-252).

2 A la fin du *Livre de la fontaine de toute science*. Nous en devons la copie à l'obligeance du R. P. W.-A. Neumann, O. Cist.

3 C. VI, p. 94.

4 *Ibid.*

5 C. II, p. 91. Athlit fut bâti en 1218.

6 C. IX, p. 96. Elle était encore debout en 1212 (Willebr. Oldenb., *Peregrinatio*, l. II, c. 10 (*Peregrin. M. Æ. quatuor*, ed. Laurent, p. 188).

7 « Liqués chastiaus (Assur) *fu* de l'Ospital » (C. IV, p. 92).

8 S. Paoli, *Cod. dipl. di Malta*, I, n° 149, pp. 189-191.

9 *Eracles*, l. XXXIV, c. 4 (R. des hist. occ. des cr., II, p. 446).

avons ici le remaniement, fait vers le milieu du XIIIe siècle, d'un texte probablement plus court & antérieur à la prise de Jérusalem — la mention toute spéciale d'Assur perdu par les Hospitaliers n'étant, en ce cas, qu'une addition d'un copiste [1], désireux de mettre d'accord le texte dont il faisait suivre la Continuation de Guillaume de Tyr avec cette Continuation. J'ai donc assigné au document une date moyenne, très voisine de celle d'Ernoul, sans pourtant me dissimuler tout ce qu'elle offre de discutable.

Au moment où je rédigeais la table du volume déjà entièrement tiré, notre confrère, M. Paul Meyer, que j'avais prié d'examiner à Cheltenham, dans la bibliothèque de feu Sir Thomas Philipps, un manuscrit que, d'après le titre très sommaire du catalogue imprimé, je pensais n'être qu'une liste relativement moderne des sanctuaires privilégiés de la Terre-Sainte, ayant constaté qu'il contenait, au contraire, un texte intéressant & probablement ancien, je me suis empressé de le faire copier. C'était une seconde rédaction, sensiblement différente des Pelerinages por aler en Ierusalem: elle a été imprimée de façon à être insérée à la suite.

J'avoue qu'il m'est impossible de déterminer, étant donné la confusion des synchronismes que l'une & l'autre fournissent — quelle est la plus ancienne des deux. Je ferai remarquer seulement que celle de Cheltenham est de beaucoup la plus importante par la nouveauté des renseignements qu'elle fournit.

MANUSCRITS. — 1. *Paris, Bibl. Nat., fr.* 9082 *(anc. Supp. fr.* 104, *Noailles), vél., XIIIe s., in-f., ff.* 343 a-345 a.

2. *Id., fr.* 9060 *(anc. Supp. fr.* 2503 9^a). — *Dom Berthereau*, Ier *recueil, IX,* 1), *pap., XVIIIe s., in-f., ff.* 427-430. — *Copie du précédent.*

3. *Vienne, Bibl. Imp. R.,* 2590 *(Eug., f.* 122), *vél., XIVe s., in-f., ff.* 96 a-99 a.

4. *Cheltenham,* 6664, *vél. XIVe s., in-f., f.* 35 *& s.*

EDITION. — *Mis de Vogüé, Les églises de la Terre Sainte (Paris, Didron,* 1860, *in-*4), *pp.* 444-451 [*cod.* 1] [2].

---

[1] Le ms. de Vienne donne *si est* au lieu de *fu*: ce qui reporterait à la période 1251-1265.

[2] M. le marquis de Vogüé a ajouté à notre texte, en les imprimant en italiques (sauf pour le dernier chapitre), de nombreux passages empruntés au texte de 1261 dont je parlerai plus loin: il s'est servi pour ces emprunts des mss. Paris, B. Nat., fr. 2825, 22495 & 24209.

[*Le texte a été constitué d'après deux des manuscrits cités plus haut, les n°⁸ 1 & 3, désignés dans les variantes par les lettres P & V ; le n° 2, copie du n° 1, a naturellement été laissé de côté. Les deux manuscrits utilisés, dûs à un copiste français, se complètent mutuellement ; il est à remarquer cependant que V semble plus allongé dans certains passages.*

Quant à la rédaction ajoutée d'après le ms. unique de Cheltenham, on remarquera qu'elle diffère surtout du premier texte par l'ordre des paragraphes ; la numérotation des paragraphes du premier texte que nous avons mise entre parenthèses en tête de chacun des paragraphes du second, facilitera la comparaison.]

VII

PHILIPPE MOUSKET.

Lorsqu'au milieu du XIII° siècle, Philippe Mousket écrivit sa grande histoire universelle rimée & qu'il en vint à raconter les gestes de Charlemagne, il admit, sans hésiter, comme historique la légende du voyage du grand empereur en Terre-Sainte. Cette légende, on le sait[1], était double : suivant les uns, le voyage avait été celui d'un pèlerin pacifique, suivant les autres, d'un croisé victorieux. La Relatio quomodo Carolus attulerit clavum résumait cette seconde forme, & la Chanson du voyage à Jérusalem représentait la première. Mousket suivit la Relatio & la développa dans les vers 10022-11500 de son poème ; mais il devait connaître aussi la Chanson. Car, tandis que la Relatio ne contient aucun renseignement géographique sur la Terre-Sainte, Mousket, à l'imitation de la Chanson, qui nous offre, au contraire, le long passage descriptif publié ici sous le n° I, voulut enrichir son récit d'une abondante nomenclature des Lieux-Saints de Palestine.

M. de Reiffenberg, l'éditeur de Mousket, avait cherché en vain à quelle source le poète avait puisé les renseignements qu'il nous donne sur ce sujet spécial. Comme il ne sort pas, malgré la longueur de ses développements, des données les plus banales & les plus vulgaires, il est, en effet, presque impossible de dire où il a emprunté sa science. Bède, ou Frételus, ou vingt autres ont pu la lui fournir. Je serais porté à croire cependant qu'il a eu

---

[1] V. plus haut, p. xj & *Arch. de l'O. L.*, I, pp. 14-16.

entre les mains & a suivi, au moins dans la première partie de son récit, le texte géographique populaire de la première croisade, le petit traité qui accompagne si souvent dans les manuscrits, soit les Gesta, soit Tudebode, soit Robert-le-Moine, & qui a été tant de fois traduit en français : l'Innominatus I, qui débute par les mots : « Si quis ab occidentalibus partibus &c. [1] »

MANUSCRIT & ÉDITION. — Le poème de Mousket & partant le passage que nous lui avons emprunté n'a été publié qu'une fois, par le baron de Reiffenberg, d'après le manuscrit de Paris, B. Nat., fr. 4963 (anc. 9634, ol. 244), vél., XIIIe siècle, in-fol., sous le titre de Chronique rimée de Philippe Mouskes (Bruxelles, 1836-1838, 2 v. in-4). Coll. des chr. belges, t. II & IV. — Notre texte occupe les vers 10466-11060 du poème, les ff. 68 c-72 b du manuscrit & les pp. 406-427 de l'édition.

[Le manuscrit de Philippe Mousket étant unique, on s'est contenté de corriger ici le texte de Reiffenberg, dont la lecture laisse à désirer, de le ponctuer & de l'accentuer régulièrement.]

VIII

MATTHIEU PARIS.

Quelques-uns des manuscrits de Matthieu Paris sont accompagnés de cartes intéressantes, au nombre desquelles figure au premier rang un Itinéraire de Londres à Jérusalem, chargé de légendes françaises détaillées. Ce monument curieux de la cartographie du Moyen-Age sera reproduit avec exactitude dans le recueil iconographique que prépare la Société de l'Orient Latin.

Mais sans attendre l'époque, probablement encore éloignée, où ce recueil verra le jour, il pouvait être utile de publier les légendes de la partie orientale de l'Itinéraire, d'autant plus que ces légendes, dans le soi-disant fac-simile qu'en a donné Jomard, sont absolument illisibles.

---

[1] Publié par Tobler à la suite de son Theodericus (S. Gall, 1865, in-12), pp. 113-116.

PRÉFACE. xxiij

C'est vers le milieu du XIIIe siècle & probablement au temps des projets de croisade, sans cesse différés, de Henri III d'Angleterre, que l'Itinéraire a dû être dessiné & illustré de ses légendes. Sir Frederik Madden a émis l'opinion [1] *que tracé & commentaires sont de la main même de Matthieu Paris : cette attribution a été vivement contestée en Angleterre & ne paraît plus trouver de défenseurs* [2]. *Il est permis cependant de penser que si le moine de Saint-Alban n'a point tracé de sa main l'Itinéraire, il a pu rédiger lui-même le texte des légendes, qui auront été ensuite copiées sur la carte, par un artiste de profession.*

Manuscrits. — *Première rédaction.* 1. Londres, Brit. Mus., King's libr., 14 C VII, vél., XIIIe s., in-f., ff. 2 a-5 a (or & couleurs).

2. Id., Lansdowne 253, pap., XVIe s., in-f., ff. 228-231. — *Dessin à la plume de la main de Camden.*

Deuxième rédaction. 3. Cambridge, Corpus Christi Coll., XVI, vél., XIIIe s., in-f., f. 5 (couleurs).

4. Id., XXVI, vél., XIIIe s., f. 3 b (couleurs).

5. Londres, Brit. Mus., Cotton, Tiber. E VI, vél., XIIIe s., f. 2 (couleurs). — *Brûlé, illisible* [3].

Édition. — *Jomard,* Monuments de la géographie *(Paris, Duprat, sans date, gr. in-f. ; figures 8 & 9). Détestable lithographie d'après le cod. 1 4.*

[*Les quatre manuscrits qui ont servi à constituer ce texte (on a laissé de côté le dernier, le n° 5, incomplet & illisible) se divisent tout naturellement en deux familles bien distinctes. La première, composée des mss. A & B, offre généralement un texte plus court, où les expressions latines se rencontrent fréquemment ; la seconde (mss. C & D) présente un texte plus développé, & certaines particularités qui lui sont propres la distinguent nettement de l'autre (voy., par exemple, le commencement du paragraphe VIII qui, dans C & D, se confund avec le paragraphe V).*

[1] Préface à l'*Hist. minor* de Mathieu Paris (Lond., 1866, in-8), t. I, p. xlviij.

[2] Th. Duffus Hardy, *Catal. of the mat. of British hist.*, III, p. 134.

[3] Un sixième manuscrit, Cotton Nero D. I., f. 182 b, ne contient que la première partie de l'*Itinéraire* de Londres à Rome.

[4] D'après le même ms., le commencement de l'*Itinéraire* (de Londres à Douvres) a été publié dans Gough, *Brit. topography* (Lond., 1780, I, pl. VII, fig. 1).

Les deux familles n'ont cependant pas d'affez grandes différences entre elles pour qu'on puiffe fuppofer que l'une foit plus ancienne que l'autre; elles nous femblent toutes deux provenir d'un original commun, écrit peut-être tout d'abord en latin; leur diverfité ferait donc due aux changements apportés au texte primitif par des rédacteurs différents. C'eft pour cette raifon que les deux textes ont été imprimés en regard & non à la fuite l'un de l'autre; ils fe complètent, du refte, & s'expliquent mutuellement. La comparaifon des deux familles facilite fouvent l'intelligence de certains paffages, déformés par la phonétique & l'orthographe anglo-normandes.]

IX

L'ERACLES-ROTHELIN.

Des foixante-quinze manufcrits aujourd'hui connus qui renferment la traduction ou la continuation de Guillaume de Tyr, feize forment la IVe claffe de ces manufcrits (Traduction & continuation, dite de Rothelin[1], allant jufqu'en 1261). De ces feize, douze font débuter la continuation par le texte géographique dont je vais m'occuper[2]. Ce texte n'exifte dans aucun autre des manufcrits de l'Eracles. C'eft donc certainement en 1261 qu'il a été introduit dans la grande hiftoire françaife d'Outremer, & cette introduction n'a pas été faite de toutes pièces & fans changements, de façon à nous forcer à chercher pour ce morceau une date fpéciale & plus ancienne de rédaction. Il contient, en effet, une partie qui n'eft certainement pas originale : or, cette partie a été mife à jour par le compilateur & porte les traces nombreufes d'un rajeuniffement auquel l'on ne faurait donner d'autre date de rédaction que celle de l'œuvre entière de 1261.

M. de Mas Latrie, dans fon excellent travail fur les manufcrits d'Eracles, a donné fur la continuation de Rothelin tous les renfeignements défirables[3] : j'y renvoie le lecteur. J'infifterai feulement fur ce point que la compilation a été faite en France,

---

1 Ainfi nommée à caufe du principal mf. qui la contient, le fr. 2083, venant de Rothelin.

2 Voir *Arch. de l'O. L.*, I, pp. 250-251.

3 *Effai de claffific. des contin. de Guill. de Tyr*, à la fuite de la *Chronique* d'Ernoul, pp. 531-546.

PRÉFACE.   XXV

& j'ajouterai que le morceau géographique qui nous occupe n'est point le seul hors-d'œuvre qu'elle renferme, trois autres opuscules intéressants ayant été introduits aussi dans le récit [1] & remaniés comme le nôtre à cette intention.

La description des Saints-Lieux, qui occupe le commencement (ch. II-XI) de la continuation de Rothelin, se compose de deux parties. La première n'est que la reproduction, mise à jour [2], comme je viens de le dire, de l'Estat de la Citez de Iérusalem, d'Ernoul. La seconde doit être aussi le remaniement d'un texte plus ancien. Ce texte — latin ou français, nous l'ignorons — mais aujourd'hui perdu, était une revue de la Terre-Sainte analogue dans sa forme générale aux Pelerinaiges por aler en Ierusalem. Le continuateur anonyme de Guillaume de Tyr décrit, en effet, dans cette seconde partie, les mêmes lieux & les mêmes sanctuaires que notre texte n° VI, mais avec plus de détails & dans un ordre différent.

MANUSCRITS. — 1. Paris, Bibl. Nat., fr. 2825 (anc. 8404), vél., XIV° s., in-f., ff. 310 & s.
2. Id., fr. 9061 (anc. Supp. fr. 25039[b], Dom Berthereau, 1er Recueil, IX, 2), pap., XVIII° s., ff. 17 & s.
3. Id., fr. 9083 (anc. Supp. fr. 2311, Rothelin), vél., XIV° s., in-f., ff. 302 & s.
4. Id., fr. 22495 (anc. Sorb. 383), vél., XIV° s., in-f., ff. 271 & s.
5. Id., fr. 22497 (anc. La Vallière 10), vél., XIV° s., in-f., ff. 153 & s.
6. Id., fr. 24209 (anc. Sorb. 387), vél., XIV° s., in-f., ff. 304 & s.
7. Paris, Bibl. Didot, vél., XIV° s., in-f., ff. 291 & s.
8. Lyon, Académie 29 (anc. 733-742, Adamoli), vél., XV° s., in-f., ff. 289 & s.

---

[1] La *Prophétie Agap*, la version française de la *Relatio patriarchæ ad Inn. III* & un traité sur les périls de la mer, le désert & le Nil. La première, qui se trouve dans 6 mmss., forme les chap. XII-XIV (R. *des hist. occ. des cr.*, II, pp. 515-520); la seconde, qui se trouve dans 5 mmss., les chap. XV-XVI (pp. 520-522); la troisième, les chap. XLV-LVIII (pp. 571-589).

[2] On n'y retrouve plus le mélange du présent & de l'imparfait que j'ai signalé dans Ernoul : l'occupation des Lieux-Saints par les Sarrasins y est toujours affirmée.

9. *Bruxelles, Bibl. roy.*, 9045, pap., XV* f., in-f., ff. 342 & f.

10. *Id.*, 9492-9493, vél., XIV* f., in-f., ff. 377 & f.

11. *Rome, Vatican, Reg. Chrift.*, 737 (anc. 691), vél., XIV* f., in-f., ff. 339 & f.

12. *Turin, Athenæum*, LII, 17 (Gallic. 86), vél., XV* f., in-f., ff. 311 & f.

EDITIONS. — A. Recueil des hift. des croifades, Lois, t. II, 1843, pp. 531-534 [cod. 6].

B. *Schulz (E.-G.)*, Jérufalem *(Berlin, S. Schropp,* 1845, *in-8)*, pp. 107-115 [éd. A].

C. *Williams*, The holy city *(London, J.-W. Parker,* 1849, *in-8)*, I, app., pp. 134-140 [éd. A][1].

D. Recueil des hift. occ. des croifades, t. II (1859), pp. 490-515 [cod. 3, 4, 6, 8][2].

E. *M¹⁸ de Vogüé*, Eglifes de Terre-Sainte *(Paris,* 1860, *in-4)*, pp. 436-451 [cod. 1, 4, 6][3].

F. Guillaume de Tyr & fes continuateurs, *éd. Paulin Paris (Paris, Didot,* 1879-1880, 2 *vol. in-8)*, t. II, pp. 475-496 [cod. 7][4].

[*Le texte dont il eft ici queftion eft à peu de chofe près celui qui a été publié par l'Académie des Infcriptions & Belles-Lettres & dont l'édition eft défignée ci-deffus par la lettre D. Certaines corrections de détail y ont cependant été introduites, grâce aux nouveaux éléments de critique fournis par les manufcrits que l'Académie n'avait point connus. Le texte académique, en effet, a été conftitué d'après fix manufcrits; de ces fix manufcrits, cinq ont été utilifés dans ce texte, ce font les manufcrits E, F, H, I, K, auxquels on a confervé les lettres que leur avait données le*

---

[1] Cette édition & les deux précédentes ne donnent que la defcription de Jérufalem, & omettent celle des LL. SS. de Paleftine.

[2] Les éditeurs du *Recueil* acad. fe font fervis auffi d'un mf. d'Ernoul, *Eftat de la Citez*, fr. 9086, qui a donné les variantes C.

[3] M. de Vogüé a remplacé la fin du texte par notre n° VI, en y ajoutant quelques paffages de cette fin, empruntés aux mmff. 1, 4, 6.

[4] La première partie du texte (*Defcription de Jérufalem*) a été traduite en anglais par T. Barclay, *The city of the great king* (L., 1857, in-8), p. 368-377, & en allemand par G. Rofen, *Jerufalem zur Zeit der Kreuzfahrer* (*Wochenbl. d. Johann.-Ordens Balley Brandenb.*, 1867, pp. 79-94).

dernier éditeur. On a rejeté au contraire le mf. C de l'Académie, qui contient, non pas la rédaction voulue, mais le texte d'Ernoul. Quant aux autres manufcrits, auxquels ont été attribuées les lettres A, B, C (nouveau), D, G, J, ils font abfolument nouveaux. Autant que faire fe pouvait, les onze manufcrits parmi lefquels on ne compte pas le n° 2 qui eft une copie, ont été groupés par familles.]

X

CHEMINS ET PELERINAGES DE LA TERRE SAINTE.

Le texte publié fous ce titre aurait pu être joint au n° VI, avec lequel il a une parenté indifcutable. Les Lieux-Saints y font décrits dans le même ordre, quelquefois dans les mêmes termes. Il eft également auffi difficile à dater que les Pelerinaiges por aler en Ierufalem: nous retrouvons, en effet, ici les fynchronifmes contradictoires que nous a offerts ce dernier document; il y a même une difficulté de plus; car l'auteur parle d'Athlit comme n'étant plus en la poffeffion des Templiers[1], affertion inadmiffible, puifque ce château ne fut pris que le 30 juillet 1291, c'eft-à-dire deux mois & demi après la chute d'Acre (18 mai) qui nous eft donné, dans le texte, comme encore occupé par les Latins.

Il n'y avait donc aucune raifon bien décifive pour ne point le réunir au n° VI, & fi nous l'en avons féparé, c'eft que, d'abord, il en diffère, à chaque inftant, par les détails, ou nouveaux, ou plus abondants, qu'il donne fur les lieux décrits, puis parce que fa feconde rédaction, beaucoup plus voifine de la première que les Pelerinaiges por aler en Ierufalem, n'offre plus les deux fynchronifmes embarraffants des moines de Ste-Marie Latine & de la maifon de l'Hôpital à Jérufalem. Négligeant donc le mot relatif à Athlit (mot que corrige d'ailleurs la deuxième rédaction), nous avons placé la compofition, fans fixer d'ailleurs une date minima précife, avant l'année 1265, époque où Arfuf & Céfarée tombèrent au pouvoir des Infidèles. Cette date, pour la feconde rédaction, pourrait même être augmentée de trois ans; car celle-ci ne fait plus de Jaffa, comme la première, la réfidence d'un comte[2], & l'on fait que Jaffa tomba le 7 mars 1268.

1 « Lequel chaftieu fu de la maiffon dou Temple» (N. 2, p. 180).   2 N. 3, p. 192.

Les environs de cette dernière année pour la deuxième rédaction de notre texte, le milieu du treizième siècle, pour la première, me paraissent donc les époques approximatives où fut composé ce double document, dont l'auteur ou les auteurs durent prendre le cadre tout fait que leur offraient les Pelerinaiges por aler en Ierusalem, en y insérant leurs propres renseignements.

MANUSCRITS. — *Première rédaction.* Rome, Vatic. 3136, vél., XIVᵉ s., in-8, ff. 19-25 [1].

Seconde rédaction. Cambridge, University, Gg VI, 28, vél., XVᵉ s., in-4, ff. 52a-57a.

[*Différentes par la date, les deux rédactions le sont aussi par la langue; la première est l'œuvre d'un copiste provençal, la seconde provient d'un copiste anglais. A travers les déformations dues à ces deux influences, qui n'ont fait que changer superficiellement la physionomie de la version primitive, il est toutefois facile de reconnaître un texte original purement français.*]

XI

VOYAGE DES POLO.

Sans l'intérêt qui s'attache au nom du grand voyageur vénitien, & aussi sans le désir de ne rien omettre dans la série de nos textes géographiques, surtout les plus anciens, nous aurions pu négliger ce fragment du livre de Marco Polo. Il n'a, en effet, qu'une importance bien restreinte pour la Terre-Sainte &, en particulier, ne saurait donner lieu ici à aucune observation, la question de rédaction & d'originalité ne soulevant aucune difficulté qui n'ait été depuis longtemps résolue par les commentateurs innombrables de Marco Polo.

Je ne ferai qu'une remarque, portant sur un point tout spécial: la date de 1269, donnée seulement par un des manuscrits de la rédaction de Thibaut de Cépoy, pour le premier séjour à Acre des Polo & leur rencontre avec Tedaldo Visconti, qui allait être

---

[1] Nous en devons l'indication à notre confrère, M. J. Delaville le Roulx.

élu pape & prendre le nom de Grégoire X, date préférée par tous les éditeurs à celles évidemment erronées de Rusticien de Pise (1260, p. 209) & des huit autres manuscrits de Thibaut de Cépoy (1250 & 1260, p. 221, var. ii), n'est pas hors de toute discussion. M. G. Tononi, archiprêtre de Plaisance, qui prépare une histoire & une édition des œuvres de Grégoire X, me fait remarquer que les chroniqueurs ne placent le départ de Tedaldo pour la Terre-Sainte qu'après celui de s. Louis pour Tunis (2 juillet 1270), & que, d'après un acte du Trésor des Chartes[1], Tedaldo était encore à Paris le 28 décembre 1269. Il faudrait donc probablement dater de 1271 le premier & le deuxième séjour des Polo à Acre, & les placer tous deux entre le 9 mai, époque de l'arrivée en Terre-Sainte d'Edouard d'Angleterre, — avec lequel, suivant l'Eracles[2], aborda Tedaldo — & le 18 novembre, date du départ du nouveau pape pour l'Occident.

Première rédaction (Rusticien de Pise).

Manuscrits. — 1. Paris, Bibl. Nat., fr. 1116 (anc. 7367), vél., XIVe s., in-f., ff. 4 b-7 a.
Edition. — Recueil de voy. & de mémoires, publ. par la Soc. roy. de géographie, t. I (1824, in-4), pp. 1-9 [cod. 1].

Seconde rédaction (Thibaut de Cépoy).

Manuscrits. — 2. Paris, Bibl. Nat., fr. 2810 (anc. 8392), vél., XIVe s., in-f., f. 1 & suiv.
3. Id., f. 5631 (anc. 10260), vél., XIVe s., in-4, f. 4 & s.
4. » » 5649 (» 10270), » XVe s., » » 6 »
5. » Nouv. acq. fr. 1880, pap., XVIe s., » » 1 »
6. Berne, 125, vél., XIVe s., in-4, f. 4 & s.
7. Bruxelles, 9309, vél., XIIIe s., in-4, f. 1 & s.
8. Londres, Mus. Brit., Reg. 19 D I, vél., XIVe s., in-4, f. 58 & s.,
9. Oxford, Bodl. 264, vél., XIVe s., in-4, f. 218 & s.
10. Stockholm, Bibl. roy., Fr. 37, vél., XIIIe s., in-4, f. 1 & s. [3]

---

[1] Arch. de Fr., T, 456, no 28[18].
[2] L. XXXIV, ch. V (H. occ. des cr., II, p. 449).
[3] Une héliographie de ce ms. vient d'être exécutée par les soins de M. le baron de Nordenskjöld qui a bien voulu nous en communiquer les premiers feuillets.

Le manuscrit :

11. *Rome, Vatic., Ottoboni* 2207, *vél., XIVᵉ ſ., in-ſ.,*
ne contient pas le voyage en Syrie.
Les manuſcrits :

12. *Londres, Egerton* 2176, *vél.,*

13. *Stockholm, Bibl. roy., Fr.* 38, *vél., XVᵉ ſ., in-*4,
ne ſont que des retraductions *françaiſes de la verſion latine du livre de Marco Polo.*
Le manuſcrit :

14. *Paris, Arſenal,* 3511 *(anc. H. fr.* 20*), vél., XVᵉ ſ., in-fol., offre une tout autre rédaction, complètement rajeunie & œuvre d'un copiſte ſpécial.*

ÉDITION. — Le livre de Marco Polo, *publ. par G. Pauthier* (Paris, Didot, 1865, 2 vol. in-8), *t. I, pp.* 20 *& ſ.* [cod. 2, 3, 4].

[Pauthier *a démontré que le livre de Marco Polo a tout d'abord été rédigé par Ruſticien de Piſe, dans une langue imprégnée de formes italiennes ; c'eſt cette rédaction qu'on a ici publiée la première, en reſpectant les fautes de toute nature qu'elle renferme.*

La ſeconde rédaction, vraiſemblablement reviſée par Marco Polo lui-même & deſtinée, d'après le prologue, à Thibault de Cépoy, offre un texte de beaucoup meilleur & plus ſûr. Ce texte, conſtitué à nouveau d'après neuf manuſcrits, dont trois ſeulement étaient connus de Pauthier, *eſt tout à fait différent du texte du premier éditeur & lui eſt auſſi ſupérieur.*]

XII

PELRINAGES ET PARDOUNS DE ACRE.

*Voici encore un texte dont la première partie eſt rédigée ſur le même plan que les nᵒˢ VI & X, &, comme eux, voiſin de la deuxième partie du fragment géographique que nous avons emprunté à l'*Eracles-Rothelin. *Encore plus concise que les premiers, elle n'offre point de ſynchroniſmes qui permettent d'en fixer approximativement la date. Heureuſement que l'auteur, aux dix paragraphes dans leſquels ſont brièvement décrits les Saints-Lieux, tels que nous les énumèrent les* Pelerinaiges por aler en Ieruſalem *& les* Chemins & pelerinages, *en ajoute* trois autres qui lui sont propres. Or, dans le second[1], qui contient une liste unique & infiniment précieuse des sanctuaires d'Acre, nous trouvons mentionné l'hôpital de St-Martin des Bretons, dont on connaît parfaitement les origines, & qui fut fondé exactement le 29 août 1254[2]. Mais ce n'est là qu'une date minima qu'il convient de faire descendre de plusieurs années, le nombre des pèlerinages énumérés dans Acre seulement supposant cette ville arrivée à un degré de prospérité qu'elle n'atteignit que quelques années avant sa chute.

MANUSCRIT. — Londres, Brit. Mus., Harl. 2253, vél., XIVe s., in-f., ff. 68b-70b.

[Ce texte offre un spécimen nouveau du dialecte anglo-normand au XIIIe ou XIVe siècle. Nous y retrouvons, en effet, la confusion des conjugaisons & des cas de la déclinaison, des formes comme mount pour mont, tounbe pour tombe &c., la résolution de ié en é &c., autant de phénomènes linguistiques intéressants à constater.]

XIII

LA DEVISE DES CHEMINS DE BABYLONE.

Notre confrère, M. Charles Schefer, a préparé, sur ce texte important, un mémoire étendu qui va paraître au tome II des Archives de l'Orient Latin: je me bornerai donc ici à de courtes observations.

La Devise ne rentre pas précisément dans les limites géographiques tracées à nos volumes: ce mémoire militaire, adressé en Occident, par l'ordre de St-Jean, pour une descente en Égypte, donne d'abord le relevé des forces dont disposent les Infidèles, puis décrit avec détails les diverses routes par lesquelles on peut pénétrer jusqu'au Caire. Il devrait donc être plutôt rangé parmi les projets de croisade. Nous l'avons pourtant admis dans le présent volume, d'abord en raison de son importance, puis parce qu'il embrasse une région qui fut, au XIIe & au XIIIe siècle,

---

[1] N. 13, pp. 235-236.
[2] V. Titres de l'Hôpital des Bretons d'Acre, publ. par J. Delaville le Roulx (Archives de l'O. L., I, pp. 423-433).

le théâtre fréquent des guerres entre les sultans d'Egypte & les Latins, & qu'il est curieux de constater quels renseignements ces derniers pouvaient avoir sur ce pays.

M. Schefer montrera, par la comparaison avec les sources arabes, quelle était l'exactitude de ces renseignements, qui supposent chez l'auteur anonyme du Mémoire la connaissance, non seulement des choses dont il parle, mais encore de la langue turque.

Je ne saurais affirmer positivement que la Devise ait été écrite originairement en français : une longue rubrique latine qui la précède, dans une des copies que nous en avons, me fait craindre qu'elle n'ait été écrite d'abord, ou tout au moins simultanément, en latin : en tout cas, je n'en ai pu retrouver l'original.

Quant à la date à laquelle elle a été rédigée, il est extrêmement facile de la préciser : les Latins, en effet, n'avaient pas encore perdu Acre (1291), car, sans cela, cette ville qui fut, aussitôt après la prise, pourvue d'un émir, lieutenant du sultan du Caire, figurerait au nombre des chefs-lieux de gouvernement énumérés par la Devise. Celle-ci comprend, au contraire, Tripoli, qui tomba aux mains des Sarrasins le 26 avril 1289 : c'est donc entre cette date & le 18 mai 1291, que le mémoire a été rédigé & expédié en Europe, probablement pour déterminer l'envoi de secours dont Acre, de plus en plus menacée, éprouvait le besoin le plus urgent.

MANUSCRITS. — 1. Paris, Bibl. Nat., Lat. 7470, vél., XIVe s., in-f., f. 163 a-172 a.

2. Id., Bibl. Ste-Genev., E. l. 28, vél., XIVe s., in-4, f. 143 b-147 d.

3. Berne, 280, pap., XVe s., in-f., f. 74 b-78 b.

ÉDITION. — Sinner, Catal. cod. mmss. bibliothecæ Bernensis (Berne, 1770, in-8), t. II, pp. 319-329 (fragment, chap. I-VI), [cod. 3].

[Ce texte, établi d'une façon critique d'après les trois seuls manuscrits connus, est écrit en bon français du XIIIe siècle ; aucune autre raison que celle qui a été énoncée plus haut, ne saurait être invoquée en faveur de l'originalité latine de ce morceau important.]

XIV

LES CASAUS DE SUR.

Nous avons rejeté à la fin du volume cette pièce, dont il eſt impoſſible de fixer la date préciſe. Elle eſt poſtérieure à la perte du Saphet (20 juillet 1266) & antérieure à la mort (1283) du dernier prince de Tyr, qui ait régné effectivement dans cette ville. Ce prince, Jean de Montfort, avait laiſſé une veuve, Marguerite, ſœur de Henri II, roi de Chypre, qui conclut en 1285 un traité, pluſieurs fois publié [1], avec le ſultan Mélik el-Manſour. Or, ce traité eſt deſtiné préciſément à aſſurer à la princeſſe la poſſeſſion des dix caſaus qu'énumère notre acte, débris que le ſultan daignait lui laiſſer, après s'être emparé du reſte de la principauté.

Manuscrits. — 1 & 2. *Veniſe, Arch. di ſtato*, Regiſtri dei patti, I, f. 182, II, f. 24.

3 & 4. *Vienne, Arch. Imp.*, Liber pactorum, I, 279, II, 29.

Edition. — Urkunden zur Handelsgeſchichte Venedigs, éd. *Tafel & Thomas*, t. III *(Vienne, 1857, in-8), pp.* 398-400 [cod. 3-4].

[*Texte italianiſé d'une phonétique incertaine & d'un ſens quelquefois douteux.*]

[1] *Biblioth. des croiſades*, t. IV (1829), pp. 558-560 (en français); Wilken, *Geſch. der Kreuzz.*, t. VII, 1832, app., pp. 14-16 (en allem.); Makrizi, *Hiſt. des ſultans d'Egypte*, tr. Quatremère (1837), t. II, I, p. 173; cf. p. 216.

Comte Riant.

I

LES SAINTS LIEUX

D'APRÈS LA

CHANSON DU VOYAGE DE CHARLEMAGNE

A JÉRUSALEM

[vers 1075]

MANUSCRIT :

Londres, Brit. Muſeum, King's Libr. 16 E. VIII (vél., XIII° f., in-8), ff. 132 b-135 a.

EDITIONS :

Charlemagne, an anglo-faxon poeme, ed. Fr. Michel (Lond., 1836, in-12), pp. 5-11.

Karls d. Groſſen Reiſe nach Jeruſalem, herauſg. von Ed. Koſchwitz (Heilbronn, 1880, in-12), pp. 51-57.

LES SAINTS LIEUX

D'APRÈS LA

CHANSON DU VOYAGE DE CHARLEMAGNE

A JERUSALEM

* * *

[Texte de M. Koſchwitz, revu par M. G. Paris.]

Mſ. f. 132 b.
K. p. 51.

IL eiſſirent de France e Burguigne guerpirent,
Loheregne traverſent, Baiviere e Hungerie,
Les Turs e les Perſanz e cele gent baie,
La grant ewe del flum paſsèrent à Lalice.
Chevalchet l'emperère très par mi cruiz partie
Les bois & les forez, e ſunt entrez en Grice,
Les puiz e les muntaignes virent en Romanie,
E brochent à la tere ù Deus receut martirie,
Veient Jeruſalem, une citet antive.
Li jurz fu bels e clers, herberges unt purpriſes,   110
E vienent al muſtier; lur offrende i unt miſe;
As herberges repairent les fières cumpagnies.

Mult eſt genz li preſenz que li reis Charle i offret.
Entrat en un muſtier de marbre peint à volte.

Là ens at un alter de Sainte Paternoſtre.
Deus i chantat [la] meſſe, ſi firent li apoſtle;
E les duze chaères i ſunt tutes uncore.
La trezime eſt en mi, ben ſeielée e cloſe.
Charlemaigne i entrat, bien out al coer grant joie;
Cum il vit la chaère, icele part s'aprocet.
120 L'emperère s'aſiſt, un petit ſe repoſet,
Li duze per as altres envirun & en coſte.
Ainz n'i fiſt alcuns hoem ne unkes puis uncore:

Mult fu liez Charlemaigne de cele grant beltet:
Vit de clères colurs le muſtier peinturet,
De martirs e de virgenes e de granz majeſtez,
E les curs de la lune e les feſtes anvels,
E les lavacres curre e les peiſons par mer.
Charles out fier le vis, ſi out le chief levet.
Uns Judeus i entrat, ki bien l'out eſguardet;
130 Cum il vit Charlemaigne, cumençat à trembler:
Tant out fier le viſage, ne l'oſat eſguarder;
A poi que il ne chiet, fuiant s'en eſt turnez,
E ſi muntet d'eſlais tuz les marbrins degrez,
E vint al patriarche, priſt l'en à aparler:
« Alez, ſire, al muſtier pur les funz apreſter,
« Orendreit me ferai baptizier e lever.
« Duze cuntes vi ore en cel muſtier entrer,
« Avoec els le trezime; unc ne vi ſi furmez.
« Par le men eſcientre, ço eſt meiſmes Deus:
140 « Il e li duze apoſtle vus vienent viſiter. »
Quant l'ot li patriarches, ſi s'en vait cunreer
E out mandet ſes clers en albe la citet:
Il les fait reveſtir e chapes afubler,
A grant proceſſiun en eſt al rei alez.
L'emperère le vit, si'ſt encuntre levez
E out trait ſun chapel, parfunt lui at clinet,
Vunt ſei entrebaiſer, nuveles demander.
E diſt li patriarches : « Dunt eſtes, ſire, nez ?

« Unkes mais n'osat boem en cest mustier entrer,
« Si ne li cumandai u ne li oi ruvet.
« Sire, jo ai nun Charles, si sui de France nez :
« Duze reis ai cunquis par force e par barnet;
« Le trezime veis querre, dunt ai oit parler.
« Vinc en Jerusalem pur l'amistet de Deu,
« La cruiz e le sepulcre sui venuz aürer. »
E dist li patriarches : « Sire, mult estes ber !
« Sis as en la chaère u sist meismes Deus :
« Mes nun Charlemaignes sur tuz reis curunez. »
E dist li emperère : « Cinc cenz merciz de Deu !
« De voz saintes reliques, si vus plaist, me dunez
« Que porterai en France qu'en voil enluminer. »
Respunt li patriarches : « A plentet en avrez.
« Le braz saint Simeon aparmaines avrez ;
« E le chief saint Lazare vus ferai aporter,
« E del sanc saint Estefne ki martir fu pur Deu. »
Charlemaines l'en rent saluz e amistez.

E dist li patriarches : « Ben avez espleitiet.
« Quant Deus venistes querre, estre vus en deit mielz.
« Durrai vus tels reliques, meillurs n'en at suz ciel :
« Del sudarie Jesu que il out en sun chief
« Cum il fut al sepulcre e posez e culchiez,
« Quant Judeu le guardèrent as espées d'acier ;
« (Al tierz jurn relevat, si cum il out prechiet,
« E il vint as apostles pur els esleecier.)
« Et un des clous avrez que il out en sun piet,
« E la sainte corune que Deus out en sun chief;
« Et avrez le calice que il beneisquiet.
« L'escuele d'argent vus durrai volentiers,
« A pieres preciuses, entailliée à or mier ;
« Et avrez le cultel que Deus tint al mangier,
« De la barbe saint Piere, des chevols de sun chief. »
Charlemaines l'en rent saluz e amistez :
Tuz li cors li tressailt de joie e de pitiet.

Ço dist li patriarches : « Bien vus est avenut.
« Par le men escientre, Deus vus i at cunduit.
« Durrai vus tels reliques ki ferunt granz vertuz :
« Del leyt sainte Marie dunt alaitat Jesu,
« Cum fut primes en tere entre nus descenduz ;
« De la sainte chemise que ele out revestut. »
190 Charlemaines l'en rent amistiez e saluz.
Cil li fist aporter, e li reis les reçut.
Les reliques sunt forz, Deus i fait granz vertuz :
Iloec juit uns cuntraiz, set anz out ne se mut,
Tuit li os li cruissirent, li nerf li sunt tendut ;
Ore sailt sus en piez, unkes plus sains ne fud.
Or veit li patriarches Deus i fait granz vertuz,
Tost fait le glas suner par la citet menut.
Li reis fait faire fiertre, unkes mieldre ne fut,
Del plus fin or d'Arabie i out mil mars fundut.
200 Il la fait seieler à force e à vertuz,
A grant bendes d'argent la fait lier menut ;
L'arcevesке Turpin cumandet sun cunduit.
Charlemaines fut liez e cil ki sunt od lui.

Quatre meis fut li reis en Jersalem la vile,
Il e li duze per, la chière cumpagnie.
Demeinent grant barnage, car l'emperère est riches ;
Cumencent un mustier qu'fist de sainte Marie.
Li hume de la tere la claiment Latanie,
Car li language i vienent de trestute la vile ;
210 Il i vendent lur palies, lur teiles e lur sirges,
Coste e canele, peivre, altres bones espices,
E maintes bones herbes que jo ne vus sai dire.
Deus est uncore el ciel qu'n voelt faire justise.

L'emperère de France i out tant demuret,
Le patriarche prist, si l'en at apelet :
« Vostre cungiet, bel sire, si vus plaist, me dunez ;
« En France, à mun reialme m'en estoet returner.

« Pose at que jo n'i fui, si ai mult demuret,
« E ne set mis barnages quel part jo sui turnez.
« Faites cent muls receivre d'or e d'argent truffez. »   220
E dist li patriarches : « Jà mar en parlerez.
« Tuz li miens granz tresors vus seit abandunez.
« Tant en prengent Franceis cum en vuldrunt porter,
« Mais que de Sarazins e païens nus guardez
« Ki nus voelent destruire e la cristientet. »

    E dist li patriarches : « Savez dunt jo vus prei ?
« De Sarazins destruire, ki nus unt en despeit.
— Voluntiers, » ço dist Charles, si l'en plevit sa feit :
« Jo manderai mes humes, quant qu'en purrai aveir,
« Et irai en Espaigne, ne purrat remaneir. »   230
Si fist il pus encore, bien en guardat sa feit,
Quant là fut mort Rollanz, li duze per od sei.

    L'emperère de France i out tant demuret,
De sa muillier li membret que il at oït parler.
Ore irat le rei querre qu'ele li out loet :
Jà n'en prendrat mais fin tresk'il l'aurat trovet.
La nuit le fait nuncier as Francéis, as ostels :
Cum il l'unt entendut, ourent les coers mult liez :
Al matin par sun l'albe, quant li jurz lur apert,
Li mul e li sumier sunt guarnit e truffet,   240
Et muntent li barun, el chemin sunt entret,
Vienent en Jerico, palmes prenent asez,
« Ultree ! Deus aïe ! » crient e halt e cler.
Li patriarches muntet sur un mul sujurnet,
Tant cum li jurz li duret l'at cunduit e guiet ;
La nuit furent ensemble li barun as ostels,
Nule rien qu'il demandent ne lur est demuret.
Al matin par sun l'albe, quant li jurs lur apert,
Remuntent li barun, al chemin sunt entret.
Li patriarches at Charlemaine apelet :   250
« Vostre cungiet, bels sire, si vus plaist, me dunez. »

CHANSON DU VOYAGE DE CHARLEMAGNE.

Et dist li emperère : « Al cumant Damne Deu. »
Vunt sei entrebaisier, atant sunt desevret.
Chevalchet l'emperère od sun ruiste barnet.
Les reliques sunt forz, granz vertuz i fait Deus,   K. p. 5
K'il ne vienent à ewe n'en partissent li guet,
Ne n'encuntrent avoegle ne seit renluminez;
Les cuntraiz i redrecent e les muz funt parler.   f. 135 a.

Chevalchet l'emperère od sa cumpaigne grant,
*E passent les moncèles e les puiz d'*Abilant,
La roche del Guitume *e les plaines avant,*
Virent Cunstantinoble, *une citet vaillant.* . . . .
. . . .

II

PATRIARCATS

DE

JÉRUSALEM ET D'ANTIOCHE

[vers 1180]

MANUSCRIT:

Berne, Bibl. publique, 590 (P. Daniel), XIII" f., vél., in-8.

PATRIARCATS

DE

JÉRUSALEM ET D'ANTIOCHE

* * *

a a, c. 1   Li patriarches de IERUSALEM a foz lui :
  Ebron
  Lidde
  Afcalone
 L'arcevefchiez de SUR a foz lui :
  Acre
  Saiete
1 a, c. 2   *Baruth*
  Belinas
 L'arcevefchiez de CESAIRE a foz lui :
  Sebafte, qui eft dite *Semarie.*
 L'arcevefchiez de NAZARETH a foz lui :
  Tabarre.

 Li patriarches d'ANTIOCHE a foz lui c & liiij yglifes cathedraux, & a fuffragains :
 L'arcevefque de THARSE,
  de ROEIS,
  d'ALPHANE,
  de CROSOPLE, &
 Le vefque
  de la *Liche*
  de *Gabrie*

de *Tortouse*
de *Triple*
de *Gibelet*.

[PATRIARCAT DE JÉRUSALEM.]

En *Palestine*, li premiers sieges : CESAIRE MARTIME que Herodes redefia, soz laquele sunt xix sieges d'eveschié :

Dore
Antipatrida
Jamnias
Assur
Nicople
Omis ᵃ
Sorti ᵇ
Kayfas ᶜ
Ierico
Apatas ᵈ
Paumeroie
Cipon ᵉ
Escomason
Essulion ᶠ
Touxe
Le Sault
Constantine.

En *Galilée*, li second siege : STICOPLE, c'est à dire LE BETSAN; mais cist sieges ert translatez à NAZARETH, soz f. 142 laquele sunt ix eveschiez :

Capitoile
Mirul
Gardirom ᵍ

a. *Onus* est donné par la *Notitia latina* (*Itin. Hieros. lat.*, I, 339), ainsi que les leçons suivantes. — b. *Sozucis*. — c. *Rasias, Raphyas*. — d. *Regium Apatos*. — e. *Azotus Ippum*. — f. *Essilion*. — g. *Gadarum*.

Pelon
Guillaume
Chricppus [a]
Tetracoine [b]
Tabarie
Comane.

Li tierz fieges en *Arrabe* : LA PIERRE DU DÉSERT, foz laquele funt xij evefchiez :

Auguftople
Arindine
Karach, ce eft *le Crac*
Ierapel
Menfidos
Eluci [c]
Zora
Viroffe
Penthacome
Tanaphon [d]
Le Saltum
Irrectonton [e].

Li carz fieges eft en la *Surie Sobal* : BOUTERON, qui a foz lui xxxv evefchiez :

Adraffon
Dyas
Madavion
Ieraffon
Neui
Philadelphie
Ieraple
Efuis
Naples
Philiple
Fenufte

a. *Villifppus.* — b. *Tetracomias.* — c. *Elucis.* — d. *Mamapfon.* — e. *Saltum Ieraticon.*

Denise
Constantine
Pentaconne
Comogeros
Comos
Canis [a]
Commissinali (ou *Connosinali*)
Deicon
Comocoreatas
Comiscapron
Comsiuluanos
Comispirgoarethon
Comispectis
Comisaricon
Comisniectis [b]
Climastolis [c]
Keuisnion
Comisariotas
Comistraconos
Comisvesdamos.

Des suffragains, la premiere est :
Lide, qui est dite *Sainz Iorges*
Iaffes
Ascalon
Gadres
Merinas [d]
Diolicanople
Ebron, de novel eveschiez, & est apelée S. *Abraham*
Bersabée [e]
Naples

a. *Comostaxis*. — b. *Comis Neotis*. — c. *Clima Anatolis*. — d. *Meimas*. — e. *Beitgebrin*.

DE JÉRUSALEM ET D'ANTIOCHE. 15

>Ierico
>Sebaſte
>Tabarie
>Dyocefaire
>Ligrim *a*
>Capitoile, &
>Mauronne
>Cedar
>NAZARETH, où a orendroit arcevefque.
>Tabor
>Adogre
>Afre
>Helie
>Fara Elenople *b*
>Li Monz Synaj, en qui fomet eſt evefchiez, & aval abaïe.

[PATRIARCAT D'ANTIOCHE.]

Li premiers ſieges eſt SUR, foz laquele funt xiij evefchiez :
>Kayfas
>Arches
>Acre
>Saiete
>Le Saffain
>Gibelet *c*
>Bouton *d*
>Ortoufe
>Tortoufe
>Belinas *e*
>Triple
>Baruth
>Maraclée *f*.

a. *Legionum.* — b. *Faram.* — c. *Bibliam.* — d. *Botrion.* — e. *Paneas.* — f. *Aracli.*

Li secons sieges est TARSSE, soz qui sunt v eveschiez:
Sebaste
Mallos
Tine [a]
Corichos
Poderade.

Li tierz sieges est en *Armenie*, EDESSE, qui est dite ROUAIS, soz qui sunt xj eveschiez:
Virchi [b]
Constance
Carron
Marcople [c]
Vathnon
Cedmaron
Venieria [d]
Kerchisie [e]
Tapsaron
Albanice
Calbanice [f].

Li cars sieges, APAME, soz qui en sunt viij:
Ephisaine
Seleucoval
Larisse
Vallane
Mariant
Raphanie
Aretuse [g].

Li chinquiesmes sieges, MALBECH, soz qui sunt viij eveschiez:
Heume [h]
Sauron

---

a. *Thina*.— b. *Virthi*.— c. *Marcopolis*. — d. *Ymeria*. — e. *Ryorquensia*. — f. *Callinicos*. — g. *Arethusa*. — h. *Zeuma*.

Varvals
Neocefaire
Parri
Orcimon
Dolichi
Europhi.
Li fiftes fieges, BUSELTRE ª, foz qui en funt xix :
Gefon
Philadelfe
Adraon
Midraon
Auftadon
Beruendon ᵇ
Zoroime
Herri
Uevi ᶜ
Euftinij
Conftance
Paranble
Denife
Conaathori
Marmaple ᵈ
Philiople
Crifople
Neilon
Lorée.
Li feptiefmes fieges *en Arménie*, ANAVRASE, foz qui funt ix evefchiez :
Ephifainne
Alixandre
La petite Trinople
Campifoble ᵉ

a *Boftra*. — b *Delmundon*. — e *Cambrifopolis*.
c *Yervi*. — d *Maximopolis*. —

Flavias
Pofos
Caftavali
Eguas
Sifie.

Li huitiefmes fieges, [SELEUCIE] foz qui en funt xxv :
Claudiople
Diocefaire
Oropi
Dalixandres
Sevale
Kelenderis
Antinori [a]
Anople [b]
Lamos
Antioche la petite
Nephelie
Quiftre
Selennifte
Yeapi [c]
Philadelphie la petite
Yrenople
Germanicople
Mobde
Domeciople
Sibidi
Ginople [d]
Adrafon
Milio [e]
Nuples.

Li novifmes fieges, DAMAS, foz qui funt x evefchiez :
Abli

---

a *Anemori*. — b *Titopolis*. — e *Miloi*.
c *Yotupi*. — d *Ginopolis*. —

Panuplon [a]
La Liche
Eurie
Ronoquorre [b]
Yatridée [c]
Danabie
Karotée [d]
Hardani
Syrraquin.

a *Palmyren.* — b *Renocera.* — c *Yabruda.* — d *Karatea.*

(Ici finit le manuscrit; manquent les métropoles X, XI, XII & XIII.)

III

L'ESTAT DE LA CITÉ
DE IHERUSALEM
[v. 1187]

MANUSCRITS :

K. Paris, Bibl. Nat., fr. 770, vél., XIII f., in-f., f. 348.
L.   »   »   » 12203, »   »   » f. 40-41.
M.   »   »   » 24210, pap., XV f., » f. 56b-57b.

L'ESTAT

DE LA

CITÉ DE IHERUSALEM

*

Extrait

de l'*Eſtoire d'outremer* & de la *naiſſance Salehadin*.

* * *

I

SACHIÉS que la cité de *Iheruſalem* n'eſt ore pas en cellui liu[a] ù elle eſtoit[b] au tans que Iheſu Criſt fu crucefiiés. La cités eſtoit à celui tans ſour le *Mont de Syon;* mais ore non il n'i a, fors une abeïe, ſans plus, & eſt apielée *Sainte Marie dou Mont de Syon*. Et là, droit ù li mouſtiers eſt, fu li maiſons ù Noſtre Sires chena[c] o ſes deſiples[d], le loeſdi Abſolu, & fiſt la fracſion[e] & la patre noſtre. Auſi[f] en celui[g] mouſtier meiſmes[h], & là, s'aparut il à ſes apoſtles le iour[i] k'il[j] reſuſcita de mort à vie; &[k] fu che k'il mouſtra[l] à ſaint Thumas les plaies de ſes mains & de ſes piés[m] & de ſon coſté, as octaves de Paſques, & li diſt: « Thumas met[n] cha « ton doit & ſi croi en moi fermement ». Et là meïſmes

Abbaye de Mont Sion.

a. *M* tel lieu comme. — b. *K*, *M* fu. — c. *K* cena. — d. *K*, *M* apoſtles. — e. *L* le ſacrement. — f. Auſi m. d. *L*. — g. *K*, *M* cel. — h. meïſmes m. d. *K*, *M*. — i. *L* ior. — j. *L* que il. — k. & m. d. *L*. — l. *K* cou, *L* que il moſtre. — m. *L* de ſes piés & de ſes mains. — n. *L*, *L1* boute.

s'aparut il à fes apoftles le iour ᵃ de l'Affencion, & ᵇ il monta es chieus ᶜ, & il vint prendre congié à iaus ᵈ. Et quant il i fu montés, fi retournérent les apoftles ᵉ en cel lieu meïfmes, quant il l'orent convoiet dufc' ᶠ au *Mont des Oliviers.* *Mont Olivet.* Et là fu çou que ᵍ il monta es chieus ʰ, & là en droit ⁱ atendirent li apoftle ʲ le faint Efperit k'il lor avoit proumis.

En cel liu ᵏ meïfmes eft li lius ù madame fainte Marie trefpaffa; & de là l'emportérent li Angele foz ˡ terre ᵐ ou *Val de Iofafas* ⁿ, & là le mifent il ou fepulcre; & là L f. 40 b. eft encore chil meïfmes fepulcres, & eft apielés li *Mouftiers madame Sainte Marie de Iofafas* ᵒ.

II

En celui ᵖ mouftier a .j. abé, & fi i ᵠ a noirs moines. *Abbayes de Iofa-* Un ʳ autre mouftier i a que on apiele *Sainte Marie* ˢ du *phat & de Mont* *Mont de Sion;* en cel mouftier a .j. abé aufi. Ces .ij. *Sion.* abeïes funt un petit ᵗ loing de *Iherufalem* & fi funt K f. 348 b. haut; li une de ces .ij. ᵘ abeïes eft deviers foleil levant, & li autre deviers foleil coucant. Li abeïe de *Mont de* M f. 57 b. *Syon* eft à dieftre ᵛ de la cité de *Iherufalem* en droit miedi; & cele ki eft deviers le *Val de Iofafas* ˣ eft deviers ʸ foleil levant, entre le *Mont Olivet* & le *Mont de Syon.*

III

Li *Mouftiers dou Sepulcre* ki ore eft, & li *Mons de Cauvaire* eftoient fors des murs de la cité de *Iherufalem,*

a. *K, M* au. — b. *K, M* quant. — c. *L, M* celx. — d. *L* ci. — e. les apoftles m. d. *L, M*. — f. *L* iufques. — g. *L, M* d'illuec en droit monta il. — h. *L* celx. — i. *L* illuec en. — j. *L* il. — k. *L* mouftier. — l. *K* fous. — m. *L* tierer. — n. *K, M* *Yofaphat*. — o. *K, M Yofaphat*. — p. *L* Et en cel; *M* En ce. — q. i m. d. *K, M*. — r. *M* En. — s. *K, M* i a de S. Marie c'on apiele. — t. *L* poi. — u. .ij. m. d. *M*. — v. *K, M* deftre. — x. *K, M Yofaphat*. — y. *L* deviers le.

DE IHERUSALEM.

au tans ke Noſtre Sires fu mis en crois; & ſi eſt auques la cités en .j.ᵃ pendant; & ore eſt li *Mons de Cauvaire* & li *Sepulcres* en mi la cité de *Iheruſalem*, & adonc eſtoient defors; mais uns rois paiens l'avoit aſſisᵇ enſi. Cil rois fu rois de *Perſe*, & ot non Nabugodonoſor; cil l'aſiſt là ù ele eſt ore. La cités pent deviers *Mont Olivet*; & li *Mons* d'Olivetᶜ eſt deviers ſoleil levant & deſoz eſt li *Vaus de Ioſafas*ᵈ, entre le mont & la cité. Calvaire; S. Sépulcre.

IV

Il a en *Iheruſalem* .iiij. portes maiſtres, l'une en droit l'autre, ſans les poſtiernesᵉ ki ſunt entourᶠ. Ces .iiij. portes ſunt en crois. La *Porte David* ſiᵍ eſt & ſietʰ encontre *Portes Oirres*. La *Porte Saint Eſtievene* eſt en droitⁱ miedi, & ſiet encontre la *Porte de Tabarie*, por chou que par cele porte yait on en *Tabarie*ʲ. Enſi ſont ordenéesᵏ. Portes de Jéruſalem.
Porte S. Etienne.

V

Or vous dirai de la *Porte David*. La *Porte David* ſiˡ eſt outreᵐ la *Rue* c'on diſt *de la Tor David*; &ⁿ pour çou que ele eſt autor de la *Rue* c'on diſt *de l Tor David*, por chou a ele nonᵒ la *Porte David*, & ſi eſt deriére la *Tour* David. Porte de David.

Portes Oirres ki ſunt encontreᵖ la *Tour David* ſuntᵠ deriére le *Temple Salemon*; cele porte tient au mur ki Porte Dorée.

---

a. .j. *m. d. L, M*. — b. l'avoit *m. d. L, M*; *L, M* aſſiſt. — c. & ... Olivet *m. d. L*. — d. *L, M* Yoſaphat. — e. *K, M* poſternes. — f. *L* entore. — g. *K, M* i. — h. & ſiet *m. d. L, M*. — i. *L* ſi encontre; *M*, ſeiet encontre. — j. por... Tabarie *m. d. K*. — k. Enſi ſont ordenées *m. d. L, M*. — l. ſi *m. d. K, M*. — m. *K, M* en. — n. & *m. d. L, M*. — o. *L* por che que el eſt autor. — p. *K, M* contre. — q. ſunt *m. d. M*.

muet *a* de la *Porte* *b* *David*, & fi ere de cele porte a une ruiele ki vait dufques à la *Porte Saint Eftievene*.

VI

Et d'autre part vait on *c* .j. poi avant, fi *d* troeve on
Porte de Tibériade. une autre rue ki vait à la *Porte de Tabarie*. Maisançois ke on viegne à la *Porte de Tabarie* troeve on une *Mai-* M f. 58 a. fon de l'Ofpital. Mais de cele porte n'eft mie la droite
Rue du Patriarche. entrée, ains eft la maiftre *Rue dou Patriarche* dufc'as
Change des Syriens. *Canges des Suriiens* *e* . Et d'autre part des *Canges* vent on les dras de le cité. Par deviers *Portes Oirres*, vent on la mercherie; & au chief vent on les herbes *f* , & deriére tane on les cuirs. Et fi a une place là *g* ù les cuves d'un bourgois eftoient, ki foloit habiter en Iherufalem *h* , dont iou vous ai conté *i* ci devant, de celui ki tant faifoit de bien en Iherufalem, d'abevrer les povres gens, chil meïfmes ki avoit à *j* non Germains.

VII

Par devant la *Tor David* .j. poi avant à main deftre a une ruiele par ù on va ou *Mont de Syon*, par une pofterne petite ki là eft en celle ruiele *k* à main feniestre. Et
Eglife S. Jacques. ançois c'on iffe de la porte, a un *Mouftier de Saint Iake* *l* , & de là l'emportérent li Angele en *Galiffe* *m* ; & cil fu fréres faint Iehan l'Evangelifte; & por çou en fift on là *n* le mouftier, & eft affés priés de la *Porte de Tabarie*.

a. *L* vient. — b. *L* tour. — c. on *m. d. L.* — d. fi *m. d. L.* — e. *L* Syriiens. — f. *M* herbeges. — g. là *m. d. L, M.* — h. ki ... Iherufalem *m. d. L.* — i. *K* iou ai parlé. — j. à *m. d. L, M.* — k. *L* rue. — l. *K, M* Iakeme. — m. *K* Galilée. — n. là *m. d. L.*

VIII

Etançois c'on soit alet gaires fors^a de cele porte^b, a .j. *Moustier de Saint Pol*; & si a abcïe de moines blans; & là dist on que sains Pols se convierti, quant il ot fait marteriier saint Estievene. *Eglise S. Paul.*

IX

f. 41 a. La grans rue ki vait droit de *Portes Oirres* dusc'à la *Tour David* ^c & dusc'au *Cange*, apiele on la *Grant Rue David*, & au chief de cele *Rue David* est li *Canges*. *Rue de David.*

Droit à main seniestre en la *Rue David* a une grant place: là vent on le blet; &, d'autre part assés priès de là ^d vent on l'orge.

Et quant on a .j. poi avant alé de cele place, si troeve on une rue, à main seniestre, c'on apiele la *Rue dou Patriarche*, pour chou ke li patriarches i maint.
349 a.
f. 58 b.

Au chief de cele rue, .j. poi avant, est li *Moustiers dou Sepulcre*.

X

A main seniestre de la *Rue dou* ^e *Patriarche*, a une porte par ù on entre en la Maison ^f de l'*Ospital*, & là mainent li Ospitalier. *Maison de l'Hôpital.*

Quant on a alé outre cele porte, à main destre, si vent on les orfrois^g, & là ont li Suriien ^h lor marcheandise. Et d'autre part de la ⁱ *Rue des Suriiens*, vendent li lanier ^j lor draperies. *Rue des Syriens.*

a. fors *m. d. M.* — b. porte *m. d. M.* — c. Dufca ... David *m. a. L.* — d. de là *m. d. L.* — e. L le. — f. rue. — g. K, M l'orfrois. — h. L Syriien. — i. K, M cele. — j. K latin.

Et, à main feniestre, en une estroite rue basse [a], desous le *Sepulcre*, vent on le car [b].

Et [c] si n'est la cités gaires grans; ains est petite.

a. basse *m. d. M.* — b. *L* le char. — c. Et *m. d. K, M.*

IV

ERNOUL
L'ESTAT DE LA CITÉ
DE IHERUSALEM
[v. 1231]

MANUSCRITS

A. Paris, Arsenal, 4797, vél., XIII f., in-fol., f. 51 & f.
B. Berne, 340, vél., XIV f., in-4, f. 50 & f.
C. Bruxelles, 11142, vél., XIII f., in-fol., f. 52 & f.
D. Berne, 41, vél., XIII f., in-fol., f. 38 & f.
E. Paris, Bibl. Nat., fr. 781, vél., XIII f., in-4, f. 97 & f.
F. Berne, 113, vél., XIII f., in-fol., f. 135 & f.
G. Berne, 115, vél., XIII f., in-fol., f. 27 & f.
H. Saint-Omer, 722, vél., XIV f., in-fol., f. 40 & f.
J. Paris, Bibl. Nat., fr. 9086, vél., XIII f., in-fol., f. 375 & f.

ERNOUL

L'ESTAT

DE LA

CITÉ DE IHERUSALEM

* * *

I

HERUSALEM n'eſt pas[a] en cel liu où elle eſtoit quant Iheſu Cris fu crucefiiés, ne ù[b] il reſuſcita de mort à vie. Adont quant Iheſu Cris eſtoit à tiere, eſtoit li cités ſour le *Mont de Syon*, mais elle n'i eſt ore mie pas[c]. Il n'i a ſeulement c'une abeïe[d], & en cele abeïe[e] a .j. *Mouſtier de medame Sainte Marie*. Là où li mouſtiers eſt, ſi com on fait à entendre[f], fu li maiſons là où Iheſu Cris chena[g] aveuc ſes Apoſtles, le Ieudi Abſolu, & fiſt le ſacrement de l'autel. En cel mouſtier eſt li lius où il mouſtra les plaies de ſes piés & de ſes mains & de ſon coſté à ſaint Thumas, as octaves de Paſques[h], quant il reſuſcita de mort à vie; & ſe li diſt qu'il li moſtraſt ſen

Mont Sion.

Abbaye & église de N. D.

Maiſon de la Cène.

---

a. *D* Ieruſalem, la glorieuſe cité, n'eſt ore mie. *Nombreuſes lacunes dans ce mſ.* — b. ne u... *manquent dans G. & H.* — c. *A, B, D*; *C* n'i eſtoit ore pas. — d. *L* une egliſe & une abaïe de moinnes. — e. *H* en cel leu ou ele eſtoit. — f. *A, B* on fait entendant; *D* ſi com l'en dit; *H* on diſt. — g. *A, B, D* cena. — h. *La fin de la phraſe & la phraſe ſuivante manquent dans A, B.*

doit, & il li bouta en son costé; si creïst fermement & noient ne doutast; si ne sust mie mescreans, ains creïst fermement que c'estoit il. Et là meïsmes, s'aparut il[a] le *Ascension.* iour de l'Ascension à ses Apostres, quant il vint prendre congié à aus, & il vaut monter es chieus. D'illuec, le convoïérent il dusques au *Mont d'Olivet*, & de là monta il ens es chius.

Pentecôte. Dont retournérent li apostle ariére & atendirent le saint Esperit[b], si comme Ihesu Cris lor avoit dit, en cel liu meïsme, qu'il retornassent arriére en la cité[c], & qu'il atendisent le saint Esperit, qu'il lor avoit promis. En cel liu lor envoia il[d] le grasse del saint Esperit, le iour de le Pentecouste.

En cel moustier meïsme est li lius[e] où medame sainte Marie trespassa[f]. D'illuec l'emportérent li angele[g] ensoir el *Val de Iosafas*, & la[h] misent en .j. sepulcre.

II

N.D. de Josaphat. Là où li sepulcres medame sainte Marie est, a .j. moustier c'on apiele le *Moftier medame fainte Marie de Iosafas*, & si a une abeïe de noirs moines. Li mostiers de *N. D. du Mont Sion.* *Monte Syon* a à non li *Moftiers medame fainte Marie de Monte Syon*; & si a une abeïe de canoines[j].

Ces .ij. abeïes sont dehors les murs de le cité, l'une el mont & l'autre el val. L'abeïe de *Monte Syon* est à destre de le cité en droit miedi; & cele de *Iosafas* est devers solail levant, entre *Mont Olivet*[k] & *Monte Syon*.

a. *A, B* raparut il. — b. *G, H* qu'il leur avoit promis. — c. qu'il... cité *A, B*; *H* ferme vraiement. — d. *H* Dieus. — e. *H* là; *G* est li mostiers. — f. *F* trespassa en Galilée. — g. *A, B* li Apostre; *D* li Ange; *G* li angele; *H* li angele. — h. *D.* — i. *A, B omettent cette phrase.* — j. *K* chanoines reguliers. — k. *C* Mont Olivent; *A, B* Monte Olivete.

LA CITEZ DE IHERUSALEM. 33

III

Li *Moſtiers del Sepulcre* qui ore eſt el mont de Cal- *S. Sépulcre & Cal-*
vaire[a] eſtoit, quant Iheſu Cris fu crucefiiés, dehors les *vaire.*
murs de le cité; or eſt en miliu[b] de la cité[c]. Et ſi eſt li
cités auques en .j. pendant; & pent vers *Mont Olivet,*
qui eſt vers ſoleil levant, deſour[d] le *Val de Ioſafas.*

IV

Il a en Iherufalem .iiij. maiſtres portes en crois, l'une *Portes de Jéru-*
en droit l'autre, eſtre les poſternes[e]. Si les vous nom- *ſalem.*
merai, comment elles ſieent.

Li *Porte Davi*[f] eſt viers ſolail coucant. Et eſt à le droi-
ture de *Portes Oires*[g], ki ſont vers ſolel levant, deriere
le *Temple Domini*[h]. Celle porte tient à la *Tor Davi*,
por ce l'apelle on la *Porte*[i] *Davi*[j]. Quant on eſt de-
dens[k] celle porte, ſi torne on à main deſtre en une rue par
devant *Tour Davi*; ſi puet on aler in *Monte Syon*[l] ; car
celle rue va à le rue de *Monte Syon*, par une poſterne
qui là eſt. En celle rue, à main ſeneſtre, ains c'on iſſe
hors de la[m] poſterne, a .j. *Moſtier monſigneur ſaint* *Egliſe S. Jacques*
Iake de Galiſſe, ki freres fu monſigneur ſaint Iehan Evan- *de Galice.*
geliſte. Là diſt on que ſains Iakes ot le teſte copée ; &
pour çou fiſt on là cel mouſtier.

V

Li grans rue qui va de[n] le *Porte Davi* droit as *Portes* *Rue de David.*
Ories[o], apele on le *Rue Davi*. Celle rue[p] deſci al *Cange*
eſt apelée li *Rue Davi*.

a. *H* Cauvaire. — b. *G* emi; *H* emmi. — c. *A, B, D; C* en miliu de l'abbeie. — d. *A, B* deſouz; *D* devers; *J* deſus. — e. *J* ſans les poſternes; *H* entre les poſternes. Pag. 492. — f. *H* La porte David. — g. *B* aires. — h. *F, J; A, B, C* Temple David; *H* David & pour ce l'apielle on porte David qu'ele tient à la tour David. — i. *I.* — j. *A, B, D, J.* — k. *G* devant. — l. *A, B* el Mont de Syon. — m. *A, B, D.* n. *H* par. — o. *A, B, G, H* Portes Oires; *D* aires. — p. *G, H.*

5

Marché au blé.   A main feniestre de le *Tour Davi*, a une place, là ù on vent le blé *a*. Et quant on a .j. poi alé avant de celle *b* rue c'on apele le *Rue Davi*, si treuve on le *c* rue, à main feniestre,
Rue du patriarche. qui a à non le *Rue le d Patriarce*, pour ce que li patriarces maint au cief de le *e* rue. Et à main diestre de le *f Rue*
Maison de l'Hôpital. le *g Patriarce*, a une porte *h* par là où on entre en le *Maison i l'Ospital*. Apriès, si a une porte par là où on entre el *Moustier del Sepulcre*, mais n'est mie li maistre porte.

Change.   Quant on vient al *Cange*, là où li *Rue Davi* faut, si treuve on une rue qui a à non *j* le *Rue k de Monte*
Rue de Mont Sion. Syon, car celle rue va droit à *l Monte Syon*.

Et *m* à feniestre del *Cange*, trouve on une rue toute
Rue des Herbes. couverte à vaute *n* qui a non li *Rue des o Herbes*. Là vent on tout le fruit de le ville, & les herbes *p* & les espesses *q*. Al cief de celle rue, a .j. liu là où on vent le
Grand marché. poisson; & deriere le *Marchié là où on vent le poisson*, a une grandisme *r* place là ù on vent les oes *s* & les fromages & les poules & les anes *t*.

Orfèvres syriens & latins.   A main diestre de cel marcié sont les *escopes u* des orfevres *Suriiens*. Et *v* là si vent on les paumes *w* que li pelerin *x* aportent d'Outremer. A main diestre de cel marcié sont les *escopes des orfevres Latins*.

Au cief de *y* ces escopes, a une abbeïe c'on apiele
Notre-Dame la grande ou Sainte Marie latine. Sainte *Marie le Grant*, si est de nonnains. Apriès cele abeïe *z*, treuve on une abeïe de moines noirs, c'on apiele

---

a. *H* froment. — b. *G* alé cele rue; *H* alé cele rue Davi. — c. *G*, *H* une rue. — d. *H* de. — e. *G*, *H* cele. — f. *H.* cele. — g. *H* li. — h. *A*, *B* posterne. — i. *G*, *H* de. — j. *G* à non Syon; *H* le Monte Syon. — k. *A*, *B*, *D*. — l. *J*; *C*, *G*, *H* va à le rue de. — m. *H* car. — n. *A*, *B*, *D* à volte. — o. *G* si l'apele on le rue as. — p. les herbes *m. d. H.* — q. *A*, *B* les especes. — r. *H* grant. — s. *G* oues. — t. *H* aves. — u. *A*, *B* les escoupes; *D* escophes. — v. *J*; *C* Et s'i. — w. *A*, *B* paumes; *D* palmes; *F* pames. -- x. *A*, *B* que li paumiers; *H* chrestien. — y. *H* des. — z. *G* abeïe de nonnains.

*ſainte Marie le Latine*ᵃ. Apriès treuve on le *maiſon de l'Hoſpital*. Là ᵇ eſt li maiſtre porte de l'Hoſpital, à main deſtre.

VI

Et à main deſtre de l'Oſpital ᶜ, eſt li maiſtre porte del *Sepulcre*. Devant cele meſtre porte del *Sepucre* ᵈ, a une mour belе ᵉ place pavée de marbre. A main dieſtreᶠ de celle porte del *Sepulcre*, a .j. mouſtier c'om apele *Saint Iaques* ᵍ *des Iacopins*. A main feneſtre ʰ, devant cele porte del *Sepulcre*, a .j. ⁱ degrés par là où on monte ſur le *Mont de Calvaire* ʲ. Laſſus, en ſon ᵏ le mont, a une mout bele capele. Et d'autre part ˡ ſi a .j. autre huis en cele capiele par là où on entre e avale el mouſtier ᵐ del *Sepulcre*, par uns autres degrés qui là ſont. Tout ſi comme on entre el mouſtier, à main deſtre ⁿ, deſous ᵒ *Mont de Calvaire*, ſi eſt *Gorgatas* ᵖ. A main deſtre ᵠ, eſt li clokiers del *Sepulcre*; & ſi a une capele c'on apele *Sainte Trinité*. Cele capiele ſi eſt grans, car on i eſpouſoit toutes les femes de la cité; & là eſtoient li fons où on baptiſoit tous les ʳ enfants de la cité. Et celle capiele ſi eſt tenans al *Mouſtier del Sepulcre*, ſi qu'il i a une porte dont on entre el *Mouſtier del Sepulcre*.

Grande porte du S. Sépulcre.

S. Jacques des Jacobites.

Le Calvaire.

Le Golgotha.

Sainte Trinité.

VII

A le droiture de celle ˢ porte eſt li *Monumens*. En cel endroit ᵗ où li *Monumens* eſt, eſt li mouſtiers tous reons. Et ſi eſt ouvers par deſeure, ſains covreture ᵘ. Et dedens

Le Monument.

a. *J* que l'en apele la Latine. — b. *G* Si. — c. *J*; *la plupart des mſſ*. à main deſtre de l'endroiture (ou de la droiture) de l'Oſpital. — d. Devant... Sepucre *D*, *J*. — e. mult bele *A, B, J*. — f. *A, B* feneſtre. — g. *H* Iacobin; *G* de ſainct Iacoupin. — h. *D*; *A, B, G, H* deſtre. — i. *A, B, D, J*. — j. *H* ou mont de Couvaire. — k. *G* ſom. — l. *J*. — m. *G* moſtier de mont de. — n. à main deſtre *A, B*. — o. *H* denſon le mont. — p. *A, B* Golgotas; *G, H* Golgatas. — q. *H*. ſi — r. *H* lour. — s. *H* la. — t. *G* ou m.; *H* la ou. — u. *A, B, D* couverture; *G* ſenz colverture.

cel *Monument* eſt li *Piere del Sepulcre*. Et li *Monumens* eſt couviers à vaute^a. Al cavec^b de cel monument, auſci comme au cief d'un autel, par dehors a un autel^c c'on *Le chevet.* apele le *Cavec* ^d. Là cante on^e caſcun iour meſſe al point del iour. Il a mout biele place tot^f entour le^g *Monument*^h, & toute pavée, ſi c'on va à proceſſionⁱ entour le *Monument*^j.

Le chœur. Apriès, viers oriant, eſt ^k li *Cuers del Sepulcre*, là où li canoine chantent; ſi eſt lons. Entre le cuer, là où li *L'autel des Grecs.* canoine^l font^m &ⁿ le *Monument*, a un autel où li Griu cantent; mais qu'il a .j. enclos entre deus^o; & ſi i a .j. huis, là où on va^p de l'un à l'autre. En milieu^q del cuer as canoines, a .j. letril^r de marbre, c'on apiele le *Compas*. Là fus liſt on l'epiſtre^s.

VIII

Le Calvaire. A main deſtre del maiſtre^t autel de cel cuer eſt li *Mons de Calvaire*^u; ſi que quant on cante meſſe de le Reſurrection^v, & li diacres, quant il liſt l'evangille, ſi ſe tourne^w devers *Mont de Calvaire*^x, quant il diſt : « Crucifixum; » apriès ſi ſe retorne^y devers le Monument, & il^z diſt : « Surrexit, non eſt hic » (Luc, XXIV. 6); apriès ſi^{aa} monſtre al doit^{bb} : « Ecce locus ubi poſuerunt eum » (Marc, XVI. 6). Et puis s'en retourne al livre, &^{cc} pardiſt ſon evangille.

a. *A, B, H* voute; *D* volte; *G* valte. — b. *A, B* au chief; *D* chevez; *H* cavet. — c. a un autel *J*. — d. *D, H* chancel; *F* chavec; *J* chevez. — e. *A, B* chantoit on; *G* cantoit on. — f. *J, F; C* entour. — g. *A, B* au chief del. — h. *A, B, D, F, J; C, G* Mouſtier. — i. *H* c'om va à proceſſion. — j. *A, B, D, J; A, B* ſi c'om va au porches Syon tot entor le Monument; *C, F* entour le Mouſtier. — k. *H* eſtoit. — l. chantent... chanoine *A,* *B, D, J*. — m. *G* cantent. — n. *C* & viers. — o. *G* dels; *H* ij. — p. *A, B* par là on n'en va. — q. *G, H* Em miliu; *H* Em mileu dou. — r. *A* letrun; *B* letrim; *D, H, J* letrin; *F* un tru. — s. *G,* epiſtle; *H* Epiſtele. — t. *G* maiſtre m.; *H* del cuer. — u. *H* Cauvaire. — v. Reſurrexion. — w. *G* torne. — x. *H* vers mont Cauvaire. — y. *G* torne. — z. *G* ſi diſt. — aa. *G* ſi m. — bb. *H* quant il diſt. — cc. *H* puis parliſt l'.

IX

Al cavec *a* del cuer a une porte par là où *b* li canoine entrent en lor offecines *c*. Et à main dieftre, entre cele porte & *d* *Mont de Calvaire* *e*, a *f* une mout parfonde foffe, là où on avale à degrés. Là, a une capele c'on apele *Sainte Elaine* *g*. Là trouva fainte Elaine le fainte Crois & les claus & le martiel *h* & le couronne *i*. En cele foffe, al tans que Ihefu Cris fu crucefiiés *j*, ietoit on les crois où li laron avoient efté crucefiié, & les membres qu'il avoient defervi à coper por lor meffais *k*. Et pour çou apele *l* on cel mont *Mont de Calvaire*, c'on i faifoit les iuftices & çou que li lois aportoit, & c'on i efcauvoit *m* les membres c'on lor iugeoit *n* à perdre *o*.

Tout fi comme li canoine iffoient del *Sepulcre*, à main fenieftre, eftoit li dortoirs *p*; & à main deftre eftoit li refrotoirs *q*, & tenoit al *Mont de Calvaire*. Entre ches .ij. offecines eft lor encloftres *r* & lor praiaus. En miliu del praiel a une grant ovreture, par là u on voit *s* le capele *Sainte Elaine* qui defous eft; car autrement *t* n'i venroit on noient *u*.

Chapelle de Ste-Hélène.

Logis des Chanoines.

X

Or vous ai dit del *Sepulcre*, comment il eft *v*; or *w* revenrai ariere *x*, al *Cange* *y*.

Devant le *Cange*, venant *z* à la *Rue des Herbes*, a une

a. *H* Au cavech. — b. *G* par ù. — c. *G* officines. — d. *G* le. — e. *G* Cauvaire. — f. *H* Cauvaire avoit .j. — g. *H* Helaine. — h. *G* martel. — i. *G* corone. — j. *G*, *H* enteré. — k. por lor meffais *J*. — l. *H* apelloit on. — m. *A*, *B*, *H* efcalvoit; *D* gitoit. — n. *G* c'um iugoit; *H* que l'en i iuioit. — o. *J* & que l'en chavoit là les malfaiters des membres que l'en lor iugeit à coper.—p. *A*, *B* dormitors; *F* dortois; *L* dortouers. — q. *A*, *B* refroitoirs; *F* refroitoires; *L* refraitors. — r. *A*, *B* cloftres. — s. *A*, *B* par là où l'en va à la; *I* dont l'en voit. — t. *C* autre. — u. Tout fi..... on noient *m*. d. *G* & *H*. — v. *H* fiet; là eft le porte de la maifon dou Sepulcre; par là entrent cil du Sepulcre en lor manoir. — w. *G* vous. — x. ariere *m*. d. *G*. — y. *A*, *B* Change. — z. *G* tenant.

Rue Malcuifinat. rue c'on apele *Malquifinat*. En celle rue cuifoit on le viande c'on vendoit as pelerins; & fi i lavoit on lor ciés; & fi aloit on de celle rue au *Sepulcre*. Tenant à celle *Rue Malquifinat*, a une rue c'on apele le *Rue* *Rue Couverte. Couverte*, là ù on vent le draperie; & eft toute à vaute par deffus; & par celle rue va on au *Sepulcre*.

XI

Or lairons le *Cange*; fi venrons as *Portes Oires*. Celle rue dont on vait del *Cange* as *Portes Oires* a à non *Rue du Temple.* li *Rue del Temple*. Por ce l'apele l'on là *Rue del Temple*, c'on vient ançois al *Temple* qu'à *Portes Oires*.

A main fenieftre, fi comme on avale cele rue à aler al *La Boucherie.* *Temple*, eft li *Boucerie*, là où l'en vent le car de le vile. A main dieftre, a une rue par là où on va à l'*Ofpital des* *Hôpital & rue des Allemands.* *Alemans*. Celle rue a à non li *Rue des Alemans*.

A main feneftre, four le pont, a .j. mouftier c'on *S. Gilles.* apele le *Moutier Saint Gille*. Al cief de celle rue, treuve *Porte précieufe.* on unes portes c'on apele les *Portes Precieufes*? Pour çou les apele on les *Portes Precieufes* que par ces portes entroit Ihefu Cris en Iherufalem, quant il aloit par tiere. Ces portes font en un mur qui eft entre le cité & le mur des *Portes Oires*.

XII

Le Temple. Entre le mur de la cité de Iherufalem & *Portes Oires* fi eft li *Temples*. Et fi a une place qui a plus d'une grant

a. *H* que l'en apeloit. — b. *J* Malcuifinat. — c. En celle rue... d. *H* jufqu'à: Quant en vient devant cel Cange (p.42, *dern. ligne*). — d. *J, F* les; *cette phrafe & la fuivante font inintelligibles dans A, B.* — e. *L* Tout au devant de cele rue. — f. Et fi i l'avoit... au Sepulcre *m. d. G.* — g. *A, B* Or lairai... fi m'en irai. — h. *G* dirons des. — i. *D* Aires. — j. Por ce... Temple *D*. — k. *A, B* l'en. — l. A main... le vile *m. d. G.* — m. *G* aus. — n. *A, B* point. — o. A main... Gille *m. d. G.* — p. *A, B* Portes Precioufes; *J* Portes Specioufes. — q. Pour çou... Precieufes *m. d. G.*— r. Ihefu-Cris *répété ici dans C.* — s. *G* n funt. — t. *G* mur de le cité & Portes. — u. Entre le mur... Oires *D, J*.

traitie*a* de lonc & le giet d'une picre*b* de lé, ains c'on viegne au Temple. Cele place fi eft pavée, dont on apele cele place le *Pavement c* . *Pavé du Temple.*

A main dieftre, fi comme on ift de ces portes, eft li *Temples Salemon*, là où li Templier manoient. A l'endroiture*d* des *Portes Precieufes* & des *Portes Oires*, eft li *Mouftiers del Temple Domini*. Et fiet en haut, fi c'on i*e* monte à degrés haus.*f* . Et quant on a montés ces degrés, fi treuve on une grant place toute pavée de marbre, & mout large; & cil*g* pavemens va tout entour del *Mouftier del Temple*. *Abbaye du Temple.*

Li *Mouftiers del Temple* eft tous reons. A main fenieftre*h* de cel pavement haut del temple, eft l'offecine de l'abeïe & des canoines. Et de celle part a uns degrés par là ù on monte al *Temple* del bas pavement el haut.

XIII

Devers folel levant, tenant al *Mouftier del Temple*, a une *Capele de monfigneur faint Iake le Meneur i* . Pour ce eft illuec*j* celle capele k'il i fu martyriés, quant li Iuif le ieterent*k* de defeure*l* le *Temple* aval. Dedens cele capele eft li lius où Diex*m* delivra la pecereffe que on menoit martyrier*n* pour çou qu'elle eftoit prife en aoltere*o* . Et il li demanda quant il l'ot delivrée où cil eftoient qui l'avoient aculée*p* ; & elle dift qu'ele ne favoit. Adont li dift Diex que elle en*q* alaft, & qu'elle ne pecaft mais. *S. Jacques le Mineur.*

Al cief*r* de cel pavement, par deviers foleil levant*s* ,

---

a. *J* plus d'une archie. — b. *J* d'une petite pierre. — c. Entre le mur... *Pavement* m. d. *G*. — d. *A, B, D, G* la droitures. — e. *C* fi c'on. — f. *J* que l'en i monte par un degrez. — g. *G* cis. — h. *D, G* deftre. — i. *G* Menour. — j. *J* iqui. — k. *J* le trabuchierent. — l. *G* deffour. — m. *G* Dame Dex. n. *J*. lapider. — o. *A, B* avotire; *D* avoltire; *G* adultere. — p. *G* enoufee. — q. *G* s'en. — r. *G* Au chief. — s. *G* luifant.

ravale on uns degrés à aler as *Portes Oires*. Quant on les a avalés, si treuve on une grant place, ains c'on viegne as *Portes Oires*. Là est li *Atres* ᵃ que *Salemon* fist.

Atre de Salomon.

Par ces portes ne passoit nus, ains estoient enmurées. Et se n'i passoit nus, fors seulement ᵇ que .ij. fois en l'an c'on les desmuroit; & i aloit on a pourcession: c'est à savoir le ior de Pasque Florie, porce que ᶜ Ihesus Criz i passa cel ior & fu recoilis à procession ᵈ; & le iour de le fieste sainte Crois Saltasse ᵉ, pour che que par ces portes fu raportée la sainte Crois en Iherusalem, quant li empereres Eracles de Rome le conquesta en Perse; & par cele porte le remist on en le cité de Iherusalem, & ala on à pourcession encontre li ᶠ. Pour ce que on n'issoit mie hors de ches portes de le ville ᵍ, avoit il une posterne par d'encoste ʰ c'on apeloit le *Posterne de Iosaffas* ⁱ. Par cele part ʲ, de cele posterne, issoient cil hors de le cité ᵏ. Et celle posterne est à main seniestre des *Portes Oires*.

Poterne de Josaphat.

XIV

Par devers miedi, ravale on del haut pavement del *Temple* en ˡ bas par un degré ᵐ, dont on va al *Temple Salemon* ⁿ. A main seniestre, si com on avale del haut pavement el bas ᵒ, a .j. moustier c'on apele *Le Berch* ᵖ. Là estoit li bers ᑫ où Diex fu bierciés en s'enfance, si com on dist.

Eglise du Berceau.

a. *A, B* austres; *G, J* aitres. — b. fors seulement *J*. — c. *G* le ior de l'Exaltation Ste-Crois por çou que. — d. c'est à savoir... procession *A, B, D, F, J*. — e. *F* & le ior de la Sainte Crois en Setembre. — f. & ala... encontre li *m. d. G.* — g. *G* le vile par ces portes. — h. *A, B* par de coté. — i. *A, B* la *Porte de Iosefas*. — j. *G* porte. — k. *G* de cele part; plus clairement dans *A, B*: Par cele posterne, issoient cil de la cité de cele part. — l. *C* el. — m. *J* degrez. — n. *A, B* Temple bas; en bas... *Salemon m. d. G.* — o. si com... el bas *m. d. G.* — p. *D, G Le Berc*; *J Le Bers*; *L Le Bierz*. — q. *D* le berceus.

LA CITEZ DE IHERUSALEM. 41

El *Moſtier del Temple* avoit[a] .iiij. portes en Crois. Li   <small>*Portes du Temple.*</small>
premiére eſt deviers ſoleil coucant; par celi entroient cil
de le cité el *Temple*. Et par celi devers ſoleil levant entroit
on en le *Capele Saint Iake*; & ſi en riſſoit on d'illueques
à aler as *Portes Oires*. Par le porte devers miedi entroit
on el *Temple Salemon*; & par le porte devers aquilon
entroit on en l'abeïe[b].

XV

Or vous ai deviſé del *Sepulcre* & del *Temple* com-
ment[c] il ſiét, & de l'*Oſpital*, & des rues qui ſont trés
le *Porte Davi* duſques as *Portes Oires*, l'une endroit
l'autre, dont l'une eſt deviers ſoleil levant, l'autre deviers
ſoleil couçant[d].

Or vous dirai des autres .ij.[e] portes, dont l'une eſt
endroit l'autre. Celle deviers aquilon, a à non *Porte
Saint Eſtevenes*[f]. Par celle porte entroient li pelerin en le <small>*Porte S.-Etienne.*</small>
cité, & tout cil qui par deviers Acre venoient en Iheru-
ſalem, & de par toute le tiere duſques al flun, deſci[g]
que à le mer d'Eſcalone.

Dehors celle porte, ains c'on i entre, à main deſtre,
avoit .j. *Mouſtier de monſigneur Saint Eſtevenes*. Là diſt on <small>*Egliſe de S.-Etienne.*</small>
que ſaint Eſtevenes fu lapidés. Devant cel mouſtier, à
main ſenieſtre, avoit une grant maiſon c'on apeloit
l'*Aſnerie*. Là ſoloient geſir li aſne & li ſommier de <small>*Anerie.*</small>
l'*Oſpital*[h]; pour çou avoit à non l'*Aſnerie*. Cel *Mouſtier
de Saint Eſtevene* abatirent li creſtien de Iheruſalem
devant chou que il fuſcent aſſegié, pour che que li
mouſtiers eſtoit prés des murs. L'*Aſnerie* ne fu pas aba-
tue; ains ot puis grant meſtier as pelerins qui par treu-
age venoient en Iheruſalem, quant elle eſtoit as Sarra-

<small>a. *A, B* a. — b. ſi com on diſt….   — f. *A, B* Eſteve; *D* Eſtienne. —
l'abeie *m. d. G.* — c. *G* ſi com. —   g. *A, B* des; *D* deça. — h. Là ſo-
d. *G* colcant. — e. *G* .ij. autres.   loient…. l'*Oſpital m. d. G.*</small>

fins, c'on nes laiſſoit mie *a* herbegier dedens le cité. Pour çou lor ot li maiſon de l'*Aſnerie* grant meſtier.

Maladrerie. A main deſtre de le *Porte Saint Eſtevene* eſtoit li *Maladerie* de Iheruſalem, tenant as murs. Tenant à le

Poterne de S. Lazare. *Maladerie* avoit une poſterne c'on apeloit le *Poſterne Saint Ladre.* Par *b* là metoient li Sarraſin les creſtiiens en le cité pour aler *c* couvertement al *Sepulcre,* que li Sarraſin ne voloient mie que li creſtiien veïſſent l'afaire *d* de le cité; & les metoit on enz par le poſterne *e* qui eſt en la *Rue f le g Patriarce* el mouſtier del *Sepulcre h.* Ne les metoient l'en *i* mie par le maiſtre porte.

XVI

Quant on entre en le cité de Iheruſalem par le *Rue S. Eſtevene,* ſi treuve on .ij. rues, l'une à dieſtre qui va à le *Porte Monte Syon,* qui *k* eſt endroit midi; & le *Porte Monte Syon* ſi eſt à le droiture de *l* le *Porte S. Eſtevene.* La rue à main feneſtre ſi va droit à une

Poterne de la Tannerie. poſterne c'on apele la *Poſterne de la m Tannerie n,* & ſi *o* va droit par deſous *p* le pont. Cele rue qui va

Rue de S. Etienne. droit *q* à le *Porte de Monte Syon* a à non li *Rue S. Eſte-*

Change des Syriens. *vene,* deſci c'on vient al *Cange des Suriiens.*

Ançois c'on viegne al *Cange des Suriiens,* a une rue,

Rue du S. Sépulcre. à main dieſtre, c'on apiele le *Rue del Sepulcre.* Là eſt li *Porte de le maiſon del Sepulcre.* Par là entrent cil del *Sepulcre* en lors manoirs.

Quant *r* on vient devant chel *Cange,* ſi treuve on, à

---

a. *A, B* qu'il nes laiſſoit mie; *D* c'on nes les; *F* porce que li Sarraſins ne les laiſſoient mie. — b. Par *D.* — c. aler *A, B, D, G.* — d. *J* les afaires. — e. *A, B, G* la porte. — f. qui eſt en la rue *A, B.* — g. *G* au. — h. *C* el Sepulcre du mouſ-

tier. — i. l'en *D.* — k. *G* ſi. — l. *G* en droit. — m. *G* le — n. *A, B* de la Tempnerie; *C* de la Taniere. — o. ſi *A, B.* — p. *A, B* par deſus; *F* deſos; *J* defoz. — q. droit *m. d. G.* — r. *H reprend ici.*

LA CITEZ DE IHERUSALEM. 43

main dieftre *a*, une rue couverte à volte *b*, par où on va al mouftier del *Sepulcre*. En cele rue vendent li Suriien lor draperie, & s'i fait on *c* les candelles *d* de cire.

Devant cel *Cange* vent on le poiffon *e*. A ces canges tiennent les .iij. *f* rues qui tiennent as autres canges des Latins *g*, dont l'une des .iij. rues a à non la *Rue Couverte h*. *Rue Couverte.*
Là vendent li drapier *i* Latin lor draperie. Et li autre a à non la *k Rue des Herbes ;* là vent on les efpefes ; & la tierce a à non *l* de *Malquifinat*. Par le *Rue des Herbes* *Rue des Herbes,* va on en la *Rue Monte Syon;* dont on va à le *Porte* *Malquifinal &* *Monte Syon*, & trefcope *m* on *n* le *Rue Davi o*. Par le *Rue* *Mont Sion.* *Couverte* va on en une *p* rue, par le *Cange des Latins;* cele rue apele on le *Rue de l'Arc Iudas;* & trefcope on le *Rue del Temple q*. Et celle rue va droit à le *Rue de Monte Syon r*. Celle rue apele on *Rue de l'Arc Iudas*, pour çou c'on *Rue de l'Arc Ju-* dift que Iudas s'i pendi à .j. arc de piére. *das.*

A feneftre de cele *s* rue, a .j. mouftier c'on apele le *Eglifes* *Mouftier Saint Martin.* Et près de cel mouftier *t*, à *de S. Martin &* main *u* feniestre, a .j. *Mouftier v de Saint Piere*. Là dist on *de S. Pierre.* que ce fu que Ihefu Cris fift le boe qu'il mift as iex *x* de celui qui onques n'avait eu oel *y*; & qu'il commanda qu'il s'alaft laver à le *fontaine de Siloé*, fi verroit *z*. Et *aa* fi fift il, & ot iex *bb*, & fi vit.

a. *G, H* à main dieftre une rue. — b. *G* valte. — c. *A, B* & fi i vent on; *H* fi i faifoit l'on. — d. *G* candoilles. — e. *G* pifçon, *H* piffon. — f. *J* les quatre. — g. *G* Lateins. — h. *G Colverte.* — i. drapier *m. d. H.* — k. la *m. d. H.* — l. à à non *D, G, H.* — m. *G* trefcolpe. — n. *H* en. — o. *D* & tot outre en la rue David. — p. *C* va on en le; *A & B font ici incom-* plets. — q. *J confidère la Rue de l'Arc Judas comme la quatrième rue tenant au Change des Latins.* — r. Par le *Rue Couverte.... Monte Syon m. d. G. & H.* — s. *G* le. — t. *G* porte: *C*, & pres de celle porte. — u. main *m. d. H.* — v. *A, B* a .j. autre mouftier. — x. *G* for les oels; *H* euls. — y. *H* d'uel & puis li. — z. fi verroit *A, B*. — aa. *G* il. — bb. *H* fi eut ieus.

XVII

Voies hors de la Porte de Mont Sion.

Tot[a] droit, fi com on ift hors de le *Porte Monte Syon*, fi treuve on .iiij. voies[b]; une voie[c] à main deftre qui va à l'*Abeïe*[d] *de Monte Syon*. Entre l'abeïe & les murs de le cité, fi avoit .j. grant atre[e] & .j. mouftier en miliu.

Li voie à main feniestre fi va felonc les murs de le cité droit[f] as *Portes Oires*. Et d'illeuc avale on droit[g] el *val de Iofaffas*, & fi en va on droit[h] à le *Fontaine de Syloé*. Et de celle porte, à main deftre, four cele voie, a .j. mouftier c'on apele *S. Piére*[i] *en Gallicante*[k]. En cel mouftier avoit une foffe parfonde, là où dift on[l] que Sains Piére fe muça[m] quant il ot Ihefu Crift renoiiet[n], & il oï le coc canter, & là ploura il.

S. Pierre en Gallicante.

Li voie à la droiture[o] de le porte devers midi fi va, par defous[p] le mont de Syon[q], defci c'on a paffé l'abeïe. Quant on a paffé l'abaïe[r], fi avale on le mont, & va on par celle voie en *Betleem*[s].

XVIII

Lac Germain.

Quant on a avalé[t] le mont, fi treuve on .j. lai[u] en le valée, c'on apele le *Lai Germain*. Pour ce l'apele on le *Lai Germain*[v], que[x] Germains le fift faire, pour requellir[y]

a. Tot. *J*; *H* Tout fi com.; Tot.... ift *m. d. G.* — b. *A, B, H* fi treuve on .iij. voies. — c. voie *m. d. H.* — d. *A, B* qui va à l'abaïe & au mouftier. — e. *D* aiftre. — f. droit *m. d. G.* — g. droit *m. d. H.* — h. droit *m. d. G. & H.* — i. *H* Perc. — k. *G* Galicance; *C* Englaycante. — l. *G* dift on; *H* l'en dift. — m. *F* mucha; *A, B* mucza; *H* muffa. — n. *H* renoié. — o. *H* main. — p. *G* devers; *H* defor. — q. de Syon *D.* — r. Quant .... l'abaie *m. d. G. & H.* — s. *G* Belleem; *H* Betlehem. — t. *G, H* avale. — u. *D, J* lac. — v. l'apele..... Germain *m. d. G.* — x. *H* car. — y. *G* recollir.

les eves qui defcendoient ᵃ des montaignes, quant il plouvoit. Et là abevroit on les cevaus ᵇ de le cité.

D'autre part le valée, à main feneftre, près d'ileuques ᶜ, a .j. carnier c'on apiele *Caudemar* ᵈ. Là getoit on les pelerins qui moroient à l'*Ofpital* ᵉ de Iherufalem ᶠ. Cele piéce de tiere où li carniers eft, fu acatée des deniers dont Iudas vendi le car Noftre Seigneur Ihefu Crift, fi comme l'Evangile tefmongne ᵍ. *Caudemar (Haceldama).*

Dehors le *Porte Davi* a. j. lai devers foleil coucant ʰ, c'on apiele le *Lai del Patriarce* ⁱ ; là ù on requelloit les eves d'illeuc ᵏ entor, à abuvrer ˡ les cevaus. Près de cel lai avoit un carnier c'on apeloit le ᵐ *Carnier del Lyon* ⁿ. Or vos dirai porquoi l'on l'apeloit einfi. ᵒ Il avint, fi comme on dift, à .j. ᵖ iour qui paffés eft ᵠ, qu'il ot une ʳ bataille entre cel carnier & Iherufalem, où il ot mout de creftiiens ocis ˢ, & que cil de le cité les ᵗ devoient l'endemain tous fere ᵘ ardoir pour le pueur ; tant qu'il avint c'uns lions vint par nuit, fi les porta tous en celle foffe, fi com on dift. Et four cel carnier avoit .j. rnouftier là où on cantoit cafcun jour meffe ᵛ. *Lac du Patriarche. Charnier au Lion.*

XIX

Apriès ˣ d'ilueques, à une liue ʸ, avoit une abeïe de Iorians ᶻ, là où on dift que l'une ᵃᵃ des piéces de le *Abbaye des Géorgiens.*

a. *G* defcendent. — b. *G* chevax. — c. *G* illuec. — d. *A, B* Chaudemar ; *D* Caudemar ; *O* Champ de mar ; *J* la Chaude mer ; *G* Cholde Mar. — e. *H* en le chité. — f. *J* qui moroient en Ierufalem & en la maifon de l'*Ofpital*. — g. *G, H* le tefmoigne. — h. *H* couchant ; *G* colcant. — i. *H* dou Patriarche. — k. illeuc *m. d. G.* ; *H* iaues. — l. *H* abuevrer. — m. carnier ..... le m. d. *G*. — n. *C, H* de *Lyon* ; *A, B* le *Charnier del lyon* ; *K* du *Lyon* ; *D* le *Charnel deu Lion.* — o. Or .... einfi *A, B, D, F* ; *m. d. G & H.* — p. *H* un. — q. eft *m. d. G.* — r *G* .j. —s. *H* ochis. — t. les *m. d. H.* — u. fere *D.* — v. meffe *D.* — x. *G* Près ; *H* Près d'illuec. — y. *F* à une mille. — z. Géorgiens ; *G* Iorans ; *D, H* de nonnains. — aa. *G* li une.

vraie crois fu cueillie *a*. L'eftake de le crois *b* fu prife devant le *Temple*; car ele fu aportée du Liban avec le marrien dou Temple *c*. Ele *d* eftoit demorée del Temple Salemon *e*, por ce *f* c'on ne pooit trouver lieu *g* où elle s'affrefift *h*, qu'ele ne fuft ou trop longe ou trop courte. Dont il avenoit, fi com *i* on dift *k*, que quant les gens venoient al Temple & il avoient les *l* piés emboés *m*, qu'il les terdoient illuec. Dont il avint c'une roïne, qui Sibile eftoit apelée *n*, i paffa une fois; fi le vit emboée, fi le terft *o* de fes dras & puis *p* fi l'aoura & enclina.

Or vous dirai de celle piéce *q* de fuft, dont elle vint, fi com on dift, el païs. Il avint cofe que quant *r* Adans iut el lit mortel, fi proia .j. de fes fiex *s*, pour Dieu, qu'il li aportaft .j. rainfiel *t* de l'arbre dont il avoit le *u* fruit *v* mangiet, quant il pecha. On li aporta & il *x* le prift, fi le mift à fe *y* bouce. *z* Quant il ot à fe bouce le rainfiel, fi eftraint les dens & l'ame s'en ala; n'onques *aa* puis le *bb* rainfiel ne li pot on efrachier des dens; ains fu enfoïs *cc* atout. Cil rainfiels *dd*, fi comme on dift, reprift & devint *ee* biaus arbres. Et quant ce vint que li deluges fu, fi efracha cel arbre *ff*; & le mena li delouves *gg* el

a. *H* coilloite; *A*, *B* fu prife; *F* toillue; *G & H* de le vraie crois fu cueillie. — b. *J* ajoute ici: « La terre dont il eftoient avoit non Avegie. Aucune genz fi difoient que ce eftoit la terre de *Femenia*. » *Au lieu de ces deux phrafes*, *A*, *B*, *C*, *F donnent plus loin tout un paragraphe fur l'Abafie & la Géorgie.* — c. car ele ..... Temple *J*; *m. d. G. & H.* — d. *G* que; *A*, *B*, *C* qu'ele; *H* car. — e. Salemon *D*. — f. por ce *A*, *B*; Salemon por ce *m. d. G.* — g. *G* liu; *H* leus. — h. *A*, *B*, *D*, *G* s'aferift; *H* aferift. — i. *G* com. — k. *H* com on di-

foit. — l. *H* leur. — m. *A*, *B* anboés; *J* foillés. — n. qui Sibile eftoit apelée *D*, *H*. — o. *D* fi la terdi; *J* fi la terft de fa robe. — p. puis *D*; *m. d. G.* — q. *G* porte. — r. quant *D*; *C*, *G* que. — s. *H* il pria à un de fes fieus. — t. *G* un des rainfciaus; *H* .j. des. — u. *H* del. — v. *G* le fruit mangiet. — x. *H* fi. — y. *G* en fa. — z. *H* l'ot mis en fa bouche. — aa. *H* ne onques cel. — bb. *G* cel. — cc. *H*, *G* enfouis. — dd. *G* rainfcaus. — ee. *G* .j. — ff. Et quant ..... arbre *A*, *B*; *m. d. G & H.* — gg. *H* douloures.

mont de Nibam*a*, & d'ilueques fu il menés en Iherufalem aveuc*b* le mairien dont li Temples fu fais, qui fu tailliés el mont de Nibam*c*. Il avint, fi comme on dift, quant Ihefu Cris fu crucefiiés, que li tefte Adan eftoit dedens le boife*d*, & quant li fans*e* Ihefu Crift iffi hors des*f* plaies*g*, la tiefte Adam iffi hors*h* de le crois & requelli*i* le fanc*k*. Dont il avient encore qu'en tous les*l* crucefis c'on fait en le tiere de*m* Iherufalem, c'au pié de le crois, a une tiefte en ramenbrance de cheli*n*.

Or*o* vous dirai des *Iorians*P qui font en l'abeïe où l'une des parties de le crois fu prife, qués gens ce font, ne de quel tiere. Li tiere dont il font a à non Avegie*q*, & fi a roi & roïne; dont aucunes gens apelent cele terre tiere de Femenie. Pour çou l'apelent tiere de Femenie que li roïne cevauce & tient oft de fes femmes, aufi bien comme li rois fait de fes homes. En celle tiere n'ont les femes c'une mamiele, & fi vous dirai pour coi. Quant li feme eft née & elle eft un poi crute, fe li cuift on la deftre mamele d'un fer caut, & le feniestre li leffe on pour fes enfans norir. Et pour çou li cuift on le dieftre qu'ele ne li nuife mie al traire l'efpée, quant elle eft en bataille.

XX

A .iij.*r* liues de Iherufalem, devers folel coucant*s*, *Emmaüs.* a une fontaine c'on apele le *Fontaine d'Emaüs*t. Là foloit*u* avoir .j. caftiel; dont il avint, fi comme l'Evan-

a. *A, B* Iuban; *G, H* Nibam; *J* Libanne. — b. *H* avecques. — c. *G, H* Niban. — d. *A, B* la boife; *G* le bois. — e. *H* fans iffoit. — f. *G* de fes. — g. *C* plaie. — h. *H* fors. — i. *G* rechut. — k. *G* noftre Signeur. — l. les *N*. *d*. *H.* — m. *H* de le terre de. — *v. H* celi. —
o. *La fin du chapitre* m. *d. D, G, H.* — p. *A, B; C* Iorans. — q. *J* Avegine. — r. *A, B* à quatre. — s. devers folel coucant *m. d. G, H*. — t. *A, B* des Efmaus; *C* des Efmax; *D* d'Efmax; *G, H* d'Efmaus. — u. *G* foloit on.

gille tefmoigne, que Noftre Sires ala aveuc .ij. de fes
defiples, quant il fu refufcités, dufque à *cel caftiel, &
s'afifent à cele fontaine pour mangier, fi qu'il ne le con-
nurent mie, defci *b* qu'il brifa le pain. Adont fi s'efvanni
d'aus. Et d'illeuc, retornérent en Iherufalem as apoftres *c*,
pour faire favoir à aus comment il avoient à lui parlé.

XXI

Or revieng *d* à la *Porte Saint Eftevene*, à le rue qui va
à main feneftre, qui *e* va à le *Portes de le Tanerie*. Quant
on a alé une *g* piéce de celle rue, fi treuve on une rue à
Rue de Jofaphat. main feneftre, c'on apele le *Rue de Iofaffas* *h*. Quant on
a .j. poi alé avant, fi treuve on .j. quarrefour d'une voie,
dont li voie qui vient à feneftre vient del *i* *Temple*, &
va al *Sepulcre*. Au cief de celle voie, a une porte *k*, par
PorteDouloureufe. devers le *Temple*, c'on apele *l* *Porte Dolereufe*. Par là
iffi *m* Ihefu Cris quant on le mena el *Mont de Calvaire*,
pour crucefiier; & pour ce l'*n* apele on *Porte Dole-
reufe*.

A main deftre, four le quarefour de celle voie, fu li
ruiffiaus dont l'Evangille tefmoingne que Noftre Sires
paffa, quant il fu menés crucefiier. En cel endroit, a .j.
Eglife de S. Jean *Mouftier de S. Iehan l'Evangelifte;* & fi avoit .j. grant
l'Evangelifte. manoir. Cil manoirs & li mouftiers eftoit des nonnains
de l'*Abeie de Betanie*. Là manoient elles quant il eftoit
guerre de Sarrafins *o*.

a. *H* iufqu'à. — b. *G* adont. — fofas. — i. *H* au. — k. *H* voie. —
c. *H* apofteles. — d. *H* revieng ie. l. c'on apele *m*. *d*. *G*; *H* la. —
— e. *G* & va. — f. *D*; *G*, *H* à la m. *H* fors. — n. l'apele on porte,
pofterne; *J* à la rue qui vait devers *G*, *H*. — o. *G* de Sarrafins; *H* &
feneftre iufque à la *Tannerie*. — de creftiens.
g. *H* grant. — h. *H* Iofaphas; *G* Io-

XXII

Or revieng à le *Rue de* ᵃ *Iosaffas*. Entre ᵇ le *Rue de Iosaffas* & les murs de le cité ᶜ, à main feneftre, dufque ᵈ à le *Porte de Iosaffas*, a rues aufi com une ville ᵉ. Là manoient li plus des Suriiens de Iherufalem. Et ces rues apeloit on *le Iuerie* ᶠ. En celle *rue de Iuerie* avoit ᵍ .j. *Mouftier de Sainte Marie Madelaine* ʰ. Et près de cel moftier avoit une pofterne dont on ne pooit mie iffir hors ⁱ as cans, mais entre ʲ .ij. murs aloit on. — *La Juiverie. Eglife de Ste-Marie Madelaine.*

A main deftre de celle rue de Iofaffas ᵏ, avoit .j. mouftier c'on apeloit *le Repos*. Là dift on que Ihefu Cris repofa, quant on le mena ˡ crucefiier; & là eftoit ᵐ li prifons u il fu ⁿ mis le nuit que il fu pris en *Geffemani*. Un poi avant, à main feneftre de celle rue, eftoit li *Maifons Pilate*. Devant celle maifon avoit une porte par u ᵒ on aloit al *Temple*. — *Eglife du Repos. La prifon. Maifon de Pilate.*

XXIII

Priès de le ᵖ *Porte de Iosaffas* ᵠ, à main feneftre ʳ, avoit une abeïe de nonnains, fi avoit à non *Sainte Anne*. Devant celle abeïe a une fontaine ˢ c'on apele *le Pecine*. Defeure ᵗ le fontaine avoit .j. mouftier. Et celle fontaine ne quert ᵘ point, ains eft en ᵛ une foffe ˣ defeure ʸ le mouftier. A cele fontaine, au tans que Ihefu — *Abbaye de Ste-Anne. La Pifcine Probatique.*

a. *G* de le cité & de. — b. *H* Outre. — c. & les murs de le cité *m. d. G*. — d. *H* iufques. — e. *H, G* viles. — f. *D* La Guerie; *J* La Iuderie. — g. *H* a. — h. *G* Magdelaine. — i. *G* iffir hors; *H* fors. — j. *G* en. — k. *H* Iofaphas. — l. *G* menoit. — m. *G* eftoient. — n. *G* la fuil. — o. *G* la ù. — p. *H* cele. — q. *Tout ce qui précède depuis le mot* Iofaffas *de la 3ᵉ ligne de cette page manque dans A & B*. — r. à main feneftre *m. d. G.* — s. *G* pecine. — t. *G* deffore. — u. *G* coroit; *H* cort. — v. *A, B, J*. — x. eft ..... foffe *m. d. G*. — y. *G* dedens; *J* defouz; *H* eft dans.

Cris fu en tiere, avenoit que *li angeles venoit par foys movoir* cele eve*, & quant il l'avoit* mute, qui primes* defcendoit à celle fontaine pour* baignier apriès ce que li angeles l'avoit mute*, il eftoit garis de quel enfremeté* qu'il eüft. Devant celle fontaine, avoit .v. portes & devant ches .v. portes avoit mout de malades & d'enfers & de languereus* pour atendre le mouvement de l'eve*. Dont il avint que Ihefu Cris vint là .j. iour & trouva .j. home giffant* en fon lit, qui .xxxviij. ans y avoit geü*. Se li demanda Ihefu Cris s'il voloit eftre garis. « Sire,* dift il*, « iou n'ai home qui « m'aïut* à defcendre en le fontaine. Quant li angeles « a mute l'eve, & iou me efmuef* à defcendre de mon « lit* pour aler là, fi truis .j. autre* qui s'i eft* baigniés « devant moi. » Dont li dift Ihefu Cris qu'il otaft fon lit & fi s'en alaft, qu'il* eftoit tous fains. Et cil faili fus tous fains*, fi s'en ala. Cel iour eftoit famedis, fi com l'evangile* tefmoingne.

XXIV

Si comme on ift* de* le *Porte de Iofaffas*, fi avale on el *Val de Iofaffas*. A main dieftre de cele porte font *Portes Oires*. El *Val de Iofaffas* avoit une abeïe de noirs moines. En celle abeïe avoit un *Mouftier de medame Sainte Marie*. En cel mouftier eftoit li *Sepulcres*

Abbaye de N. D. de Jofaphat.

Tombeau de N. D.

a. *G* par fies venoit. — b. *G* manoir en. — c. *G*)i angles avoit l'eve. — d. *H* iaue. — e. *G* premiers s'i pooit baignier. — f. *H* s'i pooit baignier, il. — g. apriès .... mute *m. d. G.* — h. *G* enferté. — i. & d'enfers & de langvereus *m. d. G & H.* — j. *H* l'iaue. — k. *H* gefant. — l. *G & H* iut. — m. dift-il *D.* — n. *A, B* qui m'ai; *J* ie n'ai nul home qui m'ait; *F* qui m'aiwe. — o. m'efmuef *G.* — p. à defcendre de mon lit *D; m. d. G.* — q. *H* home. — r. *G* ia. — s. *H* car. — t. cil..... fains *m. d. H.* — u. *H* le. — v. *A, B, D; C* on dift; *J* Enfi com l'en ift. — x. *G* cele. — y. *de Iofaffas m. d. G; D* de la porte S. Eftienne. *Elle avait ces deux noms.* — z. *J* de la *Porte de Iofaphat* por avaler en *Iofaphas.* — aa. *G* moignes.

où elle fu enfoïe & eft encore. Li Sarrafin, quant il orent pris la cité*a*, abatirent cele *b* abeïe & emportérent les piéres *c* à le cité *d* fremer, mais le mouftier *e* n'abatirent il mie.

Devant cel mouftier, al pié de *Mont Olivet*, a .j. mouftier en une roce, c'on apiele *Geffemani f*. Là fu Ihefu Cris pris. D'autre part la voie, fi comme on monte *g* el *Mont Olivet* tant comme on geteroit une piére *h*, avoit .j. mouftier c'on apeloit *i S. Salveur j*. Là ala Ihefu Cris orer le nuit qu'il fu pris ; & là li degouta li fans de fon cors, auffi *k* comme fueurs.

Eglife de Geth-femani.

Eglife du S. Sauveur.

En *Val de Iofaffas* avoit hermites & renclus *l* affés, tout contreval, que ie ne vous fai mie nommer, defli qu'à le *Fontaine de Syloé m*.

Ermites de Jofaphat.

XXV

En fon le *n Mont d'Olivet*, avoit une abeïe de blans moines. Près de celle abeïe *o*, avoit une voie qui aloit en *p Betanie*, toute le coftiére de le montaigne. Sor le tour *q* de cele voie, à main deftre, avoit .j. mouftier c'on apiele la *r Sainte Patrenoftre s*. Là fu ce que Dex fift *t* le Pater Nofter *u* & l'enfeigna *v* à fes apoftres *x*. Près d'illeuc fu *li figiers que Diex maldift*, quant il aloit en Iherufalem, pour che que li apoftre i aloient cuellir leur figues, fe n'en i trouvérent nulle & fe n'eftoit mie tans

Abbaye du Mont des Oliviers.

Route de Béthanie.

Eglife de Paternoftre.

Le Figuier maudit.

a. *H* le chité. — b. *G* l'. — c. *H* de l'eglife. — d. *H* de Iherufalem pour refermer. — e. *H* l'eglyfe. — f. *G* Ieffemani. — g. *H* fi c'om monte. — h. tant..... piére *m. d. G & H*. — i. *G* apele. — j. *A, B* Saint Salveor ; *D* S. Sauveur ; *H* Saint Sauveeur ; *J* S. Sauveor. — k. *G* fi. — l. *A, B* & rendus ; *J* reclus. — m. En val..... *de Syloe m. d. G & H*. — n. *H* En for le ; *J* Defus le. — o. *H* à main deftre. — p. en *G, H*. — q. *A, B* for le tor ; *H, G* four le tor. — r. la *A, B*. — s. *H* apelloit Saint Paftre noftre ; *G* Pater Noftre. — t. *G* Là fift Dex. — u. Là..... Nofter *A, B, D, E, F*. — v. *J* qu'on apele Sainte Pater Noftre, por ce que là l'enfeigna. — x. *G* apoftles ; *H* apoftelles.

qu'elles i deüffent eftre. Cel iour meïfme, retourna Ihefu Cris pour aler en *Betanie* de Iherufalem; & li apoftre alérent par devant le figier, fi le trouvérent fech ᵃ.

Entre le *Mouftier de le Patrenoftre* & *Betanie*, en le cofte de le montaigne ᵇ, avoit .j. mouftier qui avoit non

Bethphagé. Betfagé ᶜ. Là vint Ihefu Cris le iour de Pafques Flories, & d'ileuques ᵈ envoia .ij. de fes defciples ᵉ en Iherufalem ᶠ pour une aneffe; & d'ileuc ala il for l'aneffe en Iherufalem, quant il l'orent amenée.

XXVi

Or vous ai ie dit & ᵍ només les moftiers & les abeïes ʰ de Iherufalem & de dehors ⁱ Iherufalem à une liue près ʲ, & les ᵏ rues des *Latins*. Mais ie ˡ ne vous

Abbayes & églifes des non catholiques. nomerai ne n'ai només ᵐ les abeïes ne les mouftiers des *Suriiens*, ne des *Griffons*, ne des *Iacopins*, ne des *Boamins* ⁿ, ne des *Neftorins*, ne des *Hermins*, ne des autres maniéres de ᵒ gens qui n'eftoient ᵖ mie obeïffant à Rome; dont il avoit mouftiers ᑫ & abeïes plufieurs ʳ en le cité ˢ. Pour che ne vous veul ᵗ mie parler de toutes ches gens que i'ai chi nommés, qu'il ᵘ ne font mie obeïffant à Rome ᵛ.

a. Priès d'illeuc ..... fech *m. d.* *G & H.* — b. *D, G, H* Entre le mouftier de Betanie & la montaigne. — c. *G, H* Belface; *J, C* Belfage. — d. *H* d'illueques. — e. *G* envoia .ij. de fes defciples en Iherufalem. — f. & d'ileue ..... Iherufalem *m. d. H.* — g. *A, B*; *G* dit ie. — h. *H* les abeïes & les mouftiers. — i. *H* par hors. — j. à une liue près *D, G, H.* — k. *H* des. — l. *G* iou. — m. *G & H* ne vous ai mie només ne nomerai ore. — n. *A, B* Boanins; *G & H* Iacobins ..... Boiamins. — o. *G* manoirs d'autres. — p. *D* porce qu'il n'eftoient. — q. *H* mouftiers & abeies. — r. plufieurs *D.* — s. *H* & dehors &. — t. *H* veil ie. — u. *H* qui. — v. *H* l'eglyfe; *A, B* à la loi de Rome.

V

ERNOUL

FRAGMENTS RELATIFS A LA GALILÉE

[v. 1231]

MANUSCRITS:

A. Paris, Arſenal, 4797, vél., XIII f., in-fol.
B. Berne, 340, vél., XIV f., in-4.
C. Bruxelles, 11142, vél., XIII f., in-fol.
D. Berne, 41, vél., XIII f., in-fol.
E. Paris, Bibl. Nat., fr. 781, vél., XIII f., in-4.
F. Berne, 113, vél., XIII f., in-fol.
G. Berne, 115, vél., XIII f., in-fol.
H. Saint-Omer, 722, vél., XIV f., in-fol.

ERNOUL

FRAGMENTS

RELATIFS A

LA GALILÉE

* * *

R vous lairons de Salehadin [a] qui est [b] au siége devant *Crac*, & si parlerons del flun *Iordain* [c], là ù il naist & comment il va ne où [d] il kiét.

Cil fluns devise le tiere de Sarrasins & de crestiiens, tout si com il keurt. Li tiere de crestiiens qui de çà est, a à non li *Tiere de Promission*, & cele de Sarrasins a à non *Arabe*. En le *Tiere de Promission* [e], si [f] apiele on toutes les iaues fluns. Au piét dou *Mont*, sourdent .ij. fontaines; li une a non [g] *Iour* & l'autre *Dain*. Or vous dirai de cel *Mont* comment il a [h] non. Il a non [i] *Mont de Ninban* [j]. Cis mons dure .iiij. [k] iournées de lonc dusques [l] à un castiel qui est outre *Triple*, & c'on apiele [m] *Arces* [n]. Là fut faite li arce Noé dont li mariens fut pris en ce mont de [o] *Ninban*; & pour çou a à non chis castiaus *Arches*, que

Le Jourdain.

Sources du Jourdain. Liban.

a. *H* Salehadin ester. — b. *H* estoit. — c. Iordain *H.* — d. *G* la ù. — e. & cele . . . . Promission *m. d. G.* — f. si *m. d, G, H.* — g. *C* a à non; *H* avoit non. — h. *G* a à non. — i. *G* est apelés. — j. *A, B, E, F* Nibon; *D* Nibam; *H* Liban. — k. *C, E* .iij. — l. *G, H* deffi. — m. *G* & est apelés. — n. *G, H* Arches. — o. de *G, H.*

li arce Noé i fu faite *. Cis mons partiſt le paienime *
& le creſtiienté tres en droit *Sur* iuſques outre * Triple,
ſelonc le marine. Là eſt li chreſtiientés & d'autre part li
paienime.

En cel mont a mout de bonnes tieres & de bonnes
villes, dont li creſtiien & li Sarraſin * partiſſent moitiét
à moitiét *. En tel liu i a qu'ele eſt toute de Sarraſins, &
en tel liu i a qu'ele eſt toute ſ de creſtiiens. Entre ces .ij.

Vallée de Bacar. montaignes a une valée ᵍ, c'on apiele le *Val Bacar* ʰ, là
où li home Alexandre alérent en fuere, quant il aſeia
Sur ⁱ. Dont cil qui le Romant en fiſt, pour mieus mener
ſe rime ʲ, le noma le *Val de Ioſaphas* por ſe rime faire ᵏ.

Or vous avons dit dou *Mont dou* ˡ *Niban*, dont les
.ij. fontaines ſordent au pié ᵐ. Or vous dirons d'une cité
bas ⁿ el pendant del mont, ſor les fontaines, qui a ᵒ non
Belinas. *Belinas*. Ele fu ia de ᵖ creſtiiens au tans Godefroi de
Buillon; mais ne vous ſai à dire au tans ᵠ de quel roi il
le perdirent ʳ. Mais puis freméreut il ˢ .ij. caſtiaus priès
Le Thoron. d'iluec, li uns a ᵗ non li ᵘ *Thorons*. Cis caſtiaus fu le roi,
& ᵛ eſt à .v. lieues de *Sur* & ˣ à .iiij. ʸ lieues de cele cité
Le Saphet. de *Belinas* ᶻ; & li autres ᵃᵃ a non *Saffet* ᵇᵇ. Cil eſtoit al
Temple & .iiij. ᶜᶜ lieues de le cité.

a. *G* priſe. — b. *H* paienie. —
c. *H* en. — d. *G* li Sarr. & li creſt.
— e. *C*, *G* partiſſent en cui endroit
la moitié. — f. de Sarr. . . . toute
m. d. *C*. — g. valée m. d. *G*. —
h. *A*, *B* Val de Bachas; *E* Val de
Beicaſe; *G* Val de Bacor; *H* Val
de Bacar. — i. *E ajoute après ce
mot*: dont on diſt encore el Romans
del Fuere de Gadres qu'il eſtoiert
alé el val de Ioſ. *Voyez ſur ce paſ-
ſage le Roman d'Alex*., éd. Miche-
lant, p. 534. — j. ſe rime m. d. *H*;
pour . . . rime m. d. *E*. — k. *E* pour
mix faire le rime; *H* pour la rime
parfaire. — *Le paragraphe ſui-
vant porte dans H ce titre*: De Be-
linas qui ſiet au piét de mont de
Niban. — l. *H* Or vous lairons de.
— m. dont . . . . . pié m. d. *C*, *E*;
H ajoute du mont. — n. *A*, *B* qui
eſt el pendant. — o. *G* a à nom.
— p. *G* a; *H* des. — q. au tans m.
d. *G*. — r. *H* elle fu perdu. —
s. fremérent li creſtiien. — t. *G*
a à. — u. li m. d. *G*, *H*. — v. &
m. d. *C*, *G*. — x. & *H*. — y. *C*, *G*
.iiij. — z. de Belinas m. d. *C*, *G*, *H*.
— aa. li autres m. d. *G*. — bb. *H*
Saphet. — cc. *G* & à .iij.

FRAGMENTS RELATIFS A LA GALILÉE.   57

Or vous dirons de *Belinas* [a] quels cités ce fu & comment elle ot [b] non anciennement. Elle fu Phelipon, si ot à [c] non *Cesaire Phelipe*. Cil Phelipes [d] fu fréres Herode, qui saint Iehan Baptiste fist decoler [e] ; & fu barons le femme que Herodes tenoit, quant il fist saint Iehan decoler [f]. Et por ce que il dist à Herode qu'il ne devoit mie tenir le feme son [g] frére, pour ce li fist il couper [h]. A celi *Cesaire* donna Nostre Sires à [i] saint Piére les clés de Paradis & poesté de loiier & de desloiier. Cele cités est près de *Galilée* [j].

Or vous dirons des .ij. fontaines qui keurent vers le *Mer de Galilée*. Ains qu'eles entrent en le mer, si s'asamblent & vienent [k] à une. L'une des .ij. [l] fontaines a à non *Iour* & li autre a à non [m] *Dain*. Et quant elles s'asanlent [n], si a à non *Iourdain*. Celle eve entre en le mer par deviers [o] *Belinas*, & keurt par mi le mer del lonc de si à un pont c'on apiele le *Pont de Tabarie*, & puis qu'elle passe le pont, si a à non li [p] fluns *Iourdains*.

Or vous dirons de cele mer, qués mers çou est. Celle *Lac de Tibériade.* mers n'est pas sallée, ains est douce & bonne à boire. Celle mers n'a que .iiij. [q] lieues de lonc & .ij. de lé. Celle mer apiele [r] Escriture *Mer de Galilée* & en autre liu *Mer de Tabarie*, pour çou que li cités de *Tabarie* siét sor le mer [s] par devers [t] crestiiens. En autre liu l'apiele l'Escriture l'*Estanc de Nazareth* [u].

Sour cele mer ala Ihesu Cris à [v] sés piés, & sains Piéres

a. *C Linas.* — b. *G* ot à. — c. à *H*. — d. *C, D, E, F* Phelippon. — e. *G* la teste colper. — f. & fu ..... decoler *m. d. G*; *H* la teste coper. — g. *G* de son. — h. *H ajoute* la teste ; *G* & pour çou ot il colpé la teste. — i. à *G*. — j. *G* Galulée. — k. *F* vient tot. — l. .ij. *m. d. G*. — m. a à non *m. d. G*. — n. *G* quant vienent ensamble; *H* sont assamblées. — o. *G* par deus. — p. li *G*; *H* le. — q. *H* .iiij. — r. *H* mers est apellé en l'escripture. — s. sor le mer *m. d. C, D, E, F*. — t. *G* par devers les. — u. *H* Nazarecht. — v. à *m. d. A, B, C, D, E*.

qui en une nef eſtoit en le mer[a], ſi li pria qu'il le laiſaſt aler apriès [b] lui. Et Iheſu Cris li tendi ſe main & ſe li diſt qu'il veniſt[c]. Et ſains Piéres ſali en le mer, ſi cancela &[d] douta[e] &[f] cria merci à Iheſu Criſt le ſecouruſt. Et Iheſu Criſt[g] li diſt que petit de foi avoir. En cele mer peſcha ſains Piéres une nuit entre lui & ſes compaignons en .ij. nés, & riens[h] ne priſent. Et Iheſu Cris vint le matinée ſour le rive de le mer[i] ; ſi lor demanda s'il n'avoient point de piſſon, & il[j] reſpondirent qu'il n'avoient riens[k] pris : « Or[l], giétés, » diſt Iheſu Cris, « vos rois à main[m] dieſtre. » Et ſains Piéres li reſpondi : « Sire, nous avons toute nuit villié, & ſi n'avons riens pris, mais en voſtre nom giéterons nos[n] rois[o]. » Si les[p] getiérent, &[q] lor rois emplirent toutes de piſſon & emplirent leur .ij. nés, & que les rois rompirent[r].

Lieu de la multiplication des pains. Sour celle mer fu ce que Iheſu Chris fiſt de l'eve vin, quant il fu as noces[s] Archedeclin en le cité de *Tabarie*[t]. Entre *Tabarie* & *Belinas* a .j. liu[u] qu'en apele *le Table priès*[v] de le *Mer de Galilée*[x]. En cel liu fu ce que Iheſu Cris[y] repeüt les apoſtles & .v. mil hommes de .v. pains d'orge & de .ij. piſſons, ſi qu'il en demoura .ij.[z] corbillies de relief[aa].

Capharnaüm. D'autre part, deſeure le mer, par[bb] deviers le paie-

a. *G* qui avec lui eſtoit en le mer, quant il le vit, ſi. — b. *H* avoec. — c. ſe & qu'il veniſt *m. d. H.* — d. *G, H* & ſi. — e. & douta *m. d. A, B, C, E, F.* — f. *G* & ſi. — g. *G ajoute* : li tendi ſe main & ſe. — h. *G* nient. — i. de le mer *m. d. H.* — j. *G* il li. — k. *G* nient ; *H* point. — l. *G* Or, fire. — m. main *m. d. G, H.* — n. *H* le. — o. *La phraſe depuis* Et ſains Piéres *eſt remplacée dans G* : Et il reſpondirent : « Nous ieterons en voſtre non. » — p. les *m. d. H.* —
q. & *m. d. G, H.* — r. *La phraſe depuis* & que *eſt remplacée dans G* : ſi que peu s'en falloit qu'eles ne plonçoient. — s. *H ajoute* : à le maiſon. — t. *Le mſ. H porte la mention ſuivante* : De le table. — u. *G* caſtel. — v. *C* Belinas à une liue priès. — x. de Galilée *m. d. A, B, C, E, F, G.* — y. *G* Dex ; *H* Dieus. — z. *A, B* .xxij. ; *D, G* .xij. — aa. *H porte ici la mention* : De Carphanaon ou ſains Piéres & ſains Andrieus furent nés. — bb. par *m. d. G.*

nime, a une cité c'on apiele *Capharnaon*, là ª ù ſains
Piéres & ſains Andrius furent né; & là ù Iheſu Cris fiſt
mainte biele ᵇ miracle de gens ſaner, com del fil le roi
& d'autres ᶜ.

Apriès ſi ᵈ a une cité c'on apiele *Naïm* ᵉ, là u *Naïm.*
Iheſu Cris ala un iour & ᶠ il & ſi apoſtle. Et quant
il aproca le porte de le cité ᵍ, ſi encontra .j. vallet ʰ,
c'om emportoit enſoüir. Dont vint Iheſu Cris à lui, ſe ⁱ
li diſt qu'il levaſt ſus & cil tantoſt ſailli ʲ ſus, car Iheſu
Cris l'avoit ᵏ reſuſcité. De requief ˡ aloit Noſtre Sires en
celle contrée, ſi encontra un homme qui eſtoit hors del
ſens, que nus loïens ᵐ ne ⁿ pooit tenir qu'il ne rompiſt ᵒ.
Cil de le ville couroient aprèſ lui pour prendre ᵖ, qu'il
ne s'alaſt noïer en le mer ᵠ. Dont vint Iheſu Cris ʳ, ſe lui
diſt qu'il fu cois & ˢ qu'il n'alaſt plus avant ᵗ; & cil fu
cois. Apriès diſt Iheſu Cris : « Qui es tu dedens cel cors
qui ſi travailles ceſt homme ? » Et il diſt que c'eſtoit ᵘ
une legion d'anemis, qui aillors ᵛ ne puent ˣ eſtre ʸ s'en
cors d'ome non ᶻ. Dont ᵃᵃ commanda Iheſu Cris qu'il
iſſent fors; & il diſent que il ᵇᵇ lor commandaſt que il
entraiſſent en autres cors, car il ne pooient eſtre ᶜᶜ en
autre liu ſe en cors d'ome non ᵈᵈ. Illuec paiſſoit une

a. là *m. d. G.* — b. *G* maint bel.
— c. *On lit dans H*: De Naym où
Dieus fiſt maint bel miracle. —
d. ſi *m. d. G.* — e. *A, B* Enaim.
— f. & *m. d. H.* — g. de le cité
G, H. — h. *H ajoute*: fors de le
porte. — i. *H* Cris & li. *La phraſe*
vint... ſe, *empruntée à G, m. d. A,
B, C, D, E, F.* — j. *G* ſailli tan-
toſt. — k. *G, H* comme cil cui I. C.
avoit. — l. *On lit après ce mot
dans G, H*: il avint [*G* une] autre
fois que Noſtre Sires [*G* Iheſu Cris]
aloit. — m. *G* que caine. — n. *G*
ne le. — o. *G ajoute*: tout, & tout.
H ajoute: tout, &. — p. *G ajoute*:
& tenir; *H ajoute*: & por retenir.
— q. en le mer *G, H*. — r. *G* Cris
à lui. — s. qu'il fu cois & *m. d. G.*
— t. *La phraſe* Dont... avant *em-
pruntée à G, H, ſe lit dans les autres
mſſ.*: Dont diſt Iheſu Cris à lui qu'il
fu cois. — u. *G, H* il eſtoient. —
v. aillors *m. d. H*. — x. *G* pooient.
— y. eſtre *m. d. H*. — z. *A, B, F*
cors non de gens. *La phraſe* qui...
non *m. d. C, D, E.* — aa. *G* Et
dont. — bb. *G* diſent dont lour.
— cc. eſtre *m. d. G*. — dd. *G* ſe
cors non. *La phraſe* car... non,
empruntée à G, H, m. d. les autres mſſ.

porkerie de pourciaus *a*, & Ihefu Cris lor *b* commanda que il *c* entraiffent laiens *d* es cors des *e* pourciaus, & il fi filent; & li pourciel *f* entrérent en le mer, & li hom s'en ala tous fains en *g* fe maifon *h*. Celle miracle, & affés plus que iou ne *i* die, fift Ihefu Cris en tour le *Mer de Galilée* *j*.

A .v. liues de cele *Mer de Tabarie* a une cité c'on apiele *Nazareth* *k*, & fi eft à .vj. liues d'*Acre*. A *l* celle cité fu Noftre *m* Dame fainte Marie née. Et en celle cité meïfmes *n* li aporta li angeles le novele que Ihefu Cris prenderoit car & fanc en li *o*. Quant Noftre Dame fainte Marie fu ençainte del Fil Diu le Pére *p*, elle alla à *q* une montaigne qui priès de *Nazareth* *r* eftoit avoec une fiue coufine germaine qui là manoit & qui avoit à non Elizabeth *s*; & eftoit ençainte de Monfigneur faint Iehan Baptifte. Si ala por li veoir & por li faire compaignie & por li folacier *t*. Tantoft comme elle vint là, fi le falua. Tantoft que la vois le mére Diu entra *u* en l'oreille fainte Elizabeth, li enfes qu'elle avoit *v* en fon ventre s'efioï encontre le venue fon Signour *x*. En cel liu a une abeïe de Grieus *y*, c'on apiele *Saint Çacharie* *z*, pour çou que Zacharies meft là. Et cil *aa* fu péres faint Iehan Baptifte *bb*.

Nazareth.

Abbaye de S. Zacharie.

a. *H* pors. — b. *H* tantoft lor. — c. *G ajoute*: iffifcent del cors à l'home &. — d. laiens *m. d. G.* — e. *G, H* as. — f. *La phrafe fuivante remplace dans G, H* & li pourciel: quant il furent es cors des pourciaus, fi. — g. *H* à. — h. *On lit dans H*: De Nazareth où N. D. fu née. — i. ne *m. d. H.* — j. de Galilée *H*. — k. *D* Nazareph. — l. *G* En. — m. *G, H* me. — n. *G, H ajoutent*: où ele fu née. — o. *G ajoute*: & il fi fift. — p. le Pére *G, H.* — q. *G* en. — r. *G* de le montaigne. — s. avoec ... Elizabeth, *à peu près femblable dans G, H, fe lit dans les autres mff.*: ù Ste Elizabeth manoit. — t. Si ... folacier *G, H.* — u. *G, H* vint là, fi comme la vois me dame fainte Marie entra. — v. *H* portoit. — x. *H ajoute*: Ihefu Crift. — y. de Grieus *m. d. C, E, F; G* de moines gris. — z. *C, G, H* Acharie; *F* Zacharie. — aa. *G* Zacharies fu; *H* Chieus Zacharias fu. — bb. *On lit dans H*: Du mont c'on apelle le *Saut* où Diex fu menés por faillir ius.

Priès de Nazareth, ia demie lieue*, a un *biel mont qui a à non* en latin *Montem* *excelſum valde* & en roumans l'apiele on *le Saut*, por chou que en le coſ- Mont du Saut.
tiére * de ceſt mont a une faliſe ù on menoit chiaus de Nazareth qui mort avoient deſervie, pour faire ſalir ius. Dont il avint une fois* que Iheſu Cris i fu menés pour faire ſalir ius, pour une parole * qu'il avoit dite as luis en Nazareth. Et quant il vint là, ſi s'eſvanuï d'aus, & s'aſiſt ſour une piére qui encore i eſt, ſi qu'il ne le porent ne * veïr ne trouver.

Cil mons qui eſt en haut deſor * le faliſe, c'eſt li mons Mont de la Qua-
rantaine.
ù li diavles porta Iheſu Cris, quant il l'ot porté de le *Quarentaine*, là ù il * iuna ſour le Temple. Deſſour le Temple le priſt, ſi le porta ſour cel mont *, & * li moſtra tout le païs & toute la contrée & * le rikece qui eſtoit en le tiere *, & ſe li diſt qu'il li donroit quanques il veoit, ſi l'aouraſt. Et Iheſu Cris li diſt qu'il s'en alaſt & que * iamais ne le tentaſt. Li diavles s'en ala & li angele vinrent priès de cel mont *.

Deſoz cel * mont, ſi i a un autre mont ki n'eſt mie ſi Mont Thabor.
haut, por ce ie vos die deſoz *. Il i a * mout biele plaingne entre deus mons. Cel autre mont apiele on * *Mont de Tabour* *. Sour cel mont mena une fois Iheſu Cris ſaint Piére & ſaint Iake & ſaint Iehan *, & ſe transfigura devant aus, dont on fait en mout de tieres * le fieſte de

---

a. ia demie lieue *m. d. C, D, E, F, G, H.* — b. *G* molt, *H* mout. — c. *H* c'om apelle. — d. Montem *m. d. C, D, E.* — e. *D* l'eſtanc. — f. *A, B* contrée. — g. une fois *m. d. H.* — h. *G* ſalir pour parole. — i. *G* mie. — j. deſor *G.* — k. *E* qu'il. — l. ſour cel mont *eſt répété dans G.* — m. & *m. d. G.* — n. le contrée & *G, H.* — o. *H ajoute*: & en le contrée. — p. *On lit dans H*: Du mont de Tabor ou Noſtre Sires ſe transfigura. — q. *G, H* vinrent à lui. — r. *D* Près de ce; *G* Près cel; *H* Après de cel. — s. por … deſoz *A, B, F.* — t. *G,* Il i a; *H* Là a. — u. *H* mont au près du Mont. — v. *A, B* mont Tabor. — x. *H* ſaint Iehan & ſaint Iakeme. — y. *G* en maint liu; *H* en mainte tiere.

celle *a* Transfiguration. Là virent il son veſtement blanc & .ij. hommes aveuc li, dont on dit que li uns fu Moyſès & li autres Elyes. Dont vint ſains Piéres à Iheſu Criſt pour le grant glore qu'il vit là; ſi li *b* diſt: « Sire, » diſt il *c* , « chi feroit mout *d* boin eſtre; faiſons chi *e* trois tabernacles, vous une, Elye une & Moyſès une*f* . Quant ſains Piéres ot enſi*g* le parole dite, ſi *h* vint une vois *i* par *j* devers le ciel auſſi comme tonnoires; ſe *k* diſt que çou eſtoit *l* ſes fius qu'il avoit envoiét *m* en tiere. Dont li Apoſt*n* le eürent ſi grant freeur *n* quant il l'oïrent *o* , que il caïrent paſmé ſour lor viſages. Quant il ſe levérent de pamiſons *p* , & il ſe regardérent, ne virent il fors ſeulement Iheſu Criſt aveuc iaus; & il s'en avalérent de le montaigne. Et Iheſu Cris lor diſt ke de l'aviſion *q* , qu'il avoient veüe, ne deſiſſent mot *r* iuſques adonc *s* qu'il feroit reſuſcités de mort à vie *t* .

Ie vous avoie oubliié à dire, quant ie en *u* parlai *v* , combien il i a de *Iheruſalem* duſc'à cel mont, là ù li diavles porta Iheſu Criſt; il i a .ij. iournées grans *x* .

Mer morte. Or vous dirai del flun *Iourdain* comment il keurt ne là *y* u il kiét. Puis qu'il iſt *z* de le *Mer de Galilée*, il keurt vers miedi, & ſi keurt bien .iij. iournées de lonc. Et ſi kiét en le mer c'on apiele le *Mer del deable;* en le tiere & en l'Eſcripture l'apiele on le *Mer del ſel*, pour çou qu'il a une montaigne de ſel *aa* ſour le rive *bb* par devers *le Crac*, & pour çou qu'ele eſt ſi fauſſe & ſi amére que

a, *G, H* de le. — b. li *m. d. G.* — c. diſt il *m. d. H.* — d. *H* chi. — e. *G* ici. — f. *G, H* Moyſès une & Elye une. — g. *G* iſſi ; enſi *m. d. H.* — h. ſi *n. d. G, H.* — i. *G, H* une vois vint. — j. par *m. d. G, H.* — k. *G* ſi; *H* ſe li. — l. *G* c'eſt. — m. *H* qui eſtoit en. — n. *G, H* paor. — o. *G* virent. — p. *A, B,* poſmoiſon; *F* paſmiſon. — q. *G, H* que le viſion. — r. *H* & nel deiſſent nient. — s. *G* deſiſent à nului duſc'à donc. — t. *On lit dans H*: De le mer au deable où li fluns chiét. — u. en *G, H.* — v. *D* m'en parti. — x. *On lit dans H*: Ne où il keurt. — y. là *m. d. G, H.* — z. *C, E, F* kiét; *D* part. — aa. pour ... ſel *m. d. H.* — bb. *G* rive ſi eſt par.

FRAGMENTS RELATIFS A LA GALILÉE. 63

nule riens ne se puet comparer à le grant sausse ne à l'amertume *a* de li. N'est riens de le grant mer à li, & si n'a point de cours, ains est ensi *b* com uns estans, & se n'i a nul pisson, que *c* pissons n'i porroit durer *d*; & si fu *e* ia toute tiere là ù li mers est *f*. Et cele tiere *g* sist entre une cité ki a non *h* Saint Abraham & le Crac *i*. Le Crac.

Ançois que ie vous parole plus de cele mer *j*, vous dirai *k* ù li Crac siét. Il siét en Arabe. Apriès si est Mons *l* Synaï, en le tierre le seignor de Crac. Cel Mons Synaï Le mont Sinaï. si est entre le Mer rouge *m* & le Crac *n*. Là *o* dona Dieus *p* le loi à Moysen, apriès çou que il ot passé le Rouge mer *q*. En cel mont là ù li lois fu donnée, portérent li angele le cors sainte Katerine, quant ele ot le chief copé en Egipte. Là gist en oille que ses cors rent. Et lassus a une abeïe de moines Gris *r*. Mais li maistre abeïe de cele maison ne est mie là, ains *s* est al pié del mont. Là est li abes & li couvens; & ne *t* puet on aler el mont à cheval *u* ne porter viande dont il puissent *v* tout vivre lassus.

Mais lassus *x* a .xiij. moines *y* qui forte *z* vie mainent. Lassus lor porte on pain *aa* sans plus; & teus i a qui ne manguent que .iij. fois le semaine pain & iaue; & teus i a qui manguent avuec lor pain crues ierbes *bb* qu'il

---

a. ne à l'amertume *F.* — b. *G*, *H* aussi. — c. *H* quar. — d. *G* ajoute: por le grant sausse de li. — e. fu *m. d. H.* — f. là... est *m. d. H.* — g. tiere *m. d. G* — h. *G* qui a à non; *H* c'on apelle. — i. On lit dans *H*: Du mont de Synaï où il siét. — j. *H* cù le mer de Seil siét, vous. — k. *H* dirai ie. — l. *H* Mons de. — m. *A, B, F*; rouge *m. d. G*; *H* rouge mer. — n. *C, G* répètent ici: Entre le rouge mer & le Crac si est mons Synay. — o. *A, B, F* Sor cel mont Sinay. — p. *G* Damedeus. — q. *G* mer rouge. — r. *A, B* Greus; *D* Grieus. — s. ne... ains *m. d. C, E.* — t. *H* si ne. — u. à cheval *m. d. C, E, F.* v. *G* peüssent. — x. *A, B* Là sus en fu le mont. — y. *H* moines gris. — z. *A, B, D, F, G* fort. — aa. *G* le pain. — bb. *A, B* les herbeletes.

ahanent laſſus. Sour cel mont, iuna Moyſés .xl. iours, c'ains ne manga devant çou que li lois i fu donnée*a*.

Mer rouge. Or vous dirons de le *Mer rouge* *b* qui apriès eſt. Çou eſt li mers que Moïſés feri de le *c* verge, & li mers ſe *d* parti & ſi *e* fu comme maiſiére d'une part & d'autre. C'eſt li mers que li fil d'Iſraël *f* paſſérent ſec *g* piét, quant il vinrent d'Egypte. Et quant il l'orent paſſét, li rois *h* Pharaons qui apriès aus venoit, entra ens, & les voloit ocirre & prendre; & il & toute s'os. Moyſés retourna ſe verge & feri *i* le mer, & li mers recloſt; & Pharaons *j* & toute s'os fu noié, c'onkes nus n'en eſcapa. Et *k* li fil Iſraël eſcapérent, car il furent outre *l* ançois qu'ele fuſt racloſe.

Sour le rive de cele mer fiſt une fois li princes Renaus faire .v. galies. Quant il les ot faites, ſi les fiſt metre en *m* mer, & ſi i *n* fiſt entrer chevaliers & ſiergans *o* & viandes aſſés pour cierkier & pour *p* ſavoir *q* quels gens manoient ſour *r* cele mer d'autre part. Il ſe *s* partirent quant il ſe furent apareillié, & ſe miſent en haute mer; n'ainc *t* puis k'il ſe *u* partirent *v* de là *x*, on n'oï *y* parler ne ne ſot on k'il devinrent. Et par mi cele *Rouge mer* *z* cuert uns fluns de Paradis *aa*. Et quant il *bb* iſt hors de le mer *cc*, ſi *Le Nil.* s'en cuert par mi le tiere *dd* d'Egypte. Cel flun apiele on en l'Eſcripture *Siſon* *ee*, & en le tiere *ff* l'apiele on *Nilus*. Or vous lairons de cel *Nil* eſter: ſi vous dirons de

a. *H* lois li fu & donée. *On lit dans H*: De le mer rouge quele ele eſt. — b. *G* rouge mer. — c. *H* ſe. — d. ſe *m. d. G.* — e. ſi *m. d. G.* — f. *G, H* fil Iſraël. — g. *H* a ſec. — h. rois *m. d. H.* — i. *G* deferi. — j. *G* Moyſés. — k. Et *m. d. G.* — l. *H* tout outre. — m. *H* en le. — n. i *m. d. G.* — o. & ſiergans *m. d. G.* — p. pour *m. d. G.* — q. *H* pour ſavoir & pour cierkier. — r. *H* là ſour. — s. *H* s'em, d'iluec. — t. *G, H* ains. — u. *G, H* s'en. — v. *G* furent. — x. *H* d'illeuc. — y. *G, H* nen oi non. — z. *G* mer rouge. — aa. *H ajoute*: terreſtre. — bb. *H* cil fluns il. — cc. *H* mer rouge. — dd. *H* mer. — ee. *A, B* Aſon; *D, H* Phiſon. — ff. *H* tiere d'Egypte. — gg. *On lit dans H*: De le cité S. Abraham qui a non Ebrom.

le cité *Saint Abraham*, qui eſt outre le *Mer del deable* Hibron-S. Abra-
dont ie vous parlai devant *ᵃ* en le *Tiere* de *Promiſſion*. Ces ham.
lius ù li cité eſt, ſi a à non *Ebron*. Là *ᵇ* converſa & *ᶜ* meſt
ſains Abraham, quant il fu venus *ᵈ* de *Hamam*, là *ᵉ* ù il
fu nés, que l'Eſcripture apiele *Aram*, quant Dius li diſt
qu'il iſſiſt *ᶠ* & alaſt manoir en une tiere *ᵍ* qu'il li enſegne-
roit *ʰ*. En cel liu acata il un camp de tiere à lui enſouïr
& à ſes gens, & là fu il enſouïs & ſes fius Yſaac, &
Iacob, li fils Yſaac *ⁱ*, qui mors fu en *Egypte* & pére
fu Ioſeph *ʲ*. Quant ſes péres fut mors en *Egypte* *ᵏ*, il
le fiſt aporter *ˡ* & le fiſt enſouïr aveuc ſes fréres *ᵐ* en
Ebron *ⁿ*. Et quant Ioſeph fu mors, li fil Iſraël, quant
il *ᵒ* vinrent de la tiere d'*Egypte* en le *Tiere de Promiſſion*,
il i aportérent ſes os, & ſi les enſouïrent *ᵖ* aveuc lors
péres. El tans que Abraham meſt là, n'i avoit il point
de ville, mais puis i fiſt on celle cité & l'apielon *Saint
Abraham*, pour çou que ſains Abrahams meſt là. Celle
cités eſtoit au ſigneur del *Crac*. Et ſi eſt *ᵍ* à .v. liues de
Betelem *ʳ*, là ù Iheſu Cris fu nés *ˢ*.

Bethleem *ᵗ* eſt cités, mais n'eſt mie grans, qu'il n'i *Bethléem.*
a c'une rue *ᵘ*. Et de *Bethleem* a *ᵛ* .ij. liues iuſques à
Iheruſalem *ˣ*.

Entre *Bethleem* & *Iheruſalem* a un mouſtier, ù il a

a. dont ... devant *ne ſe trouve
que dans* H. — b. G Et i; H Et.
— c. H là &. — d. G il vint. —
e. là m. d. G. — i. A, B qu'il iſiſt,
de naite. — g. G cité. — h. A, B
mouſtreroit. — i. A, B, D. — j. *La
phraſe eſt toute augmentée dans* F :
& péres fu Iudas & Ruben & Gad
& Nephtalin & Manaſſé & Symeon
& Levi & Yſachar & Zabulon &
Dam & Ioſeph & Beniamin. Ce
ſont les .xī. fil Iſraël. En la terre
Iſraël en a .ix. lignies & demie &
en creſtienté & paienie .ij. & de-
mie. — k. D, F, G, H. — l. H
aporter là. — m. F ſes péres. —
n. A, B Ebreu. — o. G qui vin-
rent. — p. G l'enfouïrent. — q. A,
B. — r. D Belleam; F Belleem;
C, G, H Iheruſalem. — s. A, B fu
mors. — t. A, B Bethelem; D Bel-
leam; F Belleem. — u. Bethleem...
rue m. d. H. — v. H n'a que. —
x. *On lit dans* H : Del mouſtier où
li angele anonchiérent as paſtors
que Dius eſtoit nés.

Abbaye du Gloria in Excelsis. moines Gris [a] que on apiele le [b] *Gloria in Excelsis Deo*. Ce fu là ù li angele le cantérent, quant Ihesu Cris fu nés. Et il parlérent as pasteurs & anunciérent ke li Sauvéres [c] dou mont estoit nés, & disent qu'il alaissent en *Iherusalem* là ù il estoit [d], & qu'il le trouveroient envelopé en [e] drapiaus. Et il i alérent, & si le trouvérent [f] tout si com [g] li angeles lor [h] avoit dit. Dont rendirent grasces & loenges [i] à Ihesu Cris de çou que il l'avoient veü.

Le Champ fleuri. Priès de cel moustier a un camp de tiere c'on apiele *Camp flori* [j].

Mer Morte. Or vous dirons de le *Mer del Diable* [k]. Il avint .j. iour que Abraham se seoit [l] desous .j. arbre [m], & vit venir un homme [n] en [o] le cemin, & cil se leva [p] ; si [q] ala encontre lui pour proiier k'il herbegast aveuc lui. Tout si que [r] il vint priès de lui, si l'aoura. En l'aourer qu'il fist, s'en vit .iij. Un en vit, & .iij. en aoura; li .iij. estoient en un; & li uns estoit [s] en .iij. [t] ; & tout en une personne. Il [u] li proia qu'il herbegast aveuc lui, & se [v] li laveroit ses piés & si mangeroit dou pain & de l'eve. Et il demoura une piéce & parlérent [x] ensanle; mais ne vous veul ore mie dire quanques il disent. Quant il orent [y] esté une piéce, si s'en ala, & Abraham le convoia. Si com il orent eslongié le liu, si esgarda Nostre Sires el plain par deviers le *Crac*, là ù la *Mers le* [z] *Dyable* est ore, & vit

Sodome & Gomorre. .v. cités dont l'une avoit [aa] non *Gomorre* [bb] & l'autre

---

a. Gris *m. d. H*; *A, B* Griés; *D* Griex. — b. le *m. d. G, H*. — c. *A, B* Sauluviéres. — d. *H ajoute*: & il i alérent. — e. *G, H* de. — f. Et... trouvérent *m. d. H*. — g. *G* que. — h. lor *m. d. G*. — i. loenges *m. d. H*. — j. *On lit dans H*: Des .v. chités que Dieus abisma où li Rouge mer est ore. — k. *E* le Mer des Dyables. — l. *A, B, F, G, H* se sist. — m. *A, B, F ajoutent*: qui avoit à nom Mambré. — n. un homme *m. d. G*. — o. en *m. d. G, H*. — p. *H* Et sains Abrahams se leva de là où il se seoit &. — q. *G* &. — r. *G* com. — s. estoit *m. d. G*. — t. Un ... .iij. *m. d. H par suite d'un bourdon du copiste*. — u. *H* Sains Abrahaim. — v. *A, B* si. — x. *H* demourérent. — y. *G* orent illuec. — z. *G* del. — aa. *G* ot. — bb. *A, B* Godomore.

Sodome. Des autres ne vous dirai iou mie les nons. Dont dist Nostres Sires Ihesu Cris [a] qu'il ne pooit plus souffrir la pueur [b] de ces cités, & qu'il les feroit abismer pour l'ort [c] pecié de contre nature qui là estoit. Et pour ce apiele on encore cels qui pecent contre nature *Sodomittes*, pour le cité qui ot [d] non *Sodome*. *Gomorre* si [e] senefie autre pecié, comme d'avarisse & de couvoitise, ke [f] li avers ne li couvoiteus ne peut estre nient plus remplis, nient plus [g] que *Gomorre* est del flun *Iourdain* ki ciét ens [h]. . . . .

. . . . Or [i] vous lairons de çou [j], si vous dirons d'une cité qui est à .ij. liues priès du flun, que les gens du païs fremérent, quant il oïrent dire que li fil Israhel venoient en le *Tiere de Promission* & qu'il devoient illueques passer. Celle cités a [k] à non *Iericop*, & fu fermée de pierre d'aïmant. Quant li fil Israel orent passé le flun, si l'asegiérent, pour çou qu'ele estoit en le *Tiere de Promission*, à l'entrée. Celle cités estoit si fors, qu'il n'i pooient riens faire. Dont priièrent Nostre Seigneur qu'il les consellast & aidast [l], qu'il peüssent avoir celle cité. Dont lor manda Nostre Sire que il sesissent busines d'arain & ieünassent .iij. iours [m] & alaissent à pourcession entour le cité [n], al tierç iour portaissent [o] cascuns se busine, & quant il seroient [p] arengié [q] entour le cité, que [r] cascuns sonnast se busine, ensi prendroient le [s] cité. Il ne mescreïrent mie ceste parole; ains fisent le commandement Ihesu Crist [t], & fisent tout si com il lor avoit com-

Jéricho.

a. Ihesu Cris *m. d. H*; *G* ajoute ensuite: si dist. — b. *A, B* le puant; *F* le puor. — c. *G, H* pour le. — d. *G* ot à non. — e. si *m. d. G*. — f. *H* car. — g. nient plus *m. d. G*. — h. ki ciét ens *m. d. H*. — i. *On lit en tête de ce paragraphe dans H*: De Ierico comment li fil Israhel le prisent. — j. *Tous les mss.* ont: lairons atant de Loth, *sauf G*. — k. *H* ot. — l. *H* confortast. — m. *G* par .iij. iors. — n. *G* entor le cité à porcession. — o. *G* portast. — p. *G* fuisent. — q. *A, B* atengié. — r. que *m. d. G, H*. — s. *H* celle. — t. Ihesu Crist *m. d. G, H*.

mandé *a*. Si sonnérent lor buisines, quant il furent arengié, & quant elles sonnérent, si caïrent li mur de le cité. Et il entrérent ens & *b* ensi le prisent.

Désert des serpents.

Priès *c* de celle cité a une gastine qui est toute plaine de serpens. Là prent on les serpens dont on fait le triacle. Et si vous dirai comment on les prent. Li hons qui les prent si fait .j. cerne *d* entour le gastine & va disant son carmin *e* en cantant *f* al cerne faire. Tout li serpent qui l'oent, viénent à lui, & il les prent aussi simplement com .j. aigniel, & les porte vendre par les cités à ciaus qui font le triacle. Or en i a des sages de ces serpens, quant il entent *g* que cil commence sen carmin *h*, si boute une de ses orelles en tiere, & l'autre estoupe de sa *i* keue pour che qu'il n'oe l'encant; par tant *j* si escape. De cel triacle c'on fait de ces serpens, garist on de tous envenimemens *k*.

Or vos dirai encore de .ij. serpens qui sunt en *Arabe*, & sunt es desers parfons. Il n'en est onques ke .ij., ne pius n'en puet estre, & sunt de si caude nature & de puant, qu'il n'est nus oisiaus qi vole par desus lui, là où il converse, q'il ne li estuece cheoir *l* mort de la calor *m* & de la puor q'il rent; ne n'est hom ne beste por q'il sente la puor d'aus, q'il ne l'estuet cheoir mort. Or vos dirai coment il naisent & coment il viénent en avant, car il lor estuet de morir. Qant ce vient el point q'il sunt en amor, si vient li masles, si met sa teste dedenz la boche de sa femele *n*; là conçoit. En ce q'ele conçoit, si estraint les dens & escace *o* le masle la teste, & ensi

a. *H* lor commanda; *G* lour avoit mandé. — b. Et ... & *m. d. H.* — c. *A, B, C, D, G, H donnent seuls le commencement de ce chapitre.* — d. *A, B* va faisant un serne. — e. *A, B* .j. carme; *C* carne; *D, E* charme; *G* carnin. — f. en cantant *m. d. H.* — g. *H* entendent. — h. *D* charme. — i. *H* leur. — j. *H* par ce. — k. *F* de tos envenimemens que li hom a. — l. *G* q'il n'estuece cheoir; *F* qu'il ne li estuece chair. — m. *F* chaure. — n. *F* de se fumele. — o. *F* & esquate.

muert. Et quant ce vient à l'enfanter, fi fe partift, & dui feon*a* viénent d'avant, li uns mafles, li autre femelle. Einfi faitement font tot tens*b*.

Or*c* vous lairons des*d* ferpens, & fi vous dirons d'un rice homme ki manoit en *Iericop*, au tans que Ihefu Cris aloit par tiere. Aucunes gens difent*e* qu'il eftoit uferiers. Cil avoit mout defiré à veoir Ihefu Cris. Il oï*f* un iour que Ihefu Cris venoit en *Ihericop*, & il ala à l'encontre, & fi monta four .j. arbre, qui four le voie eftoit où Ihefu Cris devoit paffer, pour lui bien veoir, & pour ce qu'il eftoit petis, & qu'il ne le peüft mie veoir s'il ne fuft montés four l'arbre, pour le grant*g* preffe de gens. Quant Ihefu Cris aproca l'arbre, fi fot bien qui*h* eftoit fus, & pour coi il eftoit montés. Il l'apiela par fen non, & fe li dift qu'il defcendift de chel arbre & qu'il voloit aveuc lui herbegier en fon caftiel*i*. Cil ot non *Zaceus j*. Il defcendi liés & ioians, & grant fefte faifant de che que Ihefu Cris li ot dit qu'il*k* herbegeroit*l* aveuc lui. Il vint à Ihefu Cris, fe li dift : « Sire, pour l'ounour que vous me faites de çou k'*m* aveuc moi herbegiés*n*, le moitié de tous mes biens donrai as povres ; & fe i'ai de nului eüt par male raifon, ie le renderai à .iiij. doubles. » *Zachée.*

Illuec en celle voie rendi Ihefu Cris*o* .j. homme*p* qui crioit apriès lui, le veüe, k'il n'avoit nul oel. D'illueques iufques*q* à .j. liue de *Ihericop*, eft la *Quarantaine*, où Diex iuna en une montaigne haute*r*. *La Quarantaine.*

Al pié de celle montaigne*s* a une fontaine bonne & *Fontaine d'Elifée.*

a. F & li .ij. faon. — b. *Le paffage depuis* Or vos dirai *jufqu'ici ne fe trouve que dans A, B, F.* — c. *A, B* Atant ; *on lit dans H* : De Zaceu & de Ierico. — d. *G* de ces. — e. *G* difoient ; *m. d. H.* — f. *G* oi dire. — g. grant *m. d. G.* — h. *G, H* que cil. — i. *G* oftel. — j. *D* Iaceus. — k. *G* qu'il le. — l. *H* herbegaft. — m. *G* que vous avec. — n. *H* o moi, ie donrai. — o. I. C. *m. d. G* ; *H* I. C. à. — p. *H* un homme fe veüe. — q. iufques *m. d. G, H.* — r. *On lit dans H* : D'une fontaine qui eft au pié du mont où Diex iuna le Quarentaine. — s. *H ajoute* : où Dieus iuna le Quarentaine.

bele*a* qui au tans *Elyzeie*b le propheve eſtoit de merveilleuſe manière, que*c* ſous ciel n'avoit*d* leu où*e* cele eve*f* atoucaſt, que nule vredure i creüſt; n'avoit*g* femme el mont, ſe elle en beüſt, qui iamais eüſt enfant; ne bieſte femele enſement qui iamais eüſt faon. Dont vint*h* Elizeus*i*, ſi le ſaintefia & ſi*j* miſt ſel ens. N'ainc puis qu'Elizeus l'ot ſaintefie, ne fiſt nul*k* mal, ſe grant bien non, & ſi aboivre toute la tiere & les gardins d'ilueques duſques al flun. Cele *Quarentaine* où Diex iuna eſt es deſiers dechà le flun; & li deſiers où ſauns Iehans converſa ſi eſt delà le*l* flun*m*. Et priès del flun*n*, illuec batizoit il ciaus qui venoient*o* à lui pour*p* batiſier, & ſi i batiſa Iheſu Criſt. Et ſour le rive del flun où il baptiſa *Abbaye de S.* Iheſu Criſt, a une abeïe de moines Gris*q*, c'on apiele *Jean.* Saint Iehan*r*.

La Citerne rouge. Entre *Iericop* & *Iheruſalem* a .j. liu qu'on apele le *Rouge Ciſterne*. Là ſoloit avoir une*s* hierbegerie, où cil herbegoient qui de *Iheruſalem* aloient en *Ihericop* & au flun. *Le bon Samaritain.* Et là fu çou*t* que li Samaritains porta l'omme qu'il trouva navré en la voie, dont Iheſu Cris diſt en un evangille quant li ſuis li demandérent qui chil proïſmes*u* eſtoit. Dont il lor parla, quant il li demandérent*v* li quels eſtoit li graindre*x* commandemens de le loy. Et il lor diſt: « d'amer Dieu*y* ſour toute rien, & ſon proïſme*z* comme*aa* lui meïſme. » Adont lor diſt c'uns hom aloit

a. & bele *m. d. G.* — b. *F* Elyſeus; *H* Elyzeu. — c. *H* car. — d. *G* n'a nul. — e. *A, B, D, F; C* que ſous ciel n'a homme nul où. — f. *C, G, H* fontaine. — g. *C; G* n'a; *H* ne. — h. *A, B, D, E;* vint *m. d. G, H.* — i. *G* Elyſeus le; *H* chieus le. — j. ſi *m. d. G, H.* — ⸱ nul *m. d. H.* — l. *G* del. — m. & li ... flun *m. d. H.* — n. *H lit après ce mot:* D'autre part où S. Iehans converſa eſt li lius où il batizoit tous ceus. — o. *G* voloient. — p. pour *m. d. G, H.* — q. *A, B, D, H* Grieus. — r. *On lit dans H:* Del Samaritan. — s. une *m. d. G.* — t. *G, H* çou en cele herbergerie. — u. *A, B* priſmes. — v. demandérent *G, H.* — x. graindre *A, B; G* plus grans. — y. *G, H* damedieu. — z. *D* preſme. — aa. *G* ſi comme; *H* auſſi comme.

de *Iherufalem* en *Ihericop*, fi s'enbati four ᵃ larons, dont li laron le prifent & ᵇ defpoulliérent & navrérent & laiffiérent comme mort four le cemin. Apriès ce, paffa par illuec .j. prieftres ᶜ & le regarda & s'en paffa outre & le laiffa. Apriès che, paffa uns diacres & fift autel ᵈ. Apriès paffa li Samaritains ᵉ; & cevaucoit une iument. Quant il le vit, fi defcendi ᶠ & mift l'omme fus & le porta en le hierbegerie, fi com ie vous di, & vint à une maifon, & donna .ij. deniers au fignour de le maifon & fift laver fes plaies de vin & oindre d'oille. Et dift al feignour de le maifon que il preïft garde de lui, & il li renderoit tous les cous & les defpens qu'il feroit, tant qu'il feroit garis. Dont dift Ihefu Cris as Iuis qu'il lor eftoit avis li qués eftoit ᵍ plus ʰ proïfmes? Et il difent que chil qui ot pitié de lui, & Ihefu Cris lor dift qu'il alaiffent, & fefiffent auffi ⁱ.

Or vous ai parlé de le *Mer de Galilée* & del flun & de chà & de là, & de le devife de creftiiens & de Sarrafins, pour çou que ie vous avoie dit que li Sarrafin avoient paffé le flun, quant il orent efté .j. iour devant *Forbelet* Forbelet. & eftoient alé ʲ affegier le *Crac* . . . .

. . . . Quant ᵏ Bauduïns ˡ, li rois de Iherufalem, oï dire que Salehadins mandoit tous fes hommes pour venir en fe tiere, li rois manda toutes fes os & affanla en un liu c'on apiele les *Fontaines de Saphorie* ᵐ. Pour çou les noume on les ⁿ *Fontaines de Saforie* ᵒ, qu'eles font priès d'une Fontaines de Saphorie.

a. *G* fe bati en. — b. prifent & m. d. *G*. — c. *G* preftres par illuec. — d. *G*, *H* autretel. — e. *H* ajoute: par illueques. — f. fi defcendi m. d. *H*. — g. *G* fuft; *H* li fu. — h. plus m. d. *G*. — i. *H* autrefi. *On lit dans H:* Or vous lairons de ci efter, fi vous dirons de Salehadin qui eft au fiége devant Crac. — j. *H* .j. iour. — k. *On lit dans H:* Du roi Bauduin qui ala as fontaines de Saphorie à toutes fes os. — l. Bauduins *ne fe trouve que dans H*. — m. *A, B* Safroie; *H* Saphorie. *Après ce mot D ajoute:* & fiét es plains de Raymes. — n. *G* apele on. — o. Pour . . . Saforie m. d. *H*.

ville c'on apiele *Saforie*[a]. Et en celle ville fu née fainte Anne[b], li mére noftre dame Sainte Marie[c]. A ces fontaines feiournoit li rois les eftés quant il n'avoit les[d] trives as Sarrafins, & il & fi chevalier & Templier & Hofpitalier, & tout li baron de le tiere. Pour ce feiournoient illuec que fe Sarrafin entraffent[e] en le tiere, qu'il fuffent toft[f] aparellié d'aler à l'encontre[g]. Cil lius où ces[h] fontaines eftoient, fi eft à une liue[i] de *Naʒaret* & à .v. liues de *Tabarie*[j] & à .v. liues d'*Acre*. Là feiourna li rois de Iherufalem .iij. mois & il & toute s'os, ançois que[k] Salehandins entraft en le tiere, & ançois qu'il[l] eüft[m] fes os affemblées[n].

Quant Salehadins ot fes os affemblées & amaffées[o] à *Damas*, fi vint & erra tant par fes iournées qu'il paffa le flun & vint[p] herbegier à une fontaine c'on apiele le *Fontaine de Tubanie*[q], & eft al pié d'une montaigne pardefous[r] une roche. Celle fontaine eft à .iiij. liues des fontaines de[s] *Saforie*, là ù li rois de Iherufalem eftoit à oft & à[t] .ij. liues d'un caftiel c'on apiele *le Gerin*. Cil caftiaus fi eft en .j. liu c'on apiele *Dotain*[u]. En cel liu eft[v] le cifterne où li fil Ifraël ietérent lor frére Iofeph & le vendirent as marceans qui le menérent[x] en Egypte.....

Fontaine de Tubanie.

Le Gérin & le Dotain.

Naploufe. Or[y] vous dirons de *Naples*, comment elle fiét, ne où elle fiét, c'al tans que Ihefu Cris aloit par tiere, n'eftoit mie *Naples* encore. Et fi fe[z] hierbegiérent primes[aa]

a. *H* Saphorie. — b. *F* S. Agne. — c. *G* mére fainte Marie li mére Diu. — d. les *m. d. G, H.* — e. *G* veniffent. — f. *G, H* tout. — g. *G* aler encontre. *La phrafe eft défigurée dans A, B.* — h. *G* les. — i. *G* .ij. liues. — j. & à ... T*r*barie *m. d. H.* — k. que *m. d. G.* — l. *G* ne qu'il. — m. eüft *G.* — n. *G* amaffées. — o. & amaffées *m. d. G.* — p. *G* vinrent. — q. *C* Cubanie; *D* Tubenie; *H* Turbeine. — r. *A, B* herbergier à .j. fontaine par defor. — s. de *G, H.* — t. *A, B, D.* — u. *A, B* Doutain; *G* le Dotain. — v. *G* fi eft; *H* s'eft. — x. *H* l'enmenérent. — y. *Le commencement du chapitre m. d. D. Cette partie relative à Naploufe m. jufqu'à la fin d. G, H.* — z. *A, B* Et là fe. — aa. *A, B* primers li.

FRAGMENTS RELATIFS A LA GALILÉE. 73

Samaritain. *Naples* fiét entre .ij. montaignes, dont cil del païs apelent l'une des montaignes le *Montaigne Kaïn*, & l'autre le *Montaigne Abel*. Li *Montaigne Abel* est toufiours verde, & yver & esté, & par le grant plenté des oliviers qui i font. Et li *Montaigne Kaïn* est toufiours feke, qu'il n'i a fe piéres non & cailleus. Al pié de le *Montaigne Kaïn*, a une cité qui a à non *Cicar*. Celle cités est par devers folel levant. Tenant au cief de le *Montaigne Abel*, par devers folel levant, tient une montaigne ᵃ c'on apiele la *Montaigne* ᵇ *Saint Abraham*. En fon le montaigne a .j. liu c'on apele *Betel* ᶜ. C'est li lius où Abrahans mena fon fil Yfaac pour faire facrefiffe, quant Diex li commanda; & là li ot li angeles apparellié agniel pour faire facrefiffe en liu de fen fil ᵈ.

Encofte de celle montaigne, par devers folel levant, avoit une cité quant Ihefu Cris aloit par tiere c'on apeloit *Samaire* ᵉ. Defous celle cité, avoit une plaigne c'on apeloit *Cycem* ᶠ. Là avoit .j. puch que Iacob fift, & fi le donna Iofeph fon fil, là où cil de le cité aloient à l'eve. Dont il avint .j. iour que Ihefu Cris aloit de *Galilée* en *Iherufalem*, & vint à cel puch pour atendre fes deffiples, qui estoient alé à *Cicar* acater à mangier, & trouva illueques une Samaritaine qui estoit de le cité de *Samaire* venue à l'eve. Dont vint Ihefu Cris, fe li dift qu'ele li donnaft à boire, & elle li dift : « Tu es Iuis, ie fui Samaritaine, il ne me loift mie que tu boives à men vaffiel ᵍ. » Dont dift Ihefu Cris à le Samaritaine: « Se tu feüffes qui ce eft qui te demande à boire, tu li deüffes qu'il te donnaft eve vive à boire. » Dont dift li Samaritaine : « Sire, donne ʰ me tele eve vive à boire ⁱ qu'il

Mont de Caïn & Mont d'Abel.

Sichar.

Mont de S. Abraham.
Béthel.

Samarie.

Sichem.

Puits de la Samaritaine.

---

a. *A, B, F*; *C* une cités. — b. *A, B, F*. — c. *A, B* Becel. — d. Quant Diex, &c., *m. d. A, B*. — e. *A, B* Samaite. — f. *A, B* Scifem. —
g. Dont vint &c. *m. d. A, B*. — h. *F* donés. — i. Dont dift &c. *m. d. A, B*.

ne m'eſtuece mais venir chi, car li puis eſt mout parfons, & li cités eſt mout haute, ſi me fait mout mal à venir ci eve querre. » Dont li diſt lheſu Cris que elle alaſt apeler ſon baron, & elle diſt qu'ele n'avoit point de baron, & lheſu Cris li diſt qu'ele diſoit voir, & qu'ele en avoit eüt .v. & que cil n'eſtoit mie ſes barons qui eſtoit aveuc li. Aſſés li diſt lheſu Cris plus de paroles que ie ne vous di, mais ie ne vous puis mie tout raconter.

Dont vint li Samaritaine, ſi laiſſa ſes vaiſſiaus & ala criant par toute la cité qu'il veniſſent, & qu'ele avoit trouvé .j. vrai prophete qui tout li avoit dit quanqu'ele avoit fait. Apriès vinrent li apoſtle de *Cicar* où il avoient acaté à mangier & diſent à lheſu Criſt qu'il mangaſt, & il lor diſt qu'il avoit mangié de tel viande dont il ne ſavoient mot. Dont diſent li apoſtre entr'iaus que li Samaritaine li avoit donné à mengier, & mout s'eſmervilliérent, quant il les virent ſeul à ſeul entre lui & le Samaritaine. Cil puis eſt à demie liue de *Naples*......

Samarie. Celle cités de *Samaire*[a] fu toute abatue puis le tans[b] lheſu Criſt, en cel tans que Vaſpaſianus fu en le tiere; n'ainc puis n'i ot ville, forz .j. mouſtier que li Samaritain i ont, là où il font lor ſacrefiſe à lor Paske; ne aillours ne peuent nient ſacrefiier, nient plus que li Iuis peuent ſacrifiier aillors c'al temple de *Iheruſalem*. Là viénent li Samaritain de la tiere d'*Egypte*, & de le tiere de *Damas*, & de par toute païenime, & des tieres où il manoient. Si viénent ces gens là[c], al iour de Paskes; & lor Paske ſi eſt quant li Paske as Iuis eſt. Là font lor ſacrefiſſe.

Beteron. A .v. liues de *Naples* a .j. caſtiel c'on apiele *Beteron*. Dont il avint iadis anciienement c'uns ſeneſcaus Nabu-

a. *A, B* Samarie. — b. *A, B premiers mots manquent dans A*, puis la refureccion. — c. *F*; ces *B, C*.

godonozor, qui rois eſtoit de Perſe, aſeia cel caſtiel. Cil ſeneſcaus avoit non Oliferne. Si furent mout à malaiſe cil dou caſtiel, quant il furent aſegié, qu'il n'atendoient nul ſecours, ſe de Diu non. Dont iunérent & fiſent oriſon vers Damediu, qu'il les ſecouruſt. Noſtre Sires Diex vit lor iunes, ſi oï lor oriſons, ſi les ſecouru en tel maniére com ie vous dirai. Car Diex miſt en cuer & en talent à une dame veve qui el caſtiel eſtoit, & avoit à non Iudit *a*, qu'elle iſſi hors du caſtiel bien veſtue & aceſmée, & ala en l'oſt, & fiſt tant par ſon ſens & par art & par enging & par le volenté Noſtre Signour qu'ele, une nuit, Oliferne, qui ſires eſtoit de l'oſt, caupa la tieſte, & porta el caſtiel & le fiſt metre en .j. pel ſour la porte del caſtiel. Quant cil de l'oſt ſe levérent l'endemain par matin, & il eſgardérent vers le porte du caſtiel, ſi virent le teſte lor ſegnour, ſi tournérent tuit *b* en fuies. Et cil del chaſtiel s'en iſſirent *c* tout apriès aus *d*, ſi les caciérent & ociſent tant que iours lor dura. Enſi ſecouru Damedieus cel caſtiel.

A deus liues de *Naples*, a une cité c'on apiele *Sabat*, Sébaſte. & eſt en le voie ſi c'on *e* va de *Naples* à *Nazareth*. A celle cité fu li cors monſigneur ſaint Iehan Baptiſte enfoïs. Là le portérent ſi deſciple, quand Herodes li ot fait le chief coper. Une piéce apriès, quant li feme Herode oï dire qu'il eſtoit enfouïs, ſi envoia là & fiſt ſes os traire de tiere & ardoir & venter le pourre *f* ; & pour ce font encore li enfant le nuit ſaint Iehan le fu d'os, pour che que ſi os furent ars.

Il a de *Naples* en *Iheruſalem* .xij. *g* liues, & de *Naples* en *Nazareth* .xij. *h* liues ; & ſi eſt *Naples* en mi voies de *Nazareth* & de *Iheruſalem*. Or a de *Naples* à *Ceſaire*

---

a. *A, B* Iudif. — b. *A, B*. — c. *A, B, F*. On lit dans *C*: tournérent en fuies, s'en tournérent & iſſirent. — d. *A, B*. — e. *F* ſi com on. — f. *A, B* la poudre. — g. *A, B, F; C* .ij. — h. *B, F; C* .ij.

four mer .xij.[a] liues, & de *Naples* au flun *Iourdain* .v.[b] liues, mais cil fluns n'est mie en cel endroit où Ihesu Cris fu batifiés, car il i a assés plus de *Naples* là ù il fu baptifiés; mais tout est .j. fluns.

a. *A, F; C* .ij. — b. *A, B, F* .vj.

FRAGMENTS RELATIFS A LA GALILÉE

(RÉDACTION ABRÉGÉE)

✻

MANUSCRITS:

K. Paris, Bibl. Nat., fr. 770, vél., f. XIII, in-fol., f. 329 & f.
L.　»　　»　　12203,　　»　　　»　f. 20 & f.
M.　»　　»　　24210, pap., f. XV, in-fol., f. 18 & f.

✻　✻
✻

OR *a* vous lairons dou prince Renaut & de Salehadin ki l'avoit affegiét, & *b* dou roi ki s'en retorna arriére en Iherufalem, car il ne voloit *c* mie fi toft fecourre au *d* prince devant çou k'il *e* fuft un poi matés & k'il fe repentift dou mal k'il avoit fait. Et *f* vous dirai de cel *g* flum [le *Jourdain*] ù il *Le Jourdain.* naift *h* , & comment il vait & ù il kiét. Cil fluns devife la tiere des creftiiens & des Sarrafins enfi com il court. La tiere des creftiiens ki de ça eft a non la *Tiere de Promiffion*, & cele des Sarrafins a non *Arrabe*. En la *Tiere de Promiffion* apiele on toutes les riviéres fluns à celui tans dont iou paroil *i* .

Au pié dou *Mont Lybam* fourgent deus fontainnes dont l'une a à non *j Ier* & li autre *Dains*. Et de là naift li fluns ki eft apielés *Iourdains*. Cil *Mons Libam* dure bien *k* .iiij. *Mont Liban.* grans iornées de lonc & vait dufques à un chaftiel ki eft *l*

a. *L* Si. — b. *L, M* & dirons. — c. *L, M* vaut. — d. *L, M* le. — e. *L, M* i fuft. — f. *L, M* or. — g. *L, M* dou.— h. *L, M* & que chou eft & ù il vait. — i. à celui... paroil *m. d. L, M.* — j. *L* a non. — k. bien *m. d. L, M.* — l. eft *m. d. K.*

Archa. outre *Triple* ki a non *Arches*. Là fu faite li arche Noé fi comme li angles li *a* devifa. Cil mons devife la *b* païenime & la *b* chreftienté de *Sur* deffi *c* outre *Triple* felonc le marine. Sor la riviére *d* funt creftiien & outre le mont *e* Sarrafin. En celui mont a mout de boinne terre & de boines viles dont Sarrafin *f* & creftien partifent moitié à moitié *g*, & tel liu i a k'ele eft toute de creftiiens & tel k'ele eft toute de *h* Sarrafins. Entre ces montaignes *i* a .j. grant valée c'on apiele le *Val*
Val de Bacar. *de Bacar*, là ù li homme Alixandre alérent en fuerre quant il affeia *Sur*, dont on dift ou roumant rimé dou *Fuer j de Gadres* k'il eftoient alé el *Val de Yofaphas*. Ce n'ert mie li *Vaus de Yofaphas k*, ains eftoit li *Vaus de Bacar*, & eft encore.

Or vous avons dit de cel *mont Libam* dont ces .ij. fontaines
Bélinas. fourdent au pié. Or vous dirons d'une cité ki eft el pendant dou mont four les fontainnes & a non *Belynas*. Ele fu ia de *l* creftiiens au tans Godefroi de Buillon; mais ie *m* ne vous fai à dire au tans de quel roi ele fu pierdue *n*, mais puis fremérent
Le Thoron. il .ij. caftiaus priés d'illuec, dont on apiele l'un le *Thoron* &
Saphet. l'autre *Saphet*. Si eft li primiers le *o* roi & fiét à .v. liues de *Sur* & à .iiij. *p* liues de la cité; & li autres eft dou Temple & *q* fiét à .iiij. liues de la cité. Or vous dirons de *Belynas*, qués cités çou eft & comment ele ot non anchienement. Ele fu de *r* Phelippe, ki fréres fu *s* dou roi Herode, & la cités ot
Céfarée de Phi- non *Cefaire Phelippe;* & fu cil meifmes Herodes ki faint Iehan
lippe. Baptifte fift decoler *t*. Cil Phelippes quant il moru, Herodes fes fréres prift fa feme *u* ; & pour çou que fains Iehans li blama & li dift ke il ne devoit pas *v* tenir la feme de fon frére, le fift Herodes decoler *x*. A cele meifmes *Cefaire y* fu çou que Noftre Sires douna à faint Piére les clés del regne des chieus & poefté de loiier & de defloiier. Cele cités eft priès de *Ga-lilée*, & fiét ou pendant dou *Mont Lyban*.

a. *L* comme Deus le. — b. la *m. d. L, M*. — c. *M* en. — d. *K* marin. — e., *L, M* mont font. — f. En celui .. Sarrafin *m. d. L, M*. — g. *L & M ajoutent:* à toutes les villes & à toz les caftiaus de celui mont encontre Sarrazins. — h. creftiens & ... de *m. d. M*. — i. *L* mons. — j. *L, M* feu. — k. Ce n'ert ... Yofaphas *m. d. L, M*. — l. *L, M* des. — m. ie *m. d. L, M*. — n. ele fu pierdue *m. d. L, M*. — o. *K* dou. — p. *L, M* .iiij. — q. *L* fi. — r. *L, M* à. — s. *L* fu fréres. — t. *L* fift decoler f. I. B. — u. *L* De celui Phelippe prift Herodes fes fréres la feme. — v. *L, M* mie. — x. *L ajoute:* en cele cité meifmes. — y. *L* En cele meifmes cité.

Or vous dirons des .ij. fontaines qui corent viers la *Mer de Galilée* : anſçois k'eles entrent en la mer, aſſamblent li doi ruiſſiel tout à .j., dont li courans de l'une ot [a] à non *Ior* & pour çou l'apiele on *Ior*, ke de cele part vient li iors & de cele part aiorne. Et li autres courans ſi [b] vient de *Dain*. Et quant li doi courant vienent enſamble, ſi s'aſamblent li non & a non *Iordains*. Et la riviére de ces .ij. fontainnes entre en la mer par deviers *Belynas*, & court par mi la mer dou lonc duſques à un pont c'on apiele le *Pont de Tabarie* ; & puis k'ele paſſe le pont, ſi entre en la *Tiere de Promiſſion*, dont apiele on toutes les riviéres fluns. Et quant on paſſe outre, ſi aſſamble li nons dou [c] flum avoec *Iordain*, & pour çou l'apiele on le flum *Iordain*. *Le Jourdain.*

Or vous lairons de ce : ſi vous dirons de cele mer quele ele eſt. Sachiés k'ele n'eſt pas ſalée, ains eſt douce & boine pour [d] boire. Cele mers n'a ke .iiij. lieues de lonc & .ij. de lé, & l'apiele l'Eſcripture [e] la *Mer de Galilée* & en un autre liu la *Mer de Tabarie*, pour çou ke la cités de *Tabarie* ſiét ſour la riviére de cele mer, & [f] par devers les creſtiiens en [g] .j. autre liu l'*Eſtanc de Nazarech* [h]. Sour cele mer ala Iheſu Cris à ſec pié ; & ſains Piéres ki en la mer eſtoit en une nef quant il le vit, il li proia k'il o lui le laiſſaſt aler. Et Iheſus [i] li tendi ſa main, & li diſt k'il veniſt, & il paſſa & cancela & douta & cria merchi à Noſtre Seignor qu'il le ſecouruſt ; & Noſtre Sires li tendi ſa main & diſt k'il veniſt [j] & ke petit avoit de foi. En cele mer peſcha ſains Piéres une nuit entre lui & ſes compaignons en .ij. nés [k], & ne priſent nient [l]. Et Noſtres Sires vint la matinée ſor la rive de la mer & lor demanda s'il avoient point pris de poiſon. Et il diſent k'il avoient toute nuit peſchiét [m] & ſi n'avoient riens [n] pris. « Or gietés dont, » diſt Noſtre Sires, « vos rois à deſtre. — Sire, » diſt ſains Piéres, « nous avons toute nuit veillié & ſi n'avon mès riens pris, mais nanpourquant nous giéterons en voſtre non nos rois à deſtre [o]. » Dont les giétent [p] ; ſi emplirent *La Mer de Galilée.*

a. *L, M* a non. — b. ſi *m. d. L, M.* — c. *L* de. — d. *L* à. — e. *K* apielon Eſcripture. — f. & *m. d. L.* — g. *L* & en. — h. *L* Genezareth. *Après ce mot L ajoute :* & encore l'apiele l'Eſcriture le Notatore de Syloé. — i. *L* Iheſu Cris. — j. & il paſſa . . . veniſt *m. d. K.* — k. en .ij. nés *m. d. L.* — l. *L, M* riens. — m. *L, M* vellié. — n. *L, M* & n'avoient point. — o. Sire... deſtre *m. d. L, M.* — p. *L* les i ietérent ; *M* les gettérent.

lor rois toutes plainnes de poiſſons & emplirent lor .ij. nés. Et nanpourquant tant en i ot ke lor rois rompirent. Sor cele mer fu çou que Noſtre Sire fiſt de l'aighe vin, quant il fu as noces de ſainte egliſe, mais non pas d'Archedeclin, ſi com on diſt en ces rounans rimés. Archedeclins fu uns *Tibériade.* aſaiéres de vins; nanpourquant il eſtoit princes entre les mengans; & ce fu fait en la cité de *Tabarie*. Entre *Tabarie* & *La Table.* *Belinas* a .j. liu c'on apiele *la Table* & eſt près de la mer. Et en cel liu fu che que Noſtre Sires repeüt .v. mil homes de .v. pains d'orge & de .ij. poiſſons, & ſour tout çou i demourérent .xij. corbeilles plainnes de relief. Et d'autre part deſus la mer par deviers la païenime a une cité c'on apele *Capharnaüm.* *Carphanaom*, là ù ſains Piéres & ſains Iakemes furent né. En tour cele mer fiſt Noſtre Sires maint biel miracle, ſi comme d'enfers ſaner & de mors reſuſciter.

Une fois ala Iheſu Cris à une cité ki avoit nom *Naim.* *Naom*, & ſi deſciple o lui. Si k' il aprocha de la porte, il encontra .j. vallet ke on portoit enterer. Et Noſtre Sires li diſt k'il ſe levaſt. Et il ſe leva maintenant ſus. Or avint une autre fois ke Noſtre Sires aloit par cele contrée; ſi encontra un horme ki fors eſtoit dou ſens, ſi ke caaine ne loiiens de fier ne le pooit tenir. Cil de la vile cauroient apriès pour lui prendre, por çou k'il ne s'alaſt noiier en la mer. Et Noſtre Sires vint à lui, ſe li diſt k'il fuſt chois. Cil s'arieſta maintenant & n'ala plus avant. Et Noſtre Sires diſt : « Di, va, tu ki iés là dedens cel homme & ki ſi le travailles & demaines, ki iés tu ? » Et li Anemis qui là dedens eſtoit parla & diſt : « Iou ſui d'une legion d'anemis ki ne pueent durer s'en cors d'oume non. » Dont li commanda Noſtre Sires k'il iſſiſt fors; & cil diſt à Noſtre Seignour ke dont commandaſt lui & ſes compaignons k'il entraiſſent en autres cors, car il ne pooient durer en autre liu. Illuec paſſoit une porcerie de pors. Et Noſtre Sire lor commanda k'il iſſiſſent

a. *L* & en. — b. de ſainte egliſe *m. d. L.* — c. *L, M* & nonpourquant. — d. en la ... Tabarie *m. d. L.* — e. a *m. d. L.* — f. liu *m. d. K.* — g. *L* le chané de Galilée. — h. & eſt ... homes *m. d. K.* — i. *L* Capharnaon ; *M* Cafarnaon. — j. *L, M* Noſtres Sires. — k. *L, M* a. — l. *L* Naim. — m. *L* comme. — n. *L, M* ſi. — o. *L* errant; *M* & faut. — p. *L, M* par mi. — q. *L* del ſens eſtoit. — r. *L, M* ne fiers. — s. *L, M* tenſer ne tenir. — t. *L* diſt maintenant. — u. là *m. d. L, M.* — v. d'oume *m. d. K.* — x. *L* qu'il en. — y. *L, M* paſſa.

des cors des hommes & entraiſcent es cors des *a* pors. Et il ſi fiſent tout maintenant *b* . Et lors lues *c* k'il furent es pors, ſi s'en coururent en la mer, & entrérent ens, & li hom s'en ala tous ſains en *d* ſa maiſon. Ceſt miracle & *e* aſſés de plus biaus fiſt Noſtre Sires en tour cele mer. A .v. liues de *f* cele mer a une cité c'on apiele *Nazareth* & eſt à .vj. liues d'*Acre*. En *g* cele cité fu née ma dame ſainte Marie, & en cele cité meiſmes li aporta li angles les nouvieles que Noſtre Sires prendroit car & ſanc en *h* li & que *i* Dieus naiſtroit de li, & il s'i fiſt. *Nazareth.*

Quant ma *j* dame ſainte Marie fu enchainte dou fil Diu, ele ala en une montaigne ki eſt deſoz *k* *Nazareth*, ù une ſoie couſine germaine manoit ki *l* avoit non Helyſabeth & eſtoit ençainte de ſaint Iehan Baptiſte. Si ala là pour li veïr & pour li conforter & ſaluer & pour li compaignie faire. Lues que ele vint là, ſi ſalua Elyzabeth, & ſains Iehans oï la vois de ma dame ſainte Marie *m* al ſalu k'ele fiſt *n* : ſi s'eſioï dedens le ventre de ſa mére pour *o* la venue de ſon Seignour. Et en celui liu a une abeïe de griphons *p* c'on apiele *Saint Acarie* *q* , & eſt deſous *Nazareth* & pour çou l'apielon *Saint Acarie* *r* ke Yzacharias *s* i meſt. Et cil Yzacharias fu péres de ſaint Iehan Baptiſte & maris de *t* ſainte Elyzabeth. *S. Zacharie.*

Priès de *Nazareth* a un mout haut mont ki eſt à .ij. iornées de *Iheruſalem*, & c'eſt li mons ù li Anemis porta Noſtre Seignor. Et quant il l'i ot porté, ſe *u* li mouſtra toute la tiere & tout le païs & la contrée, & puis li diſt k'il li donroit toute la ricoiſe & toute la tiere *v* k'il veoit *x* , ſi *y* l'aouraſt. Et Noſtre Sires li diſt *z* k'il s'en alaſt & k'il gardaſt ke plus ne le temptaſt. Et li Anemis s'en ala, & *aa* dont deſcendirent li angle des chius là amont ki le confortérent & viſitérent. Deſos cel mont ra *bb* un autre mont ki n'eſt mie ſi haus, &

a. *L* as. — b. *L* fiſent maintenant; *M* firent eſrant. — c. lues *m. d. L, M.* — d. *L, M* à. — e. *M* eſt. — f. *L* priès de. — g. *M* Et. — h. *L* &. — i. que *m. d. M.* — j. *L* noſtre. — k. *L* deſus; *M* deſour. — l. *L, M* &. — m. *L ajoute :* el ventre de ſa mére. — n. k'ele fiſt *m. d. M ; remplacé dans L par* de li. — o. *L, M* de. — p. *L, M* gris moines. — q. *L* Zacharie. — r. *M* Zacarie; *après ce mot, M ajoute:* & eſt deſſoubz Nazareth; *la phraſe* & eſt... Acarie *m. d. L.* — s. *M* Zacharias. — t. de *m. d. L.* — u. *L, M* il. — v. *L, M* toute la terre & la ricoiſe. — x. *L* avoit veüe. — y. *L, M* &. — z. *L, M* commanda. — aa. *L, M* puis deſcendirent. — bb. *L, M* a.

82   ABRÉGÉ DES

pour çou di iou defous. Il a une mout biele plaigne entre ces *a*
Mont Thabor. .ij. mons. Cel mont apielon *Mont de Tabour*. Sour cel mont
mena Noftre Sires une fois faint Piére & faint Iakeme & faint
Iehan. Dont dift fains Piéres à Noftre Seignour : « Sire, ci
feroit boin faire trois tabernacles, un pour toi & un pour
Elye & un pour Moyfen : fi remanrons chi, car ci fait *b* mout
boin eftre & manoir. Et quant fains Piéres ot enfi parlé à
Noftre Seignor, une vois vint *c* dou ciel & *d* defcendi aufi
com uns tounoirres *e* entriaus & dift cele vois ke çou eftoit
fes fius k'il *f* avoit envoié en tiere, dont il avint ke quant li
apoftle ki là eftoient oïrent çou, il orent fi grant paor de la
vois k'il caïrent afdens tout pafmé ; & quant il fe levérent de
pafmifons, il fe regardérent & ne virent nului fors feulement
Noftre Seignor ki eftoit o iaus. Adont s'avalérent *g* de la
montaigne aval el *h* pendant.

Le Jourdain.   Or vous dirai *i* dou flun *Iourdain* comment il court & *j* ù
il chiét puis k'il ift de la *Mer de Galilée*. Il court viers miedi
& fi court bien .iiij. *k* iornées de lonc & chiét en la mer c'on
Mer Morte. apiele *l* la *Rouge mer*. Et cil dou païs l'apielent la *Mér dou
dyable* ; & Efcripture l'apiele la *Mér falée*, pour çou k'ele eft
tant faufe & tant *m* amére ke nule riens n'eft tant fauffe ne
tant amére k'ele *n*, à l'amertume de li ne à la faufece fe puiffe
comparer & fi n'a point de cours, ains eft toute coie aufi com
uns eftans, & fe n'i a nul poiffon, car il n'i poroit *o* durer, &
fi fu ia tout *p* terre. Et eft cele mers entre une cité c'on apiele
Le Crac. *Saint Abreham* & le *Crac*. Or vous dirai ù li *Cras* fiét & ù il
eft *q* avant que iou plus vous parolle de cele mer. Il eft en
Arabe ; apriès eft li *mons Synay* priès del *Crac* & eft en *r* la
Mont Sinaï. terre le feignour del *Crac*. Et fus le *Mont Synay* a une abeïe
de Grius. Mais li maiftres *s* ciés *t* de cele abeïe *u* n'eft mie

a. ces *m. d K*. — b. *L* il i fait.
— c. *L* vient. — d. *L, M* qui. —
e. *K* tounoiles ; *M* tonnoires. —
f. *L, M* qu'ele. — g. *L* s'en alérent.
— h. *L, M* le. — i. *L, M* dirons.
— j. *K* ne. — k. *L* .xiiij. — l. la
mer c'on apiele *m. d. L, M*. —
m. tant *m. d. L*. — n. *La phrafe
ke nule ... k'ele m. d. L* ; *la fuite
fe lit ainfi dans ce mf.* : tant qu'à
l'amertume de li nulle fauffece ne
fe puet comparer .... *Dans M, n'eft
tant... k'ele eft remplacé par* plus
que. — o. *L* n'i porroient ; *M* ne
porroient. — p. *L, M* toute. —
q. *L, M* eft & où il fiét. — r. *La
phrafe depuis* apriès eft *ainfi chan-
gée dans L*: & fiet priès dou mont
de Synai ; & eft chil mons de Synaï ;
on lit dans M: & fciét priès li mont
de Sinaï, &c. — s. maiftres *m. d. L*.
— t. *M* qui eft. — u. *L, M* l'abeïe.

FRAGMENTS RELATIFS A LA GALILÉE. 83

là, ains eſt deſous el pendant del mont. Là ſunt *a* li abes & li couvens, & ſi ne puet en le mont monter à cheval ne porter viande là ſus dont il puiſcent tout vivre. Là ſus a .xiij. mougnes ki mout vivent durrement, car on lor porte dou pain ſans plus; & ſi i a teus ki ne maniuent que trois fois la ſemaine; & à ces trois *b* fois pain & aighe & non plus; & teus ia ki maniuent avoec lor pain des hierbes crues k'il ahanent là ſus el mont. Sour celui mont ieüna Moyſès .xl. iors duſc'à tant ke la lois li fu dounée toute eſcrite en unes tables; & ſi eſt priès de la *Rouge mer* *c*. Sour *d* la rive de cele mer fiſt *Mer Rouge.* faire li princes Renaus .v. galies; & quant il les ot faites, ſi les fiſt metre en mer *e* & bien garnir de chevaliers & de ſierians & de viandes, por çou k'il voloit ſavoir qués gens manoient d'autre part ſor cele mer. Et quant il orent tans, il ſe partirent d'illuec & alérent là ù Diu plot, mais onques puis n'en oï on parler ne ne ſot on k'il devinrent: enſi furent pierdu.

Or vous lairons de çou eſter: ſi vous dirons de la cité *S. Abraham.* Saint *Abrehan* ki eſt outre la *Mer del dyable,* & ſi eſt la *Tiere* *de Promiſſion.* Cil lius ù la cités eſt a nom *Ebrom,* & là con- *Ebron.* verſa ſains Abrehans & meſt, il & ſes anchieſtres, quant il fu venus de *Haimans* u il fu nés, ke l'Eſcripture apiele *Aram*...
. . . . . Or *f* vous lairons de chou *g* eſter, & *h* ſi vous dirons de *Naples* comment ele ſiét & comment ele fiſt au tans *Naplouſe.* ke Noſtre Sires ala par terre; car à celui tans n'eſtoit encore mie *Naples.* Là ſe herbregiérent premiers li Samarithain. *Naples* ſiét entre .ij. montaignes, dont les gens del païs apielent l'une la *Montaigne Chayn* & l'autre la *Montaigne Abel.* Et par *Monts Caïn &* deviers ſoleil levant tient *i* une montaigne c'on apiele la *Abel.* *Montaigne j Saint Abrehan.* En ſom cele montaigne a un liu ke l'Eſcripture apiele *Bezel* *k*. Cil lius eſt li propres lius ù *Mont Bethel.* ſains *l* Abrehans mena ſon fil Yſaach *m* por faire ſacrefiſſe, quant Dieus li commanda; & là li ot apareillié li angles *n* un aigniel pour *o* faire ſacrefice en liu de ſon fil. En la coſtiére de la montaigne par deviers ſoleil levant avoit une cité quant

a. *L, M* eſt. — b. trois *m. d. L, M.* — c. *L ajoute :* Et ſour celui mont giſt li cors de ma dame ſainte Katerine. — d. *L, M* Et ſour. — e. *L, M* la mer. — f. *L* Si. — g. *L* atant de che. — h. & *m. d. L, M.* — i. *L, M* a. — j. *L, M* le mont. — k. *L* Bethel; *M* Beſel. — l. ſains *m. d. L.* — m. *L* Yſaac ſon fill. — n. *L, M* li angeles apparellié. — o. *L, M* el liu de ſon fill.

Noſtre Sires ala par tiere c'on apieloit *Samaire* ᵃ, & deſous cele cité avoit une plaigne c'on apieloit *Sorſem* ᵇ. Là avoit .j. puch que Iacob fiſt faire & le douna à Yoſeph ſon fil, là ù cil de la cité aloient à l'aighe. Dont il avint un iour ke Iheſu Cris aloit de *Galilée* en *Iheruſalem* & vint à celui puch pour atendre ſes deſciples ki eſtoient à *Chycar* pour acater à mangier, & trouva illuec une Samaritane ki eſtoit venue de la chité de *Samaire* à l'aighe. Dont li proia Iheſu Cris k'ele li dounaſt à boire; & ele diſt : « Tu iés Iuis & ie ſui Samaritane; il ne me ſoufiſt mie ke tu boives à mon vaiſſiel. » Dont li diſt Iheſu Cris : « Se tu ſeüſſes ki cil eſt ki te demande à boire, tu li deſiſſes k'il te dounaſt aighe vive à boire. » Dont li diſt la Samarithane : « Sire, dont me dounés de l'aighe ᶜ vive à boire, ſi k'il ne me couviegne mais chi venir à l'aighe, car la cités eſt trop haute & li pus eſt trop parfons : ſi me fait mout mal à venir ichi à l'aighe ᵈ. » Dont li diſt Iheſu Cris k'ele alaſt querre ſon mari. Ele ᵉ diſt k'ele n'en avoit point, & Noſtre Sires diſt ke ele diſoit voir. Nanpourquant ele en avoit eüs .v., ne cil n'eſtoit mie ſes maris k'ele avoit ore, cil meïſmes ki o li eſtoit. Aſſés li diſt Iheſu Cris plus de paroles ke ie ne vous raconterai, car iou ne les vous poroie mie toutes raconter.

Adont ᶠ laiſſa la Samarythaine ſes vaiſſiaus & ala criant par toute la cité de *Samaire* ke tout veniſſent apriés li, car ele avoit trouvé le plus vrai prophete ki onques fuſt, & que tout li avoit dit çou k'ele avoit fait. Un poi apriés vinrent li apoſtle de *Chicar*, ù il avoient acaté à mangier & diſent à Noſtre Seignor k'il maniaſt; & il lor diſt k'il avoit ᵍ mangié de tel viande dont il ne ſavoient mot. Dont diſent li apoſtle entriaus ʰ ke la Samarithaine li avoit douné à mangier, & mout s'eſmierveilliérent ke ⁱ il l'avoient là trouvé ſeul à ſeul ʲ entre lui & la Samarithaine. Et cil pus eſt à demie liue de *Naples* . . . .

Puits de la Samaritaine.

Samarie. . . . . . Cele cités de *Samaire* fu toute ᵏ abatue & deſerte ˡ, puis la ſurrection Iheſu Criſt, en celui tans que Vaſpaſſiens fu en la tiere ; ne onques puis n'i ot fors ſeule-

---

a. *L* Samarie. — b *L, M* Sorem. — c. *L, M* Sire, doune moi aighe. — d. car la ... l'aighe *m. d. L, M.* — e. *L, M* Et elle. — f. *L, M* Dont. — g. *M* avoient. — h. entriaus *m. d. L, M.* — i. *L, M* de che que. — j. ſeul à ſeul *m. d. L, M.* — k. *M* toute fu. — l. *L, M* deſiertée.

FRAGMENTS RELATIFS A LA GALILÉE. 85

ment un mouftier ke li Samaritan i ont, ù il font lor facre-
fiffes à la ᵃ Paske. Ne en autre liu ne pueent facrefiier ke là,
nient ᵇ plus ke li Iuis ne ᶜ pueent facrefiier en autre liu ke
ou ᵈ *Temple de Iherufalem*. Là viénent li Samarithain de la
tiere d'*Egypte* & de la tiere ᵉ de *Damas* & de toute la ᶠ païe-
nie; & en quelconques liu k'il maignent, là viénent il au iour
de la ᵍ Pafque, & ʰ lor Pafque eft ⁱ quant la Pafque des Iuis
eft. Là font il lor facrefiffe à cel mouftier ù *Samarie* ʲ fu iadis.
A ᵏ .v. liues de *Naples* a un caftiel c'on apiele *Bethunti* ˡ ....
..... Or vous lairons de che ᵐ efter, & ⁿ fi vous di-
rons de *Naples* comment ele fiét entre .ij. mons. Et fachiés
que mout eft faine ᵒ tiere. Si a un caftiel de ioufte ᵖ ke on   *S. Paul.*
apiele *Saint Pol*, & là fu fains Pols conviertis; & priès de là
fiét une cités c'on apiele *Baruch* à .x. liues d'*Efcalone*, & là   *Béryte.*
fift Dius maint biel miracle. A *Baruch* fu çou ke li rois Pha-
raons ᵠ cacha nos péres ʳ & là vinrent il quant il orent paffé
la mer; & Moyfès les menoit. Là defous ˢ a une vile ki a non
Sabath, là ù li cors faint Iehan fu entierés, quant la feme He-   *Sébafte.*
rode le fift defterrer ᵗ & ardre les os. Et pour çou font ᵘ
encore li enfant le fu d'os. Defous *Baruch* a un caftiel ke ᵛ
uns fenefcaus dou roi Nabugodonofor fift faire ˣ, & fu provos
de *Pierfe*. Et une feme de cel caftiel iffi fors, & Nabugodono-
for vint à li & la feme li colpa la tefte, puis ʸ l'emporta ou
caftel. Et quant il trouvérent lor feignour mort, fi touchié-
rent ᶻ en fuies & laiffiérent tout ᵃᵃ. Enfi fecouru Noftre Sires
cel caftiel ᵇᵇ. A ᶜᶜ .j. iour avint ke une feme avoit une fille ki
avoit efté malade; fi le fift la ᵈᵈ mére fainier, & moru de cele
fainie. Et fi com on le portoit ᵉᵉ entierer en cele vile ki
eftoit ᶠᶠ apielée *Sabath*, & fa mére en faifoit tel doel ke plus

a. *L*, *M* lor. — b. *L*, *M* non. — c. ne *m. d.* *L*, *M*. — d. *L*, *M* en la terre de. — e. & de la tiere *m. d. L*. — f. toute la *m. d. L, M*. — g. *L, M* lor. — h. *L* fi eft quant. — i. *M* fi eft. — j. *L, M* fainte Samaire. — k. *L, M* Et à. — l. *L, M* Bethouti. — m. *L* lui. — n. & *m. d. L, M*. — o. *L, M* haute. — p. *L, M* d'encofte. — q. *K* Phariiens. — r. *K, M* creftiiens. — s. *L, M* deioufte. — t. *M* decoler. — u. *M* font il. — v. *L* que li rois Nabugodonofor fift fremer. — x. *M* fremer. — y. *L, M* & puis le porta. — z. *L, M* tornérent. — aa. *L, M* le laiffiérent. — bb. Enfi ... caftiel *m. d. L*. — cc. A *m. d. L, M*. — dd. *L, M* fa. — ee. *L* devoit. — ff. *L* eft.

ne pooit, ele vit devant li paſſer Iheſu Criſt ; & cele que on portoit entierer ſe leva *a* & li cria mierchi. Et Noſtre Sires *b* li diſt qu'ele s'en *c* alaſt à ſa maiſon. Et ele ſi fiſt . . . .

a. *La phraſe* & cele ... ſe leva *eſt remplacée dans K par :* dont ſe leva. — b. *K* il. — c. *L, M* ralaſt en.

VI

LES PELERINAIGES

POR ALER EN IHERUSALEM

[v. 1231]

MANUSCRITS:

P. Paris, Bibl. Nat., fr. 9082, vél., XIII f., in-f., f. 343 & f.
V. Vienne, Bibl. Imp., 2590, vél., XIV f., in-f., f. 96 & f.

LES PELERINAIGES

POR ALER

EN IHERUSALEM

* * *

[*Puis que vous aves oï de la conqueste de la terre d'Outremer, vous deviserai ie les fains lieus & les pelerinages de la terre.*]

I

PREMIEREMENT l'en va d'*Acres*^a à *Cayfas* où il a .iiij. lieues. Après^b d'iqui eft la montaigne du *Carme* où ^c monfeignor faint Le Carmel. Denis eft, qui ^d fu nés à une ville qui eft apelée^e *Francheville*, auquel lieu eft une chapele defouz ^f l'autel^g en une petite caverne où il fu nés, & encore i pert le lieu. Emprès la chapele a ^h une petite valée; au giét d'une pierre a ⁱ une fontaine de monfeignor faint Denis, laquele i trova & fift de fes propres mains, & ^j i a mout biau lieu & eft le plus fain lieu de toute la montaigne por ^k cors d'ome.

En cele meïfme montaigne eft l'abaïe de *Sainte* ^l Ste-Marguerite.

a. d'Acre *m. d. P.* — b. *V* Et fieit près d'illuec la. — c. *V* où le leuc de m. — d. *V* c'eft à favoir là où il fu. — e. *V* s'apele. — f. *V* & fouz. — g. *V* l'autel caverne où monfeignor faint Denis fu. — h. *V* en. — i. *V* eft la. — j. *V* & fachiez qu'il i a. — k. *V* à. — l. *V* ma dame S. M.

90 LES PELERINAIGES

Marguerite laquele eſt de moines griex *a* où il a auſi biau lieu. En *b* cele abaïe a de *c* bones reliques, & au pendant eſt le lieu où ſaint Helyes habita, u quel lieu il a une chapele *d* en la roche. Emprès de *e* cele abaïe de *Sainte Marguerite* en la coſtiére de cele meïſme montagne a .j. mout biau lieu & deliteus, où habitent li hermitain latin que l'en apele fréres du *Carme*, où il a une petite *f* ygliſe de Noſtre Dame & par tout ce lieu a on *g* grant plenté de bones eves qui iſſent de meïſme la roche de la *h* montaigne, & *i* a une lieue & demie de l'abaïe des griex iuſques as hermitains latins.

Chapelle d'Elie.

V f. 96 b.

II

Entre *j* *Sainte Marguerite* & les fréres du *Carme* a *k* un lieu en ſus de la mer qui a non *Anne*; ilueques *l* furent fait li clou dont Noſtre Sire fu crucefiés, & encore i apert *m* le lieu où il furent forgiés *n*, & *o* près de cele montaigne du *Carme* devers *p* les hermitains latins & *q* par devers *Chaſtiau Pelerin* a *r* un lieu que l'en apele *Saint Iohan de Tire*. Iluec a un moſtier de griex, où il a de mout beles *s* reliques, & fiſt iluec *t* ſaint Iohan de *u* mout beles miracles. Emprès d'iqui *v* vers *Chaſtiau Pelerin* a *x* une ville que l'en apele *Capharnaon*; iluec *y* furent batus les deniers dont Diex *z* fu vendu.

Anne.

St-Jean de Tyr.

P f. 343 b.

Capharnaüm.

a. *V* grés. — b. *V* Et en. — c. *V* de mult bons ſaintuaires. Deſouz cele abaye au pendant. — d. *V* bele chapelette entre roiches en l'entrée. — e. de *m. d. P.* — f. *V* mult bele. — g. on *m. d. V.* — h. *V* cele. — i. *La phraſe eſt intervertie dans V*: De la quele abaye des grés iuſques as hermites latins a une liue & demie. — j. *V* Après a .j. leu aval à plain en ſus de la mer entre. — k. *V* a .j. capel qui. — l. *V* illuec ſi con l'en dit. — m. *V* pert. — n. *V* fait & forgié. — o. après. — p. *V* à la percie des h. — q. *V* a le caſtieus de Chaſteau P. — r. *V* ſi a. — s. *V* bons ſaintuaires. — t. *V* & la fiſt. — u. de *m. d. V.* — v. *V* Après celui leu. — x. *V* ſi a. — y. *V* où furent faiz. — z. *V* Noſtre Sires.

De *Cayfas* à *Chaſtiau Pelerin* a .iij. lieues & *ᵃ* ſiét ſus Château-Pèlerin.
la mer, & eſt de la maiſon du Temple, & giſt *ᵇ* iluec
ſainte *ᶜ* Eufemie, virge & martire.

III

De *Chaſtiau Pelerin* à la cité de *Ceſaire* a .v. *ᵈ* lieues, Ciſarie.
laquele cité *ᵉ* eſt *ᶠ* ſus la mer & eſt d'un baron du
roiaume. Dehors les murs de la *ᵍ* cité a une chapele où
ſaint Cornille, qui ſaint Pierre baptiza, giſt, liqués *ʰ* fu
après monſeignor *ⁱ* ſaint Pére arceveſque de cele *ʲ* cité.
Après *ᵏ* cele chapele *ˡ* a une mout bele pierre de mar-
bre *ᵐ* grant & longue, laquele on apele la table Iheſu-
criſt *ⁿ*, où *ᵒ* il a .ij. *ᵖ* petites pierres qui ſont roondes,
groſſes deſous & agües *ᑫ* deſus, que l'en dit les chande-
liers Noſtre Seignor. En cele chapele *ʳ* giſent les .ij. filles
V f. 96 c. de monſeignor ſaint Phelippe, qui *ˢ* converti & baptiza
enuchum, & quant il l'ot *ᵗ* baptizié, Dex *ᵘ* le ravi & *ᵛ*
l'emporta à *Aſſur* *ˣ*; & de *Aſſur* vint prechant le non
Noſtre Seignor iuſques à la cité de *Ceſaire*.

Près d'iqui *ʸ* à main ſeneſtre près d'une ville qui a non
Peine Perdue eſt *ᶻ* une chapele *ᵃᵃ* de Noſtre Dame, qui eſt Peine perdue.
ſus *ᵇᵇ* .j. marès, où l'en va mout ſouvent de *Ceſaire* *ᶜᶜ*
en pelerinage, car il i a mout bel *ᵈᵈ* lieu & mout de-
vot *ᵉᵉ*; ou quel marès a mult de cocatriz, leſquex i miſt
.j. ſires de *Ceſaire*, qui les fiſt aporter d'*Egypte*.

a. *V* li qués chaſteaux. — b. *V* là giſt. — c. *V* ma dame ſ. E. — d. *V* .iiij. — e. *P* ville. — f. *V* ſiét. — g. *V* cele. — h. *V* d'il-luecques. — i. monſeignor *m. d. V.* — j. *V* cele devant dite. — k. *V* En après de. — l. *V* chapelette ſi a. — m. de marbre *m. d. V.* — n. *V* de Noſtre Seignor. — o. *V* & ſi i a. — p. *V* .ij. autre teles de cele marbre comme la table qui ſont totes r. — q. *V* longues. — r. *V* chapelette giſoient. — s. *P* qu'il; *V* liqués Phelippes. — t. *P* les ot. — u. *V* Noſtre Sires. — v. *V* & porta. — x. *V* Arſuf. — y. *V* Après. — z. *V* ſi a. — aa. *V* chapelette. — bb. *V* ſor les marès. — cc. *V* em pelerinage de Ceſaire. — dd. *V* ſaint. — ee. & mult de-vot *m. d. V*; *la phraſe* ouquel... d'Egypte *m. d. P.*

IV

Aſſur. De *Ceſaire* à *Aſſur* a ᵃ .ix. lieues; lequel chaſtel eſt ᵇ un petit près de la mer ſus .j. tertre de ſablon, liqués chaſtiaus fu ᶜ de l'Oſpital; auquel chemin par deſus eſt une roche tailliie, & i a ᵈ un mauvès pas, & là ſe hebergent mauvaiſes gens aucune foiz, por deſrober & ᵉ por taillier le chemin à ceus qui vont a *Iaffe*.

Iaffa. D'*Aſſur* à *Iaffe* qui eſt ville & chaſtiaus, a ᶠ .iij. lieues, & ſi eſt le chaſtel ſus la mer, & ᵍ eſt une conté. A *Iaffe* trove l'en, ſus un chaſtel en l'ygliſe Saint Pére, le perron Saint ʰ laque de Galiſce.

Aſcalon. De *Iaffe* à *Eſcalone* a .viij. ⁱ lieues, & ʲ ſiét ſus la mer, & de là ſoloit on appeler l'eveſque de *Bethleem*, eveſque d'*Eſcalone*; mès por la dignité du lieu de *Bethleem* fu tranſlaté l'eveſque d'*Eſcalonie* ᵏ au ſaint leu de *Bethleem*; & encores i eſt li ſiéges de l'aveſq[ue] en l'ygliſe de monſeignor ſaint Poul, aveſques de totes ſes apartenances.

Gaza. D'*Eſcaloine* à *Gazres* ſi a .iij. lieues laquele ville ſiét ſus la mer qui a non *Gazres*, dont Sanſon li fors briſa les portes, & les porta ſus .j. mont bien loing de la ville.

V

Rama. De *Iaffe* à *Rames* ſi a ˡ .iij. lieues: *Rames* eſt ᵐ cité & eveſquié. Au plain de *Rames* li ⁿ rois Baudoin, rois de *Iheruſalem*, o ᵒ .vᶜ. homes à cheval ala ᵖ contre Salaha-

---

a. *V* ſi a. — b. *V* ſi eſt. — c. *V* ſi eſt. — d. & i a *m. d. V*. — e. por deſrober & *m. d. V*. — f. *V* ſi a. — g. *V* & ſi eſt contez. — h. *V* de monſeignor ſaint. — i. *V* ſi a .vij. — j. *V* laquele ville. — k. d'Eſcalonie .... loing de la ville *m. d. P*. — l. ſi a *m. d. P*. — m. *V* ſi eſt. — n. *V* deſconfiſt li. — o. *V* ovec. — p. ala *m. d. V*.

din, qui *a* avoit .xxx^m. homes à cheval, & là fu portée la fainte vraie Crois où Noftre Seignor foffri mort en *Iherufalem*; & *b* là fu veü monfeignor faint Iorge apertement en cele bataille *c*, quant le roi *d* feri premiérement fus les Sarrafins, laquel bataille fu faite le ior de la fefte *e* fainte Katherine.

De *Rames* à *Betenuble* a *f* .v. lieues : *Betenuble* eft *Betenoble.* une grant ville *g*.

De *Betenuble* à la *Monioie* a *h* .v. lieues. Sus la *Mon-* *Montjoie.* *ioie* eft *i* l'yglife Saint Samuel le prophete *j*; fi a .iij. lieues iufques en *Iherufalem* *k* à entrer par la porte S. *Eftiéne*, & doit eftre par droit iluec le *Saint Sepulcre* de Noftre Seignor.

VI

Emprès d'iqui *l*, ce eft à favoir au cuer où eft le *Compas* de Noftre Seigneur, & fi eft aufi le lieu où Nicho- *Le S. Sépulcre.* demus & Iofeph ab Aramatie miftrent fon beneet cors, quant il fu enfevelis après fa beneete paffion. A l'iffue du cuer, à la feneftre main, eft *m* li mont de *Calvaire*, V f. 97 a. où *n* Dex fu mis en *o* crois, & par *p* defous eft *Golgata*, où *q* le precieus fanc de Noftre *r* Salveor chaï *s* fus la tefte d'Adam. Emprès *t* la tribune *u*, de cofté le maiftre P f. 343 d. autel, defouz monte *Calvaire* eft *v* la colompne où Noftre

a. *V* atot molt bien. — b. & *m. d. V.* — c. *V* en cele bataille apertement. — d. *V* il feri. — e. fefte *m. d. V.* — f. *V* fi a. — g. Betenuble... ville *m. d. V.* — h. *V* fi a. — i. *V* fi eft. — j. le prophete *m. d. V.* — k. *Toute la fuite depuis* Iherufalem *jufqu'à* Emprès *eft allongée dans V* : De la Monioie vait l'en tot droit à la fainte cité de Iherufalem par foloil levant fanz aler ça ne là. Qui droitement vieut entrer en Iherufalem entre tot droit par la porte S. Eftienne, & doit querre les fainz leus: Premiérement le S. Sepulcre de Noftre Seignor. — l. *V* d'iluec. — m. *P* u mont. — n. *V* li leus où. — o. *V* en la. — p. par *m. d. V.* — q. *V* li leus où le fanc. — r. *V* noftre verai. — s. *V* perça la roiche & chaï. — t. *V* En après derrière. — u. *V* tribune du maiftre. — v. *P* en.

94   LES PELERINAIGES

Sire *a* fu liés & batus: iluec *b* a une defcendue de .xl. degrés, & eft le lieu où ma dame fainte Helene trova la *c* vraie Crois. Emprés le cuer à l'iffue à main deftre du *Sepulcre d*, eft la prifon de Noftre Seignor, & là doit *e* eftre une chaiene dont il fu liés.

Chapelle des Grecs.   De l'autre part, à l'*f* entrée du *Sepulcre* fi a .xlij. *g* degrés iufques *h* à la *Chapele des grex*: en laquele chapele foloit eftre la fainte vraie Crois, qui fu trovée & l'image de Noftre Dame *i* qui parla à Marie l'Egyptiéne & la converti

Après par devers *j* cele iffue du *Sepulcre* par dehors,
S. Carifto.   devers bife *k*, eft l'yglife de *Saint Carifto*, & là aufi doit eftre fon cors. Par *l* devers midi, près d'iluec, eft l'yglife
Ste Marie Latine.   de *Noftre Dame de la Latine*, la premiére yglife qui onques fuft des Latins en *Iherufalem*, & por ce a non *la Latine m*. Et eft de moines noirs *n*. Près d'iqui *o* eft la maifon de l'ofpital de Saint Iohan.

VII

Par devant *p* le *Sepulcre*, tant comme .j. arc puet *q* à
Le Temple.   .ij. foiz geter vers orient, eft le *Temple Domini* où font .iiij. entrées & .xij. portes. Em mi le *Temple* eft la grant Roche Sacrée où eft l'arche de Noftre Seignor, ou tens David *r*, & là eftoit le Viel Teftament, & la Verge de Aaron, & li .vij. Candelabre d'or, & la Huche où eftoit la Manne

a. *V* Sire Ihefu Crift verais Dieu & verais hons. — b. *V* & illuecques de cofte. — c. *V* la fainte. — d. *V* En après dou cuer à l'iffue dou fepulchre à main deftre eft. — e. *V* doit là. — f. part à l' *m. d. V.* — g. *V* .xl. — h. *V* contreval iufques. — i. de N. D. *m. d. V.* — j. devers *m. d. V.* — k. *V* boire. — l. *V* De l'autre entrée dou fepulchre par. — m. la première.... latine *m. d. P.* — n. *V* ajoute: Et li leus où Ste Marie Magdaleine & Ste Marie Cleophé defrompirent lor cheveous, quant Noftre Seignor Ihefu Crift morut en la croiz. — o. *V* Et illuecques en cofte eft. — p. *V* Devant. — q. *V* portoit traite à .ij. foiz vers levant eft. — r. où eft... David *m. d. P.*

qui venoit dou ciel & le Feu qui foloit devorer le facrefice que l'en faifoit *a*, & les Tables du Viel Teftament *b*, & l'Uile qui degoutoit, dont li roi & li prophete *c* eftoient enoint. D'en cofté *d* la roche fu le filz Diex offert, & illuec vit Iacob l'efchiele qui tochoit iufques au ciel, & là vit li les angres monter & defcendre. A deftre de la roiche apparut li angres à Zacharie le prophete *e*, & là defous eft *Sancta Sanctorum*. Iluecques pardona Noftre Seignor le pechié à la fame qui fu prife en avoutire. Iluec fut anuncié faint Iohan Baptifte : & en celui aorent endreit li Sarrazin. Et auffi dift l'en que illuec eftoit .j. autel, où faint Abraham fift là facrefice à Dieu *f*, & là près eft *g* l'yglife faint Iaque le premier evefque de *Iherufalem*. Dehors le *Temple* eft .j. autel où Zacharies le filz Barachie *h* fu occis. C'eft *i* entre le *Temple* & l'autel. A l'entrée du *Temple* eft la *Porte Spizioufe j* vers ponent, & vers orient eft le *Temple Salomon*.

V f. 97 b.

P f. 344 a.

VIII

D'en cofté le *Temple Salomon k* par devers levant eft le *Baing Noftre Seignor l* au canton de la cité. Du *Temple Domini*, vers le levant, eft la porte que l'en dit *Iherufalem*, & là dehors vers cele iffue *m* perent li pas de l'aneffe que Dex *n* chevaucha le ior de Pafques flories, & là defus font *Portes Oires o*.

Portes de Jirufalem.

Au *Temple*, à l'iffue vers bife, eft la *Porte de Paradis* & la fontaine; de cele iffue de cofté le mur du *Temple*

a. & la Huche ... faifoit *m. d. P.* — b. & les ... teftament *m. d. V.* — c. *V* propheté de Noftre Seignor. — d. *V* Illuecques encofte fus. — e. *V* & illuec ... prophete *m. d. P.* — f. & en ... Dieu *m. d. P.* — g. *P* la près de. — h. *P* Baramathie. — i. *V* & c'eft. — j. *V* devers orient que l'en dit Specioufe vers ponant. — k. *P* de cofte Salomon. — l. *V ajoute*: Et illuecques fu fon lit & de Noftre Dame. — m. *P* ifle, *V* enz es degrez. — n. *V* Noftre Sires. — o. *P* aurées.

Ste Anne. eſt *Probatiqua Piſſina.* Ilueques près eſt ᵃ *Sainte Anne* & *Piſcine probatique.* ſon monument, & ᵇ afferment aucuns que c'eſt *Probatiqua Piſſina.*

Sur *Sainte Anne* eſt l'ygliſe *Sainte Marie Magdalene.*

IX

Mont Syon. Vers midi ſur la cité de *Iheruſalem* eſt *Monte Syon* : là ᶜ fu la grant ygliſe qui eſt abatue, où Noſtre Dame treſ- V f. 97 c. paſſa, & d'ilueques l'emportérent li apoſtre à ᵈ *Ioſaphas*, & iluec devant eſt ᵉ une chapele où Noſtre Sire ᶠ fu iugiés & batus & flacillez ᵍ & d'eſpines tormentés & ʰ coronés; ce fu le *Pretoire Cayfas* & ſa maiſon. Sus la *Chapelle du St. Eſprit.* grant ygliſe abatue eſt la *Chapele du Saint Eſperit.* Iluec deſcendi li Sains Eſperis ſus les apoſtres. Iluec eſt le lieu où Noſtre Sire lava les piés de ſes apoſtres; encore ⁱ i eſt la pile. Là ʲ entra Diex portes ᵏ cloſes ſus ſes apoſtres ˡ, & lor diſt : « Paiz ſoit o vous ᵐ ! » (Iohan., XX, 26.) Adonc diſt il à ſaint Thomas : « Met ci ta main & ton doi en mon coſté ⁿ & ne ſoies pas ᵒ meſcreant. » (Iohan., XX, 27.) U ᵖ *Mont de Syon* fu enoint le roi Salomon.

X

Natatoria Siloé. Puis amont ſus la cité eſt *Natatoria Sileé*, & là près *Archeldema.* eſt ᑫ ſaint Yſayes mis. Emprès ʳ d'iqui eſt *Acheldemac*; c'eſt le lieu qui fu acheté .xxx. deniers deſqués Noſtre Sire fu vendu ˢ : & c'eſt la ſepulture où l'en met les pelerins.

a. *V* En cele voie eſt illuecques près. — b. *V* & là. — c. *V* là eſt li leus de la grant ygliſe abatue. — d. *V* en. — e. *V* a. — f. *V* Sire Iheſu Criſt. — g. *P* tormentés. — h. tormentés & *m. d. V.* — i. *V* & encore. — j. *V* Illuec. — k. *V* à portes. — l. ſur ſes apoſtres *m. d. P.* — m. *P* Pax vobis! — n. en mon coſté *m. d. P.* — o. *V* mie. — p. *V* En. — q. *V* ù. — r. *V* ſus Natatoria Syloé eſt. — s. *V* fu venduz Noſtre Sires.

POR ALER EN IHERUSALEM.

Desous *Portes Oirres* [a] en la valée court .j. ruissel que l'en apele *Cedron* : ilueques cuilli David les .v. pierres *Le Cédron.* dont il occist Golias, & ilueques est *Iosaphas* où [b] Nostre Dame [c] fu mise, emprès [d] *Iecemani*, le lieu où Dex fu *Gethsemani.* pris. Ilueques pérent les [e] .x. dois de Nostre Seignor en une pierre ; ilueques laissa [f] saint Pierre & saint Iaque & les autres deciples & [g] apostres, quant il ala orer à Dieu le pére, & iluec tant come le trait d'une pierre, est le lieu où Diex aoura à Dieu le pére [h], & adonc sua il goutes de sanc qui decouroient à terre, & iluec furent mis saint Pierre [i] & saint Iaque & saint Symon & Zacharie le prophete.

Au pendant de cele valée est la sepulture du roi Iosaphas, dont la valée est ainsi nommée, & au desus vers levant est *Mont Olivete* : & [j] sachiés que desus *Mont des Oliviers.* *Mont Olivete* monta Ihesucrist u ciel le ior de l'Ascension, où [k] la forme de son pié destre i apert encore en une pierre, & commanda à ses deciples [l] qu'il alassent preschier l'Evangile à toutes creatures, & là desous est une croute où gist saint Pelage martir. De coste [m] vers midi *Chapelle du Pater* est une chapele où Ihesucrist fist la Patrenostre. *Noster.*

XI

Entre [n] *Mont Olivete* & *Bethanie* est *Belfaé* où [o] Nostre *Bethphagé.* Sire commanda saint Pierre [p] & saint Iaque & les autres deciples por [q] aler querre l'anesse & son poulain.

A une lieue de *Iherusalem* est la maison Symon le

---

a. *P* Mont Olivete. — b. *V* li leus où. — c. *V* dame Ste Marie. — d. *V* Emprès illuec est. — e. *V* li dois où Nostre Seignor mist sa main en une pierre. — f. *V* lessa Nostre Seignor. — g. deciples &. *m. d. V.* — h. & iluec tant.... le pére *m. d. V.* — i. S. Pierre *m. d. V.* —

j. *V* que de Mont Olivet monta. — k. *V* donc. — l. *V* apostres & dit : « Alez preschier. — m. *V.* Près d'illuecques. — n. *V* Et entre. — o. *V.* donc. — p. *V* S. I & S. P. — q. & les ... deciples *m. d. V* ; *V* por l'anesse & por son.

13

leprous, où Noſtre Sire pardona à Marie Magdalene ſes pechiés, & là reſuſcita le Ladre *a* en ſon monument.

La Quarantaine. De *Iheruſalem* à *b Carentene* a .vij. lieues; iluec iuna Noſtre Sire .xl. iors *c* ; près d'iqui eſt *Ierico*.

Le Jourdain. De *Ierico* au flun *Iordain* a .vij. *d* lieues, & iluec fu Noſtre Sire baptizié de ſaint Iohan Baptiſte.

XII

Le Mont Synaï. Du flun *Iordain* au *e Mont de Synay* a .viij. iornées; ilueques dona Noſtre Sire la loi à Moyſe; en celui mont giſt ma dame ſainte Katherine en une mout bele ſepulture de marbre, laquele ſepulture eſt ſi ſainte qu'il en iſt eſpeſemment huile de quoi mout de malades gariſſent, & la vertu de Dieu eſt ſignant, laquele mout de beſtes ſauvaiges qui ſont ſus celui mont ne vivent d'autre choſe fors de lechier ſoulement la ſepulture de ma dame ſainte Katerine, & de la manne qui chiét ſus le mont *f* .

S. Elie. De *Iheruſalem* vers midi ſi a .j. lieue iuſques à *Saint Helye*; après *g* eſt le *Champ flori*, & defors cele voie eſt la ſepulture Rachel *h*, la fame de Iacob *i* .

XIII

Bethléem. En contre celui liu *j* d'autre part ſus .j. mont eſt *Bethleem*, & là eſt creche *k* où Noſtre Sire fu mis quant il fu nés & envolepés de petis drapiaus. Là eſt le lieu de la

---

a. *V* ſaint Ladre & en. — b. *V* à la. — c. *Le texte eſt allongé dans V*: Et deſouz eſt li iardins de ſaint Abraham, & près de là eſt Ierico. — d. *V* .ij. — e. *V* iuſque au. — f. *Toute cette longue phraſe depuis* en celui mont juſqu'à ſus le mont *ſe réſume ainſi dans P*: & i giſt ſainte Katherine virge & martire. — g. *V* là près un poi ſi eſt Champ. — h. *V* ſaint Rachel. — i. *P* Iob. — j. liu *m*. *d*. *P*. — k. *V* eſt la cité de Bethleem ; à .ij. lieues de Iheruſalem eſt la preſepe où.

nativité & le lieu où li troi roi, qui* vindrent d'Orient *b*, aorérent Noſtre Seignor, quant il offrirent or & encens & mirre: Iaſpar, Balthazar & Melchior *c*. Ilueques de coſte le cuer, à main deſtre, eſt la cité où *d* le puis eſt où l'eſtoile chaï qui conduiſoit les .iij. rois. Devers la feneſtre partie *e* giſent li innocent. Deſous le cloiſtre eſt le ſepulcre ſaint Ieroime. Deſouz *f* *Bethleem* eſt une chapele où Noſtre Dame ſe repoſa, quant ele dut enfanter *g* .

XIV

De cele chapele *h* prent l'en le chemin *i* por aler à *Saint Abraham* en *Ebron* *j* .   *Hibron.*

Iluec *k* fiſt Noſtre Sire Adam & Eve, & près d'iqui eſt la maiſon Chaïn & Abel. Emprès d'iqui ſe demonſtra Noſtre Sire en forme de la Trinité à ſaint Abraham, & ſaint Abraham vit .iij. perſonnes, ſi en aoura une.

Vers orient eſt le lieu où Noſtre Dame *l* ſalua ſaint Helizabeth, & iluec fu né ſaint Iohan Baptiſte & Zacharie ſon pére. D'iqui *m* à .ij. lieues eſt un chaſtel que l'en
V f. 98 b. apele *Emaüs*; iluec aparut Noſtre Sire à ſaint Luc & à *Emmaüs.*
Cleophas après ſa ſurection *n* .

XV

Devers *Iheruſalem* vers ponent ſi a une *o* lieue iuſques à la *Sainte Crois* : iluec cruſt l'abre dont la ſainte crois fu faite.

    a. qui *m. d. V.* — b. *V* d'Orient &. — c. *La phraſe* quant il ... Melchior *m. d. P.* — d. la cité où *m. d. V.* — e. partie *m. d. V.* — f. *V* Souz. — g. *V ajoute*: Noſtre Seignor Iheſu Criſt. — h. *V ajoute*: où N. D. ſe repoſa. — i. *V* la voie. — j. en Ebron *m. d. V.* — k. *La phraſe eſt abrégée dans V*: Si comme il eſt eſcrit, ſaint Abraham vit .iij. perſoines & aore une. — l. *P* ſire. — m. *V* De ça. — n. *V* reſurrection. — o. *V* une petite.

Naplouſe.   De *Iheruſalem* à *Samarie*ᵃ que l'en apele *Naples*, ſi a
Puits de la Sama-   .xij. lieues; iluecques parla Noſtre Sire à la Samaritaine
ritaine.   au puis de Iacob ᵇ, d'illuecques a .ij. lieues iuſques à la
Sébaſte.   cité de *Sebate*; illuecques fu ſaint Iohan Baptiſte decolé,
& de *Sebate* au *Mont de Tabor* ſi a .x. lieues.

XVI

Or lairons à parler de la ſainte terre de *Iheruſalem*
Acre. & ᶜ du païs entor, & vendrons à ᵈ *Acre*. Là ᵉ ſont
li pelerinage que l'en doit requerre ᶠ par ordre; qui
droitement les veut requerre, ſi doit ᵍ droitement aler   P f. 344 d.
d'*Acre* en *Nazareth*, où il a .vij. lieues : en ce chemin
Safran. eſt *Safran* où il a d'*Acre* ʰ .iij. ⁱ lieues, à laquele mon-
taigne eſt l'ygliſe S. *Iaque* & S. *Iohan*, où il furent nés,
& i apert encore la ʲ trace; & ᵏ du lieu de *Safran* à
Saphorie.   *Saphorie* a .iij. lieues, & ˡ d'iqui a une lieue à *Nazareth*.
Nazareth.
Ilueques ᵐ vint Noſtre Sire en la Virge Marie, & i eſt
le lieu où l'angele li anunça, c'eſt aſſavoir en cave
roche qui eſt dedenz l'ygliſe à la main ſeneſtre ⁿ, & en   V f. 98 c.
celui lieu eſt faite une ᵒ chapele en l'onor de Noſtre
Dame. Après d'iqui à un trait d'arc, eſt la fontaine de
Saut de N. S. *Saint Gabriel*. De *Nazareth* au *Saut Noſtre Seignor* ſi a
une lieue; & ᵖ en ceſt chemin en la coſtiére a un chapele
St-Zacharie. de *Saint Zacharie* qui eſt d'Ermins; & ſi eſt beau lieu.

a. *V* Sama. — b. *Toute la phraſe juſqu'à* lieues *eſt remplacée dans* P *par :* de qui à Monte Thabor a .xij. lieues. — c. *V* & des ſains leus d'autor. — d. *V* en Acre pour aler à Nazareth. — e. *V* Ce. — f. par ordre... requerre *m. d. V.* — g. *V* doit aler premiérement. — h. d'Acre *m. d. V.* — i. *V* .ij̈. — j. *V* la roiche & li leus où il furent nez. — k. *V* du Safran à. — l. *V* & d'iluec vait l'en à Nazareth où il a une lieue. — m. *V* Et iluec N. S. — n. c'eſt... ſeneſtre *m. d. P.* — o. *V* une petite chapele; & près d'iluec con a un trait. — p. & en.... lieu *m. d. P.*

XVII

De *Nazareth* à *Cane* *Galilée* a .iij. lieues[b]. A *Cane* Cana. *Galilée* furent faites les noces de Archedeclin, & à celes noces fist Dex[c] de l'eve vin; encore[d] i pert le lieu où les noces furent faites. De *Cane Galilée* a bien .j. trait d'arc iusques au puis où l'eve fu prise qui fu portée as noces Archedeclin.

XVIII

De *Nazareth* à *Monte Thabor* a .iij. lieues, sus lequel Mont Thabor. mont se transfigura Nostre Sire[e] devant ses deciples, & i a .j. mostier de moines noirs latins[f]. De *Monte Thabor* à *Mont Hermon* a une lieue; illuecque est la cité de *Naym*; iluec resucita Nostre Sires le fil à la veve fame de- Naim. vant la porte de la vile[g]. Après[h] delà vers orient, si a .iij. lieues iusqu'à la *Mer de Galilée*.

En coste sus la mer est la cité de *Tabarie* où Nostre Tibériade. Sire fist[i] mout de miracles. Iqui[j] fist Nostre Sire ieter les rois en la mer à monseignor saint Pierre, & à saint Andrieu, qui estoient en une bargue[k], & par desus cele mer ala Nostre Sire à pié iusques à saint Pierre &[l] saint André & en une barge; & adonc ot monseignor Seint

---

a. Cane *m. d. V.* — b. *V ajoute*: Illuecques fu nez saint Iaques de Galilée, &. — c. *V* Nostre Sires. — d. *V* & i pert encores là où les noces furent faites de l'Archedeclin & le leu où les .vj. udres estoient. — e. *V* sire Ihesu Crist. — f. *V ajoute*: Et en celui moustier pert li leus où Nostre Sires se transfigura, &, d'illuec selonc ce que l'evangile dist, apparut à la face de Nostre Seignor ausi comme li soloil, & li vettement furent blanc comme noif, don li desciple furent molt esvahi. — g. illuecque..... vile *m. d. P.* — h. *V* Près devers à .iij. lieues est la. — i. *V* se herberia, & mult de miracles i fist. — j. *V* Iluec. — k. qui .... barque *m. d. V.* — l. *On lit dans P*: Andrieu, qui estoient en la bargue; adonc ot paor S. P., car il cuidoit.

Pére poor, & quant il vit venir à lui fus l'eive à pié, car il cuidoit que ce fuft fantofme.

V f. 98 d.

XIX

Capharnaüm.
Lac de Genezareth.

Après *a* d'iqui eft *Capharnaon*, & d'autre part eft l'*Eftanc de Genezareth*; enfus de l'*Eftanc de Genefareth* *b* à main deftre eft un mont qui eft plain de fain, où Noftre Seigneur precha à la tourbe de gens, & près de là fi eft li leus où Noftre Sires *c* faoula .v. mile homes de .v. pains & de .ij. poiffons. En fus près d'iqui *d* eft la prifon où Noftre Sire fu mis iufqu'à tant qu'il ot paié le *e* treuage de fon paffage, & fu adonques, quant Dex *f* commanda à faint Pierre à pefchier .j. poifon, & quant il l'out pris *g*, Noftre Sire commanda qu'il fuft ouvert, & en traïft l'en *h* .j. denier d'argent, duquel *i* Noftre Sire paia fon treuage.

P f. 345 a.

XX

Saphet.

De *Tabarie* à *Saphet* a .iij. lieues; en ce *j* chemin eft le puis où Iofeph fu geté, quant il fu vendu as Yfmaeliteins. A *Saphet* eft la *Cave Thobie*, où il enfeveliffoit les mors; & eft fus le *Pont dou Sapheth* la pierre où Noftre Dame fe repofa *k*.

De *Saphet* iufques *l* à *Saint Iorge* a .v. lieues; fi eft une yglife de moines noirs. De *Saint Iorge* à *Acre* fi a

Tibériade.

.iiij. lieues. A *Thabarie* eft li tyfons *m* que li Iuif getérent

---

a. *V* En après d'iluecque & d'autre part fi eft C. — b. en fus .... Genefareth. *m. d. P.* — c. *La phrafe* & près .... Sires *eft fimplement remplacée dans P par* &. — d. *V* d'iluec. — e. *V* fon. — f. *V* il. — g. *V* & pris le poiffon. — h. l'en *m. d. V.* — i. *V* lequel fu paiez por le treuage & einfi fu fait. *V ajoute:* Mout d'autres miracles furent faites en cele contrée que l'en ne puet mie fi bien favoir comme l'en voudroit. — j. *V* ce meifmes. — k. & eft fus ... repofa *m. d. P.* — l. iufques *m. d. V.* — m. *P* la derifion.

après Noftre Seignor, quant lor monftra comment il devoient faire la tainture; & *a* le tifon tint à .j. mur, & *b* crut maintenant en un grant arbre.

XXI

Et d'*Acre* à *Sardenai c* a .iij. iornées & demie, & paffe l'en par mi *Damas*, car c'eft demie iornée outre *d*. Et fachiés que il i a une table de Noftre Dame qui degoute huile fans eftal *e*, de la quele huile mout de malades gariffent.

Sardenay.

V f. 99 a. Et à *Tortoufe* eft la premiére yglife de Noftre Dame, & là *f* furent li apoftre, & eft faite l'yglife *g* à la femblance de cele de *Nazareth*, & cetera *h*.

Tortofe.

a. *V* celui tyfon fe tint en un.— b. *P* & i crut maintenant .j. arbre grant. *V ajoute*: A Thabarie font li baniz de Noftre Dame qui fe chaufent par eus meifmes. — c. *V* Ardenay. — d. & paffe... outre *m. d. P.* — e. fans eftal *m. d. V.* — f. *P* la firent faire. — g. & eft faite l'yglife *m. d. P.* — h. & cetera *m. d. V.*

LES SAINS PELERINAGES

QUE L'EN DOIT REQUERRE EN LA

TERRE SAINTE.

[Cheltenham, 6664, XIVe f., vél.]

* * *

I

(16) CE font les fains pelerinages que l'en doit requerre en la
Safran. *Terre Sainte* par ordene. Qui droitement les veut requerre, fi doit aler premiérement d'*Acre* à *Nazaret* ^a, où il i a .vij. lieues. En ce chemin eft *Safran*; il i a .iiij. liues, [en] la quele montaigne eft une eglyfe de mon fegneur *Saint Iaque*, f. 35 v. où il fu nés; & i pert encore la roche & le leu.

Saphorie. De *Safran* à *Safourie* il i a .iiij. lieues, & illueques fu née ma dame fainte Anne, la mére noftre dame fainte Marie,
Nazareth. & d'illueques vait l'on à *Nazaret*, où il i a une liue; & illueques vint Noftre Segneur Ihefu Crift en noftre dame fainte Marie, & là eft le leu où l'angele Gabriel l'anunça, ce eft à favoir en une quaverote qui eft dedens l'eglyfe à la main feneftre, & en celui leu fi eft faite une petite chapele, & près d'illueques come à .j. trait d'arc, fi eft la *Fontaine de Saint Gabriel.*

Saut de N. S. De *Nazaret* au *Saut de Noftre Segneur* Iefu Crift, il i a .j. liue; & en ce chemin eft une chapele de *Saint Zacarie* qui eft des Hermins, & fi a mout beau leu.

II

Cana. (17) De *Nazaret* à *Quane Galilée* il i a .ij. liues, & ilueques fu né faint Iaque de Galilée & à *Quane Galilée* furent faites

a. Mf. Nazarel, *partout.*

les noces de Archedeclin. En celes noces fift Noftre Segnor de l'aigue vin; & i pert encores là où furent les noces faites de Archedeclin; & le leu i pert où les .vj. ydres eftoient. De *Quane Galilée* a bien .j. trait d'arc iufques au puis où fu prife l'aigue qui fu aportée as noces de Archedeclin, à *Quane Galilée*, la quele aigue, fi com dit l'Evangile, Noftre Sires la mua en vin, quant il fu as noces aveuc fa benoite mére, dont Archedeclin fu mout esbahis, quant il but de cele aigue qui eftoit muée en vin.

f. 36

III

(18) De *Nazaret* à *Monte Tabor* il i a .iiij. liues, for le quel mont fe transfigura Noftre Sires Ihefu Crift devant fes apoftles, & i a .j. moftier de moines noirs latins. Et en celui moftier pert le leu où Noftre Sires fe transfigura, & illueques, felonc ce que l'Evangile dit, aparut la face Noftre Segnor aufi come le foleil, & fes veftimens furent blans fi come noif, dont les defciples furent mout esbahis.

Mont-Thabor.

De *Monte Tabor* à *Mont Armon* à .j. liue, illuec trovés la cité de *Naim*. Iluec refufcita Noftre Sires le fils de la veve feme devant la porte de la vile. Près de là vers orient, à .iiij. liues, fi eft la *Mer de Galilée* & d'en cofte fur la mer, fi eft la cité de *Thabarie* où Noftre Segnor fe herberga, & mout de miracle i fift. Et illuec fift Noftre Sires ieter la roie en la mer à mon fegnor faint Pierre & faint Andreu; & par defus cele mer [ala]^a Noftre Sires à pié fus iufques à faint Pierre & à faint Andreu, qui eftoient en une barque^b; & a donques ot mon fegnor S. Pierre paor, quant il le vit venu a lui for l'aigue à pié; car il cuidoit que ce fuft fantofme de *Capharnaom*.

Naim.

f. 36 v.

Tibériade.

IV

(19) En près d'ileuques d'autre part fi eft *Capharnaon* & d'autre part eft l'*Eftanc de Genezareth*. En fus de l'*Eftanc de*

a. Mf. &. — b. Mf. brache.

Multiplication des pains. Genezareth à main deftre eft .j. mont qui eft plain de fein, où Noftre Segnor preefcha à la torbe des gens; & près de là fi eft le leu où Noftre Segnor, faoula .v. mile homes de .v. pains d'orge & de .ij. poiffons.

Prifon de N. S. En fus près d'ileuc, fi eft la prifon où Noftre Segnor fu mis, iufques à tant qu'il ot paié le treuage de fon paffage. Ce fu adonques quant il manda à mon fegnor faint Pierre à f. 37 pefchier .j. poiffon; & quant il ot pris le poiffon, Noftre Sires comanda qu'il fuft overs & traït .j. denier d'argent, & qu'il fuft por le treuage; & enfi fu fait. Mout d'autres miracles furent faites en cele contrée qu'on ne puet fi bien favoir come on voudroit.

V

Safet. (20) De *Thabarie* au *Safet* il i a .iiij. liues, & en ce meïfmez chemin eft le puis où Iofeph fu ieté, quant fes .xij. fréres le voloient tuer, por la vifion qu'il vit que .xij. eftoiles & le folell & la lune l'aoroient; & fes fréres oïrent la vifion qu'il difoit à fon pére, domt priftrent confell entre aus d'ocire Iofeph; & Ruben fon frére dit: « Metons le en ce puis, & ferons entendant à noftre pére que beftes fauvages l'ont devoré. » A *Safet* eft la *Cave de Tobie*. A *Safet* eft la pierre où Noftre Dame fe repofa.

A *Thabarie* eft le tifon que les iuis ietérent après Noftre Segnor, quant il lor moftra comment il devoient faire la tainture, & le tifon fe tint en .j. mur & crut tout maintenant un grant arbre. A *Thabarie* font les *Bains de Noftre* f. 37 v. *Dame* qui s'efchaufent par eaus meïfmes.

Dou *Safet* à *Saint George* fi a .v. liues; fi eft une eglyfe de moines grés. De *Saint George* à *Acre* a .iiij. liues.

VI

(1) Qui veut aler en *Iherufalem*, fi puet aler de ci en là, & qui ne veut, fi reviegne en *Acre* & noue d'*Acre* à *Cayphas*, où il i a .iiij. liues. Et fi a près d'iluec une montaigne où le leu de mon fegnor *Saint Denis* eft, ce eft à favoir là

où il fu nés, & encor i pert le leu. F٦près la chapele a une petite valée; à .j. iet d'une pierre eſt la *Fontaine de mon ſeigneur ſaint Denis*, laquele il tŕova & la fiſt de ſes propres mains, & ſachiés qu'il i a mout beau leu, & eſt le plus ſain leu de toute la montaigne à cors d'ome. *Fontaine de S. Denis.*

En cele meïſme montaigne eſt l'*Abaïe de Sainte Margue-rite*, la quele eſt de moines noirs, où il a auſi beau leu; & en cele abaïe a de bons ſaintuaires. Deſoz cele abaïe en pendant, eſt le leu où ſaint Helyes abita. En quel leu a une bele chapelete entre la roche dou leu où les hermitains dou *Carme* abitent. Après cele abaïe de *Sainte Marguerite*, en la coſtiere de cele meïſmes montaigne, a .j. mout beau leu & deliteus où habitent les hermitains latins que on apele fréres dou *Carme*. Il i a une mout bele petite *Egliſe de Noſtre Dame*, & par tout celui leu i a grant plenté de bones aigues, qui iſſent de meïſmes la roche de cele montaigne. Il i a .j. leu aval en ſus de la mer. *Ste Marguerite.* *Le Carmel.*

f. 38

VII

(2) Entre *Sainte Marguerite* & les fréres dou *Carme* ſi a .j. cazal qui a non *Anne*. Iluec, ſi com on dit, furent forgiés les clous dont Noſtre Sires fu crucefiiés, & encore i pert le leu où il furent forgiés. Près de cele montaigne dou *Carme* a la partie des hermitains latins. A la coſtiere devers *Chaſteau Pelerin*, ſi eſt un leu que on apele *Saint Iohan de Tire*; là y a un moſtier de greus où il a mout de bons ſaintuaires, & là fiſt ſaint Iohan mout de beles miracles. *Anne.* *S. Jean de Tyr.*

VIII

f. 38 v.

(3) Après vait l'en de *Chaſteau Pelerin* à *Ceſaire* la cité où il i a .v. liues, ou quel chemin l'en trove *Pain perdu* & les ſa-lines à main deſtre ſur la mer. En après à main ſeneſtre, près de *Pain perdu*, ſi eſt une chapele de Noſtre Dame qui eſt for le marais qu'on apele *Noſtre Dame dou Marais*, où l'en vait mout ſovent en pelerinages de *Ceſaire*, car il y a ſaint leu. Ou quel marais a mout de quoquatris, les quels i miſt .j. ſegnor de *Ceſaire* qui les fiſt aporter de la terre d'*Egypte*. *Pain-perdu.* *N. D. du Marais.*

IX

Roche Taillée. (4) Après vait on de *Cesaire* à *Arsuf* où il a .ix. liues, ou quel chemin par desus si est *Roche taillie*, un mauvais pas, & là se herbergent males gens aucune foiz por tolir le chemin à ceaux qui vont à *Iaphe*.

Iaffa. Après vait on de *Arsuf* à *Iaphe* où il a .iij. liues, ou quel chemin l'en trove .j. leu que l'en apele le *Molin des Turs*. A *Iaphe* troeve l'en, sus au chastel en l'*Eglyse de Saint Pierre*, le *Perron de Saint Iaque*.

X

(5) Lors de *Iaphe* vait l'en à *Rames*, à *Bethenuble*. De *Bethenuble* à la *Montioie* & de la *Montioie* à la sainte cité de *Iherusalem* tout droit par solell levant sans aler ne çà ne là.

Jérusalem. Qui droitement veut entrer en *Iherusalem*, entre tout droit f. 39 par la *Porte de Saint Estiene*, & doit querre par droit les sains leus dou *Saint Sepulcre*. Premièrement doit requerre le verai *Saint Sepulcre* de Nostre Segneur Dieu Ihesu Crist.

XI

(6) Après est ou cuer le *Compas* de Nostre Segnor. Et si est le leu où Nichodemus & Ioseph (&) ab Arimathie mistrent le cors Ihesu Crist por laver. Après à l'issue dou cuer à *Le Calvaire.* senestre est *Mont de Calvaire*, où Ihesu Crist fu mis en la sainte vraie croiz, & par desous est *Golgathas*, là où li sans Ihesu Crist perça la roche & chaï sus le chief Adam.

En après derrier la tribune dou maistre auter est la Co-
Colonne de la Fla- lombe où Nostre Segnor fu liié & batu par devant Pylate;
gellation. & illueques fu il batu por nos tous, & encoste a descendues de .xj. degrés. Là est li sains où sainte Elaine trova la sainte veraie crois, & après est li tresors là où la veraie crois soloit estre, qui fu perdue en l'ost. Après en coste à la
Chapelle des descendue dou *Sepulcre*, à .xj. degrés aval, est la *Chapele des*
Grecs. *Grifons*, là où l'ymage Nostre Dame est qui parla visablement f. 39 v. à la sainte Egiptiene & la converti.

Et par cele iſſue dou *Sepulcre* irez à *Saint Carito*. Devant *Hôpital* le *Saint Sepulcre* devers l'entrée de miedi, eſt li *Hoſpitaus de* *de S. Jean.* *Saint Iohan*, & après ſont les *Nonnains de Sur*. En coſte après eſt la fontaine où Noſtre Dame & les Maries deſ- *Fontaine* chiroient lor chemiſes & lor beaus cheveus, quant li filz *des Stes Maries.* Dieu morut en la ſainte veraie crois.

XII

(7) Et d'ilueques loins le trait d'un arc .ij. fois vers orient, eſt li *Temples* Noſtre Segnor (li), où il a .iiij. entrées & .xxij. *Le Temple.* portes, & laiens eſt la *Roche beneite* où pert le pas Iacob, & illuec fu li filz Dieu offert. A la deſtre part de la roche s'aparut l'angle à Zacarie, & deſous la roche, dit on *Sancta Sanctorum*, où Noſtre Sires eſcrit en terre & pardona les pechiés à la feme qui fu priſe en advoutire.

XIII

f. 40 (8,7,8) La porte qui eſt vers le ſolel levant dit on *Ieru-* *ſalem*, & par devers cele iſſue ſor les degrés apérent les pas de l'aſneſſe Noſtre Sire; & par deſous ſont les portes qui ſont apelées *Portes Oires*. La porte dou *Temple Domini* qui eſt *Portes.* vers le couchant, eſt la porte qui eſt apelée *Porte Eſpecieuſe*, & cele qui eſt vers le vent de boire qui eſt apelé vent de biſe, cele eſt la *Porte de Paradis*. Et là eſt la fontaine c'on dit *Fontaine de Paradis*. Et vers cele iſſue lés le mur dou cloiſtre eſt la *Probatique piſcine* où li angeles de Dieu deſcendi & *Piſcine probatique.* movoit l'aigue & ſanoit tous les malades ſor qui l'aigue chaoit; & cele part poés aler à *Sainte Anne*, & là trovérés autre piſcine. Retornés en *Iheruſalem* au *Temple*.

Devers le *Temple Domini* vers miedi, eſt le *Saint Temple* *Salemon*, & en l'anglet deſouz vers la cité cele part trovérés le ſaint baing là où Noſtre Sire fu baignié en la pile. Devers la *Tour David*, en coſte trovérés une chapele à degrés *Tour de David.* f. 40 v. où ſont les reliques de Saint Iohan Bouchedor & de ſaint Demitre & de ſaint Martin, & après .j. petit eſt l'*Eglyſe des Hermites*, où ſaint Iaque de Galice fu decolés.

XIV

Mont Sion. (9) Et par là irés en *Monte Syon*, & ilueques en l'eglyse qui est abatue, trespassa la Mére Dieu. Et illueques devant a une chapele là où Nostre Sires fu iugiés & batus & flaelés & de *Maison de Caïphe.* spines coronés; & ce fu la *Maison de Caïphas* & li pretitoires.

Desus la grant eglyse est la *Chapele dou Saint Esperit*, & illuec descendi il sus ses apostles & lor lava lor piés mout doucement, & entra es portes closes & lor dit: « Pax vobis! » Sous *Monte Syon* est la valée; a une chapele à degrés, *Gallicantus.* c'on apele *mesire Saint Pierre en Galilée*. Illueques s'en fui il au coc chantant.

XV

Piscine de Siloé. (10) Sus *Monte Syon* en la cité est *Nataterie Syloe*; illuec vit l'avugle qui onques n'avoit veü que Dieus enlumina, & illueques fu mis Ysayes li prophetes, & par desus troverés *Hacheldama. Alcedemac* où le metent les pelerins, & ce fu li champ qui [fu] f. 41 achatés des .xxx. deniers dont Dieu fu vendus.

XVI

(12 *fin*) De *Iherusalem* à *Saint Elyes* a une lieue & après *Champfleuri.* .j. poi troverés *Champ fleuri.* Après lés le chemin en la voie de *Bethleem* est li *Saint Sepulcre Rachel.*

XVII

Bethleem. (13) Et ilueques en *Bethleem* a une eglyse. Illuec fu nés Ihesu Crist de la Virge. A l'issue dou cuer de l'eglyse à destre est li puis là où l'estoile chaï; à senestre gisent les Innocens, & desous l'encloistre est le *Sepulcre Saint Geromie*.

De *Bethleem* as *Pastors* a une lieue. Illueques s'aparut l'angele Dieu as *Pastors* la nuit que Dieus fu né & dist: « Gloria in excelsis Deo! »

S. Abraham. De *Bethleem* à *Saint Abraham* a .vj. lieues. Illueques fu il mis & Ysaac & Iacob; illueques fist Diex Adam.

XVIII

(11 *fin*) Or retornés en *Iherusalem*. Desous *Portes Oires* Josaphat. en la valée est *Iosaphas*, la sainte sepulture Nostre Dame. Après en coste est *Yessemani*, le leu là où Diex fu pris, & Gethsemani. illueques pérent li dois de Ihesu Christ ou mur, & d'illuec le iet d'une pierre est l'*Eglyse Saint Sauveor* où il aouroit son pére.

Sous cel pui est *Mont Olivet*, là où Diex monta ou ciel. Mont des Oliviers. Illueques pert ses benois pas, & après en coste a une chapelle où gist saint Pelage a l'estroit pas [où] Diex sist ia pater nostre. Pater Noster.

XIX

(11) Et d'illueques en *Bethanie* a une lieue, & illuec resus- Bethanie. cita Dieus saint Ladre & pardona la sainte Madelaine ses pechiés en la maison Symon le leprous.

Et d'illueques iusqu'à la *Quarantaine* a .vj. lieues; & illuec ieūna Nostre Sires .xl. iours. Après .j. poi est *Ierico*, le leu où Diex enlumina les angeles. [A] .iiij. lieues de *Ierico* Jéricho. court le flum *Iordain* & depart la terre de *Ydom* & de *Galilée* & de *Iherusalem*.

De *Ierico* au flum *Iordain* a .xij. lieues, & en ce flum fu li filz Le Jourdain. Dieu baptisiés de saint Iohan Baptiste, & oï la vois de son pére.

XX

(12) Et dou flun *Iordain* iusques à *Monte Synay* a .viij. Mont Sinaï. iornées, & illuec dona Diex la loi à Moïses, & illueques gist le cors de sainte Katerine.

XXI

(15) Retornés en *Iherusalem*. De *Iherusalem* à la Crois a La Croix. une lieue, & illueques crut l'arbre dont la sainte croiz fu faite. De *Iherusalem* à *Esmaüs* a .iij. lieues, & illueques s'aparut Emmaüs. Nostre Sires à ses desciples come pelerin puis sa resurrexion.

De *Iherusalem* à *Napeles* a .xij. lieues. Illuec est li *Puis* Le Puits Jacob. *Iacob* où Dieus parla à la Samaritane, & d'illueques au *Sabaut* a .ij. lieues, & là fu saint Iohan Baptiste decolés. Dou *Sabaut* à *Monte Thabor* a .x. lieues, & illueques se trans- Mont Thabor. figura Nostre Sires devant ses apostles.

VII

PHILIPPE MOUSKET

DESCRIPTION RIMÉE DES SAINTS-LIEUX

[v. 1241]

MANUSCRIT :

Paris, Bibl. Nat., fr. 4963, vél., XIII f., in-f°., f. 68 & f.

EDITION :

Chronique rimée de Philippe Moufkes, éd. Reiffenberg (Bruxelles, 1836, in-4), v. 10466-11063, t. I, pp. 406-427.

PHILIPPE MOUSKET

DESCRIPTION

DES

SAINTS-LIEUX

[Extrait de la *Chronique rimée*.]

* *
*

Mf., f. 68 c. Ed., p. 406.	OR oiés & iou vos dirai Les fains lius, & devifferai:	
	En Iherufalem, la cité,	Pierre de Salomon.
	A .j. faint liu d'antiquité,	
	De mout precioufe manière;	10470
	Et fi eft couviers d'une pière	
	U Salemons efcriut, fans tence,	
Mf., f. 68 d.	Tout le livre de Sapience.	
	Mout priès de là s'a .j. liu tel,	Pierre de Zacha- rie.
	Droit entre le temple & l'autel,	
	U li fans fu de Zakarie	
	Efpandus, le fil Barracie,	
	Tout droit el marbre par devant;	
	Voirs eft & fel trouvons lifant.	
	Illuekes priès fi eft la pière	10480 Mur des Juifs.
	U li Iuif, faifant proière,	

Une fois cascun an venoient,
Et cele piére si oignoient
D'olie d'olive tout plorant,
Grans lamentasïons faisant,
Et tout plorant s'en repairoient,
Et grant tristece demenoient.
  Priès de là si est, ce lissons,
Li louaus ù fu la maissons
10490 Le roi de Iudé[e] Ezechie,
A qui Dieux aslonga sa vie
.Xv. ans trestot entirement.
Ce fu miracles voirement;
S'ele fu biele, asiés plus grans
I fist Diex, li pius, li soufrans.
  En Egipte, asses priès de là,
Fu la maisons, & mout dura,
U la douce sainte Marie
Fu conciute, née & norie,
10500 Tant qu'ele ot .xiiij. ans d'eage,
Et fu aprise comme sage;
Et cascun iour à Dieu prioit,
Selonc çou qu'ele apris avoit.
  Apriès est li lius & li angles
Là où sains Gabrïaus, li angles,
En l'oratorie ù ele fu
Li aporta le vrai salu,
Quant il dist : « Ave Maria,
De gratia Dei plena !
10510 Li sains Espirs venra en toi :
Ne t'esmaiier, iou t'en castoi. »
Et la puciele respondï:
« A Dieu m'otroi, en Dieu m'afi,
Si face de moi son commant;
De par moi li dites cest mant. »
  Puis est li lius ù la puciele,
Ki s'iert dounée à Dieu anciele,
Tout ensi com le manda Dieux,
Fu mariée des Iudeus.
10520 Adont teus la coustume estoit
Que feme ki baron n'avoit,

Maison d'Ezéchias.

Maison de la Nativité de la S. Vierge.

Maison de l'Annonciation.

Lieu du mariage de la S. Vierge.

Ed., p. 407.

Ms., f. 69 a.

S'ele fuſt groſe ne ençainte,
Tantoſt com ele fuſt atainte,
Si fuſt arſe par iugement.
Ia n'i euiſt arieſtement.
Si vos dirai comment ſa mére
Oſta Dieux de mort ſi amére.
Pour çou que ce fuſt amendé,
Si ot Dieux as Iuis mandé
Par une vois, qu'il ſe haſtaſent,   10530
Et la puciele mariaſent.
Lues ſi furent tot aſanble ;
Si leur a pleüt & ſanble
Mout bon que caſcuns en ſa main
Teniſt une verge, al demain
En qui main ele floriroit,
La puciele à moullier avroit.
Ioſep d'Egipte i fu venus,
Ki tous eſtoit vious & cenus,
Que pour lor ban, que pour le cri,   10540
Ne ſ'[en]oza maitre en detri,
Ne de moullier n'avoit talent.
Venus i fu le pas mout lent ;
El renc des autres fu aſis,
Aukes laſés & mout penſis.
Une verge li ont dounée,
Ki toute eſtoit ſece & pelée.
Li damoiſiel, li baceler
Le commenciérent à gaber
Pour çou qu'il iert venus as hans,   10550
Quar il avoit bien .cc. ans.
Caſcuns ſa verge en ſa main ot,
Et la Iozep, ſi com Dieu plot,
Toute ſecce en ſa main verdi,
Et ot eſkorce, ſi flori.
Et quant li Iui l'eſgardérent,
La puciele avant amenérent.
Si fu par la loi deviſee
Marie à Ioſep mariée,
Et ſains Ioſes ki l'eſpouſa   10560
Droit en Belleem l'en mena.

   Et la puciele al cuer entir
   Fu lues plainne del saint Espir.
   Iosep, ki n'ot à li toucié,
   Si mescrei d'aucun pecié :
   Si se pensa k'il s'enfuiroit
   Par nuit, & la virgene lairoit.
   Adont li vrais Dieux s'avança,
   Et par son angle li nonça
10570 *Que la puciele nete & sainne*
   Estoit ia del saint Espir plainne,
   Mais la puciele bien gardast,
   Bien le siervist & ounorast.
   Et il si fist mout doucement
   Iusqu'al iour de l'enfantement.

Bethléem. *Belleem, ce trovons escrit,*   Ed., p. 410.
   Si fu cités au roi Davit,
   U nostre sire Dieux fu nés.
   Là meïsmes, c'est verités,
10580 *Viers la costiére de midi,*
   S'a une eglise, iel vos di,
   Sor bieles colonbes de marbre;
   Et s'a entor maint diviers arbre.
   Là est li lius ù Dieux nasqui,
   Si est l'eglise faite en ki
   Virgene conciut, virgene enfanta,
   Virgene remest, virgene alaita.   Mf., f. 69 c.
    Li lius est defors Belleem,
   A diestre viers Iherusalem,
10590 *U l'angles as pastors nonça*
   La naissence que Diex prist là.
   Et si lor dist, à sa vois clére,
   Que nés estoit li vrais Sauvére,
   Ki, par sa douce humilité,
   S'estoit mis en humanité,
   Pour desconfir le mors amer,
   Et pour ses amis mors amer,
   Qu'Adans ot mis & sa feme Eve
   D'infer en la parfonde greve;
10600 *Quar tot cil qui lores moroient*
   Sempres à infier s'en aloient.

DESCRIPTION DES SAINTS-LIEUX.

Ed., p. 411.

En Belleem ſi eſt la crepe,   S. Crèche.
Ki mout eſt precieuſe & nete,
U noſtre ſire Iheſu Cris
Fu par devant les beſtes mis.
Adont s'aparu li eſtoile
Plus clère que ſolaus en voile;
Et li troi roi s'aceminérent:
Or & mire & encens portérent
Et, pour aourer le fil Dieu,   10610
S'en alérent tant qu'en .j. lieu
S'aſanblérent tot troi enſanble,
Si com Dieu pleſt & bon li ſanble,
Ki lor denonça ſa naiſſence,
Et ſon plaiſir & ſa conſence.
   Herodes adonqes regnoit,
Qui ſor tous rois eſtre quidoit.
Li troi roi ſont à lui venu:
Si li diſent qu'iert avenu,
Et que nés iert li rois del monde,   10620
En qui tous bien neſt & abonde;
Sel queroient pour aourer
Et pour ſiervir & ounourer.
S'avoient l'eſtoile veüe

Mſ., f. 69 d.

Ki ſor aus eſtoit aparue.
Herodes leur a commandé
Qu'il voiſent là ù ſont mandé,
Par tel quant il le trouveront
Que tout par lui s'en revenront.

Ed., p. 412.

   D'Erode ſont li roi parti,   10630
De Dieu querre tout aati;
L'eſtoile ſour aus aparu,
Si les mena droit là où fu.
Là s'arieſta ù Dieu tenoit
La mère, ki mout cier l'avoit.
Aourét l'ont & denonciét.
A la vieſprée ſont couciét;
Mais noſtre ſires lor manda
Par .j. ſien angle & commanda
Que par Herode n'en ralaſent,   10640
Mais autre voie s'en tornaſent.

Et il fi fifent al demain.
Quant il furent levét bien main,
Herodes s'eft apierceüs
Que par les rois iert deceüs,
Et fu plains de forfenement.
Si commanda tot efranment
Sergans & cevaliers aler
A tous les enfans decoler,
10650 Pour cel enfant ocire avoec,
Com li dift ki fu nés aluec.
Mais fains Iofes, ki l'oï dire,
En fu coureciés & plains d'ire:
De paour en fofpire & tranble,
Quant, par l'anoncement de l'angle,
La mére & l'enfant en mena
En Egipte ù Dieux l'affena.
    Li enfes crut & devint grans;
Dous fu & humles & fouffrans.
10660 Par la tiere .xxx. ans ala,
Saint Piére en la 'mer apiela
Et fes apoftles un & un;
Si devifa fa loi chafcun.
Apriès fift il de l'aigue vin
As noces faint Arcedeclin.
    Mout a buens lius en Belleem.
Jérufalem. Or dirai de Iherufalem,
Qui cités eft douce & faintifme,
Et facrée de Dieu meifme.
10670 Priès de là, tant com vous porois
Temple de Salo- Traire d'un bougon à .ij. fois,
mon. Viers orient, fi eft .i Temples,
Ce nos tiefmogne vrais exenples,
U Salemons l'autel fonda,
U Noftre Dame prefenta
Son fil à offrande par non
Es mains del viellart Simeon,
Ki forment s'en eflaieça,
Et tout efranment commença:
10680 « Nunc dimittis me, Domine,
Servum tuum eftre in pace. »

Ed., p. 413.

Mf., f. 70 a.

DESCRIPTION DES SAINTS-LIEUX.

A diestre de cel temple là,	Temple de Salomon.
Salemons son Temple fonda.	
Et, entre ces .ij. temples, fist	
Rois Salemons, si com on dist,	
.I. porce sour rices coulonbes	
De fin marbre droites & longes.	
Tout droit à seniestre de çà,	Piscine probatique.
S'est Probatica pissina:	
C'est une aigue, par verité; 10690	
Tot li malade ièrent sané	
Quant à angles Dieu le movoit,	
U il neismes i venoit.	
Priès de Iherusalem avoit	Bethphagé.
.I. castiel & Dieu là pasoit.	
Un asne i fist prendre & monta;	
Viers Portes Ores cevauça	
U mout de gent encontre alèrent,	
Qui rains portoient & cantèrent:	
« Ozanna filio Davit! » 10700	
Ensi l'ont toute iour servit.	
Asses priès en l'ostel Simon,	
Si qu'en l'evangille truevon,	Béthanie.
Sist Nostre Sires al mangier.	
Là vint à lui sans nul dangier	
Marie, c'on dist Mazelainne,	
Ki d'ors peciés iert tote plainne.	
Desous la table se muça,	
De ses larmes plorant lava	
Les piés Ihesu k'il ot mout biaus, 10710	
Et resua de ses cheviaus,	
Et puis les oinst d'un ongement	
Qu'ele avoit gardét longement.	
Et Nostre Sires li douna	
Tel don que il li pardouna	
Tous ses peciés entirement,	
Quar ele ot ouvré loiaument.	
Ne gaires lonc .j. liu si a,	Maison de la Cène.
Là ù Nostre Sires lava	
Les piés saint Pière & saint Simon, 10720	
Asses priès de sa passion,	

Gethſemani.

*Jardin des Oli- 10730
viers.*

10740

Maiſon de Pilate.

10750

Maiſon de Caïphe. 10760

Et avoec aus fiſt à la çainne :
Et puis apriès, ſans nule painne,
Les piès de caſcun i lava.
Encor voit le liu ki là va.
 Priès de là ſi eſt Getzeman,
Ce nos dient li paiſſan.
C'eſt une vile ù Dieux fu ia
Et mainte coſe i deviza.
 D'autre part ſi eſt li cortius,
Qui mout eſt encore biaus lius,
C'on diſt Trans torrentem Cedron,
U Iudas fiſt la traiſſon,
Et Dieu, ſon ſignour, i vendi
.Xxx. deniers qu'on li rendi.
 Apriès, ne gaires lonc de là,
C'eſt li lius ù il le baiſſa,
Et li Iuif tout eſranment
Le ſaiſirent mout cruelment.
Mainte arme i orent aportée,
Et ſains Piéres i traiſt s'eſpée :
A l'un d'aus l'orelle trença,
Mais noſtre ſires le ſana.
Puis noia Piéres ſon ſignour,
Quant il vit le beſoing grignour,
Ainc que li cos euiſt kanté
Tierce foies, par verité.
 Deviers ſenieſtre par deçà,
Eſt li lius ù on le mena
Devant Pilate, & priès d'enki
Si eſt la Cartre, iel vos di,
U Dieux fu mis en la priſon,
Quant il fu pris à meſpriſſon.
 Apriès, à la porte de Naple,
Si eſt li Pretores Pilate
Et là fu Iheſu Cris iugiés
Des Iu's prieſtres renoiiés
Et des princes de cele loi
Par traiſon & par beſtoi.
 Apriès cel liu qui mout eſt bas,
Si eſt la Maiſſons Kayfas,

Mſ., f. 70 c.

Ed., p. 416.

Ed., p. 417.

Mf., f. 70 d.

Ed., p. 418.

  U la coulonbe eft & l'eftace,   *Colonne de la Fla-*
U Ibefu Cris à fimple face   *gellation.*
Fu par mains & par piès loiiès,
Batus de verges & deplaiiès
De cief en cief, de grant corgies,
Et fi fu couronnés d'efpines
Dures & afpres & poignans,
Dont contreval couru li fans.
 Ne gaires lonc de là, pour voir, 10770 *Le Calvaire.*
Ce nos fait li livres favoir,
Si eft, pour acomplir l'afaire,
Golgata, li mons de Cauvaire.
Et là fu Dieux crucefiiès,
Et de la lance clofciiès.
Longis le feri el cofté,
Et, quant il ot le fanc tafté,
A fes ious touça, f'ot veüe,
Qu'il onques mais n'avoit eüe.
 Là droitement fi eft li lius   10780
Ki n'eft oribles ne efkius,
U fains Iehans fu & fa mére,
Qui cele mors fu mout amére.
Mais al fil Dieu enfi avint
Que l'amers en douçor revint,
Quar fes gens furent afopli
Ki par cel furent raempli
De graffe & de mifericorde,
Si com l'evangilles recorde.
Et là tout droit u li Iudeu   10790
Crucifiiérent le fil Deu,
Fu Adans, li premiers om, mis
Et entierés & foupoulis,
Et Eve, fa feme, avoec lui,
Par qui nos euimes l'anui
De la pume qu'Adans manga,
Dont li fius Dieu puis nos venga
Par la grant painne qu'il foufri,
Quant le fien cors à mort offri.
 Illuec tout droit facrefia   10800
Abrehan & glorefia

A Dameldieu premiérement,
Ce set on bien certainnement.
  Priès de là, le giet d'une piére,
Viers occident, ce m'est aviére,
Est li lius u Iosep requist,
Por les saudées qu'il i fist,
Le cors Dieu à ensevelir;
Et Pilate sans nul ayr,
Boinement congié l'en dona.
Iosep fors de la crois l'osta,
En j. sepulcre le coucha
U nus om onques n'atouça.
Et là vinrent les .iij. Maries,
Ki por Dieu furent trop maries;
Mais li angles, al iour de Pasques,
Qui de plorer les vit mout lasges,
Lor dist k'il iert resurrexis;
Sel deisent à ses amis.
  D'ilueques priès si est la glise,
Si com l'escriture devise,
Que Coustentins fist metre à samme,
Ki fu emperères de Roume
Et de Coustentinoble ausi.
Sa mére Elainne, al cuer masi,
En aporta maint saintuaire,
Quant ele se mist al repaire.
  Del mont de Cauvaire si a
.Xiij. piés, sans plus, iusques là,
U la moitiés de tot le mont
Est en largaice & en reont.
  Tout droit, par deviers Occident.
Ce dist on anciienement,
Priès del Sepucre, à diestre part,
Si que li Temples le depart,
Si est li Moustiers de Latin
Fais en l'ounour & el destin
La douce mére Dieu saintisme,
Et là fu sa maisons meïsme.
  En cel moustier mesme si a
.I. rice autel c'on i fonda,

Le Sépulcre.

10810

Mf., f. 71 a.

10820

Ed., p. 419.

10830

S. Marie Latine.

10840

	U ma dame sainte Marie,	
	La mére Dieu, s'estut marie,	
	Et la Marie Cleofe	
	Od la Marie Salomé,	
	Toutes .iij. plorans & dolans	
	Por les painnes, por les ahans	
Ed., p. 420.	Qu'eles virent Nostre Signor	
	Soufrir en la crois, à cel ior	
	Par la cruele gent amére,	10850
	Quant Diex dist à sa doce mére:	
	« Femme, femme, vois ci ton fil. »	
Mſ., f. 71 b.	Et puis à saint Iehan dist il	
	Et al peule: « Vois ci ta mére; »	
	De la crois ù il pendus ere.	
	Et d'ilueqes, viers Orient,	Mont des Oliviers.
	A demie liue ausement,	
	Est la montagne d'Olivet,	
	U Dieux de cuer & piu & net,	
	Dist à son pére & [a]ora:	10860
	Pater noster, & cetera.	
	Tout droit illueques, en la piére,	
	Si escriut il à sa maniére,	
	La patenostre de sa main:	
	Encor l'i voient li Tamain.	
	Et là à ses apostles dist,	
	Et l'ensegnement lor en fist	
	K'il nonçasent à toute gent	
	La voie de lor sauvement.	
	Et les langages lor aprist,	10870
	Par quoi cascuns l'afaire enprist,	
	D'illueques monta il es cious,	
	Od lui Gabriel & Mikious,	
	Al iour c'on dist l'Assension,	
	Si qu'en l'évangille dist on.	
	A diestre, entre mont Olivet	Vallée de Josa-phat.
	Et cel Temple saintisme & net,	
	Si est li Vaus de Iosafas,	
Ed., p. 421.	Dont iou ramenbrance vous fas,	
	Car illuec fu sainte Marie	10880
	Des apostles ensevelie.	

        En cele valée meïsmes
Si venra Dieux, li roi autismes,
Iugier tot le mont al iuïse,
Si com l'escriture devise.
Là tranblera iustes & faus,
Quant Diex i iugera les faus.
        Près de là, ce dist l'escriture,
Si est encor la Soupouture
La boine profete Yzaïe,
Ki nonça mainte profesie.
        D'illuecques, à liuwe & demie,
Si est li lius en Betanie,
U Ihesu Cris, quant il vint là,
Saint Lazaron resuscita,
Frère Marie Magdelainne :
Ki .iiij. iours, à dure painne,
Avoit en la tiere geü,
U il tous mors enfouois fu.
        Avant de là, viers Ierico,
.Xx. miles i a, mains mout po,
Est l'arbres sikamors ù sus
Monta li petis Zacheüs,
Por Ihesu Crist à reguarder
Ki par illuec devoit paser.
Et Dieux le rouva ius descendre,
Et volt od lui son ostel prendre.
Et cil estoit uns fors pecière ;
Si fus liés de si grant manière,
Que la moitié de quank'il ot
Rendi por Dieu, al mious qu'il pot.
Et s'il à nului rien toli :
A .iiij. doubles li rendi.
Et là dist Diex qu'il iert venus
Sauver celui ki iert perdus.
Ce n'est pas mençogne ne gille,
Ainc le truevs on en l'evangille.
        Une milaite apriès de çà,
Si est la Fontainne *& sourt là*
Del buen profete Elizei,
Que il sainna & beney,

Tombeau d'Isaïe.

10890

Béthanie.

Ms., f. 71 c.

Jéricho. 10900

Ed., p. 422.

10910

Fontaine d'Elisée. 10920

DESCRIPTION DES SAINTS-LIEUX.

Et mist sel en senefiance
D'aigue benoite, à ramenbrance
De cele c'en encore fait;
Encore i sourt ele entresait.
   A .v. miles priès de cel plain,
Si est, por voir, li fluns Iordain   *Le Jourdain.*
U sains Iehans Dieu baptisa;
De Iursalem .viij. en i a.
   Mout priès de là si est li lius   10930
Precious, dignes & soptius,
Dont Elyas en fu tous vis
Par les angles ès cious ravis.
   Treze iornées tot à plain
Si a, por voir, del flun Iourdain,   *Le Sinaï.*
Desi qu'al mont de Synay.
D'Alixandre, iel sai de fi,
Portérent là, à ioie fine,
Li angle sainte Katerine,
Quant Maxenses l'ot decolée,   10940
Et droit là fu ele entierée,
Et si rent oile à grant fuison,
Dont li malade ont garison.
   Droit sur le mont de Synay,
S'aparu Ihesu Cris ausy
A Moyset, en j. buisson
Tout ardant, par avision;
Et là tout droit li fu donnée
La lois escriute & devisée.
   Alueques si est li vasciaus   10950
Mervillous & rices & biaus
Que nous apielons ydria.
Et faciés de fit qu'il i a
D'olie d'olive adiès asés,
Ia tant n'en prendra on son fes.
En cel vasciel l'Arcedeclin
Fist Dieux servir d'aige fait vin.
   Mons de Tabour à iij. iornées,   *Le Thabor.*
Tout par mesure devisées,
Si est priès de Iherusalem,   10960
A diestre part de Belleem.

Là devant .iij. de ses desciples,
Se transfigura Nostre Sires.
 Droit sour cel mont fu devisée
La première messe & cantée
De Nostre Signeur Ihesu Crist,
Et le sacre i nota & fist.
 Et al piet del Mont de Tabor,
Ce nos dient li ancissour,
Si est la Mers de Galelie
Et l'autre mers de Tabarie,
Ki n'est mie mers mais estans,
Grans & parfons & quois estans;
Et de cel estanc nest li flons
Que nous de Iourdain apielons.
 D'autre part [à] .i. poi de là,
Une ymage painte si a
De ma dame sainte Marie,
En une aisciele bien taillie;
Et de cele ymage sourt oles,
Si le reçoit on en ampoles.
Se mil pelerin i venoient
De cel saint oile assés avroient,
Et s'uns tous seus en i venoit
Ia plus de l'olie n'en istroit.
Por çou qu'ele est en bosc formée,
S'est l'ymage Ycoine apielée,
Et croist & forme cascun iour
En car, çou sevent li plusiour,
Et l'oiles devient cars aussi,
Tout par verité le vos di.
Cele ymage est à Sartenai
Mout bien guardée, bien le sai.
 A diestre part, en verité,
De Iherusalem, la cité,
Tant com uns ars traire poroit,
S'uns om en sa main le tenoit,
Si esta li Mons de Syon.
Là ot faite par Salemon
Une eglise, & dedens auteus.
Là manga Nostre Sire Diex

Mer de Tibériade.

10970

Sardenay.

10980

10990

Mont Sion.

11000

Ed., p. 424.

Ms., f. 72 c.

Ed., p. 425.

Avoec ses apostles par non,
Par devant sa grant passion.
    Droit là descendi tos entirs
Sour les apostles sains Espirs,
En guise de flame & de feu,
Et tout, par le plaisir de Dieu,
Diviers langages i parlèrent
Et par la tiere s'en alèrent.
    Là droit si transi Nostre Dame   11010
Et li angle emportèrent l'arme,
Et de là son cors em portèrent
Li apostle & si l'entierèrent :
Tout droit el Val de Iosafas
Portée l'orent à lor bras.
Et là tenra Dieux son iuise,
Qui mout sera d'estrange guise.
Viel & iovene là renestront
Et fourme de .xxx. ans aront ;
S'auront infier li faus soudis,   11020
Et li boin auront paradis.
    Droit al piet de Monte Syon   Fontaine de Siloé.
S'est la fontaine, ce dist on,
C'on apiele de Siloé,
Dont li riu sont de bien loé,
Et sourt de tiere, non de roce ;
Mais il n'i a poisson ne roce.
    Moust priès de là, viers Belleem,
Est li lius c'on nomme Sichem.   Sichem.
Là vint Iosep querre ses frères   11030
Par Ebron, es grandes vallées.   Hébron.
    Là est la vile ke Iakop
Douna Iosep k'il ama trop,
Por çou k'il ert des autres fius
K'il avoit tous li plus gentius.
Et là fu Iacop entierés
Très dont k'il fu à fin alés.
    D'illuec à une mile aussi
Si est li lius de Sichay   11040
U Diex parla, sans nule painne,
A la feme samaritainne.

*Mout priès d'enki li lius esta
U l'angeles à Iacob luita
Mout vistement: por lui saüer,
Mais Diex lor fist mout tos laisier.
 Là, ce dient li paiſſan,
Si eſt li caſtiaus Abrehan,
C'on apieloit adonc* Tochor,
*Et enſi a il non enkor.
Et en cel caſtiel, iel vos di,
Furent ciſt troi enſeveli
Abraham, Yzac & Iacop
Et lor feme q'amèrent trop.
 A ſenieſtre, mout priès de là,
Si eſt li lius c'on apiela
Dont & or* Dominus vidit,
*Et là, çou faciés vous de fit,
Volt Abrehan ſacrefier
Son fil à Dieu, qu'il ot mout cier,
Yſaac, mais Diex li manda
Par ſon angle, ki li noncha,
Que il laiſaſt cel ſacrefiſſe;
Si feſiſt autre ki ſoffiſce.*

S. *Abraham.*

11050

11060

Mſ., f. 72 c.

VIII

ITINÉRAIRE
DE LONDRES A JÉRUSALEM
attribué à Matthieu Paris

[v. 1244]

LÉGENDES
DE LA PARTIE CONSACRÉE A LA TERRE SAINTE

MANUSCRITS:

PREMIÈRE RÉDACTION.

A. Londres, Muf. brit., Lanfd., 253.
B.   »   Reg. 14 C VII.

SECONDE RÉDACTION.

C. Cambridge, Corp. Chrift. Coll. XXVI.
D.   »   »   »   XVI.

Nota. — Un cinquième manufcrit, le manufcrit de Londres (Muf. brit., Cott. Tib. E VI), a été prefque détruit dans l'incendie de la bibliothèque Cottonienne; les fragments qui en reftent, trop défectueux pour être utilifés dans cette publication, permettent cependant de conftater que le manufcrit appartient à la feconde rédaction.

*

Les différents paragraphes du texte font difpofés dans les manufcrits de la manière fuivante :

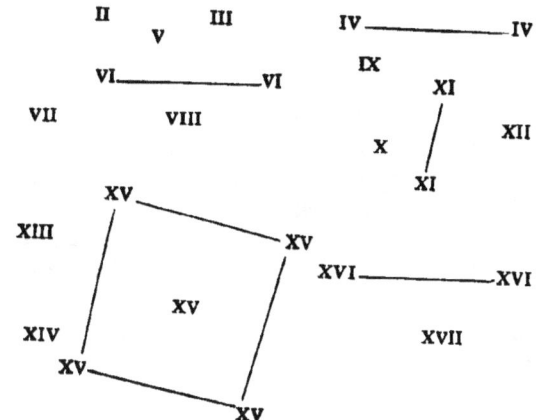

ITINÉRAIRE

DE LONDRES A JÉRUSALEM

attribué à Matthieu Paris

LÉGENDES

DE LA PARTIE CONSACRÉE A LA TERRE SAINTE

* * *

I

A. Ceste terre eft loing vers bife. Ci mainent les nefs lignées ke li rois Alifandre enclot *Gog* e *Magot*. De ci vindrent celes gentz k'em apele *Tartarins*, ço dit hon ki tant unt les muntaines, tut foient eles de dure roche, cicellé e tranché à force, ke iffue

1. — B: *Ibid.*

C. L'enclos des muntz *Montz Cafpiens.* d[e] *Cafpie*. Ci meinne[n]t les gius ke Deus encloft par la priére le roi Alifandre, ki ifterunt devant le iur de iuïfe e frunt grant occife de tutes manéres de gentz. Il funt enclos es muntaines hautz & grant, ne poent iffir. — C'eft par...t devers

1. — *D:* Ci enclot Deus le gius par la priére le roi Alifandre, ki ifterunt devant le iur de iuïfe e frunt grant occife de gent, tant il pleft à Deu. Les mu[n]tz funt hauz e durs. — *Montes Cafpiorum* inacceffibiles & intranfmo[nt]abiles.

126 LÉGENDES DE L'ITINÉRAIRE

unt cunquis, e mut unt grant terres cunquis e deftrut *Inde* numéement.

jus.... rega.·d de *Ierufalem*. Mais mut eft loing vers northeft de *Acre* e de *Ierufalem*.

II

Arménie. *A.* En *Hermenie* eft l'*Arche de Noé.* *Arche Noé.* Vers ceftes parties, ço eft à faver veirs boire, de *Ierufalem* à vint iurnées eft *Armenie*, ki eft chreftiene, ù l'*Arche Noé* eft, k'uncore dure. Là meint Iofeph Carcaphila ki vit ù hon mena Noftre Seignur à crucifier; Ananie ki baptiza feint Poil le baptiza.

C. Vers ces parties, ço eft à faver vers boire, de *Ierufalem* à vint iurnées eft *Armenie* ki eft chreftiene ù l'*Arche Noé* fe repofa après le deluvie, e uncore i eft areftée es muntaines en la fauvagine. — L'*Arche* ù nuls ne puet avenir pur le defert e la vermine. — E face hon ben ke cefte terre marchift à *Inde*. — Ermenie. — *Ninive* la grant. — Ionas. Coco[drile].

III

Syrie. *A. Albana. Farfar.* — *Damas.* *Damafcus.* Civitas *Damafcenorum* valet domino fuo cotidie tringentas libras

C. Albana Farfar. D[a]m[a]s. Cefte cité of fes apurtenances, ço eft à faver les ortz e gardins, vaut à

II. — *B: La première phrafe* En.... Noé *manque feule.*
III. — *B change « Damafcus » en « Damas » & ajoute: Noftre Dame de Sardaine. — Les turz de* [*Da*]*mas. — Porta Sancti Pauli. — Ci dift hon fu fait; ci terre cutiva.*

II. — *D:* [*Ar*]*cha e montes Armenie altiffimi.*
III. — *D: Noftre Dame de Sardanai. Albana e Farfar, flumen.* De m... ci fu feint Pol meüs...... (*la fuite manque*).

argenti. Cefte cité of les purtenances vaut chafcun iur au feignur de la vile cinc cenz livres de efterlings. — Le chemin de *Damas* à *Ierufalem :* cinq iurnées.

feignur de la cité cinc cenz livres d'argent. Tute la ewe ke i vent eft derivée e enbuc[e] es ortz e es gardins. [L]à fu Adan fait, noftre premier pére, e la terre cutiva e labora.

IV

A. Munt Liban. — Ior. Dan. — Flun Iordan. — La Mer morte. — Mons Thabor. — Naʒareʒ. — Mons Oliveti. — Beethleems. — Le Kaire.

C. Liban. — Ior. Dan.— La Mer morte. — Munt Thabor. — Naʒareth.— Iericho. — Beethleem. — La ville de Rabit. — Le Kair[e]. — Paleftine.

V

A. Hic converfantur optimi mercatores qui ante tempus Machometi Mercurium, dominum mercatorum, coluerunt.

C. Ci en a mut des riches marchantz, e cift de ceftes parties funt riche de or e d'argent, de péres preciufes e foie e efpecerie, — Marchands fyriens.

IV. — *B ajoute*: iij leuée[s] *entre* « *Mons Thabor* » *&* « *Beethleem* » *& entre* « *Beethleem* » *&* « *Ierufalem,* » *fupprime* « *Nazareth* » *& ajoute de nouveau auprès de* « *Le Kaire* » : un braz du flum e cocatri[x].

V. — *B: Ibid.*

IV. — *Manque dans D.*

V. — *D:* Ci mainnent e converfent mut rich[es] march]anz ki vivent entre Orientaus e Occidentaus. Riches funt de or e argent, péres preciufes e dras de foie e de efpecerie, de chameus, bugles, muls e afnes e chevaus egneus e ki mut poent maus fufrir, e funt les iumentz plus abrivées ke les chevaus mafles. Furment unt, mais d'aillurs fe vint, e oille unt affez, vin poi, peif-

de bugles, muls, chameus e chevaus igneus e ki mut poent travaus sufrir, e les iumentz plus que les chevaus masles. Furment unt ki d'ailurs vent, vin poi, peissun de mer point; pleinté unt de oille, alemandes, figes e zucre: de ço funt lur beivres. Tant unt de femmes cum poent sustenir. — Camelus. — Bubalus. — Mulus.

VI

Assassini. *A.* Tute ceste terre ki grant est e riche, est en la seignurie des Sarrazins, e entres les autres poissantz i meint li Veuz de la Muntainne, ço est à saver li suverins de *Hautz assis* ki portent les cuteus & ocient celui dunt il [unt] cummandement de lur suvereint,

C. Tute ceste terre ki grant est e riche, est en la seignurie as Sarrazins, e entre les autres poissantz i meint li Veuz de la Muntainne, ço est à savoir li suvereins de *Hautz asis*, ki portent les cuteus e ocient celi dunt il unt cumandement de lur suverein, e

---

VI. — *Les deux mots* les sauvera *manquent dans A & sont empruntés à B, qui pour le reste ne diffère pas de A.*

sun point; de zucre e de especes funt lur beivres. Serfs sunt à lur severeins (à lur suvereins). Vils lecchéres sunt, e tant unt femmes cum poent sustenir. Pur ço héent femmes la loi Mahum.

VI.—*D: Toute la légende se réduit à:* « Saffat » *& se confond avec le § VII.*

e cele obedience, ço dient, [les fauvera]. — *Saphat*.

cele obedience, ço dient, les fauvera. Il févent tuz languages, cuntementz e mefters. [E]n paenime a un calif ki meint au *Mech* e un autre grant prelat de lui ici à *Baudas*. Si ad defcord entre ces deus e le terz ki eft kalif de *Egipte*. Dunt li uns des Sarrazins funt circuncis, l'autre nent. Mut i a en paenime haut foudans : de *Perfe*, de *Babel*[*oine*], de *Halap*, de *La Chamaille*, de *Damas*.

VII

A. Hic, fed procul verfus boream, manet Vetus de Monte.

C. L'abitaciun le Veil de la Muntaine, ù il fait fes enfanz nurir e aprendre. *Le Vieux de la Montagne.*

VIII

A. Hic abundant cameli, bubali, muli & afini quibus utuntur inftitores inter Orientales & Occidentales tranfmeantes.

C. La légende fe confond avec celle du § *V*, & eft remplacée ici par une nouvelle : Ceft païs eft inhabitee de *Bedewins* *Bédouins.*

VII. — *B*: *Ibid*.
VIII. — *B*: *Ibid*.

VII. — *D*: Paenime.— Hic manet Vetus de Monte. Ci meint li Veuz de la Muntainne, ki eft fires de *Hautz afis* cutelers.

VIII. — *D*: *La légende fe confond avec celle du § V.*

e de vileins muntains, ki se turnent cum fait li roseus au vent, kar quant les creſtiens unt victoire, il se tenent as creſtiens e lur funt grant ſemblant de amor e leauté; e quant li païen unt la ſuveraine mein, dunt porſuent il les creſtiens, e mut malement, car il ſévent tuz lur cunſeilz e les deſcovrent. Mais ne pue[t] chaler, il ſunt pur teus cunuz, e pur ço ſunt e de ça e de là vius e ſerfs tenuz.

IX

Terre d'Outre-Jourdain.

A. Tutes ceſtes parties, ki ore ſunt en la ſubiecciun des Sarrazins, furent iadis tutes creſtienes par la predicacium ſeint Iohan euvangeliſte e des autres apoſtles e diſciples Deu; mais puis, par l'entuſchement Mahumeth ki nule honeſteté ne enſeignera ne reddur de vertu, mais delices charneles e ke pleſt au cors, eſt ia tute corrumpeue e paſture au diable.

C. Tutes ceſtes parties, ki ore ſunt en ſubiecciun des Sarrazins, iadis furent chreſtienes par la predicaciun ſeint Iohan euvangeliſte e des autres apoſtles, ki ſavoient tuz ſens e tuz languages e ki avoient grace du ſent Eſperit ki plus fu; mais ke l'entuſchement Machometh, ki nul honeſteté ne enſeingna ne reddur de vertu, mais delices charnels ki au cors pleſent, eſt

IX. — B: *Ibid.*

IX. — *Manque à D.*

DE LONDRES A IÉRUSALEM. 131

ia tute ceste grant terre cor-
rumpue e au diable apro-
priée cum est une pasture
as pasturs.

X

A. Ceste terre est apelée *Terre Seinte* e *Terre de pro-missiun,* kar Nostre Seignur i nasqui e mort sufri pur tut le mund restorer ke perdu fu. De ceste terre en furent rois David e Sa-lomons e li autre grant roi ancien ke Deus tant [ama]. E[n] ceste terre fist Deus les granz vertuz e miracles e precha e les aposthles apela. Pur ço est ele la plus digne terre ke soit. — *Arsur.*

C. La partie correspon- Terre Sainte. *dante à celle de A se con-fond avec le § XI.*

Mut i a des merveilles en la *Terre seinte,* dunt li .... ne sunt men-tiun. A *Sardainne* ki est à Sardenay. meïmes de *Damas* ad une tablette de trois pez u qua-tre de lung e meins lée ke [g]rant; e i a une ymage peinte de Nostre Dame of sun enfant à ovre grezesche, dunt oille en curt, e quant est vée[e], devent gumme u

X. — B : *Ibid.*   X. — *Manque à D.*

char: ceſt oille eſt feinte e
meſcinale.

De l'autre part un grant
chanp i a, ù hon trove unes
péres qui fenblent chiches.
Pur ço ke quant Noſtre
Seingnur converſa en terre
e vit un vilain femmer, il
li demanda e diſt: « Pru-
dem, ke femmes tu? » E
ciſt refpundi par efchar:
« Péres. » E Noſtre Sire
diſt : « E péres foient! »
E tutes les chiches ke li
vilains femma u out à fem-
mer devindrent chiches ki
funt une manére de pois :
la culur e façun i emeint,
mais durefce unt de pére.
— *Arſur.*

XI

Jéruſalem. *A.* Civitas *Ieruſalem,* ci-
vitas omnium civitatum
digniſſima. — *Mons Syon.*
— *Vallis Ioſaphat,* ubi eſt
Sepulchrum beate Virginis.
— *Siloé.* — *Templum Sa-
lom*[*onis*]. — *Sepulchrum.*
— *Templum Domini.*

C. Ieruſalem, civitatum
digniſſima omnium, tum
quia in ipſa morti addic-
tus eſt Dominus, tum quia
in medio mundi eſt, tum
quia primum habitacio fuit.
— *Vallis Ioſaphat,* ubi *Se-
pulchrum* eſt beate Marie.
— *Templum Salomonis.* —

XI. — *B: Ibid.*

XI. — *Manque à D.*

Cefte cité ki ad nun *Ierufalem* eft la plus digne cité ki foit, ke tant dit *Ierufalem* cum une [cité] de pès; là fufri Deus mort e là eft le midlui du mund.

Sepulchrum. — Templum Domini.

Ierufalem eft le plus digne cité e liu du mund, kar ço eft le chef du païs Noftre Seignur, ù li plout neftre e mort, pur nus tuz faveir, fufrir. E là eft le midliu du mund, cum li prophete Davi e plufurs autres avoient avant dit ke là nefteroit le Sauvéres. David, li granz rois à Deu pleifanz, e fi fiz Salomun, ki tant fu de fens eftorez, en fu rois e plufurs autres de grant renumée, e la cunverfa Dous e precha e fift le granz vertuz, e cela apela il tuz iurs à cuftume en la neu loi fa cité demeine.

XII

C. Ço eft l'arbre de obedience, apelée pur ço ke quant Noftre Dame feinte Marie s'en fuï en *Egipte* of fun enfant e Iofeph, avint ke la dame out talent de manger du fruit : l'arbre eftoit haute e le fruit au fumet. Li enfes acena

Egypte.

A. La Mafceir. — Un bras de flum. — *Gazeres.* — Ci eft le chemin d'aler de *Gazeres* en *Babiloine* par mi *la Berrie*. — *Alifandre* ki fet fur mer. — Le chemin de *Damiette* en *Alifandre*.

l'arbre e fun fruit, e l'arbre of tut fun fruit s'enclina e fe abeffa cun fi ele debonairement fun fruit li tendift e dunaft; e pus fe redrefça, e au repairer cele arbre s'enclina à li, cun fi ele la faluaft, e dunc remift curbe.

La Mafceir.—*Alifandre fus mer.* — Le chemin de *Iaphes* à *Alifandre*.

XIII

Antioche. *A. Antiocha*, domus Nigrimuntis. — Cefte cité ki eft de grant renumée eft vers northz northceft de *Acre*, ù il i a patriarche e prince; e eft *Acre* à [...] iurnées.

C. Le Noire Mointainne. — *Antiochia.* Cefte eft la renumée cité de *Antioche*, ke Antiochus iadis funda. Seint Pére la cunverti e euvefke i fu. Ele fu apelée *Cartaphilis* pur ço ke cele fu la premére grant cité ke à Iefu Crift fe turna. E il i a patriarche de la cité e prince.

XII. — *B ajoute*: O eft le flun, fi i meinent corant.
XIII. — *B ajoute en tête le mot:* Domus.

XII. — *Manque à D.*
XIII. — *D:* L'abbeie de *la Noire Muntainne*. — *Antioche.* — ..... à une... vers *Antioche*.

XIV

A. Ceste espace s'estent mut devers le north, devant k'en munte vers bise à Antioche. E mut i a sur la marine munement, citez e viles e chasteus avant; mais la meillur est Sur, ki est apelée Tyrus, e pus Saete, ço est Sydon.

C. Cest espace dure mut loing vers le north avant k'em munte vers bise à Antioche. E mut i a sur la marine renumées cité[s] e v[i]lles e chastés cum Baruth e autres plusurs ki ne porroient estre fait ne nis escrites ne marchées; mais la plus renumée e forte cité est Sur, ki est apelée en latin Tyrus, e pus i est un[e] autre ki est apelée Sydon, ço est Saete. E sace chescun ke Nostre Seignur, quant en terre fu cunversant, mut repaira vers cele[s] parties, si cum hom lit en la euvangile. Sur est de mut g[ra]nt force, kar ele [est] mut enclosc de mer. — Sur, Tyrus. — Saete ki en latin est apelée Sydon.

Bérite, Tyr & Sidon.

XV

A. La vile de Acre. En latin est ceste cité apelée Tolomaïda e Achon e Acaron.

C. La cité de Acre. — Domus militum Sancti Lazari. — C'est le Burg ki

Acre.

XIV. — *B ajoute au bas*: Li vile S[u]r.

XIV. — *Manque à* D.

— *Domus militum ecclesie Sancti Lazari, ki sunt in bello perambuli.* — Ço est le *Burg,* ki est apelé *Munt Musard;* si est tut le plus inhabité de Anglois. — *La maison de l'hospital Seint Iohan.* — *La porte devers Seint Nicholas.* — *Le cimetire Seint Nicholas,* ù hon entere les mortz. — *La tur maudite.* — *Le chastel le roi de Acre.*—*L'ospital des Alemans.*—*La porte par devers le molin de Dokes:* le chemin devers la cité e la terre de *Damas.* — *L'ospital des Alemanz.* — Deus iurnées de ci ke à *Iafes.*—*La maisun au cunestable.* — *La tur de Geneveis.* — *La tur de Pisanz.*

Ceste cité ki ore est ape-

est apel: *Munt Musard;* c'est tut le plus inhabi[t]é de Engleis. — *La maisun de seint Thomas le mar[tir].* — *La maisun de l'hospital.* — *La porte vers Seint Nicholas.* — *Le cimitire Seint Nicholas,* ù hom enterre les mortz. — *Sepulchres.* — *La tur maudite.* — *Le chastel le roi de Acre.* — Ço est la porte vers le molin de *Dokes.* — *L'ospital des Alemans :* deus iurnées deci gesk'à *Iaphe.* — *La maisun de cunestable.* — *La maisun le patriarche.* — *La chaene.* — *Le Temple.* — *La tur as Geneveis.* — *La tur de Ge-[neveis].*

Ceste cité ki ore [est] apelée *Acre,* fu iadis apelée *Tholomaida;* c'est le refui

---

XV. — B ajoute au bas: Le chemin sus mer. — *Le Temple.*

XV. — D: *Le commencement de la légende manque.* La cité de [*Acre*]. — ..... de *Munt Musard.* — *La maisun les chevalers Seint Laz[are].* — Cest *Burg* est enhabité tut le plus de Engleis. — *La porte vers Seint Nicholas.* — *Le cimetire de Sint Nicholas* ù gisent li mort. — *Charner.* — *La tur maudite.* — *Le chastel le roi de Acre.* — C'est le chemin vers Orient de *Acre* à *Damas;* ço est à saver.... (*la fin manque*).

lée *Acre*, fu ia apelée *Tholomaïda*; ele eſt eſperance e refui à tuz creſtiens ki en la *Terre Seinte* vunt e remenantz funt, pur les fucurs k'ele a de la mer, k'i li vent de tute *Europe* & de tutes les iſles k'en la mer funt e creſtienes funt.

des creſtiens en la *Terre Seinte* par la mer k'ele ad vers Occident, parque ila navie i vent of force de gent e de vitaille e de armes. E unt tuit ciſt k'i i mainent grant folaz des iſles ki funt en la mer. E de tute la gent de la creſtienté i repaire; dunt Sarrazins pur lur marchandiſes i rep[é]rent, e i funt mut de lur eſpleit, e l'autre mut gent de religiun diverſe, ki unt lur grant recès de tute creſti-nté par qui mut en eſt plus riche e renum[ée].

Ceſte vile vaut à fun feignur cheſcun an cinquante mile livres d'argent.

[C]eſte vaut à fun feignur cheſcun an cinquante mile livres d'argent. Co en quiſt li quens Ric[ars] de Templers e Hoſpitalers.

XVI

A. Kaifas. — *Chaſtel Pelerin.* — *Ceſaire.* — *Iafes :* le chemin de *Iafes* à *Ieruſalem.* — *Eſcaloine.* — *Le Darun.* — *Damiette.*

C. Kaifas. —*Chaſtel Pelerin.* — *Ceſaire.* — *Iaphes.* — *Aſcaloinne.* — *Le Darun.* — *Damiette,* ki [eſt] en terre d'*Egipte*. Cité de Paleſtine.

XVI. — *B: Ibid.*

XVI. — *Manque à D.*

XVII

Afrique. **A.** Ceste terre ki est à destre, ço est à saver devers le su, ke *Aufrike* est apelée, ki est la terce partie du mund, embrace mut de *Inde* & de *Mauretainne*, ki est *Ethiope*, *Egipte*, *Barbarie*, *Bugie* e tute la terre l'emir Mumelin, ki mut cumprent de espace de terre vers Orient e Occident, kar lunge est à ço sen ademesure; nurit e tent diverses gentz e males Sarrazins sanz lei e fei e peis; e mut sunt chaudes e destremprées, e la gent s'acordent au païs, e en ceus lius i meinent gent ù li solailz les passe deu[s] feiz par an, par qu'il sunt usléz e noirs e laidz par qu'il mainent en boves susterines de iurs e travaillent en lur gaïnnages de nuitz. Desleüs sunt les uns es autres e luxuriuses e medlifs e cumbatillereuses ne mie per chevalerie, mais per darcz entuschéz e per poi-

C. Ceste terre ki est à destre, ço est à saver devers le su, ki *Aufrike* est apelée, est la terce part du mund, ambrace mut de *Inde* e de *Maureretaine* e de *Egipte* e de *Barbarie* e de *Bugie* e de *Alisandre* e de *Ethiope*, ù sunt gent sauvage e munstres, e tute la terre l'amiral Murmelin k'em apele Miramumelin, e la terre de *Marroch* ke sue est, ki mut comprent de espace vers Orient e Occident, mais ne mie tant de lé. Mut nurit e tent diverses genz e males Sarrazins sanz lei e fei e peis, dunt li plusur meinnent en boves susterine[s] pur la chalur, kar li solailz est tuz iurs près de sus eus, ki adès est en su; e teus i a ke li solailz les passe deus foiz par an, per qui il sunt hasléz, husléz, noirs e laidz. De nuitz travaillent, e de iurs tapissent e reposent.

XVII. — B: *Ibid.*

XVII. — *Manque à D.*

funementz e fu grezeifc, e femment péges, e funt foles cumme lunerafces à deceivre chafcun, autre ne funt penfifs d'autre paraïs for des delices de ceft mund. Poi unt blé, kar la terre ne puet verdur[e] nurir ne fuffrir. Poi unt peiſun u de mer u de ewe duce, kar la mer eft loing; el[e] es[t] fi chaudes cum eft une ewe ù hon fe baigne; fer unt poi e poi mairiein. De efpices mut vivent e de chars des beftes ki là funt: elefans, bugles, chameus, muls e afnes unt à plenté, chevaus poi; plus volentiers chevauchent les iumentes ke il apelent farifes, ke le[s] chevaus mafles. Soie unt mut, e de foie fe veftent, e malement funt herbergéz. Chévres unt mut e bukefteins ki peſſent as muntainnes. Berbiz unt poi e velues. Marchanz funt de or e péres preciufes.

Defleüs funt e luxurius, medlifs e cumbatillerus, ne mie per chevalerie mais per dartz entufchéz e per poiffuns e fu gregois, e femment péges e funt foffos cum lunerafces à deceivre chefcun autre. Ne funt penfifs d'autre paraïs fors de delices de ceft mund. Poi unt blé ke la terre ne puet verdur[e nurir] ne fufrir. Poi unt vin ke vinne ne poet te[n]ir. Peffun n'unt point de mer ne de fluvie: pur la chalur n'i poet peffun durer. D'efpeces e de chars vivent e de ewes zucrées e cunfites de efpeces.

IX

LE CONTINUATEUR ANONYME
DE
GUILLAUME DE TYR
(DIT DE ROTHELIN)

LA SAINTE CITÉ DE IHERUSALEM

LES SAINTS LIEUX
ET
LE PELERINAGE DE LA TERRE

[1261]

MANUSCRITS:

A. Rome, Vat. Chrift., 737, vél., XIII f., in-f., f. 339 & fuiv.
B. Bruxelles, 9045, vél., XIV f., in-f., f. 142 & fuiv.
C. » 9492-9493, vél., XIII f., in-f., f. 377 & fuiv.
D. Turin, Athen., LII 17, vél., XIII f., in-f., f. 311 & fuiv.
E. Lyon, Académ., 29, vél., XV f., in-f., f. 289 & fuiv.
F. Paris, Bibl. Nat., fr. 2825, vél., XIV f., in-4, f. 310 & fuiv.
G. » Bibl. Didot, vél., XIV f., in-f., f. 292 & fuiv.
H. » » Nat., fr. 9083, vél., XIII f., in-f., f. 302 & fuiv.
I. » » » » 22495, vél., XIV f., in-f., f. 271 & fuiv.
J. » » » » 22497, vél., XIV f., in-f., f. 155 & fuiv.
K. » » » » 24209, vél., XIV f., in-4, f. 304 & fuiv.

LE
CONTINUATEUR ANONYME
DE
GUILLAUME DE TYR
(DIT DE ROTHELIN)

* *
*

I

En quel eſtat la cité de Iheruſalem eſtoit à cel iour.

Pour ce que li plus des bons Creſtiens parollent & oient volantiers par-
ler ª de la ſainte cité ᵇ de Iheruſalem & des Sains Leuz où Noſtre Sirez ᶜ
fu morz & viz, nous dirons ᵈ coument ele ſeoit ᵉ au iour que li Sarrazin
& Salehadinz ᶠ la conquiſtrent ſuer les Creſtiens. Aucunes genz porront ᵍ
eſtre qui le porront ʰ oïr ⁱ . Cil cui ʲ il deſplera ᵏ porront treſpaſſer ceſt leu.

HERUSALEM eſt ˡ citéz la plus ᵐ glorieuſe
& la plus principal del monde. Ele ſiét prèz
de *Damas* à .iij. iournées ⁿ.
(I) Ele ne ſiét pas en cel leu où ele ſeoit
quant Noſtre Sirez ᵒ Iheſu Criz fu crucefiéz.
Ele ſeoit adonques ᵖ ſuer le *Mont de Sym*; Mont Sion.
mès ele n'i ſiét ore pas. En cel leu n'avoit au iour que ᑫ li

a. *C, D, E, G, H, K* parler vo-
lentiers. — b. *A* terre. — c. *A, E*
où Noſtre Sire Iheſu Criſt; *C, G,
H, I, J, K* où Iheſu Criſt. — d. *A,
B, D* vous dirons; *C* vous dirons
nous. — e. *A* ſeoit adonques. —
f. *B, C, D, E, I, K* Saladins & li
Sarrazin; *H* Salehadins & li autre
Sarrazin. — g. *G, H, I, J, K* por-
rent. — h. *C* bien le vodront; *D*
voudront; *G, H, I, J, K* voudrent.
— i. *On lit dans B*: porroient eſtre
qui le porront avoir en anuy & les
autres non. — j. *B* Ceulx à qui;
C Et cil cui; *G, H, I, J, K* Cil à
cui. — k. *C* ne plaira; *G, H, I, J,
K* deſplaiſoit. — l. *G, H, I, J, K*
eſtoit. — m. plus *m. d. J.* — n. *G,
H, K* ajoutent: & près d'Acre à .iiij.
iornées. — o. Noſtre Sirez *m. d. C,
G, H, I, J, K.* — p. *La phraſe* à
.iij. iornées..... adonques *m. d. B.*
— q. *C, G, H, I, J, K* n'avoit
quant.

Sarrazin la conquiftrent que une eglyfe & une abaïe de moinnes *a*. Et là fu la meffonz *b* où Ihefu Criz cena avecques fes apoftres, & fift fe facrement de l'autel. En cel mouftier meifmes eftoit li leuz où il s'aparut à fes apoftres le *c* iour de Pafques quant il fu refucitéz. En cel mouftier meifmes *d* eftoit li leuz où il moufta fes *e* plaiez de fes piéz & de fes mainz & de fon cofté *f* à faint Thoumas *g*, aus octaves de Pafques. Là meifmes s'aparut *h* il le iour de l'Afcencion à fes apoftrez, & fe difna ovec elx *i*, & quant il l'orent convoié

Afcenfion. iufqu'au mont d'*Olivet*, de là il *j* s'en *k* monta *l* es cieux. En cel leu meifmes retornérent il & atendirent le faint Efperit, fi comme Noftre Sirez meifmes *m* leur avoit promis que il leur envoieroit *n*. En *o* cel leu meifmes leur envoia Ihefu Criz le faint Efperift le iour de la Pantecoufte. En cel mouftier meifmes eftoit *p* li leuz où madame *q* Sainte Marie trefpaffa. Et de cel leu *r* meifmes l'emportérent enfouir *s* el *Val de Iofaphas*, & miftrent fon faint *u* corz en .j. fepulcre *v*.

(II) Là où li fepulcrez medame *x* Sainte Marie eftoit, avoit *N.D. de Jofaphat.* .j. mouftier qu'en apeloit *y* madame *Sainte Marie de Iofaphas*, & fi *z* avoit une abaïe *aa* de noirz moinnes. Li *Mouftierz del mont Syon* avoit *bb* non li *Mouftiers cc* madame *Sainte Marie de monte Syon*, & s'i *dd* avoit abaïe *ee* des moinnes. Ces .ij. abaïes eftoient forz des *ff* murz de la cité, l'une el mont & *gg* l'autre el val. L'abaïe de *Monte Syon* eftoit à deftre *hh* par devers

a. *La phrafe eft modifiée dans C, G, H, I, J, K*: que une abaïe ; & en cele abaïe avoit .j. moftier. — b. la meffonz *m. d. A*. — c. *J* quant il refucita le iour de Pafques. — d. meifmes *m. d. C, G, H, I, J, K*. — e. *A* les; *E* les plaies de fon cofté & de fes piéz & de fes meins. — f. *C* fes coftez. — g. *D* Tomas l'appoftre. — h. *H, K* aparut. — i. *C, G, H, I, J, K* & manga avec eulz. — j. *A, B, D, F, H, I, K* de là où il. — k. s'en *m. d. C, H, I, K*. — l. *E* monta d'illec. — m. meifmes *m. d. C*. — n. En cel ..., . envoieroit *m. d. G, H, I, J, K*. — o. *I* Et en; *E* Et il leur envoia fans faille le. — p. *G, I, J, K* eftoit meifmes. — q. *C, D* noftre dame. — r. *E* En ce leu; *K* De lieu. — s. meifmes *m. d. G, H, I, J, K*. — t. *C* l'emportérent li apoftre anfoir ou; *G, H, I, J, K* l'emportérent li apoftre ou. — u. faint *m. d. C, G, H, I, J, K*. — v. *H, I, J, K* fepulture. — x. *C* noftre dame. — y. *E ajouts après ce mot*: le Moftier. — z. *A, C, E, G* fi i avoit; *D* là avoit; *K* il avoit. — aa. *E* un moftier. — bb. *H, I* fi avoit. — cc. li Mouftiers *m. d. C, D, G, J*. — dd. *C, D, E, G* S'i i. — ee. *E* .ij. abayes; *G, H, K* une abeie; *I* ravoit une abbeie. — ff. *G, H, I, J, K* dehors les. — gg. & *m. d. E*. — hh. a deftre *m. d. I*.

midi *a*, & cele del *Val de Iosaphas* estoit par *b* deverz soleil levant, entre *Mont Olivet* & *Mont Syon*.

(III) Li *Sepulcre* Nostre Seigneur *c* & le *Mont de Calvaire* *d* estoient forz des murz de la cité *e*, quant Ihesu Criz fu crucefiéz. Or sont dedenz. La cité pandoit verz le *Mont d'Olivet*, qui est *f* deverz *g* soleil levant desor le *Val* *h* de *Iosaphas*.

S. *Sépulcre & Calvaire*.

II

De ce meïsmes.

(IV) Il ot en la cité de *Iherusalem* .iiij. mestrez *i* portes en croiz, l'une en droit l'autre, entre *j* les posternes. Or les vous nommerai coumant *k* eles seoient *l*. La *Porte David* estoit verz soleil couchant, & estoit à la droiture des *Portes Ores* *m* qui estoient verz soleil levant de derriérez le *Temple Domini*. Cele porte si *n* tenoit à la *Tor* *o* *David* *p*. Quant l'en estoit devant *q* cele porte, si tornoit l'en à main destre en une rue par devant *r* la *Tor David*. Si *s* pouoit l'en aler el *Mont de Syon* *t* par une posterne, qui là estoit en cele rue *u* à main senestre. Einsinc *v* comme l'en issoit horz *x* de la posterne, avoit .j. *Moustier* *y* de *z* mun seigneur *aa* saint Iaque de Galice *bb*, qui frérez estoit mon seigneur *cc* saint Iehan l'Esvangelistre. Là disoit on *dd* que sainz Iaques out la teste coupée, & por ce fist l'en *ee* le moustier là *ff*.

Portes de Jérusalem.

Eglise S. Jacques.

(V) La grant rue, qui aloit de la *Tor* *gg* *David* *hh* droit as *Rue de David.*

a. *C, H, I, J, K* en droit midi. — b. par *m. d. C, G, J*. — c. *I, K* Nostres Sires. — d. *A, D, E, F* Escalvaire. — e. *G, H, I, J, K* hors de la cité, c'est à dire des murs. — f. *G, H, I, K* estoit. — g. *C, G, H, I, K* vers. — h. *E, I* mont. — i. mestrez *m. d. E*. — j. *G* sanz. — k. *B* & commant; *E* & dirai comant. — l. *C, E* siéent; *H* servent. — m. Ores *m. d. B*; *E* Aires; *H, I, J, K* Obres. — n. si *m. d. C, G, H, I, J, K*. — o. *A, B, C, D, F, G, H, I, J, K* porte. — p. *C ajoute :* & pour ce l'apeloit on la Porte David.

— q. *A* devers; *C* dedens. — r. *H* devers. — s. *K* Quant si. — t. *E, F* Synai. — u. en cele rue *m. d. C, I*. — v. *C* Ains que l'en issist fors. — x. *K* où il soit hors. — y. *H, I, K* de la posterne ou moustier. — z. de *m. d. I, K*; *A, F* de pierre Saint Jaque. — aa. mon seigneur *m. d. D*; monseigneur saint *m. d. A*. — bb. de Galice *m. d. I*. — cc. mon seigneur *m. d. C*. — dd. *C, E* l'en. — ee. *G. J* on. — ff. *C* là le moustier. — gg. *C, E* porte. — hh. de la Tor David *m. d. I*.

Marchi au blé. Portes Oires *a*, apeloit l'en *b* la *Rue David*, de ci *c* iuſqu'au *Change*. A main *d* ſeneſtre de la *Tor David*, avoit une grant place où l'en vandoit blé *e* ; & quant l'en avoit .j. pou avalée celle rue, qui avoit *f* non la *Rue David*, ſi trou-
Rue du Patriarche. voit l'en une rue à main *g* ſeneſtre, qui a non *h* la *Rue le i Patriarche*, pour l'amor de ce que *j* li patriarches demouroit *k* au chief de *l* cele rue. Li patriarchez avoit une porte *m* par
Maiſon de l'Hôpital. où *n* l'en *o* entroit en la maiſon de l'*Oſpital*. Aprèz ſi avoit une *p* porte par où l'en *q* entroit *r* el mouſtier del *Sepulcre*;
Change. mès n'eſtoit *s* mie la meſtre. Quant l'en venoit au *Change*, là où la *Rue David* defailloit *t*, ſi trouvoit *u* l'en une rue, qui
Rue de Mont Sion. avoit non la *Rue de v Monte Syon x*. En *y* l'iſſue del *Change*, trouvoit l'en une rue couverte à voute, qui avoit non la *Rue*
Rue des Herbes. *des Herbes z*. Là endroit *aa* vandoit l'en toutes *bb* les herbes & tous *cc* les fruiz de la ville & toutes *dd* les eſpices. Au chief de cele rue avoit .j. leu où *ee* l'en vandoit le poiſſon. Et der-
Grand Marché. riérez *ff* le marchié là *gg* où l'en vandoit le poiſſon *hh*, avoit *ii* une mout *kk* grant place *ll* où *mm* l'en vandoit les froumaiges, & les poulles & les annes *nn*. A main *oo* deſtre de cel marchié, eſtoient li leu as *pp* orfévrez *Surienz*. Et ſi i *qq* vandoit l'en les *rr* paumes que li paumier aportent *ss* d'Outre mer. A *tt* main ſeneſtre *uu* de cel marchié eſtoient les eſchopes des

---

a. *F, H, K* ajoutent: la grant rue; *A, B, C, D, I, J* ajoutent: la grant.— b. *G* devant la Rue David & aloit juſque au.— c. de ci *m. d. A, B, C, D, F, H, I, J, K.*— d. *B* la main. — e. *A, D, E, I, K* le blé.— f. *B* a.— g. main *m. d. E, I.*— h. *C, H, I, K* qui avoit non; *E* qu'en apeloit.— i. *A, C, E, G, h, I, J, K* au.— j. *B, C, G, H, I, J, K* pour ce que.— k. *A, C, D, E, G, H, I, J, K* manoit.— l. *A* d'une rue.— m. *E* ajoute: en ſon manoir. — n. *H, I, J, K* de là où.— o. *B* a ici un bourdon & lit: il entroit ou mouſtier del Sepulcre.— p. *E* une autre.— q. *I* de là où on.— r. en la maiſon .... entroit *m. d. K.*— s. *B, C* ce n'eſtoit.— t. *B, C, H, I, J, K* failloit.— u. *I* tour-noit en en.— v. la Rue de *m. d. G.*— x. *C* ajoute: quar elle ioingnoit à la Rue du Mont de Syon. — y. *E, I, K*; *H* Et en.— z. *C* des Eſtres.— aa. en droit *m. d. C, G, H, I, J, K.*— bb. toutes *m. d. E.*— cc. tous *m. d. E.*— dd. toutes *m. d. E, G, H, I, J, K.*— ee. C'là où.— ff. *E* Par derriére.— gg. là *m. d. C, E.*— hh. derriérez .... poiſſon *m. d. G, H, I, J.*— ii. *K* & avoit.— kk. mout *m. d. G, H, I, J.*— ll. *G, H, I, J, K* ajoutent: à main ſeneſtre.— mm. *E* là où. — nn. *B* auwes; *E, G, H, I, J, K* oes.— oo. main *m. d. D.*— pp. *B* des.— qq. i *m. d. E, H, I.*— rr. les *m. d. F.*— ss. *J* aportoient. — tt. *B* A la.— uu. *A, C, E, G, H, I, K* deſtre.

orfévrez *Latinz* ᵃ. Au ᵇ chief des eschopes avoit une abaïe   *Sᵗᵉ Marie la*
de nonnainz que l'en apeloit *Sainte Marie la Grant*. Apréz ᶜ   *Grande.*
de ᵈ cele abaïe de nonnainz ᵉ, trouvoit on une abaïe de   *Sᵗᵉ Marie Latine.*
moinnes noirz ᶠ que l'en apele ᵍ *Sainte Marie la Latinne*.
Aprèz trouvoit ʰ l'en la maison de l'*Ospital* à ⁱ main deftre.

III

De ce meïsmes.

(VI) De la ʲ droiture de l'*Ospital* eftoit la meftre porte del   *Grand portail du*
Sepulcre. Devant cele porte del *Sepulcre* ᵏ avoit une mout bele   *Sépulcre.*
place & ˡ pavée de marbre. A ᵐ main deftre de ⁿ cele porte
del *Sepulcre* ᵒ, avoit .j. mouftier que l'en apeloit *Saint Iaque des*   *S. Jacques des*
Iacobinz. A ᵖ main deftre tenant ᑫ de cele ʳ porte del *Sepulcre*,   *Jacobites.*
avoit unz degréz par où l'en montoit el *Mont de Calvaire* ˢ.   *Le Calvaire.*
Là fus en fom ᵗ le mont, fi ᵘ avoit une mout bele *Chapele*, &
fi avoit .j. autre huis en cele chapele ᵛ par où l'en entroit el
mouftier del *Sepulcre*. Et ʷ avaloit l'en ʸ par unz autrez degréz
qui là eftoient, tout einsinc comme l'en ˣ entroit el moftier
del *Sepulcre* ᵃᵃ. De ᵇᵇ defouz *Mont de Calvaire* fi ᶜᶜ eftoit *Gol-*
gatas. A main deftre eftoit li *Clofchierz* ᵈᵈ del *Sepulcre*. Et fi   *Le Golgotha.*
avoit une chapele que l'en apeloit *Sainte Trinité* ᶠᶠ. Cele   *Sᵗᵉ Trinité.*
chapele eftoit ᵍᵍ mout grant, car l'en i efpoufoit toutes les
fames de ʰʰ la cité. Et là eftoient les fonz où l'en baptizoit ⁱⁱ
tous ʲʲ les enfanz ᵏᵏ. Et cele chapele fi eftoit tenanz au

a. *E* les efcharpes que li Latin vendoient. — b. *C* Et au. — c. *A,*
E Près de. — d. de *m. d. B, C, G, H, I, K*. — e. de nonnainz *m. d.*
A. — f. *I* une autre abbeïe de non-nains noires. — g. *C, E, G, H, I, J, K* apeloit. — h. *E* i trovoit. — i. *B* à la. — j. *A* En la; *G A* la. — k. del Sepulcre *m. d. B*. — l. & *m. d. B, C*. — m. *B* A la. — n. *G, I, J, K* de cel Sepulcre. — o. del Sepulcre *m. d. A*. — p. *B* A la. — q. *K* devant. — r. *C* à cele; *E* à la. — s. *A, C, D, E, F* Efcauvaire, *ici & ailleurs*. — t. en fom *m. d. B; E* en fus. — u. fi *m.*
d. D, G, H, I, J, K. — v. & fi....
chapele *m. d. F*. — x. *E* Et s'en; *G, H, I, J, K* Et y. — y. l'en *m. d. A*. — z. l'en *m. d. H; K* c'on. — aa. Et avaloit..... Sepulcre *m.*
d. C. — bb. De *m. d. C, H, I, K*. — cc. *B, H* qui fi. — dd. *C* cloî-tres. — ee. *C, E, G, I* Et fi i. — ff. *I* chapelle de Sainte Trinité. — gg. *J, K* fi eftoit. — hh. *F* de de. — ii. *C* il bauptifoient. — jj. tous *m. d. F*. — kk. *G, H, I, J, K* ajoutent: de la cité.

Sepulcre, si que ᵃ il i avoit une porte par où l'en ᵇ entroit el mouſtier ᶜ.

Le Monument. (VII) A la droiture de la ᵈ porte eſtoit li *Monumenz* ᵉ. En cel endroit là où li *Monumenz* eſtoit ᶠ, eſtoit ᵍ li mouſtierz tout reonz ʰ, & ſi eſtoit ouverz par defore fenz ⁱ couverture. Et dedenz cel ʲ *Monument* eſtoit la pierre del *Sepulcre* & li *Monumenz* couverz à voute. Au chevèz de cel *Monument*, comme ᵏ au chief de l'autel par deforz, a un autel ˡ c'on'apele ᵐ

Le Chevet. *Cavet* ⁿ. Là chantoit l'en chaſcun iour au point del iour. Il i ᵒ avoit mout bele place entor ᵖ le *Monument* & toute pavée, ſi comme l'en aloit à proceſſionz ᵠ tout entor ʳ le *Monu-*

Le Chœur. *ment* ˢ. Aprèz verz ᵗ oriant eſtoit li cuerz del *Sepulcre*, là où li chanoinne chantoient ᵘ, ſi eſtoit lonc ᵛ. Entre ˣ le cuer où ʸ li chanoinne ᶻ eſtoient ᵃᵃ & le *Monument*, ſi ᵇᵇ avoit .j.

L'autel des Grecs. autel là où li Grieu chantoient. Mès entrecloſture ᶜᶜ avoit ᵈᵈ entre .ij., ſi en i avoit une, par où l'en aloit de l'une à l'autre. El mi leu del cuer aus ᵉᵉ chanoinnes, avoit .j. letrun de marbre que l'en apeloit le *Compas*; laſſus liſt l'en l'Epiſtre.

(VIII) A main deſtre del grant ᶠᶠ autel del cuer eſtoit *Mont*

Le Calvaire. *de Calvaire*; ſi que, quant l'en chantoit meſſe de la Reſurrec-tion, li diacrez, quant ᵍᵍ il chantoit l'Eſvangile, ſe tornoit ʰʰ verz *Mont de Calvaire* quant il diſoit *crucifixum*. Aprèz ſe ⁱⁱ tornoit verz le *Monument*, & ʲʲ il diſoit: *ſurrexit* ᵏᵏ. *Non eſt hic. Si monſtroit au doi: Ecce locus ubi poſuerunt eum.* Et puis ſe ˡˡ retornoit, ſi rediſoit ſon Euvangille ᵐᵐ.

a. *K* comme. — b. *H, I, J, K* dont on.— c. *I* Sepu!chre.— d. *H, I, K A* l'endroiture de cele. — e. *G ajoute*: de Noſtre Seigneur. — f. là où..... eſtoit *m. d. B.* — g. eſtoit *m. d. H, K*. — h. *E* tout li moſtiers toz roons. — i. *I* ſans nulle. — j. *E, H, I* ce; *K* c'eſt le. — k. *C, G, H, J, K* auſſi comme. — l. a un autel *m. d. tous les mſſ., ajouté d'après Ernoul*. — m. *C, G, J, K* apeloit. — n. cel monument .... Cavet *m. d. I*. — o. i *m. d. H, I, K*. — p. *H, I, J* tout entour. — q. *C* à la proceſſion. — r. le Monu-ment..... entor *m. d. H, I*. — s. le monument *m. d. I*. — t. verz *m.*

d. *E*. — u. *E ajoute*: &. — v. ſi eſtoit lonc *m. d. C*. — x. *A, B* Outre. — y. *C, H* là où. — z. chan-toient ..... chanoinne *m. d. I*. — aa. *A, B, C, G* chantoient. — bb. ſi *m. d. G, H, K*. — cc. *B* entreclo-ſure; *C* entrecloſt; *G, H, I, J, K* un autre clos. — dd. *A* i avoit; *G* i en avoit. — ee. *B* des. — ff. *G, H, I, J* maiſtre. — gg. *G* qui chan-toit. — hh. *H, I, J, K* ſi ſe tornoit. — ii. *G, H, I, J* ſi ſe. — jj. *E, G, H, I* quant.— kk. *G, H, I, J* reſur-rexit. — ll. *E* s'en. — mm. *C &* diſoit s'Evangille; *E* ſi diſoit ſon Eſvangile; *G, H, I, J* retornoit au livre, ſi pardiſoit ſon Euvangile.

DE GUILLAUME DE TYR. 149

(IX) Au chevèz du cuer avoit une porte par où ᵃ li chanoinne entroient en leur officines à main deſtre. Entre cele porte & *Mont de Calvaire*, avoit .j. mout ᵇ parfont foſſé où l'en avaloit à degréz ᶜ. Là avoit une place que l'en apele ᵈ *Sainte Helainne*. Là trouva ſainte Helainne la croiz & ᵉ les clous & ᶠ le martel & la couronne. En cele foſce, el tenz que Noſtre Sirez ᵍ fu enterréz ʰ, gitoit ⁱ on les corz des ʲ larronz, quant il ᵏ eſtoient crucefiéz ˡ; quant on les pandoit ᵐ ou ⁿ quant on leur coupoit ou ᵒ pié ᵖ ou poing, ou teſte, ou l'en en feſſoit aucune iuſtice, en la faiſoit el *Mont de Calvaire*. Pour ce l'apeloit l'en *Mont de Calvaire* ᵠ que ʳ l'en i faiſoit les iuſtices & ce que les ˢ loiz aportoient, & que l'en i eſchauvoit ᵗ les mambrez que l'en i ᵘ iugoit ᵛ à perdre aus malfaiteurz. Tout auſinc comme li chanoinne iſſoient del *Sepulcre*, à main ſeneſtre eſtoit leur ˣ dortouerz, & à main deſtre leur refraitorz, & tenoit à *Mont de Calvaire*. Entre ces .ij. officines ʸ eſtoit leur cloiſtrez & leur praiaus. El mi leu de cel prael ᶻ avoit une grant ouverture, dont l'en veoit en la *Chapele* ᵃᵃ *Sainte* ᵇᵇ *Helainne*, qui deſus eſtoit, car autrement n'i veïſt ᶜᶜ on goute.

Logis des chanoines.

IV

De ce meïſmes.

(X) Devant ᵈᵈ le *Change* tenant à la *Rue des Herbes* a une rue ᵉᵉ que l'en ᶠᶠ apeloit *Mal Cuiſinat*. En cele rue cuiſoit l'en

Rue Malcuiſinat.

a. *H, I* par là où. — b. *I* trés. — c. à degréz *m. d. A, D, E, F*. — d. *C, E, G, H, I, J, K* apeloit. — e. & *m. d. E*. — f. & *m. d. E*. — g. *C, G, H, I, K* que Iheſu Criſt; *D, E* que Noſtre Sire Iheſu Criſt. — h. *D* par terre. — i. *B* y gitoit on. — j. *K* de. — k. *G, H, I, J* qui. — l. quant il eſtoient crucefiéz *m. d. E*. — m. *A, B, C, D, E, G, H, I, K* deſpendoit; *A ajouté*: ou le corz des larons. — n. *H, I, K* &. — o. ou *m. d. C, D, E*. — p. ou pié *m. d. G, H, I, K*. — q. Pour ce... Calvaire *m. d. G,* *H, I, J, K*. — r. *J* quer. — s. les *m. d. I*. — t. *B, C, G* oſtoit; *E* copoit; *H, I, K* gituit. — u. i *m. d. A, C, D, G, H, I, J, K*. — v. *E* qui eſtoient iugié. — x. *E* li. — y. *K* offices. — z. *G, H, I, J, K* du preel. — aa. *G, H, I, J* chambre. — bb. Sainte *m. d. A, B, C, D, E, G, H, K* veoit. — cc. *A, B, E, G, H, I, J, K*. — dd. *C, G, H, I, J, K* Li changes eſtoit; *A, B, D, F* Li change ſi eſtoient. — ee. a une rue *m. d. tous les mſſ.*; *ajouté d'après Ernoul*. — ff. que l'en *m. d. J*.

150 LE CONTINUATEUR ANONYME

la viande *a as b* pelerinz que l'en leur *c* vandoit. Et fi i lavoit on les chiés, & fi aloit l'en de la rue au *Sepulcre*. Tout au devant de *d* cele *Rue de Mal Cuifinat* avoit une rue *e* que l'en

Rue Couverte. apeloit la *Rue Couverte*, là où l'en vandoit la draperie, & eftoit toute à voute par defore. Et par cele rue *f* aloit l'en au *Sepulcre*.

(XI) Cele *g* rue dont l'en *h* aloit des *Changes* as *Portes Ores*,

Rue du Temple. avoit à *i* non la *Rue de i Temple*; & *k* pour ce l'apeloit l'en la *Rue l del Temple m* que on venoit ainçoiz au *n Temple* que as *Portes Ores o*. A main feneftre fi comme l'en avaloit cele rue *p* à aler *q* au *Temple*, là eftoit la boucherie où *r* l'en vandoit la char *s* de la vile. A main deftre avoit une autre rue

Hôpital & rue des par où *t* l'en aloit *u* à l'*Ofpital*. Et icele rue fi avoit *v* non la *Allemands.* Rue *x* aus *y* Alemenz. A main feneftre fuer le pont avoit .j. *S. Gilles.* Mouftier de monfeigneur *z* faint Gile. Au chief de cele rue trouvoit l'en *aa* unes portes *bb* que l'en apeloit *Portes Pre-*

Porte Précieufe. *cieufes*. Et pour ce les apeloit l'en *Portes Precieufes cc*, que Noftre Sirez *dd* Îhefu Criz par ces portes entroit *ee* en la cité de *Iherufalem*, quant il aloit *ff* par terre. Ces portes fi *gg* eftoient en .j. mur qui eftoit entre la cité & le mur *hh* des *Portes Ores*.

V

De ce meïfmes.

Le Temple. (XII) Entre le mur de la cité & le mur des *Portes Ores*, fi *ii* eftoit li *Temples*. Et s'i *jj* avoit *kk* une grant *ll* place, qui

a. *C* les viandes. — b. *B* des. — c. leur *m. d. C, H, I, J, K.* — d. *C, H, I, J, K* Tout avant de; *G* Tout au bout de. — e. rue *m. d. I.* — f. cele rue *m. d. G.* — g. *E* De cele. — h. l'en *m. d. K.* — i. à *m. d. B, H.* — j. del *m. d. C, G.* — k. & *m. d. I, K.* — l. *I, J, K* Porte. — m. & ... Temple *m. d. A, C.* — n. *I* du. — o. Ores *m. d. B.* — p. *F ajoute:* à main feneftre. — q. à aler *m. d. H; I* pour aler; *A* fi comme à aler de la ville. — r. *H, K* là où. — s. *H, I, J, K ajoutent:* de la boucherie à ceus. — t. *I, J, K* par là où. — u. *C* avaloit. — v. *C, G, H, I, J, K* Cele rue avoit. — x. la rue *m. d. H, K.* — y. *B* dez. — z. monfeigneur *m. d. C, G, H, I, J, K.* — aa. *E* avoit unes. — bb. portes *m. d. A.* — cc. Et pour ... Precieufes *m. d. G, H, I, K.* — dd. Noftre Sirez *m. d. C, G, H, I, J, K.* — ee. *C, E* entroit par ces portes; *B, I* par ces portes entra. — ff. *I, J* ala. — gg. fi *m. d. D.* — hh. *A* les murz. — ii. fi *m. d. C.* — jj. *E, I, J* fi i. — kk. *D* fi eftoit. — ll. grant *m. d. E.*

plus eſtoit que une *a* traitie de lonc & le giét d'une pierre de lé, ainz que l'en veigne *b* au *Temple*. Cele place ſi eſtoit toute *c* pavée, dont l'en apeloit cele place *d* le *Pavement*. A main *e* deſtre, ſi comme l'en iſſoit *f* de ces portes, eſtoit li *Temples Salemon*, là où li frére del *Temple g* manoient *h*. A la droiture des *Portes Precieuſes* & des *Portes Oirez* eſtoit li mouſtierz del *Temple Domini*. Et ſi eſtoit en *i* haut ſi comme il monta aus degréz hauz *j*. Et quant l'en montoit ces *k* degréz, ſi trouvoit l'en une grant place toute couverte de marbre & *l* mout large. Et cel *m Pavement* ſi *n* aloit tout entor le moſtier del *Temple*. Li mouſtierz del *Temple* ſi *o* eſtoit touz roonz, & à main ſeneſtre del haut *Pavement del Temple* eſtoit l'officine de l'abé & des chanoinnes. Et de cele part avoit unz degréz par *p* ou l'en montoit au *Temple*, del bas *Pavement* el haut *q*. *Abbaye du Temple.*

(XIII) Deverz *r* ſoleil levant, tenant au mouſtier del *Temple*, avoit *s* une *Chapele de monſeigneur ſaint Iaque l'apoſtre le Menor t*. Pour ce eſtoit illeuc *u* cele chapele *v* qu'il i *x* fu martiriéz, quant li Iuif le gitérent de *y* deſuer le *Temple* à val. Dedenz cele chapele eſtoit li leuz où Noſtre Sirez *z* Iheſu Criz delivra la pechareſſe que l'en *aa* menoit *bb* martirier, pour l'amour de ce qu'ele *cc* avoit eſté priſe à *dd* avoutire. Au chief de cel *Pavement*, par deverz ſoleil levant ravaloit *ee* on unz degréz à aler aus *Portes Oirez*. Quant on les avoit avaléz, ſi trouvoit l'en une *ff* grant place *gg*, ainçoiz *hh* que l'en veniſt aus portes. Là ſeoit li *Aitres* que Salemon fiſt; par ces portes ne paſſoit nus, ainçoiz *ii* eſtoient *S. Jacques le Mineur.* *Porte Dorée.*

a. *A, C, E, G, H* avoit d'une; *I, J, K* eſtoit d'une. — b. *E* veniſt. — c. toute *m. d. C, G, H, i, J, K*. — d. *F* l'apeloit. — e. *A, B* la main. — f. *G* aloit. — g. del Temple *m. d. B*. — h. *B* demouroient. — i. en *m. d. C*. — j. *C* ſi quan i montoit à degréz. — k. *C* les. — l. une grant .... & *m. d. H, I, J, K*; *remplacé dans G par*: une voie. — m. *I* ciſt; *J, K* cis. — n. ſi *m. d. C, G, H, I, J*. — o. ſi *m. d. C, G, H, I, J, K*. — p. par *m. d. I*. — q. *C ajoute*: pavement ou haut. — r. *A* Devant. — s. *C* ſi avoit. — t. *B* le mineur & apoſtle; *I, D* le menor apoſtre. — u. *F* ainſi; *K* ilec quant. — v. *E* chapele apelée. — x. i *m. d. E*. — y. de *m. d. K*. — z. Noſtre Sire *m. d. C, G, H, I, J, K*. — aa. *K* qui. — bb. *G* vouloit. — cc. *C, G, H, I, J, K* por ce qu'ele; *A* que avoit. — dd. *B, E, K* en. — ee. *B* ravoit on. — ff. *A* en une. — gg. *G, H, I, K* une place grant. — hh. *C, H, I, J, K* ains. — ii. *C, J* ains.

muréez, & si n'i passoit nus *a* forz seulement *b* .ij. foiz l'an que l'en *c* les desmuroit. Et i aloit on à processionz *d* le iour *e* de Pasques florries pour l'amor de ce que *f* Nostre Sirez *g* Ihesu Criz i passa à celui iour, & fu recueilliz à procession ; & le iour de feste *h* Sainte Croiz en septembre, pour ce *i* que par cele porte *j* fu raportée la Sainte *k* Croiz en la cité de *l* Iherusalem, quant li emperiérez *m* Eracles la conquesta *n* en Perſſe, & par cele porte la remist l'en *o* en la cité, & ala on à procession encontre lui *p*. Par *q* ce que l'en n'issoit mie horz *r* de la ville par *s* ces portes, il *t* avoit une poterne par encoste *u*, que l'en apeloit la *Porte *v* de Iosaphas*. Par cele poterne issoient cil de la cité *x* horz de cele part. Et *y*. cele posterne si *z* estoit à *aa* main senestre des *Portes Oirez*.

Poterne de Iosaphat.

(XIV) Par deverz midi ravaloit on *bb* del haut *Pavement* el *cc* *Temple* bas, dont *dd* l'en aloit au *Temple Salemon*. A main senestre, si comme l'en avaloit *ee* del haut *Pavement* el bas *ff*, là avoit un moustier que l'en apeloit le *Bierz* dont Diex *hh* fu berciéz en s'enfance, si comme *ii* l'en disoit. El moustier del *Temple* avoit .iiij. portes en croiz. La première si *jj* estoit deverz soleil couchant. Par cele entroient cil de la cité el *Temple*. Et par *kk* deverz soleil levant entroit l'en en la

Egliſe du Berceau.

a. & si n'i passoit nus *m. d. C.* — b. *A, B, D* nus que seulement ; *G, H, I, J, K* nus que. — c. *E* ne passoit nus fors seulement deus fois l'an, car eles estoient murées, que l'en. — d. *C* à la Pasque fleurie à la porcession. — e. *B ajoute*: de la feste. — f. *C, G, H, I, J, K* pour ce que. — g. Nostre Sire *m. d. C, G, H, I, J, K.* — h. *B, H, I, K* la feste. — i. ce *m. d. E.* — j. *G, H, I, K* ces portes. — k. Sainte *m. d. A, B, D, F, H, I, J, K* ; *G* vraie. — l. la cité de *m. d. C, G, H, I, J, K.* — m. *C, G, H, I, K ajoutent*: de Rome. — n. *A* conquist. — o. l'en *m. d. I, K.* — p. *G* ala à porcession tout le peuple encontre ; *A, C* contre lui. — q. *C* Pour. — r. *E* pas fors ; *C, D* mie par ces portes hors de la ville [*D* cité]. — s. la ville par *m. d. E.*—t. *I* il y.— u. *B* d'en coste. — v. *E* posterne ; *I* qui avoit non la porte. — x. *C* ville. — y. *E* En. — z. si *m. d. C, G, H, I, K.* — aa. *B* à la. — bb. *G* & y avaloit on ; *H* aloit on ; *I, K* y avaloit on ; ravaloit on *m. d. J.* — cc. *A, D, G* del ; *C* au bas. — dd. *K* de dont. — ee. *H, J, K* aloit ; del haut.... avaloit *m. d. I.* — ff. el bas *m. d. E*; dont l'en.... bas *m. d. C.* — gg. il *m. d. H, I, J, K.* — hh. *C, G, H, K* Là estoit li biers ; *C, H, K* dont Dieus ; *E* por ce que Deus ; *G* où Nostre Sire ; *J* où Dieus. — ii. *H, J, K* que. — jj. si *m. d. H, I, J, K.* — kk. *H, I, J, K* par cele devers.

chapele, & ª s'en riſſoit ᵇ on d'ileucques aus ᶜ *Portes Oires*. Par la porte deverz midi entroit l'en el *Temple* ᵈ, & par la porte deverz aquilon entroit on ᵉ en l'abaïe.

VI

De ce meïſmes.

(XV) Or vous ai ge ci en droit ᶠ deviſé del *Temple* & ᵍ del *Sepulcre*, coumant il ſiéent ʰ, & de l'*Oſpital* ⁱ, & des rues qui eſtoient dès ʲ la *Porte David* deci aus ᵏ *Portes Oirez*, l'une en droit l'autre, dont l'une eſtoit deverz ˡ ſoleil levant, & l'autre ſi eſtoit devers ſoleil couchant ᵐ. Or vous dirai des autrez .ij. portez dont l'une eſtoit en droit l'autre ⁿ. Cele deverz aquilon avoit non ᵒ la *Porte Saint Eſtienne*. Par cele porte entroient treſtuit ᵖ li pelerin, & tuit cil qui par deverz *Acre* venoient en *Iheruſalem* & de ᵠ par toute la terre del flum de ci ʳ iuſques à ˢ la mer d'*Eſcalone*. Dehorz cele porte ainz que l'en i entraſt ᵗ, à main deſtre ᵘ, avoit .j. mouſtier de *Mon ſeigneur* ᵛ *ſaint Eſtienne*. Là ˣ dit l'en ʸ que mes ſirez ᶻ ſaint Eſtiennez ᵃᵃ i ᵇᵇ fu lapidéz. Devant cel ᶜᶜ mouſtier, à main ᵈᵈ ſeneſtre ᵉᵉ, avoit une ᶠᶠ grant meſſon que l'en apeloit l'*Aſnerie* ᵍᵍ. Là ſouloient ʰʰ ieſir li aſne & li ſommier de l'*Oſpital*. Et ⁱⁱ pour ce avoit non ʲʲ l'*Aſnerie*. Celui ᵏᵏ *Mouſtier de Saint Eſtienne* abatirent li Creſtien de *Iheruſalem* devant ce que il fuſſent

Porte S. Etienne.

Egliſe de S. Etienne.

a. *H, I, J, K* & ſi. — b. *B, E, G* iſſoit. — c. *B* de là aus; *C* & iſſoit devers les. — d. *C, H, I* Temple Salemon. — e. on *m. d. D.* — f. ge ci en droit *m. d. C, G, H, I*; en droit *m. d. J.* — g. *D* & de l'Oſpital. — h. coument il ſiéent *m. d. E.* — i. *D* du Sepulcre; *A* commant cil de l'Oſpital. — j. *E* de; *G, H, I, J, K* des portes. — k. *C* treſqu'aus; *F* de ci. — l. *A* en droit. — m. *E* & l'autre devers couchant. — n. dont l'une.... l'autre *m. d. G, H, I, J, K.* — o. *I* à non. — p. tres *m. d. C, E, G, H, I, J, K.* — q. de *m. d. C, E, H, I, J, K.* — r. de ci *m. d. E, G, H, I, J, K.* — s. *B, F,* en; *C* treſqu'à. — t. *D, G, H, I, J, K* ainſi comme on i entroit. — u. à main deſtre *m. d. C.* — v. mon ſeigneur *m. d. B.* — x. *E* Et. — y. *G, H, I, J* diſoit on. — z. *A, H, I* mon ſeigneur. — aa. Là dit l'en.... Eſtiennez *m. d. K.* — bb. i *m. d. H, I, J; K* qui. — cc. *E, K, J* ce. — dd. *B* à la main; main *m. d. E.* — ee. *B* deſtre. — ff. *B* une maiſon bien grande. — gg. *A* la ſuerie & ailleurs; *B* la ſurie & ailleurs. — hh. *E* ſeulent. — ii. Et *m. d. H, I, K.* — jj. *C, G* l'apeloit on. — kk. *C, G* Cel; *H, I, K* Ce.

assejé, pour l'amor de ce que *a* li mouſtierz eſtoit prèz des
murz. L'*Aſnerie* ne fu mie *b* abatue. Ainçoi≈ *c* ot puis grant
meſtier aus pelerinz, qui par treuaige venoient en *Iberuſalem*,
quant ele eſtoit aus Sarrazins *d*, & que *e* li Sarrazin ne les *f*
leſſoient mie heſbergier dedenz *g* la cité. Pour ce, leur ot *h* la
meſſon de l'*Aſnerie i* grant meſtier. A main deſtre de la *Porte*
Saint Eſtienne j eſtoit la *Maladerie k de Iberuſalem l*, tenant
aus murs. Devant à *m* la *Maladerie* avoit *n* une poſterne que
l'en apeloit la *Poſterne de o Saint Ladre*. Quant li Sarrazin
orent conquiſe la cité ſuer les Creſtienz, par là en droit *p*
metoient il enz les Creſtienz pour aler couvertement au
Sepulcre q. Car li Sarrazin ne vouloient mie que li Creſtien *r*
ſeüſſent *s* leur couvine ne celui de la *t* cité; pour ce les me-
toit l'en enz *u* par la *Porte le Patriarche*, qui eſtoit en la rue
del *Mouſtier v del Sepulcre*, ne l'en ne les metoit *x* mie *y* enz
par la *Meſtre Porte*.

Mès ſachiez bien de voir que li Creſtien *z* pelerin, qui
vouloient aler au *Sepulcre* & aus autres *Sainz Leuz*, que *aa*
li Sarrazin avoient granz *bb* louierz d'elx *cc* & granz ſer-
vicez : li Sarrazin les priſoient bien chaſcun an à *dd* .xxx. m. *ee*
beſanz ; mès l'en eſcoumenia après touz lez Creſtienz qui
louier en donroient, par quoi il ne valut *ff* mie tant *gg*.

Anerie.
Maladrerie.
Poterne de S. La-
nare.

a. *C, G, H, I, J, K* por ce que. — b. *G, I, J, K* pas. — c. *C, D, G, J* Ainz. — d. quant... Sarrazins *m. d. D.* — e. *C* quar li ; *D* autant que li. — f. *H, I, K* nes. — g. *C* en. — h. ot *m. d. K.* — i. *E ajoute* : qui par defors les murs eſtoit. — j. *J* Porte de Iheruſalem. — k. S. E. eſtoit la Maladerie *m. d. G* ; eſtoit la Maladerie *m. d. H, K.* — l. de Iheruſalem *m. d. A, K.* — m. à *m. d. E.* — n. *C* tenoit. — o. la Poſterne de *m. d. A, B, C, E, F* ; de *m. d. G.* — p. en droit *m. d. C, H, I, J, K.* — q. *E ajoute* : & aus autres Sainz Leus que li Sarrazin avoient d'els granz loiers & granz treuages. Et priſoient bien li Sarrazin la rente qu'il en avoient à .xxx. m. beſanz. Mès l'en eſcomenia après tous les Creſtians qui loier donroient plus as Sarrazins por aler en Ieruſalem ; por coi la rente ne leur valut mie tant. Et por ce les metoient enz par cele porte, por ce que li Sarrazin. — r. *E* mis qu'il. — s. *G, H, I, J, K* veiſſent. — t. *C, G, H, I, J, K* la covine de la. — u. *C* metoient il enz ; *E* metoient enz. — v. del Mouſtier *m. d. D.* — x. *E* nes metoit. — y. *C* pas. — z. Creſtien *m. d. D.* — aa. que *m. d. C.* — bb. *B* des grans. — cc. *C, G, J* avoient d'aus granz loiers & grans treus ; *H, I, K* avoient d'eulx grans treus & grans loiers ; d'elx *m. d. A.*—dd. chaſcun an à *m. d. C.*— ee. *J* .xx. m. — ff. *C, G, H, I, J, K* valort. — gg. *G ajoute* : aus Sarrazins.

(XVI) Quant on entroit en la *Meſtre Porte* par la *Porte* [a] *Saint Eſtienne*, ſi [b] trouvoit l'en .ij. rues, l'une à deſtre [c] & l'autre à feneſtre, qui aloient [d] embedeuz [e] à la *Porte de Mont Syon*, ſi [f] eſtoit à droiture [g] de la *Porte Saint Eſtienne* ; *Poterne de la Tannerie.* la rue à main feneſtre ſi [h] aloit à une poſterne que l'en apeloit [i] *la Tannerie*, & aloit droit par deſus [j] le pont. Cele rue, qui aloit à la *Porte de Mont Syon*, avoit non [k] la *Rue* [l] *Saint* *Rue S. Etienne.* *Eſtienne*. De ſi que on [m] venoit aus *Changes des Suriens*, avoit [n] *Change des Syriens.* une rue [o] à main deſtre qu'en apeloit la *Rue del Sepulcre*. Là eſtoit la *Porte de la meſſon del Sepulcre*. Par là en droit [p] entroient [q] cil del *Sepulcre* [r] en leur maiſſonz & en leur manoirz. Quant en venoit devant cel [s] *Change*, ſi trouvoit on à main deſtre [t] une rue couverte à voute par où l'en aloit au *Mouſtier del Sepulcre* [u]. En cele rue vendoient li Surien leur draperie, & ſi i [v] faiſoit l'en les chandeilles de cire [x]. Devant ces *Changes* [y] vandoit on le poiſon [z]. A [aa] ces *Changes* tenoient ces [bb] .iij. rues qui tenoient [cc] aus autrez *Changes* des Latinz [dd]. Dont l'une des [ee] .iij. rüez avoit non *Rue Cou-* *Rues Couverte, des* *verte* : là vandoient li Latin leur draperie, & l'autre *Rue des* *Herbes, Malcui-* *Herbes*, & la tierce *Mal Cuiſinat*. Par la *Rue des Herbes* aloit *ſinat, des Latins.* on en la *Rue de Mont Syon* [ff] & treſcopoit en [gg] la *Rue David*. Par la *Rue Couverte* aloit on en la *Rue des Latinz* [hh]. Cele rue

a. *E* Poſterne ; *K* Porte de. — b. *E* ſi i. — c. *C* remplace : qui aloit à la Porte de Monte Syon qui eſtoit en droit midi & la Porte de Monte Syon eſtoit à droiture, &c. — d. *H, I, J, K* aloit. — e. embedeuz *m. d. G, H, I, J, K*. — f. ſi *m. d. C ; E* qui ; *G, H, I, K* *ajoutent* : qui eſtoit en droit midi & la porte amont, ſi. — g. *G* à l'endroit. — h. ſi *m. d. H ;* de la Porte... ſi *m. d. K*. — i. *G, H, I, K* apele. — j. *C, H, I, K* deſous. — k. *C, H, I, K* à non. — l. *E* Porte. — m. *C* Par où l'en venoit. — n. *C* ſi avoit. — o. une rue *m. d. I, K*. — p. Là eſtoit... en droit *m. d. C ;* en droit *m. d. H, K*. — q. *C* Par là entroient. — r. Là ..toit... cil del Sepulcre *m. d. I.* — s. *I* en ce ; *K* ce. — t. *B*

feneſtre. — u. Là eſtoit... Sepulcre *m. d. G ;* Par là... Sepulcre *m. d. E.* — v. i *m. d. H, I, K.* — x. *H* de la cité. — y. *H, I, K* ce Change. — z. Devant... poiſon *m. d. A.* — aa. *A* Devant ces (*il y a eu bourdon*). — bb. *I, J, K* les. — cc. *E* ieignoient. — dd. *Après ce mot, G* met la phraſe : Et aſſez près eſtoit la Porte... Sepulcre, *qui a été omiſe plus haut ; on lit enſuite* : les .iij. rues qui tenoient... — ee. *H, I,.K* de ces. — ff. *H, I, J, K* ajoutent : dont on aloit en la Porte de Mont Syon. — gg. en *m. d. E.* — hh. Dont l'une... Latinz *m. d. A ; C, E, H, J, K* en une rue par le Change des Latins ; *J* en une rue couverte des Latins.

apeloit on la *Rue de l'Arc*[a] *Iudas*, pour ce que[b] l'en dist[c] que Iudas s'i pandi, &[d] i avoit un arc de pierre. A senestre de[e] cele rue, avoit .j. moustier qu'en[f] apeloit le *Moustier*[g] *Saint Martin*. Et[h] prèz de cele porte avoit .j. *Mostier de Saint Pére*. Et[i] là disoit on que ce fu que[j] Ihesu Criz mist[k] la boue[l] que il mist es iex de[m] celui qui onques n'avoit[n] veü[o].

Eglises de S. Martin & de S. Pierre.

(XVII) Horz de la *Porte de Mont Syon*, trouvoit on[p] .iij.[q] voiez, une voie à main destre qui aloit à[r] l'abaïe & au *Moustier*[s] *de Mont Syon*, & entre l'abaïe & les murz de la cité avoit .j. grant aitre[t] & .j. moustier. El[u] mi leu de la voie, à main senestre, si aloit[v] selonc les murz de la cité droit aus *Portes Oirez*, & d'illeuc avaloit on el *Val de Iosaphas*, & si en aloit on[x] à la *Fontainne de Syloé*. Et de[y] cele porte à main destre avoit[z] .j. *Moustier de Saint Pére*, en *Gali Cante*. En cel moustier[aa] avoit une fosse[bb] parfonde, là où l'en disoit que Saint Pére se muça quant il ot Ihesu Crist renoié, & il oï le coc chanter, & là plora il. La voie à la droiture[cc] de cele porte[dd], par devers midi, si aloit par desor le *Mont de Syon*[ee] que[ff] on passe l'abaïe. Si[gg] avaloit[hh] on le mont, & aloit on[ii] par cele porte en *Bethleem*.

S. Pierre en Gallicante.

a. de l'Arc *m. d. E.* — b. *D* Iudas en une rue par ce que. — c. *C, D, E, H, J, K* disoit. — d. *H, I* si avoit; *K* si i avoit; *D* Le Change avoit. — e. *H* en. — f. *F* quant; *K* de. — g. qu'en apeloit le Moustier *remplacé dans G, H, I, J, K par:* de. — h. *G* Asséz près d'une porte avoit. — i. Et *m. d. H, I, K.* — j. *B* là que; *E* li leus où; ce fu que *m. d. A.* — k. *A, H, I, K* sist; *D* prist. — l. *G* en cel lieu prist I. C. la boe; *C* Si disoit on que ce fu là que N. S. I. C. sist la boe. — m. *C* à. — n. *B, H, I, K* n'avoit onques. — o. *G* veü goute. — p. *A, B, E, H, I, K* si trouvoit on. — q. *E* dues. — r. *E ajoute une phrase:* aloit l'une à destre, l'autre à senestre; l'une aloit à. — s. & au Moustier *m. d. E.* — t. *B* aire. — u. *E* Mont Syon; & l'autre aloit par devant un cimetire & par devant un moustier qui estoit el. — v. *E* aloit l'en. — x. *H* avaloit on. — y. *E* de léz. — z. *C, G, H, I, J, K* seur cele voie. — aa. En cel moustier *m. d. E.* — bb. fosse *m. d. K.* — cc. *A* droiturière. — dd. *C* à celle porte à droiture. — ee. de Syon *m. d. K.* — ff. *C* tant c'om avoit passé; *J* de si que on passe. — gg. *C* Lors. — hh. *G* avale. — ii. *G* valen par cele.

VII

Du Pelerinaige de la Sainte Terre.

(XVIII) Quant on avaloit *a* le mont fi trouvoit l'en un lac en la valée que on apeloit *b* le *Lac Germain*, por ce *c* que Germain le fift faire *d*, pour recueillir *e* les iaues qui defcendoient des montaignes quant il plouvoit, & là abevroit l'en les chevaus de la cité. De l'autre part *f* la valée, à main feneftre *g*, près d'illeuc avoit .j. charnier qu'en apeloit *Chaude Mar*. Là gitoit on les pelerinz qui fe *h* mouroient à *i* l'*Ofpital de Iberufalem*. Cele piéce de terre *j* où li charnierz eftoit, fi *k* fu achatée des deniers dont Iudas vendi la *l* char Iefu Crift, fi comme l'Efvangile le *m* tefmoigne. Dehorz la *Porte David* avoit .j. lac *n* par deverz foleil couchant *o* que l'en apeloit le *Lac le p Patriarche*, là *q* où l'en recueilloit les eves d'illeuc entor pour abevrer les chevaus. Près de cel lac avoit .j. charnier que l'en apeloit ιe *Charnier del Lyon*. Il avint iadis, fi *r* comme l'en difoit, à un iour qui paffez eftoit, qu'il avoit entre Creftienz & Sarrazins une bataille entre cel charnier & *Iberufalem*, où il avoit *s* mout de Creftiens occis, & que li Sarrazin de la bataille les *t* devoient l'endemain treftoz fere *u* ardoir *v* pour la puour *x*. Tant que il *y* avint que .j. lionz vint par nuit *z*; fi les porta tous en *aa* cele foffe, fi comme l'en difoit, & *bb* pour ce *cc* l'apeloit l'en le *Charnier au dd Lion*. Et defuer

Lac Germain.

Chaude Mar.

Lac du Patriarche.

Charnier du Lion.

a. *A, B, C, D, E, G, H, I, K* avoit avalé. — b. *C* qui avoit non. — c. por ce *m. d. D, F, H, I, J, K*; *G* que uns hom qui ot non. — d. *E* que uns boriois de la cité de Ierufalem le fift faire, qui avoit non Germain. — e. *J* cueillir. — f. *C, G, H, I* D'autre part; *E* part de. — g. *H* deftre. — h. fe *m. d. C, H, I, K*. — i. *E* en. — j. piéce de terre *m. d. K*. — k. fi *m. d. C, H, I, K*. — l. *E ajoute* : mort Iefu Crift, la. — m. le *m. d. A, D, E, G, I, K*. — n. *A, B, D, E, F* lieu. — o. *A* levant. — p. *A, C, G, H,* *K* del; *E, I* au. — q. là *m. d. E*; *I* par. — r. *C, D, E, G, H, I, K* ia fi. — s. *H* avoit eû. — t. *E* li Sarrazin por la pueur les; *I* devoient touz faire. — u. *H, K* touz faire l'endemain; *J* tous l'endemain faire. — v. *B* & que les Creftiens devoient l'endemain de la bataille par les Sarrafins eftre ars. — x. pour la puour *m. d. E*. — y. Tant que il *remplacé dans C* par: Li. — z. par nuit *m. d. J*. — aa. *E* par nuit qui en porta tous les cors mors en.— bb. & *m. d. H, I, K*. — cc. *E* ce fai·. — dd. *B, C, I, K* du.

le *a* charnier avoit .j. mouftier où l'en chantoit chacun iour.

Abbaye des Géorgiens. (XIX) Prèz d'illeuc, à une lieue, avoit une abaïe de nonnains là où l'en difoit que *b* l'une des piéces *c* de la Vraie Croiz fu cueillie *d*. La terre dont il eftoient *e* avoit non *Anegie f*. Aucunes genz fi *g* difoient que ce eftoit la terre de *Femenie*.

L'eftache de la Vraie Croiz fu prife devant le *Temple* que *h* l'en ne pouoit trouver leus *i* où ele s'aferift *j* qu'ele ne fuft ou trop longue ou trop corte *k*, dont il avenoit, fi comme l'en difoit *l*, que, quant les genz venoient au *Temple m*, & il avoient leur piéz embouéz, qu'il *n* terdoient *o* illeucques *p* leur piéz *q*. Dont il avint que une roïne i paffa *r* une foiz, {fi la *s* vit emboée, & *t* la tert de fes draz, fi *u* l'aoura.

Or vous dirai *v* de cele piéce de fuft dont ele vint, fi comme *x* l'en dit, el païz. Il avint, a *y* chofe, que Adanz jut ou lit mortel *z* ; fi pria à *aa* l'un de fes fiz que, pour l'amor de *bb* Dieu, li aportaft .j. rainfel de l'arbre de coi *cc* il avoit mangié del fruit *dd*, quant il pecha. On li aporta, & *ee* il le prift & *ff* le mift en fa bouche, & *gg* quant il l'oft mis dedenz fa *hh* bouche *ii*, fi *jj* eftraint les denz & l'ame s'en ala. Ne onques, quant il fu morz *kk*, cel rainffel ne !i pot on efra-

---

a. *H, I, K* ce. — b. *H, I, K* dit que. — c. *C, E* pierres. — d. *C* i fu cueillie; *D* i fu coupée; *J* fu recueillie. — e. *E, H* dont ele eftoit. — f. *G, H, I, K* Anegle; *J* Arregie. *La phrafe* de nonnains... Anegie *m. d. B.* — g. fi *m. d. H, I, K*. — h. *On lit dans C, H, I:* Temple que [*C* quar] ele eftoit demorée ou Temple, car [*C* par ce]. *Toute cette phrafe eft changée dans G:* La planche dont la Vraie Croiz fu faite, fu prife devant le Temple, là où elle fu gitée par mal talent pour ce que. — i. *D* là où; *E, H, I, K* leu. — j. *B* affreift; *I* fe ferift. — k. *C, E* trop corte ou trop longue; *G ajoute:* & la mift on au travers d'un foffé. — l. fi com l'en

difoit *m. d. A.* — m. *G* au Moftier. — n. *G* il y; *K* il. — o. *C* torchoient. — p. illeucques *m. d. G.* — q. *I* leur piéz illeucques. — r. i paffa *m. d. E.* — s. *H, I, K* le. — t. *B, C, E, H, K* fi; *B* fi la tacha. — u. *B, C* &; *I, K* & fi. — v. *E* dirai ge. — x. *K* com difoit on. — y. a *m. d. C, E, G, H, I, K.* — z. *G* lit de la mort. — aa. à *m. d. H, I, K.* — bb. l'amor de *m. d. C, G, H, I, K.* — cc. *A, C, G, H, I, K* dont. — dd. del fruit *m. d. E.* — ee. & *m. d. E, I, K.* — ff. & *m. d. H; I* & fi. — gg. & *m. d. I, K.* — hh. *C, K* l'ot en fa; *I* l'ot en la. — ii. & quant... bouche *m. d. H.* — jj. *E, H, I, K* il. — kk. quant il fu morz *m. d. C, G, H, I, K.*

chier des denz. Ainz fu enfouïz à tout cel rainſſel *a*, ſi comme l'en diſt. Il *b* repriſt *c*, ſi devint .j. biaus arbres. Et quant ce vint que li deluges fu *d*, ſi eſracha cel arbre, & le mena cil deluges *e* el *Mont de Libanne*. Et d'illeucques *f* fu il *g* menéz en *Iheruſalem h* ovecques le merrien dont li *Temples* fu faiz, qui *i* fu tailliéz el *Mont de Libanne j*. Il avint, ſi comme l'en *k* diſt, quant *l* Iheſu Criſt fu cruxefiéz, que la teſte Adan eſtoit dedenz la boiſſe *m*; & quant li ſanz Iheſu Criz iſſi horz de ſes plaiez, la teſte Adan *n* iſſi horz de la croiz *o* & recueilli le ſanc, dont il *p* avient encorez que en touz les cruxefiz qu'en fait *q* en la terre de *Iheruſalem*, que au pié de la croiz *r* avoit *s* une teſte en remambrance de celui *t*.

(XX) A .iij. liues de *Iheruſalem*, par devers ſoleil cou- *Emmaüs.*
chant *u*, avoit une fontainne que l'en apeloit la *Fontainne v*
des Emaüz x. Le *y Chaſtel des Emaüz* eſt de léz *z*. On diſoit *aa*
que à cel *bb* fontainne s'aſſiſt Noſtre Sires *cc* ovec ſes *dd* .ij. *ee*
deciples, quant il le connurent en la fraction du pain *ff*, ſi
comme diſt l'Euvangile que on lit *gg* en Sainte Egliſe.

VIII

Des Sainz Lieuz de la Sainte Terre.

(XXI) Or m'en *hh* revieng à la *Porte Saint Eſtienne*, à la rue qui aloit à main ſeneſtre & *ii* qui aloit à la *Poſterne de la*

a. *H* Car cil rainſiaus; *G* Et li rainſiaus; *I*, *K* Car li rainſiaus. — b. Il *m. d. G, H, I, K.* — c. *B* raverdit. — e. *C* vint. — f. *G* li deluges; cil deluges *m. d. H.* — f. *B* de là. — g. il *m. d. H, I, K.* — h. en Iheruſalem *m. d. E.* — i. *E* merrien que l'en mena en Ieruſalem por faire le Temple qui. — j. Et d'illeucques... Libanne *m. d. C.* — k. *I, K* ſi que en. — l. *H, I, K* que. — m. *E* ce fuſt; *K* la baie. — n. *E* à Adan; *la phraſe* eſtoit... Adam *m. d. A.* — o. *B* de ſes lieux. — p. ît *m. d. F.* — q. *B* qui font. — r. que au pié de la croiz *m. d.*

H. — s. *C, E, G, H* a. — t. *G* d'ycelle. — u. par devers ſoleil couchant *m. d. I.* — v. que l'en apeloit la Fontainne *m. d. J.* — x. *A, E, F, J* des Amaüs; *D* de l'amanz; *K* des Emeüs. — y. *A, C, D, G, H, J, K* de léz le; *E* & eſtoit de léz le. — z. eſt de léz *m. d. A, C, D, E, G, H, J, K*; Le... léz *m. d. B.* — aa. *G* Diſoit on. — bb. *I, K* ceſte. — cc. *B* Seigneur. — dd. ſes *m. d. H.* — ee. .ij. *m. d. C.* — ff. *E* en ſemblance de pain. — gg. *B, G* chante. — hh. m'en *m d. A, C, D, G, H, I, K.* — ii. & *m. d. A, D, E, G, I, K.*

Tannerie. Quant ᵃ on avoit alé une grant piéce'de cele rue, fi trouvoit on une autre ᵇ rue ᶜ à main feneftre ᵈ que l'en apeloit la *Rue de Iofaphas*. Et fi toft comme on avoit alé .j. pou avant ᵉ, fi trouvoit on .j. karrefour d'une voie ᶠ dont l'en venoit à main feneftre ᵍ au *Temple*, & d'illeuc s'en aloit on tout droit au *Sepulcre* ʰ. Au chief de cele voie ⁱ avoit une porte ʲ par deverz le *Temple*, que l'en apeloit *Portes Douleureufes*. Par là ᵏ s'en ˡ iffi Noftre Sirez ᵐ Ihefu Criz, quant l'en le menoit ⁿ el *Mont de Calvaire* por cruxefier. Et pour ce ᵒ eftoient eles ᵖ apelées *Portes Douléreufes* ᵠ. A main deftre fuer le karrefor de cele voie, fu li ʳ ruiffel dont l'Efvangile ˢ tefmoingne, dont il difoient ᵗ entr'elx ᵘ que Noftre Sirez le paffa, quant il fu menéz cruxefier. En cel endroit avoit .j. *Mouftier de faint Iehan l'Evangeliftre*. Et fi i avoit un grant manoir. Cel manoir & li ᵛ mouftierz eftoit des ˣ nonnains de *Bethanie* & ʸ là manoient eles ᶻ, quant il eftoit ᵃᵃ guerre de ᵇᵇ Sarrazins ᶜᶜ.

(XXII) Or m'en ᵈᵈ revieng de ᵉᵉ la *Rue de Iofaphas*. Entre la *Rue de Iofaphas* ᶠᶠ & les murz de la cité, à main feneftre, avoit rues aufint comme une ville. Et là manoient & demouroient ᵍᵍ li plus des *Surienz* dedenz la cité ʰʰ de *Iherufalem* ⁱⁱ. Et ces rues apeloit on *la Giuverie* ʲʲ. En cele *Giu-*

Rue de Iofaphat.
Porte Douloureufe.
Eglife de S. Jean.
La Juiverie.

---

a. *E* Et quant. — b. autre *m. d. C, E.* — c. fi... rue *m. d. G, I, K*. — d. & qui aloit... feneftre *m. d. H*. — e. *C* Quant l'on avoit .j. pou allé avant; *E* avant .j. pou alé; *F* avant .j. pou alé avant. — f. *E, G* rue. — g. *E* deftre. — ʰ *C, G, H, I, K* dont la voie qui . enoit devers feneftre [*C* aloit] au Temple & aloit au Sepucre. — i. *C* rue; *E* porte. — j. *E* voie & une porte. — k. *E* cele. — l. s'en *m. d. C*. — m. Noftre Sirez *m. d. C*; *D* Noftre Seigneur. — n. *E* menoit crucefier. — o. ce *m. d. E*. — p. eles *m. d. E*. — q. *Le paffage* Par là... Douléreufes *m. d. G, H, I, K*. — r. *La phrafe eft allongée dans A, B, D, F, J*: A main deftre, fuer le karrefor, dont l'Efvangile tefmoingne, fu li karrefors de cele voie & le; *E* de cele rue & un. — s. *E* fi com l'Efvangile. — t. *I, K* dient. — u. entr'elx *m. d. C, G*. — v. *C, H* cis. — x. *C, G, H, I, K* de; *E* aus. — y. & *m. d. G, H, I, K*. — z. eles *m. d. G*. — aa. *A* eftoient en; *G* avoit. — bb. *D, H, K* des. — cc. *E ajoute*: & de Creftiens; *G ajoute*: en la cité.—dd. m'en *m. d. C, G, H, I, K*. — ee. de *m. d. C*; *E, H, I, K* à. — ff. Entre la Rue de Iofaphas *m. d. I*.—gg. & demouroient *m. d. C*.—hh. dedenz la cité *m. d. C*. — ii. *G, H, I, K* comme à une ville. Là manoient li plus de ceulz de Iherufalem. — jj. *C* Aguillerie.

verie avoit .j. *Mouſtier de ſainte Marie Madalegne*. Et prèz   *Egliſe de Sainte-*
de cel *ᵃ* mouſtier avoit une poſterne *ᵇ* dont *ᶜ* l'en ne pouoit   *Madeleine.*
mie iſſir de la cité *ᵈ* aus *ᵉ* chanz; mès entre deuz murz en *ᶠ*
aloit on. Et *ᵍ* à main deſtre de cele *Rue de Ioſaphas* avoit .j.
mouſtier que l'en apeloit *le Repos*. Et *ʰ* là diſoit on que   *Egliſe du Repos.*
Noſtre Sirez *ⁱ* Iheſu Criz *ʲ* ſe repoſa quant on le menoit cru-
xefier. Et là eſtoit la priſonz où il *ᵏ* fu mis la nuit *ˡ* que il
fu priz en *Geſſemani*; .j. pou devant *ᵐ* en cele rue, avoit eſté
la *Maiſon Pylate*. A main ſeneſtre, devant *ⁿ* cele maiſon avoit   *Maiſon de Pilate.*
une porte *ᵒ* par où l'en aloit au *Temple*.

(XXIII) Prèz de la *Porte de Ioſaphas*, à main ſeneſtre,
avoit *ᵖ* une abaïe de nonnainz, ſi *ᵠ* avoit à *ʳ* non *Sainte Anne*.   *Abbaye*
Devant cele abaïe avoit une fontainne qu'an apeloit la *Fon-*   *de Sainte-Anne.*
tainne deſus *ˢ* *la Pecine*. Cele fontainne *ᵗ* ne cort *ᵘ* point, ainz   *Piſcine Proba-*
eſtoit deſouz .j. mouſtier qui eſtoit deſore *ᵛ*. En cele fon-   *tique.*
tainne, au tenz Iheſu Criſt, deſcendoient li angle & mou-
voient *ˣ* l'iaue. Et li premierz malades, qui aprèz i venoit *ʸ*,
eſtoit gariz de s'enfermeté. En *ᶻ* cele fontainne avoit .v. por-
chez où li malade giſoient.

(XXIV) Si comme l'en iſt *ᵃᵃ* de la *Porte* *ᵇᵇ* *de Ioſaphas*, ſi
avaloit on el *Val de Ioſaphas* *ᶜᶜ*, ſi i *ᵈᵈ* avoit une abaïe de   *Abbaye de N. D.*
noirz moines. En cele abaie, ſi *ᵉᵉ* avoit .j. *Mouſtier de ma-*   *de Joſaphat.*
dame Sainte Marie. En cel mouſtier eſtoit li *Sepulcrez* où ele
fu enfoïe. Li Sarrazin, quant il orent priſe la cité, abatirent
cele abaie & enportérent les pierrez à *ᶠᶠ* la cité fermer, mès
le mouſtier n'abatirent il mie *ᵍᵍ*.

Devant cel *ʰʰ* mouſtier, au pié del *Mont d'Olivete* avoit .j.

---

a. *C, G, I, K* du; *E, H* ce. —
b. *D* porte par où l'en. — c. dont *m.*
d. *K.* — d. *H, I* iſſir de la hors;
K iſſir dehors. — e. *F* es. — f. en
m. d. C. — g. Et *m. d. H, I, K.*
— h. Et *m. d. H, I, K.* — i. Noſtre
Sirez *m. d. C, H, I, K.* — j. Iheſu
Criz *m. d. E.* — k. *H* là où il; *K*
où là. — l. *G* par nuit. — m. *G*
avant. — n. *G* devers. — o. *I* de
celle maiſon avoit une rue. — p. *H*
avoit à main ſeneſtre. — q. *E* qui.
— r. à *m. d. E, H, I.* — s. *C* ſus.
— t. qu'an.... fontainne *m. d. B.* —
u. *E, H, I* coroit. — v. *C* deſus; *K*
ains eſtoit deſure. — x. *H, I, K*
deſcendoit li anges & mouvoit. —
y. *C, G, H, I, K* qui deſcendoit
après. — z. En *m. d. C, E, I, K.* —
aa. *H, I, K* ſi comme on diſt. —
bb. *C* Poſterne. — cc. ſi avaloit...
Ioſaphas *m. d. E.* — dd. i *m. d.*
E, I, K. — ee. ſi *m. d. H, I, K.* —
ff. *E* por; *I* en; *B* à fermer la
cité. — gg. *G* point. — hh. *A par-*
tir d'ici, le mſ. E préſente une la-
cune qui ne prend fin qu'à la p. 170.

Eglife de Gethfe-mani. moustier en une roche qu'en apeloit *Geffemani*. Là fu Nostre Sirez [a] priz. D'autre part la voie, si comme l'en monte [b] el *Mont d'Olivete*, tant con l'en giteroit une pierre, avoit .j. mous-
Eglife de S. Sauveur. tier qu'en apeloit *Saint Sauveeur*. Là s'en [c] ala Ihesu Criz orer la nuit que il fu priz, & là li degouta [d] la suor de son corz ausi comme de sanc [e]. El *Val de Iofaphaz* avoit hermites & reclus, & s'estoient tout contre val, car ie ne sai mie nommer de ci qu'à [f] la *Fontaine de* [g] *Syloé*.

Abbaye du Mont des Oliviers. (XXV) En [h] sor le *Mont d'Olivet* avoit une abaïe de blanz [i] moinnez. Prèz de cele abaïe à main destre avoit une voie qui aloit en *Bethanie* [j]. Suer le tor de cele voie avoit .j. moustier
Pater Nofter. qui avoit non *Saint* [k] *Paftre Noftre*. Là disoit on que Nostre Sirez [l] fist la Paftre [m] Noftre & l'enseingna as [n] apoftrez. Prèz d'illeuc [o] fu li figuierz que Diex maudist quant il aloit en *Iherufalem*. Entre le *Mouftier de la Paftre Noftre* & [p] *Be-*
Bethphagé. *thanie*, avoit .j. moustier [q] qui avoit non *Belfagé*. Là vint Ihefu Criz le iour de Pafques flories, & le iour envoia [r] en *Iherufalem* .ij. [s] de fes defciples por querre une afneffe [t], & d'illeuc en ala [u] en *Iherufalem* suer l'afneffe.

(XXVI) Or vous ai dit & nommé [v] les abaïes & les mous-
Abbayes & églifes des non catholiques. tierz [x] de *Iherufalem* par dehorz [y] *Iherufalem* & par dedenz les [z] rues des *Latinz*, mès ie ne vous ai mie nommé les abaïes ne [aa] les mouftierz des *Surienz*, ne des *Greioiz*, ne des *Iacobinz*, ne des *Boavinz* [bb], ne des *Neftorins* [cc], ne des *Herminz* [dd], ne des autrez maniérez de [ee] genz qui n'eftoient

---

a. *B* Noftre Seigneur; *C, G, H, I, K* Ihefu Crift. — b. si comme l'en monte *m. d. C.* — c. s'en *m. d. G, H, I, K.* — d. !! degouta *m. d. K.* — e. *C* comme se ce fust sanc; *G, H, I, K* comme sanc. — f. *H, I* iufqu'à. — g. de *m. d. A*; la Fontaine *m. d. K.* — h. *C* Sur; *H, I, K* Et seur. — i. blanz *m. d. C.* — j. *C, G, H, I, K ajoutent*: tote la coftiére de la montagne. — k. *H, K* Sainte. — l. *B* Noftre Seigneur; *C, G, H, K* Ihefu Cris. — m. *I* Sainte Paftre. — n. *H, I, K* à fes. — o. d'illeuc *m. d. D.* — p. *G, I* pofterne &; *H* pofterne de. — q. *B* maifon; de la Paftre... mouftier *m. d. K.* — r. *C, I, K* envoia il. — s. *C, I* .ij. deciples. — t. querre *m. d. A, B, C, H, I, K.* — u. *C* s'en ala il. — v. & nommé *m. d. A.* — x. *B, D* mouftiers & les abbaies. — y. *I* dehors de. — z. *C, H, I, K* & les; *B, G* par dedens & par dehors les [*G* & les]. — aa. *A, H, I, K* &. — bb. *H* Boaninz; *G* Boanis. — cc. *A* Retorinz; *F* Reftorinz. — dd. *G, H, I, K* Hermites. — ee. *K* des.

mie obeiſſanz à la loi de ᵃ Rome, dont il ᵇ avoit mouſtierz & abaïes en la cité. Pour ce ne vous veil ie ᶜ mie parler de toutes ces genz ᵈ que ie ai ci en droit ᵉ nommées, qui n'eſtoient mie obeiſſanz à la loi de ᶠ Rome, ſi comme l'en diſoit ᵍ.

IX

Dou pelerinaige de la Terre.

Or ʰ vous avons diſt coumant la ſainte cité de *Iheruſalem* ſeoit au iour que Salehadinz & li autre Sarrazin la conquiſtrent ſuer les Creſtienz. Aprèz vous dironz des pelerinnaiges, coumant li pelerin i aloient.

Cil qui ſont en Occidant, c'eſt à dire celx qui ſont ⁱ el ʲ roiaume de *France* & d'*Alemaingne* & des autrez terres qui ſont en cele ᵏ partie del monde, qui vuellent aler en cele ˡ *Sainte Terre*, doivent tenir la voie droit ᵐ verz oriant. En ⁿ cel iour devoient entrer en *Iheruſalem* par la *Porte Saint Eſtienne* : devant cele porte fu il lapidés ᵒ.

Il doit aler tout droit en ᵖ l'*Eſglyſe* del ᵠ *Sepulcre* Noſtre ʳ Signeur Iheſu Criſt ˢ. A l'entrée des portes ᵗ del *Sepulcre* ᵘ, par deforz à deſtre, eſtoit la *Chapele de Mont de Calvaire*, où Noſtre Sirez fu cruxefiéz. Deſouz eſt li leuz de *Golgata*, où li ſans Noſtre Seigneur cheï par mi la roche. Là diſoit on que li chiéz Adan fu trouvéz

Le Calvaire.

Le Golgotha.

a. la loi de *m. d. C, G, H, I, K*. — b. *I, K* il y. — c. ie *m. d. I, K*. — d. *D* ces maniéres de genz. — e. en droit *m. d. C, D, G, H, I, K*. — f. la loi de *m. d. C*. — g. *B* diſt. — h. *A, J* Pou vous; *C, G, H, I, K* nous vous; *B* Peu avons nous. — i. celx qui ſont *m. d. G, H, I, K*. — j. *G* du. — k. *G, H, I, K* la. — l. *A, C, D, G, H, I, K* la. — m. *G, H, J, K* tout droit. — n. *A, C, D, G, H, I, J, K* A. — o. *G ajoute*: Et de celle porte. — p. *A, C, G, H, I, K* à. — q. *A, B, C, G, I, J, K* dei Saint. — r. *B* de Noſtre. — s. Iheſu Criſt *m. d. G, H, I, J, K*. — t. A l'entrée des portes *m. d. J*. — u. *G, H, I, K* portes Noſtre Seigneur.

après le deluge *ᵃ*. Là fiſt Abraham ſacrefice à Noſtre Seigneur. Là diſt Noſtre Sirez *ᵇ* au larron repantant & merci criant : « Amen, te di *ᶜ* ! Hui ſeras ovec moi en Paradiz. » (Luc., XXII, 43.) Là reçut Longis ſa veüe par le ſanc Noſtre *ᵈ* Seigneur qu'il atoucha *ᵉ* à ſes iex.

A deſtre dou *ᶠ* pié *ᵍ* du *Mont de Calvaire* *ʰ* eſtoit li leuz & li pilerz où Noſtre Sirez fu ataichiéz *ⁱ* & batuz & liéz *ʲ*. Aprèz *ᵏ* d'illeuc contre oriant, ſi comme on deſcendoit *ˡ* par .xliiij. degréz, eſtoit li leuz où ſainte Helainne trouva la Vraie Croiz *ᵐ*. Em mi le *Egliſe du S. Sépulcre.* cuer *ⁿ* de l'eſglyſe eſtoit li *Sepulcrez* Noſtre Seigneur Iheſu Criſt *ᵒ*, & *ᵖ* là deléz eſtoit li compaz que Noſtre Sirez *ᵠ* meſura de ſa *ʳ* main, ou *ˢ* mi leu del monde, ſi comme l'en diſoit *ᵗ*. Là fu Diex mis, quant il fu mis ius *ᵘ* de la Croiz *ᵛ*. Là fu *ˣ* ennoinz & envelopéz del ſuaire. A ſeneſtre partie *ʸ* del cuer eſtoit la *Chartre Noſtre Seigneur*. Là endroit s'aparut il *ᶻ* premiérement *ᵃᵃ* à Marie Magdalene, aprèz la rexurrection. A deſtre du haut autel tout *ᵇᵇ* amont aouroit on la Vraie *Le Feu Sacré.* Croiz. La veille de Paſque, à neure de nonne paſſée, quant li ſolauz atouchoit de *ᶜᶜ* l'imaige ſaint Gabriel le braz qui eſtoit peinz amont del *Sepulcre* verz le chantel *ᵈᵈ*, venoit li ſainz feuz du ciel *ᵉᵉ* & prenoit *ᶠᶠ* à *ᵍᵍ* une *ʰʰ* des

a. après le deluge *m. d. I.* — b. *B* Seigneur. — c. *C, G, H, I, J, K* dico tibi. — d. *B* de Noſtre. — e. *H, I, K* toucha. — f. *H* à; *I, K* au. — g. dou pié *m. d. G.* — h. du Mont du Calvaire *m. d. A, C.* — i. *C* batuz & liéz; *G, H, I, J, K* liéz & batus. — j. & liéz *m. d. B.* — k. *H, I, K* Près. — l. *B* en deſcendant. — m. *J ajoute:* du Sepulcre. — n. *G & J ajoutent:* du Sepulcre. — o. Iheſu Criſt *m. d. C, G, I, J, K.* — p. & *m. d. H, I, K.* — q. *C, G, H, I, J, K* que Deus.

— r. ſa *m. d. H.* — s. *K* en. — t. ſi comme l'en diſoit *m. d. C.* — u. *I, J, K* ius mis. — *∴* Là... croiz *m. d. H.* — x. *H, I, K* fu il. — y. partie *m. d. C.* — z. il *m. d. K.* — aa. *C, G, H, I, J, K* primes. — bb. tout *m. d. C, G, H, J, K.* — cc. *H, K* les bras de; *I, G* le bras de; *C* le bras Saint Gabriel. — dd. *B* canchel; *D* chancel; verz le chantel *m. d. I.* — ee. venoit li ſainz feuz du ciel *m. d. K.* — ff. *C* ſe prenoit. — gg. *H, I, K* ou. — hh. *G* alumoit une.

lampes del *Sepulcre*. A feneſtre forz de la porte del ᵃ *Sepulcre* eſtoit li autiex de ſaint Iehan Baptiſtre.

Deléz l'*Eſglyſe del Sepulcre* eſtoit ᵇ l'*Eſglyſe ſainte Marie* la ᶜ *Latine & Marie Cleophé* ᵈ. Là tirérent ᵉ leur cheveux ᶠ & derompirent ᵍ ſainte Marie Magdelene & ʰ Marie Iacobée & les autrez fames, quant eles virent Noſtre Seigneur pandre en la Croiz. Prèz d'illeuc eſtoit li *Hoſ-pitaux Saint Iehan*. Ste-MarieLatine.

Hôpital de Saint-Jean.

D'illeuc à .ij. traitíes ⁱ d'arc ʲ, eſtoit li *Temples* Noſtre Seigneur où il avoit .iiij. entrées & ᵏ .xij. portes ˡ. Là eſtoit li leuz de confeſſion, qui iadis fu apeléz *Sancta* ᵐ *Sanctorum* ⁿ. Là eſtoit la coulombe ᵒ que li Sarrazin aouroient ᵖ, quant il orent la cité gaaingniée, que on diſoit que s'eſtoit ᵠ l'autel là où ſainz ʳ Abraham volt ſon fil ˢ crucefier ᵗ, ſi comme l'en diſoit. Em mi le *Temple* avoit une grant ᵘ roche, où l'Arche de l'aliance & ᵛ la Verge Aaron & ˣ les .v. livrez Moyſi furent mis. Suer cele roche dormi Iacob & vit les angles monter el ciel & deſcendre ʸ par une eſchiéle. Sur ᶻ cele roche, quant David nombra le ᵃᵃ pueſple, aparut l'angrez atout ᵇᵇ l'eſpée dont il occioit la gent ᶜᶜ pour vaniance. En ᵈᵈ cel *Temple* fu Noſtre Sirez ᵉᵉ offerz & preſentéz de ᶠᶠ Symeon le Viel. Par deſus la roche aparut li anglez à Zakarie, annonçant qu'il engendreroit .j. enfant. Le Temple.

a. *I* dou Saint. — b. li autiex..... eſtoit *m. d. D, par ſuite d'un bourdon.* — c. la *m. d. K.* — d. & Marie Cleophé *m. d. C, G, H, I, K.* — e. *H* & tirérent; *K* tirent. — f. leur cheveux *m. d. C.* — g. & derompirent *m. d. G, H, I, J, K.* — h. *C* & Marie Cleophé; *G, H* & ſainte Marie Cleophé; *I, K* ſainte Marie Cleophé; *J* & ſainte Cleophé. — i. *H, I, K* trais. — j. *C, G, H, I, J, K* d'un arc. — k. *l* de. — l. portés *m. d. B.* — m. *B* Sanctus. — n. Là... Sanctorum *m. d. H.* — o. *B* coulompne. — p. *G, H,* ʳ *J, K* aouroient & aourérent. — q. que s'eſtoit *m. d. A, C, D, H, I, J, K*; *G* que on diſoit. — r. ſaint *m. d. G, H.* — s. *C* Iſaac ſon fius; *H* Iſaac; *G, I, J* ſon fil Yſaac. — t. *H, I, J, K* ſacrefier. — u. grant *m. d. F.* — v. & *m. d. B.* — x. *I* & là où. — y. *B* ajoute: des cieulx. — z. *G A.* — aa. *H* avecques le. — bb. *H, I, J, K* avec. — cc. *B* les gens; *G* le pueple & les granz genz. — dd. *A A.* — ee. *C* Seingneurs. — ff. *F* ajoute: ſaint.

Là pardonna Noſtre Sirez ſes pechiéz à la fame*a*, qui fut priſe en avoutire, &*b* ſi la delivra des Iuiz*c*, quant il le voudrent prandre, &*d* la roche ſe dreça*e* contremont de ſa teſte*f* ; ſi*g* li fiſt leu & une eſtoille deſcendi devant lui, ſi*h* le ſervi de*i* la*j* clarté*k*. Entre les portes*l* du *Temple* par devers boire*m*, eſtoit la *Fontainne* dont en chante entre la Paſque & la*n* Pantecouſte : « *Vidi aquam* « *egredientem de Templo a latere dextero, &c.* » Suer le pinacle del *Temple* ſouffri Noſtre Sirez*o* que li Deablez le mena pour lui eſſaier. Du pinacle del *Temple* fu ſainz laques trabuichiéz, qui fu li premierz eveſques de *Iheruſalem*. Deſuer le pavement par dehorz le *Temple*, avoit .j. autel où li Iuif en la vielle loi ſuellent*p* ſacrifier turterelles & coulonz. Entre l'autel & le *Temple* occiſtrent li Iuif Zakarie, le filz Barachie. A la porte *Sepecieuſe*q du *Temple* geſoit li contraiz que ſainz Pierrez & ſainz Iehanz redreciérent.

Le Temple Salomon.

Du *Temple* Noſtre Seigneur verz ſouleurre eſtoit li *Temples Salemon*. D'illeucques*r* verz*s* oriant en l'angle dedenz le clos*t* du *Temple*, eſtoit la couche ou*u* li bainz*v* Noſtre*x* Seigneur*y* & li liz ſainte*z* Marie &

La Porte Dorée

le ſepulcre*aa* ſaint Simeon. Contre oriant du *Temple Domini* eſtoient les *Portes Oirez* où Noſtre Sirez entra le iour de Paſques flories ſus l'aſneſſe ; encore i pérent*bb*

a. *C, D, G, H, I, K* à la fame ſes pechiéz. — b. *& m. d. A, H, I, K*. — c. *C, G, H, J, K ajoutent* : Iluec ſe miſt Noſtre Sire pour les Iuis. — d. *& m. d. B*. — e. *G, H, I, J, K* leva. — f. de ſa teſte *m. d. C*; contremont de ſa teſte *m. d. I*. — g. *I &.* — h. ſi *m. d. C*. — i. de *m. d. D*. — j. la *m. d. C*. — k. *A* chartre. — l. *I* la porte. — m. *F, G, H, I* oire. — n. la *m. d. H*. — o. *B* Seigneur. — p. *C, G, H, I, J, K* ſoloient. — q. *A, B, D, G* Precieuſe. — r. *H* Iluecques. — s. *I* devers. — t. *H* en l'angle du clos; *I* devers le clos. — u. *A, B, C, D, G, J, K* &c. — v. *G* bers; *I, K* rains. — x. *B* de Noſtre. — y. *F, H* Sire. — z. *A, C, D* Noſtre Dame ſainte; *B* ma dame Sainte; *G, H, I, J, K* Noſtre Dame &. — aa. *B, C, G, H, I, J, K* ſepulture [*B* de]. — bb. appérent.

li .iij. pas en la dure pierre ou degré verz le *Temple* & *ᵃ* verz bife. Par dehorz les murz du *Temple* eftoit la *Pifcine*. Ce eftoit une cifterne où li anglez fouloit *ᵇ* entrer & mouvoit *ᶜ* l'iaue en *ᵈ* la garifon du premier malade qui i entroit.

X

Ici devife des fainᵹ leuᵹ de la fainte terre de Ierufalem.

Prèz d'illeuc eftoit l'*Efglyfe Sainte ᵉ Anne* la mére *Eglife Ste-Anne.*
Noftre *ᶠ* Dame; là gift ele. Amont *ᵍ* d'illeuc eftoit
l'*Efglyfe de la Magdalene*; du *Sepulcre* verz bife eftoit *Eglifes Sainte-Madeleine*
l'*Efglyfe Saint Critofle ʰ*, qui .viij. cenz anz gift *ⁱ* en terre. *& S. Chriftophe.*
Du *Sepulcre* verz fouluerre eftoit li *Monᵹ de Syon*. Là ot *Eglife de Mont*
une belle *ʲ efglyfe* en l'enneur de Noftre Dame, & *ᵏ* là *Sion.*
trefpaffa ele de ceft fiécle. D'illeuc fu fes corz aportés
des *ˡ* apoftrez el *Val de Iofaphas*.

Amont du cuer de l'efglyfe avoit .j. autel, où li Sainz
Efpriz defcendi fuer les apoftrez: à feneftre de l'entrée
eftoit la *Table* où Noftre Sirez *ᵐ* cenna *ⁿ* ovec fes apoftrez *La Cène.*
& *ᵒ* defciples *ᵖ*; & par defouz eft une croufte là où *ᵠ*
eftoit la pierre *ʳ* où l'iaue fu, dont *ˢ* Noftre Sirez lava
les piéz de fes *ᵗ* defciples, & où il eftut *ᵘ* aprèz fa refxur-
rection & *ᵛ* dift *ˣ* : « Paiz foit entre vous. » (Ioh., XX, 19.)
Et les portes eftoient cloffes. Là tafta fainz Thoumas les
plaies Noftre Seigneur. Illeuc à feneftre *ʸ* eftoit li aitrez *ᶻ*

a. & *m. d. C.* — b. *H* fouloient. — c. *H, I, K* mouvoir. — d. *H, I, J, K* à. — e. *I* de Sainte. — f. *A, D* à Noftre. — g. *I* Aumont. — h. *C* Caritop; *G, H, I, J, K* Cariftop. — i. *C, D, G, H, I, J* iut. — j. *H* mout belle. — k. & *m. d. H, I, J, K.* — l. *D* du Sepulcre el. — m. *B* Seigneur. — n. *G* fift à la cene. — o. apoftrez & *m. d. C, G, K.* — p. & defciples *m. d. H.* — q. là où *m. d. C, D, G.* — r. *I, K* defouz une croufte eftoit la pierre. — s. *H* par defous en une pierre fu l'iaue où. — t. *B* à fes apoftles & defciples. — u. eftut *m. d. B;* *G, H, I, J* efcript. — v. & *m. d. B.* — x. *Aprés ce mot, G ajoute:* Pax vobis, c'eft à dire. — y. *H* Illec d'en cofte. — z. *G ajoute:* & li cimetiéres.

où ſainz Eſtiennes fu enſeveliz. A ſeneſtre avoit une cha-
Maiſon de Caiphe. pele, & ce fu la *Maiſſon*᷎ *Kayphas*, là où *ᵃ* Noſtre Sirez fu
liéz & iugiéz *ᵇ* & eſcharniz & batuz & eſcopiz *ᶜ* & cou-
ronnéz d'eſpines. A deſtre du *Mont de Syon*, outre la *ᵈ*
valée, eſtoit la *Galilée* où Noſtre Sirez *ᵉ* aparut à Saint Pierre
& aus fames. Deiouſte *ᶠ* l'*Eſglyſe de Monte Syon*, eſtoit
une petite eſglyſe où fu *ᵍ* li *Preſtoire*᷎, de quoi *ʰ* il parolle
Gallicante. en l'Euvangile. Outre *Mont Syon* avoit une eglyſe. Là fu
ſainz Pierrez, quant il ot *ⁱ* Noſtre Seigneur renoié. Cele
eglyſe eſtoit apelée *Galli Cantum* *ʲ*.
Acheldamah. Au coſté de la valée *ᵏ* deverz midi eſtoit *Alchede-
mach*. Ce fu li *ˡ* ſainz ſans del corz Noſtre Seigneur qui fu
rachatéz *ᵐ* .xxx. denierz des quieus Deus *ⁿ* avoit eſté vandus.
Fontaine de Siloé. Prèz d'illeuc eſtoit la *Fontainne de Siloé*, de quoi on *ᵒ*
parolle en *ᵖ* l'Euvangile. Prèz d'illeuc eſtoit li *Sepulcre*᷎
Yſaie le prophete. Entre *Iheruſalem* & le *Mont d'Olivet*
Val de Joſaphat. eſtoit li *Vaus de Ioſaphas* où li Sepulcrez Noſtre Dame *ᵠ*
eſtoit. Prèz d'illeuc fu *ʳ* li ruiſſiaus de *Cedron* que on
apele *ˢ* *Torrentem Cedron*. En cele valée fu *ᵗ* lou *ᵘ* roi Ioſa-
phat & ſa ſepolture, par quoi *ᵛ* ele avoit à non *ˣ* *Ioſaphas*.
Jardin des Oli- Outre le ruiſſel de *ʸ* *Cedron* priſtrent li Iuif Noſtre Sei-
viers. gneur, quant il le menérent *ᶻ* cruxefier. Là eſtoit li iardinz où
Noſtre Sirez *ᵃᵃ* repairoit, & en cel iardin fu il priz. Là eſtoit *ᵇᵇ*

a. *A, C, D* là où fu N. S; *H, I*
là fu N. S. ; *K* là N. S. — b. &
iugiéz *m. d. H.* — c. & eſcopiz *m.
d. C, D, G, H, I, J, K.* — d. *C* le
val. — e. *B* Seigneur. — f. *B* D'en-
coſte. — g. *H* eſtoit. — h. *G, H,
I, K* dont. — i. *B* ot renoié. —
j. *A* Calicanton. — k. *C, G, H, I,
J, K ajoutent*: de Mont Syon. —
l. *A* li ſainz corz N. S.; *B, C, G,
H, I, K* li chans de ſang [de ſang
m. d. B] qui. — m. *B, H, I, K*
achetés. — n. *C* Noſtre Sire. —
o. *A, H, K* il; on *m. d. l.* — p. en
m. d. l. — q. *C* Seingneur. — r. *A*
eſtoit. — s. *A, B, D, G, H, I, J,
K* apeloit. — t. *H* eſtoit. — u. *A,
B, C, D, G, H, I, J, K* la ſepolture
le [*B* du] roi. — v. par quoi *m. d.
J.* — x. *D* a à non; *J, K* avoit
non. — y. de *m. d. K.* — z. *D*
voudrent. — aa. *B* Seigneur. —
bb. *C, G, K* avoit eſté.

la ville de *Ieſſemani*, où Diex [a] laiſſa ſes deſciples, quant il ala orer à ſon pére & diſt : « *Pater, ſi fieri poteſt, tranſ-eat a me calix iſte* » (Matt., XXVI, 39). Et là avoit une eſglyſe [b]. D'ilec [c] au giét d'une pierre petite [d], eſtoit li leuz [e] où il ſua [f], & cheï la ſueurz de li auſinc comme goutes de ſanc decourant [g] en terre. En *Ieſſemani* mouſtroit on une pierre où li Iuif loiérent Noſtre Seigneur, quant il [h] le priſtrent, ſi comme on diſoit. Prèz du [i] *Val de loſaphas* avoit une eſglyſe où ſainz Zachariez li prophetes & ſainz Symeon li Vielz & ſainz Iaques li eveſques [j] furent enſeveli. Du ſommet [k] de *Mont Olivet* monta Noſtre Sires [l] es ciex. Là avoit une bele [m] eſglyſe & là aparoient [n] li pas de [o] ſes piéz là où il avoit eſté quant il monta. Illeuc encoſte [p] avoit une crouſte [q] où giſoit li corz ſaint Pelaige le martyr [r]. Et [s] prèz d'illeuc avoit .j. chapele où Noſtre Sirez apriſt la Paſtre Noſtre. à ſes deſciples [t]. *Eglife de Gethſimani.*

Eglife de l'Aſcenſion.

Pater Noſter.

A une liue de *Iheruſalem* eſtoit *Bethanie*; là fu la maiſ-ſon Symon le [u] liepreuz, & [v] là pardonna Noſtre Sirez les pechiéz Marie Magdelene [x], & [y] là reſſuſcita Noſtre Sirez le [z] Ladre. D'illeuc avant [aa] eſtoit la *Quarantaine* où Noſtre Sirez ieüna .xl. iourz & .xl. nuiz [bb]. Par deſus eſtoit li *Iardinz Abraham*. Prèz d'illeuc eſtoit *Ierico*. A ij. liues

Bethanie.

La Quarantaine.

Jéricho.

a. *H* Noſtre Sires. — b. Et là... eſglyſe *eſt répété dans A.*— c. D'ilec *m. d. C*; *remplacé dans G par* Près. — d. *B, D, F* Et là avoit une eglife d'une pierre & celle pierre. — e. *G* Là eſtoit li leuz; eſtoit li leuz *m. d. C.* — f. *H* Et là avoit au liet d'une pierre petite une eglife. D'iluec aſſés près eſtoit li leus où Dieus ſua. — g. *B* courant. — h. *K* qu'il. — i. *C* d'illec du. — j. li eveſques *m. d. K.* — k. *C* Doucement de.— l. *& plus loin B* Seigneur. — m. *H* mout bele. — n. *H, I, K* paroient. — o. *I* &. — p. *I* emprès. — q. *K* tourte. — r. *C* où li cors Saint Pelaige giſoit martyr. — s. Et *m. d. G, H, I, K.* — t. *G, H, I, J, K ajoutent*: Près d'iluec eſtoit Betphagé. — u. le *m. d. H, I, K.* — v. & *m. d. H, K.* — x. *C, G, H, J, K* à la Madelaine ſes pechiéz. — y. & *m. d. H*; & là.... & *m. d. I.* — z. *C* Lazaron. — aa. *C, G, H, I, J* avant vers Orient. — bb. nuiz *m. d. A, F.*

22

de *Ierico* eſtoit li *flunz Iourdain* où Noſtre Sirez fu baptiſiéz. D'illeuc a une iournée iuſques [a] au *Crac* & d'illeuc a [b] une autre iuſques au [c] *Mont Roial*.

Bethléem. Par [d] la *Porte David* eſtoit la voie [e] qui maine en *Belleem*. Em mi voie eſtoit une eſglyſe où ſainz Elyes [f] fu mananz. Prèz de *Bethleem* es vignes eſtoit la *Tombe Rachel*, la fame Iacob. En *Bethleem* eſtoit l'*Eſglyſe Noſtre Dame* où Noſtre Sirez naſqui, & la croiſche où il fu couchiéz, & ſes orillierz d'une dure [g] pierre. Dedenz le cloiſtre [h], eſtoit une voie [i] où eſtoit li *Sepulcrez ſaint Ieroime* [j] & la *Sepolture des Ynnocenz*. A [k] une liue de *Bethleem*, eſtoit une eſglyſe où li angrez annonça aus paſtouriaus [l] la Nativité Noſtre Seigneur. Là fu chantéz premiérement [m] : « *Gloria in excelſis Deo.* » .j. pou amont de *Bethleem* avoit une petite [n] chapele où Noſtre Dame ſe repoſſa après ſon enfantement.

Hébron. De *Bethleem* verz ſouluerre eſtoit *Ebron* où Noſtre Sires forma Adam de la [o] terre de *Damas* [p]. Là eſtoient enſeveli [q] li .iij. patriarchez ovec leur fames [r] : Abraham, Yſaac & [s] Iacob, Ioſeph, Adam & [t] Eve. Prèz d'illeuc aparut Noſtre Sirez à Abraham en ſa [u] Trinité. Car il en vit troiz, & un en [v] aoura. De *Iheruſalem* à une liue, eſtoit li leuz [x] où la Sainte Croiz fu trouvée, & où ele [y] **S. Jean du Bois.** crut. D'illeuc à [z] .ij. lieues eſtoit [aa] *Sainz Iehanz du Boiz*,

a. iuſques *m. d. C, H, I, J, K.* — b. *A, D* en a; d'illeuc a *m. d. H, I, J, K.* — c. *C* une treſqu'à; *H, I, J, K* une au. — d. *H* Près. — e. *G, H, I, J, K* porte. — f. *G* Phelippes. — g. dure *m. d. B.* — h. *H, I, K* l'encloiſtre. — i. *A, B, D, G, H, I, J* volte; *K* norice (= voute). — j. *C* Deſouz le cloiſtre avoit une voſte où li Sepulcrez ſaint Giriaume eſtoit. — k. *Ici finit la lacune du mſ. E.* — l. *C, G, H, I, J, K* paſtors. — m. *C* premiérement chantéz. — n. petite *m. d. H.* — o. la *m. d. E.* — p. *E* limon; de Darnas *m. d. G.* — q. *H* enfoui. — r. *B* enffans. — s. & *m. d. E.* — t. & *m. d. H, I, J, K.* — u. ſa *m. d. G, H, I, J, K.* — v. en *m. d. I, K.* — x. eſtoit li leuz *m. d. J.* — y. fu trouvée & où ele *m. d. C, G, H, I, J, K.* — z. à *m. d. E.* — aa. *D* eſtoit li lieus où; *G* eſtoit li lieus & li mouſtiers S. I., &c.

là où Nostre Dame salua Elyzabeth*; là fu sainz Iehanz
Baptistrez *b* néz *c*, & Zacharies ses pérez. D'illeuc à une
liue estoit li chastiaus d'*Emaüz* où Nostre Sirez s'aparut à
ses desciples le iour de Pasques. A .iij. archiéez de *Ihe-
rusalem* *d* avoit une cave que l'en apeloit le *Charnier du
Lyon*. En cele cave au tenz le roi Cosdroé furent .xij. m.
martyrz pousséz par le lyon. *Le Charnier au Lion.*

De *Iherusalem* verz boire*e* a .vij. liues à *f* *Naples*; *Naplouse.*
illeuc meïsmes estoit li *Puis* *g* où *h* Nostre Sires parla à
la *i* Samaritanne. Là *j* estoit li monz où Abraham amena
Ysaac son fil *k* pour sacrefier. D'illuec à .ij. liues estoit
Sabasta, où sainz Iehanz Baptistrez fu decoléz. Et *l* là *Sébaste.*
estoit la poudre *m* de son corz. D'ileuc à .x. *n* liues verz
oriant estoit li *Monz de Tabour* où Nostrez Sirez se trans- *Mont Thabor.*
figura. Prèz d'illeuc estoit li *Monz* *o* *Hermon* où la cité
Naym estoit *p*. Là resçucita Nostre Sirez .j. enfant devant
la porte *q* de la cité.

D'illec verz oriant *r* estoit la *Merz de Gallilée* qui *Lac de Tibériade.*
n'est autre chose forz *s* .j. lay d'iauc douce du flun *Iour-
dain*, & d'autrez iaues de *t* fontainnes qui là s'assem-
blent *u*. Suer cele *Mer de Galilée* *v* manga Nostre Sirez
ovec ses Apostres, aprèz ce que il fu resçuscitéz. Il manioit
les doz de poissons, si que les arestez qui estoient es
doz *x* demouroient toutes vuides. Et touz li remananz

---

a. *E ajoute*: &. — b. Baptistrez *m. d. I.* — c. *D ajoute*: & apelé S. Iohan du Bois. — d. *C, G, H, I, J, K* A .iij. trais d'arc dehors Iherusalem. — e. *I* soloirre. — f. *A* en va à; *B, G, H* iusques à; *D* iusques. — g. *D* lieus. — h. *A* là où. — i. la *m. d. G, H, I, K.* — j. Là *m. d, J*. — k. *D* son fiulz Ysaac. — l. Et *m. d. G, H, I, J,*
K. — m. *D* sepulture. — n. *C, H* .ij. liues. — o. Tabour... Monz *m. d. K.* — p. *C, G, H, I, J, K* où est la cité Naym. — q. *C* les portes. — r. *E* vers Belleem. — s. *D* que; forz *m. d. J.* — t. *H, K* & de. — u. *I* s'asemblérent. — v. *I ajoute*: qui n'est autre chose fors uns lais; Suer.... Galilée *m. d. J.* — x. *E* les arestez des poissons.

des poiſſon. demouroient *tuit* entier. Et puis il les
gitoit en l'iaue. Et li poiſon tantoſt revivoient & s'en
aloient noant avec les autres ſenz dos, fors la freſte
qui eſtoit toute vuide. Cil poiſſon ſi ſont auſint granz,
ou plus, comme ſont ronces ou gardonz es iaues douces
de France. Deléz cele mer eſtoit li leuz où Noſtre Sirez
ſaoulla .v. m. homes de .v. painz & de .ij. poiſſonz, ſenz
les fames & ſenz les enfanz. Et leur demoura .xij. cor-
beilles toutes plainnes de relief des .v. painz & des .ij.
poiſſonz.

Nazareth. D'ileuc verz oriant eſtoit la citéz de Nazereth. Là
eſtoit li leuz où Gabriel, li ſainz angez, anunça à
Noſtre Dame que li filz Dieu prandroit char dedenz
lui. Là eſtoit li leuz où ele manoit. Là eſtoit la fon-
tainne dont ele aporta l'iaue dont ele norriſſoit Noſtre
Seigneur. Au ruiſſel de cele fontainne lavoit Noſtre
Dame les drapiaus dont ele envelopoit Noſtre Sei-
gneur. De cele fontainne envoioit querre Noſtre Dame
par Noſtre Seigneur, quant il fu .j. pou granz, & il
i aloit volantierz, & l'en aportoit en poz & en boirez
ou en autres veſſiaus; & fu aprèz quant il furent revenu
de la terre d'*Egypte*.

Prèz de Nazereth eſtoit une ville qu'an apeloit la
Cana. Cheanne de Galilée. En cele ville eſtoit li leuz où

---

a. *E* demoroit; *K* demorent. —
b. tuit *m. d. D.* — c. *C* Lors les.
— d. *H, I, J, K* regitoit. — e. *C*
tout erramment. — f. *A, B, C,
G, I* l'areſte; *D* les areſtes; *E* la
teſte; *H, K* le reſte. — g. *D* eſ-
toient; *G* qu'il avoient. — h. *A*
autreſſint. — i. *C, E, I* roces; *G,
H, J, K* roches. — j. *C, I, J, K*
eſt. — k. *E, H* pains d'orge. — l. *I*
corbillées; *J* corbeillons. — m. *D*
Noſtre Sires Gabriel. — n. *B* elle.

— o. *G, H, I, K* meſt. — p. *C*
manoit & la. — q. *C* aportoit. —
r. *G, I, J, K* drapelèz de quoi; *H*
draperies de quoi. — s. *C A* cele
fontaine envoioit N. D. N. S. —
t. *C* eſtoit. — u. *J, K* grandes. —
v. *C* mout volentiers. — x. *C, G,
K* ou. — y. *C, E, G* fu après ce
qu'il furent. — z. *G, I, J, K* avoit.
— aa. *A, D* que l'en. — bb. *C*
Chine; *I, J, K* Chane. — cc. *J*
valée.

Noſtre Sirez mua l'iaue en vin rouge, ſi comme l'en^a diſt en l'Euvangille.

Tuit cil pelerinaige, que ie vous ai deſus^b nomméz^c, ſont en la *Sainte*^d *Terre*^e *de Iheruſalem*^f & en la *Sainte Terre*^g *de Promiſſion*. Or vos^h dironz des autrez pelerinaiges qui eſtoientⁱ es leuz loingtieus^j.

Prèz de la cité de *Damas* avoit une montaigne. En cele montaingne avoit une eſglyſe de *Noſtre Dame* Sardenay *Sainte Marie*^k *à la Roche*, diſoit on. En cele eſgliſe avoit .xij. nonnainz & .viij.^l moinnes. Cil leuz eſtoit apeléz *Sardainnes*. Aucunes genz l'apeloient^m *Noſtre Dame de Sardenay*ⁿ. En cele egliſe avoit^o une table de fuſt; cele table ſi avoit^p une aune^q de lonc & demi aune de lé. En cele table ſi eſtoit pointe^r l'imaige^s Noſtre Dame Sainte Marie, & eſtoit entailliée ſuer le fuſt. Et de cele ymaige ſi en neſt oille^t plus ſouef flairant que^u baſme. Et pluſeurz genz s'en eſtoient oint & en avoient eü plus ſouef en^v leur^x maladies. Et cil oilles n'apetiſſoit point^y, ia tant n'en preïſt^z on. En cele eſglyſe venoient tuit li Sarrazin del païz entor la^{aa} feſte Noſtre Dame, la^{bb} mi aouſt & en ſeptembre. Là prioient

a. *G, J* il. — b. deſus *m. d. C.* — c. *G, H, I, J, K* que nous avons nomé. — d. Sainte *m. d. E.* — e. *C, G, H, I, J, K* cité. — f. *E ajoute*: d'outremer; *G ajoute*: qui eſt la plus ſainte terre de toutes les autres. — g. Terre *m. d. E.* — h. vos *m. d. H, I, J, K.* — i. *I* font. — j. *A, B, C, E* lointains; *G, H, I, K* lointains lieus. — k. Sainte Marie *m. d. H, I, K; G met après* Noſtre Dame : que l'en diſoit de la Roche. — l. *B* .xviij., *I* .xij. — m. *K* l'apeloit; *C* Si l'appeloient aucuns genz. — n. Aucunes .... Sardenay *m. d. E.* — o. *A, D, E* ſi avoit. — p. *C, E* fuſt qui avoit; *K, J* cele ſi avoit. — q. *I* fuſt; cele ſi aune; *B* aune & demy. — r. *K* En cele table ſi eſtoit entaillié ſur le fuſt & de cele table ſi eſtoit pointe. — s. l'imaige *m. d. I.* — t. *E* ymage naiſt huile; *H, I, J, K* ſi naiſt huile; *C* neiſt oille ſi ſouef. — u. *A, E, I, K* de; *C* que nus. — v. *H, I, K* de. — x. *A* avoient eſté plus ſouef en leur; *B, I* avoient plus ſouef leur; *C* qui en avoient eſté plus ſouef de leur. — y. *E, G, I* onques; *K* que. — z. *A* en preiſt on; *K* n'en prendroit on. — aa. *C, H* de là entour à la; *I, K* là entour à. — bb. *C* en mi; la *m. d. E, H; I, K* à.

& aouroient & offroient. Cele ymaige fu faite en *Coſtantinoble*, & unz patriarchez de *Iheruſalem* ᵃ l'en aporta ᵇ, & une abeeſſe li demanda: ſi l'ot ᶜ, ſi ᵈ l'aporta là où ie vouz ai diſt ᵉ.

Tortoſe. A *Tortouſe* eſtoit ᶠ la premiére eglyſe ᵍ qui fu faite en l'onneur de la Mére Dieu ʰ, & entre ⁱ Noſtre Dame & Saint Pierre l'apoſtre l'en coumanciérent ʲ premiérement ᵏ.

Bérythe. A la ˡ cité de *Baruth* fu .j. ymaige de ᵐ Iheſu Criſt, qui fu faite .j. petit ⁿ aprèz ce ᵒ que il fu montéz ᵖ es ciex ᵠ. Cele ymaige cruxefiérent ʳ li Iuif en deſpit de Noſtre Seigneur, & la ferirent ˢ el coſté d'une lance, & ᵗ de cel coſté iſſi il ᵘ iaue & ſanc ᵛ. Et pour ˣ ce ʸ miracle crurent pluſeurz ᶻ genz en Noſtre Seigneur. De cel ſanc & de cele iaue oingnoit l'en les malades, & ᵃᵃ gariſſoient de leur maladies.

Le Caire. En la cité de la *Nouvelle Babilloinne* ᵇᵇ qui eſtoit en *Egypte*, & au *Kahaire* (*Babilloinne* eſtoit la citéz ᶜᶜ & le *Kahaire*ᴢ li chaſtiaus), en cele *Babilloinne* avoit une fontainne. A cele fontainne ᵈᵈ lavoit Noſtre Dame ᵉᵉ les drapiaus à ſon chier fil, quant il s'en fouïrent ᶠᶠ en *Egypte* pour le roi ᵍᵍ Herode. A cele fontainne portoient ʰʰ li

---

a. de Iherufalem *m. d. E.* — b. *I, K* l'emporta. — c. ſi l'ot *m. d. I.* — d. *H, I, K* & ſi. — e. où ..... diſt *m. d. E.* — f. *E* fu faite. — g. *E* eglyſe de N. D. — h. *D* de N. D. — i. *B* & envers; *G* & diſt on que en l'onneur de N. D., S. P. l'apoſtres la comença. — j. *I, J, K* la commanciérent; *B* l'en coumanciérent il. — k. *E ajoute:* faite en l'ennor de Dieu & de N. D. de Sardenai. — l. *H* En la. — m. de *m. d. E.* — n. *H, I, J* pou. — o. ce *m. d. I, J, K.* — p. *A* que il montat; *G* que N. S. monta. — q. *A, E, G, H, I, J, K* ou ciel. — r. *K* & le crucefiérent. — s. *H, I, K* le ferirent li Iuis. — t. & *m. d. E.* — u. il *m. d. H, K.* — v. *E* ſanc & eve. — x. *H, I, K* par. — y. *K* tel. — z. *C, G, H, I, J, K* maintes. — aa. *A, G* & il. — bb. Babilloinne *m. d. E.* — cc. *A* eſtoit la cité Bab. — dd. A cele fontainne *m. d. K.* — ee. *C, G, H, I, J, K* ſoloit N. D. laver. — ff. *K* s'en furent. — gg. *G* la paour !u roy; le roi *m. d. C, H, I, J, K.* — hh. *G* tenoient.

Sarrazin mout grant^a honour. Et mout volantierz fe venoient^b laver de cele fontainne^c.

Palmier de la Vierge.

De cele fontainne eftoient lavé^d li arbre^e qui portoient le verai bafme^f. Au chaftel du *Kahaire* avoit à cel iour .j. paumier qui portoit dates. Noftre Dame Sainte Marie eftoit .j. iour defouz cel paumier & defiroit qu'ele eüft de ces dates. Mès^g li arbrez eftoit trop hauz, par quoi ele n'en pouoit nulles avoir^h. Li arbrez s'enclinaⁱ à fes piéz, & la glorieufe Dame^j prift de cel fruit^k ; &^l puis ^m fe dreçaⁿ li arbrez tout droit, voiant ^o mout de Sarrazins &^p de païenz^q qui là eftoient. Adonques copérent li païen^r cel arbre, & l'andemain le trovérent redrecié contremont & tot^s entier, ne n'i paroit ^t ne cop ne trancheüre^u. Puis lorz^v en avant portérent il mout grant honor à cel arbre.

a. *G ajoute :* chierté & li portoient mout grant reverence. — b. fe venoient *m. d. I.* — c. de cele fontainne *m. d. D, G, I*; Et mout ..... fontainne *m. d. C.* — d. *C, G, I, J, K* arroufé. — e. *I* vrai erbre. — f. *H* le faint baulme. — g. *G* Mais tantoft. — h. avoir *m. d. F.* — i. *E* s'aclina ; *H* qui portoit dates, mais li arbres eftoit trop haus, & N. D. defiroit mout qu'ele eüft de ces dates ; li arbres s'enclina. — j. *C* Virge. — k. *H, I, K* piéz, & N. D. prift de ces dates. — l. & m. *d. H, I, K.* — m. *G* après. — n. *C, G, I, J, K* redreça. — o. *J* devant. — p. de Sarrazin & m. *d. G, H, I, J, K.* — q. *C* voiant mains de paiens. — r. *F* li Sarrazin. — s. *C, G, H, I, J, K* tot redrecié & tot. — t. *C* parut. — u. *C* tranche. — v. *I* De lors.

X

LES CHEMINS ET LES PELERINAGES

DE LA

TERRE SAINTE

[avant 1265]

MANUSCRITS:

A

TEXTE COPIÉ PAR UN PROVENÇAL :

Rome, Vatic. 3136.

B

TEXTE COPIÉ PAR UN ANGLAIS :

Cambridge, Bibl. de l'Univerfité, Gg VI, 28.

LES CHEMINS
et
LES PELERINAGES
de la
TERRE SAINTE

* * *

TEXTE A.

I

Ces ſſont les chamins qui droytament vuet aler de la cité d'Acre en Iheruſalem e les pelerinatges de los ſains e les luoqs qui ſont en la droyte vie.

Ui droytement vuet aler en *Iheruſalem*, ci voie en tele manieyra come ilh eſt en ceſt eſcrit deviſé: Primerament l'on vait d'*Acre* à *Cayphas*, au quel chamin ilh i a .iiij. lieuas. Eſſi après d'illueques la *Montaingne* Carmel. dou Carme, on le luoc moſſeignour ſaint Danis eſt, ce eſt aſſavoir là ont ilh fu nés ad une ville que l'on apele *Ffranche ville*, auquel luoq eſt una chapele. Sſos l'autier ad une pierre valée. Au giét d'une pierre eſt la *Fontaine* Fontaine de Saint-de moſſeignour *ſaint Danis*, laquele ilh trova e la fiſt Denis. de ſſas propes mayns. E ſſachiés qui ilh i a mot bieu luoq & es le plus fayn luoq de toute le montanha à cuer d'ome.

2. En cele meef[me] montaingne est l'*abaye de ma dame* *Ste Marguarite*. *fainte Marguarite*, la quele est de moines, ont ilh i a enssi bieu luoq. Et deffos cele habaye au pendant est le luoq ont faint Helyas habita, auquel luoq est mot bele chapele en la roche. Après de cele *habaye de Sainte Marguarite* en le costieira en cele meefme montaigne, y a mot bieu luoq e delitos, hont habitant les ermitans latins que l'en apele fréres dou *Carme*, ont ilh a une mot bele petite yglife de *Nostre Dame*. E por tot celuy luoq a grant playnté de bones aygues que yehent de la roche de la montaigne; de la quele habaye de Grex iufques as hermitans a une lieua e dymie. Après y a .j. luoq aval au playn en ffus de la mer, entre *Sainte Marguarite* e les fréres dou *Carme*, que a nom *Anne*. Illueq, ffi com l'en dit, furent fais le clos dont Noftre Seignhor fon cloés e encores par le luoc ont ilh furent fargés. Après cele montaigne dou *Carme* à la partie des hermitans latins à la costieira devers *Chastieu Pelerin*, ffi a .j. luoq que l'on *S. Jean de Tyr.* apela *Saint Iehan de Tire*, ont ilh i a .j. moftier de Grex, ont faint Iehan ffift motz de biaus miracles. Après celui luoq vers *Chastieu Pelerin*, y a une ville que l'on apele *Capharnaüm.* *Capharnaüm*, on furent ffais les deniers des quals fu vendu Noftre Sfire.

Châtel Pèlerin. Da *Chaïphas* à *Chaftieu Pelerin* ffi a .iij. lieuas, le quel chastieu ffiét fu la mer, e ffu de la maiffon dou *Temple*; & yqui gist ma dame fainte Euphemie, virge e martir.

Cifarie. De *Chaftieu Pelerin* à la cité de *Cezaire*, ffi a .v. lieuas, lequele cité est fu la mer, & est d'un baron dou roiaume. Dehors des murs de cele cité est une chapele ont faint Corneli gist, que faint Pére babtiza, lequel ffu après miffire faint Pére archivefque de cele cité. En près de cele chapele ffi a une mot bele pierre de marm, grant e longe, la quele l'on apele la *Table de Noftre Seignor*. Eify i a .ij. autres pierres de ce marbre comme la table, qui ffont toutes rondes, groces deffos & agües deffus, que l'en dit les *Chandeliers de Noftre Seignor*. Après à mayn feneftra, près d'une ville que a nom *Pan perdu*, ffi eft une chapele de Noftre Dame, qui ffiét fur le marayns, ont ilh i a molt fain luoq, auquel marays y a molt de cocatrix.

3. De *Seʒaire* ad *Arffuf* y a .ij. lieuas, le quel chaf- *Arfuf.* tieu fét .j. petit près de la mer ffur .j. tertre de ffablon, lequel chaftieu eft de l'*Ofpital*, au quel chamin par deffus ffiét *Roche tallié* & .j. mauvays pays, & là ffe aubergent males gens aucune ffois por tallier le chamin à ceaus qui vont à *Iaphe*.

De *Arffuf* à *Iaphe*, qui eft ville e chafteu, ffi a .iij. *Jaffa.* lieuas, & ffi eft le chafteu ffur la mer. Et ffi eft conte à *Iaphe*. Trove l'en fus au chaftieu en l'*yglife de Saint Pierre* le *peron de Saint Iaque*, l'apoftle de *Gualice*.

De *Sfeʒaire* à *Celone* ffi a .vij. lieuas, le quele ville fét ffur la mer, e [de] *Celone* à *Guadre* ffi a .iij. lieuas, lequele *Geza.* ville fét ffur la mer que a nom *Guadre*. De *Iaphe* à *Rames* ffi a .iij. lieuas. *Rames* fi eft cité & evefchié. Au playn *Rames.* de *Rames* le roy Baldoyn, roy de *Iherufalem*, aveques .v. .c. homes à cheval defcofift Saladin amtot ffon oft, bien .xxx. .m. homes de cheval, e là ffu portée la veraya croys ont Noftre Sfire ffofri mort en *Iherufalem*. E là ffu veü faint Iorgi apertement en cele bataile, quant ilh feri primerament ffur les Sarrazins, laquele bataile fu ffaite le iorn de Sainte Katerine.

De *Rames* à *Detenuble* ffi a .v. lieuas. *Detenuble* eft une *Béthenoble.* grant ville. De *Detenuble* a la *M*[*ontioye*], ffi a .v. lieuas. Sfur la *Monioye* eft l'aglife de [*Saint*] *Samuel*, & ffi a .iij. lieuas iufques en *Iherufalem*. De la *Monioye* vait l'on tot droit à la fainte cité de *Iherufalem* par ffolhel levant ffans aler ni fsà ni là.

II

Ces ffont les intrées de la fainte cité de Iherufalem e les luoqs fains, que l'on doit fuire & adhorer.

4. Primerament qui droytemant vuet intrer en *Iherufalem*, intre tot droit por la *Porte Saint Eftiene*, e doit querre les Sains Luoqs.

S. Sépulcre. Primerament le *Saint Sepulcre* Noftre Seignor eft illueques après, c'eft affavoir au cuer ont eft le *Compas de Noftre Seignor*. Effi eft enffi le luoq ont Nichodemus & Iofep ab Arimatia miront ffon benoit cors, quant ilh ffu encevelis après la benoyta paffion.

5. A la yffue dou cuer à la feneftre mayn, eft *Monti Calvayre* Ce eft le luoq ont Dieus fu mis en la croys : e deffos eft *Golgota*, ce eft le luoq ont le ffanc Noftre Seignor pertufa la roche e chay fur la tefte de Adam.

Calvaire.

Colonne de la Flagellation. 6. En après derriérs la tribune dou maiftre autel, de los *Monti Calvayre* eft la *Colompne* ont Noftre Seignor Yhefu Crift ffu liés e batus, & illueques, decofte une diffendue de .xl. degrés, eft le luoq ont ma dame fainte Helena trova la Veraya Crois.

7. En après à l'ichue dou cuer près dou *Sfepulcre* *Prifon de N. S.* eft la *Preiffon* de Noftre Seignor à mayn deftre, & illueques eft la [che]na dont ilh ffu liés. De l'autre intrée dou *Sfepulcre*, [fi a .x]l. degrés contre aval iufques à la *Chapele des Grex*, en la quele chapele ffoloyt effer la Sfainte Croys qui ffu trovée & la ymage qui parla à Maria Egipciaca e la converti.

8. Après par cele ychue dou *Sfepulcre* por dehors *Ste Chariton.* vers boire, eft l'yglife de *Saint Carito*, e là auffi eft fon

cors. De l'autre part dou *Ssepulcre* par devant vers midy près d'iluoq est l'yglise de *Nostre Dame de la Latine*, la Ste Marie Latine. primera yglise que uunques fust de Latis en *Iherusalem*, e por ce a nom *la Latine*, & est de moines noyrs. Cest est le luoq on sainte Marie Macdalena & ssainte Marie Cleophé detraïstrent lur chaveus, cant Nostre Ssire Ihesu Christ morut en la croys, & illueques la maisson l'*Hospital de Saint Iohan*.

9. Devant le *Ssepulcre*, tant comme .j. arc puet traire à .iiij. fois vers levant, est le *Temple Domini* ont Le TempleDomini. ssont .iiij. intrées & .xij. portes. En my le *Temple* est la *Gran Roche* ssacrée, ont estoit l'Arche Nostre Seignor au temps' de David, e la Vergua de Haron, e les Tables dou Vielh Testament, e les .vij. Chandeliers d'or, e l'Arche ont estoit la Manne que venoit dou ciel, e le Fuec qui soloit devorer le ssacrifice que l'en faissoit, e l'Oli que degotoit, dont les roys e les prophetas Nostre Seignor estoient enoingnt.

10. E illueques de coste sur la R[o]che fu le fis de Roche de la Sakhra. Deu usert, & illueques vi Iacob l'eschiela que tocoit iusques au ciel, e la vi el les angeles monter e diffendre. A destre de la *Roche* apparut l'angel ad Zacarias lo propheta. Là dessus est *Sancta sanctorum*, [&] illueques perdona Nostre Ssire à la fema qui fu prise [en ad]-ulteri. Illueques ffu anunciés saint Iohan B[a]p[tiste]: en celuy luoq adorent or endroit les Ss[arazin]. Autressi dis l'on que illueques estoit .j. autier, hont saint Habraam fist sacrifice à Dieu.

11. Là dessotz est le *Sepulcre Saint Iaque*, le primier S. Jacques. evesque de *Iherusalem*; près d'yqui est l'*higlise Saint Iaque* Hors dou *Temple* est .j. autier ont Zacarias, ffis Barachias, fu ocis, & ce est entre le *Temple* e l'autier. A l'intrée dou *Temple* est la porta que l'on dit *Spessiosa*.

Vers ponent & vers horient est le *Temple Ssalamon*. Par Temple de Salomon.

devers levant est le *Bayn Nostre Seignor*. Et illuoq fon son lit e de Nostre Dame aussi. Au *Temple Domini* vers levant est la *Porte de Iherusalem*, & là hors por cele ychue parent les piés de la beste que Nostre Sires chevaucha au iorn de Pasches flories. Et là dessus sont *Portes Aureas*. Au *Temple* vers cele ychue est *Probatica piscina* en cele voye, & illueques près est *Sancta Anna* e sso monument. Sur *Sainte Anne* est l'yglise de *Sainte Marie Macdalena*. Vers mydi sur la cité de *Iherusalem*, est *Monte Syon*; là est le luoq e la grant yglyse qui est abatue, ont Nostre Dame sainte Maria trespassa & d'illuoq la portarent à *Iosaphat*.

Piscine probatique.

12. Illueques est une chapele ont Nostre Ssire ffon iurgiés e batus e flagelés & d'espines coronés, & sse ffu le *Pretoire de Chaiphas* & ssa maisson. Sur le grant yglise abatue est l'*Yglise dou Saint Esperit*; illueques dichendi le Saint [Esperi]t sus les apostles le iorn de la Pentecosta, & [ileques] à mayn destre est la *Table* on Dieus cena avec ses disciples, & aqui dessotz est le luoq ont Nostre Ssire lava les piés à sses apostles, & encore y est la pile. Illueq intra Dieus portes closes e dist à sses dissiples : « Pas ssoit à vos ! » E dist à Thomas : « Met yssi ton doit e ta mayn en mon costé. »

Prétoire de Caïphe.

13. Dessost *Monte Ssyon* est une chapele que l'on apela *Gualilea*. Illueq aparet Nostre Sires à ses bones femas & à Ssymeon. En *Monte Ssyon* ffu enoingt le roy Salamon, puis amont sur la cité est *Natathorie Ssiloé* & là près fu enfoïs saint Ysasias. Sur *Natathorie Siloé* est *Acheldemac*; se est le luoq qui fu acheté des .xxx. deniers que fu vendus Nostre Seignor, & sse est la sepulture ont met les pelerins.

Natatoria Siloé.

Dessos *Portes Aureas* en la valée est le roissel que l'en apela *Cedron*; illuoq culli David les .v. pierres de que ilh occit Golias.

14. Et iluoq eſt *Ioſaphat*, le luoq on Noſtre Dame Sainte Maria fu enterrée & miſe. En après d'aqui eſt *Get-* Gethſmani. *ſſemani*, le luoq on Dieus fu pris, & illuoq parent les dois de Noſtre Sſire en une pierre. Illuoq laicha Dieus ſſaint Pierre & S. Iaques & S. Iohan, quant ilh ala orar. Illuec tan come le giét d'une pierra, eſt le luoq on Dieus oret à ſſon pére e ſſuet les gotes de ſſanc degotant per tierra. Illueq fu mis ſaint Iaques & ſaint Sſymeon & Zaquarias. Au pendant de cela valea eſt la ſſepulture dou roy Ioſaphat, dont la valée eſt enſſi nommée.

Au deſſus vers levant eſt *Monte Olivet*, don Noſtre Mont des Oliviers. Sſire monta a[l ciel] le iorn de la Aſſcenſion. Et encores i [pert le pié] ſineſtre. Ilueq comanda Noſtre Sſire à ſſes diſſiples à ad aler preycher l'evangeli ad *Univerſſe crea-ture*. Par deſſus eſt une chapele, ont giſt ſainte Pelage martir. Près d'yqui vers à mydi eſt une chapele ont Noſtre Sſire ffiſt le *Pater noſter*. Entre *Mont Oliveti* & *Betania* eſt *Betffagé*, hont Noſtre Sire manda Saint Pierre Bethphagé. e ſſaint Iaque por la aſſneſſa e por ſſon polin le iorn de Paſque florie. Près de *Betanie* eſt le luoq ont Deus reſſucita Ladre e perdona les pechiés à la Macdalena; ce eſt la *Mayſſon Symon le lebros*, qui eſt ad une lieua de *Iheruſalem*.

III

Ce eſt le chamin de Iheruſalem por aler à la Quarantene, que Dzus ieüne & as autres luoqs ſayns près d'aqui.

15. De *Iheruſalem* à la *Quarantaine* a .vij. lieuas, & illuec ieüna Noſtre Sſires .xl. iors e .xl. nuogz. Et après d'a-qui eſt *Ierico*. De *Ierico* au flum *Iordayn* a .iij. lieuas; Le Jourdain. illueq fu Noſtre Sſires babtiſés de ſaint Iohan Babtiſte. Dou flum *Iordayn* à *Monte Synay* ſſi a .viij. iornées. Illue-

ques dona Noftre Sfires la loy à Moyfen, & en celuy mont gift ma dame fainte Caterine en une vielle fepulture de marbre. Ad une lieua de *Iherufalem* vers mydy eft

S. Hilie. Saint Helias, e près d'aqui .j. poy eft le *Cham flori.* E n'a [que] .j. poy, fors de cele voie eft le *Sepulcre Rachel* [la fame la]cop. Encontre celuy mont d'autre part eft la

Bethléem. cité de *Betleem*, ont naffci Noftre Seignor. A .ij. lieuas de *Iherufalem* eft la creche hont Noftre Senhor fu mis, cant ilh fu nés & envolopés de petis drappieus. Près d'yqui eft le luoq de la nativité, & le luoq ont les tres reys, qui vendrent d'orient adorérent Noftre Seignor, quant ilh li ufrirent or & enffe[n]s e mirre. Illueq au cofté dou cuer à mayn deftre eft le poys on chay l'eftela. Al feneftre giffent les *Ignocens.* El encontre eft la *Sepulture de faint Ieronime.* Deffotz *Betlleem* eft une c` apele ont Noftre Dame ffe repaufa, quant ele doit eff. r Noftre Seignor, e pren l'on la via d'aqui ad aler à *Sfaynt*

Hebron. *Habram* en *Hebron.*

16. Et illueq fift Noftre Sfire Adam & Eva, & illueq eft la *Maiffon de Chaym & d'Abel.* Près d'aqui s'i demoftra Noftre Sfire en forme de la Trinité à ffaint Habraam. Vers criant eft le luoq où Noftre Dame ffalua fancta Helifabet. Illueq fu nés Saint Iohan Babtifte, & Zaquarias ffon pére. A .ij. lieuas d'aqui eft .j. Chaftel que l'on apela *Hemaüs* ; illueq aparut Noftre Sfire à Saint Luc & à Cleophas après la refurexion. Ad une lieua de *Iherufalem* ffi eft l'albre, de coy ffu faite la Veraye Croy.

Naploufe. De *Iherufalem* à *Sfamarie* que l'en apela *Naples,* ffi a .xij. lieuas ; illueq parla Noftre Sfire à la [Samari]tana, au *Pos de Iacob.* Illueques a .ij. l[ieues à] la cité de *Sebafte.* Illueq ffaint Iohan [fu decolés & là eft fa fepulture]. De *Sfebafte* à *Monte Tabor* ffi a .x. lieuas. Illueques ff'i traffigura Noftre Seignor delan de ffes apoftles.

Or laycharem à parler de la ffainte terre de *Iheru-*
falem e dou païs entorn lli.

IV

Ce eft le chamin d'Acre à Nafaret e de los autres fainto-
ratges d'entorn lli.

17. Primerament l'on doit aler d'*Acre* à *Nazaret*, Nazareth.
ont ilh i a .vij. lieuas. En ceft chamin eft *Sfafran*, ont
ilh i a .iij. lieuas, en laquele montaigne eft l'*Yglife de*
mofseignor Saint Iaque, quant ilh fu nés, & encores i
par le luoq. De *Sfafran* à *Sfaforie* ffi a .iij. lieuas, e
d'illueq va l'en à *Nafaret* ont ihl i a una lieua. Et illuoq
vint Noftre Sfeignor en la virgen Maria.

De *Nazaret* à *Cana Gualilea* a .iij. lieuas. A *Cana*
Guali[l]ée ffurent faites les noffes dou roy Architiclin, &
en celes noffes ffift de l'aigue vin. Encores par le luoq
ont les noffes furent faites, & le luoq ont les .vij. ydrias
eftoyent.

De *Cana Gualilée* ad .j. trait d'arc iufques au *Pois*
ont l'aigue ffu prife. Illueques près eft *Monte Tabor*. De
Monte Thabor à *Monte Hermon* a una lieua, & illueq eft
la cité de *Naym*. Illueq reffuffita Noftre Sfire le filh à
fema la veva devant la porte de la ville.

Près de la cité, à .iij. lieuas, ffi eft la *Mer de Gualilée*. Lac de Tibériade.
E de cofte ffu la mer eft *Tabarie*, ont Noftre Sfire her-
berga & [mou]t de miracles i ffift. Et aqui fift Noftre
Sfire gi[ter] ret à la mer à faint P[ierre] & à S. Andrés que
[eftoient e]n .j. batel. Sfur cele mer ala Noftre Sfire
[veant S. Pierre & S. An]drés; & adonc eût moff[ei-
gnor] S. Péres pahor, cant ilh le vit venir à pié fur l'ay-
gue, car ilh cuydoit que ce ffuft ffantafme.

Après d'illueq de l'autre part, ffi eft *Capharnaüm* e Capharnaüm.

d'autre part le *Stagne de Geneẑaret*. En ffus le *Stagne de Geneẑaret*, à mayn deftre a .j. mont, que eft playn de ffen, ont Noftre Sfire preicha à la turba des gens. Après d'iqui ffi eft le luoq, ont Noftre Sfire ffaola .v. .m. homes de .v. pa[in]s d'orgi & de .ij. peiffes. En ffus près d'illueq eft la priffon, ont Noftre Sfire ffu mis, iufques atant que ilh horent payé le treu(t)atge de ffon paffatge. Ce ffu adonc cant ilh comanda à moffeignor S. Pierre à pefchier .j. peiffon; e quant ilh l'ot pris, Noftre Sfire comanda qu'ilh ffus huvert. E traïftrent .j. denier lequel fu payés par le treu(t)atge de ffon paffatge. Molt de miracles ffurent ffaitz en cele encontrée, que l'en non puet ffi bien ffavoir com l'en vodroyt.

Le Saphet. De *Tabarie* au *Sfaphet* a .iij. lieuas. En ceft chamin eft le *Puis*, on Iofep fu gités, quant ilh fu vendus aus Efmaelitans. Sur le pont dou *Sfaphet* eft la pierra ont Noftre Sfire ffi repaufa. Dou *Sfaphet* à *S. Iorgi* ffi a .v. lieuas, & ffy eft une yglife de moines noyrs. De *S. Iorgi* ad à *Sardenay.* Acre a .iij. lieuas. D'*Acre* à *Terdeney* a .iij. iornées e dimie, e paffa l'on par *Domas*, car ce eft dimie i[ornée]. Autre ffachés que ilh i a une *Table* de Noftre Da[me d'où] degotoit holi, molt de malades gueriffent, [e à *Tor*]*tofa* eft la primera [yglife, que firent] faire les apoftles à la ffembiance de cele de *Naẑaret*.

Aynffi feniffent les pelerinatges de *iherufalem* & de Sains Luoqs entorn. Or prions le autifme Peire que de ffa Ffilhe ffift ffa mére que ilh nos don requerre les ffains pelerinatges devan només, ffi que ilh ftoit au proffit de nos cors & ad exaltation de nos armes. Dieus por ffa fainte pitié nos le puiffe otroyer! Amen!

* * *

LES
CHEMINS ET LES PELERINAGES
DE LA
TERRE SAINTE

*

TEXTE B.

I

KI dritement veut aler en *Ierufalem*, primérement deit aler de *Acre* à *Caïphas*, en quel chemin à mayn feneftre eft la *Montaigne de feynte Margarete de Carme*, ki eft à .iiij. liues de *Acre*. En l'un chef de la montagne, eft *Franche vile*, où feynt Denys fu né, en une eglife peitite, en une petite roche contre val. En cele roche apert le lui oum un berfel cavé en la roche, & par derére cele eglife à mayn deftre eft la *Fontaigne ke Denys* trova e fift de ces mayns. E fachéz ke ceo eft un de plus feynz lius à cors de home de tote la montaigne; e pus l'em vet à un cafelet hoft près de là, à une petite defcendue. *Francheville.*
Fontaine de Saint-Denis.

2. A l'autre chef haut de cele montaigne, eft une abbaye de Griffons, moignes ners, où feynte Margarete fift muft de miracles, e funt là de bons fentuaries. A la defcendue de cele abbaye contre val eft une chapele en la roche de feynt Helyes le prophete, où il fift muft de miracles, e en la chapele eft une bone fontaigne de ewe freide ke il trova e fift. En contreval à *Ste Marguerite.*

mayn feneftre eft un cafal k'eft apelé *Capharnaüm*. A
près un poi en fus eft *Anne*, un cafal où furent forgéz
les clous dont Ihefu Crift fuft clavéz en la croiz, e apert
Caiphas. uncore le lui. En aval ante fur la mer eft *Caiphas* ke
foleit iadis mut valer avant ke la cité d'*Acre* fuft fete,
kar auncienement foleit aver aufi grant renom cum *Acre*;
kar iadis *Acre* foleit eftre un cafal e *Caiphas* fu la vile.
E fachéz ke *Acre* n'eft pas de *Terre de promiffion* aufi
cum eft *Caiphas*, kar un flum devife la *Terre Seynt* entre
Acre e *Caiphas*, k'eft apelé le *Flum de Caiphas*, ke ift de
une fontaigne ke curt par de futh le *Carmont* e vent
par de futh la montaigne de *Seynt Margarete*, k'a nun
la *Paumére* e curt en la mer e part enfi la *Terre de Pro-
miffion*, e ataunt i a d'*Acre* à *Caiphas* com de *Acre* à la
montaigne. En après l'em veit de *Caiphas* à *Chaftel
Pelrin* où il i a .iij. liues, e eft del *Temple*. En contre cel
S. Jean de Tyr. chaftel eft un feynt luy ke l'om apele *Seynt Iohan de Tyr*,
e fi ad un abeye de moygnes gris, où il i a bons fein-
tuaires, e feynt Iohan Baptifte fift mut de miracles. En
fus de cel liu haut fus la montaigne à main feneftre eft
un beau liu e feint, où i a en hermitage de hermites
Le Carmel. Latins, ki s'apelent fréres de *Carme*, e fi a une eglife de
Noftre Dame; e fi a mut de bones fontaignes curantes
e mut de bones herbes flairans.

Del *Chaftel Pelrin* l'om vet à *Sefarie*; la cité fis fur la
mer, où l'om trove à main deftre les falines de l'*Hofpital
de Seynt Iohan*. E puis fur la mer trove l'om *Pan perdu*, une
tur de Seynt Lazare. D'autre part à mayn feneftre dedenz
terre, eft une eglife de *Noftre Dame de Mareys*, e iluec
Châtel Pèlerin. venent mut de gens en pelrimage de *Sefarie* e del *Chaftel
Pelrin* e del païs. En cel mareys funt mut de caucatris, unes
féres beftes, les queles i mift un riche hom ky eftoyt en
Sefuirie, e los fift norir, car il les quida fere devorer fuen
frére, pur un contefte ke aveit efté entre eus, e pur ceo les

fiſt il les aporter de *Egipte*. E un iur amena on lui ſon frére pur baigner, pur covertement ocire. E ſun frére fu plus ſachaunt de lui : ſi le fiſt primes deſcendre, e les beſtes k'yl aveyt nori tantoſt le tirérent en parfund, ſi ke onkes puis ne fu trovéz ; e fu aperceü la traïſon par ceo ke eſteynt conſentaunt, e enſi fu perdu ly traïtres, e ſeon frére ſavé.

De tel liu delés *Seſarie*, ſi à une liue de hors les murs un petit, eſt la ſepulture de ſeynt Cornel, ke ſeynt Pére baptiza, cum il eſt eſcrit en fez des Apoſtles, e fu arcevekes de cel cité. Après un poi en avant ſi eſt une péce de marbre de la colur de propre, ke l'om apele la *Table Noſtre Seignur*, la quele Saraſins trenchérent per mi. En coſte cele table ſunt deus autre grant péces de marbre, groſſes e tute rundes par de ſuth, e lunges e greles par de ſus, e ſunt apelés les *Chandelabres* Noſtre Seignur, e une *fontaigne* ke eſt murée tut entur, en ben haut. D'autre part fors de la cité à main deſtre en ſus un poi de la mer ſi eſt une *Chapele de Seynte Marie Magdalene*, ky eſt ſeinte e vertuuſe, e dyent ke là fiſt ſa penaunce. *Ceſarie.*

3. En après de *Seſaire* l'om vet à *Aſur*, un chaſtel le quel ſi eſt ſur un tertre de roche un poi en ſus de la mer, ſur le ſablum à nef liues de *Seſaire*. En ſus auſi vers la montaigne eſt un liu mult perillus, ke l'om apele *Roche talie*, kar la repeirent larrons e grant mal funt à pilrins e as autres. *Arſuf.*

Après l'om vet de *Aſur* à *Iaffe*, où il i a .iij. liues. *Iaffe* eſt vile & chaſtel, e un conté, e ſi eſt ſur la mer. A *Iaffe* eſt la meſon où ſeynt Pére habita, kaunt dut baptizer Cornele. E fu la meſun Simeon le Canut, e ore eſt apelé la *Tur de le patriarche*. Là ſus al chaſtel, en le *Egliſe de Seynt Pére* eſt le *Peron de Seint Ielke* ſur le quel l'om diſt ke il paſſa la mer, e ſi a autre ſentuaries. E ſachéz *Jaffa.*

ke *Iaffe* est un de bons liues, ke seit sur la marine. De hors le murs de *Iaffe* un poi loinz cum l'om vet à *Rames* est une *Chapelle de Seint Abacuc*, mult seinte, mès mult anciene.

Rams. De *Iaffe* prent l'om le chemin pur aler en *Ierusalem*, e si vet l'om dreit à *Rames*, où il i a .iij. granz liues. *Lidde* est d'autre part encontre *Rames*, e iluec est une *Eglise de Seint Ieorge*. A *Lidde* resuscita seint Pére Tabitam, e iluec est bon pelrimage pur l'eglise ke est mult seinte e pur les miracles ke seint Ieorge i fet. De *Lidde* à *Rames* si a .iij. liues. *Rames* soleit estre de grant renom. Sarazins l'ont mult honuré e uncore sunt, kar il unt là lur grant malhoumerie e unkore sunt là lur afflictiouns.

A main destre sur la mer de autre part de *Rames*, est *Ascalone*, à .ix. liues de *Iaffe*. Outre *Ascalone* à .iij. *Gaza.* liues sur la mer est *Gadres*, dunt Sampson le fort brisa le[s] portes e les porta sus un mont bens loins de la vile. De *Gadres* à .iij. liues est *Forbye* où la Cristienté de ça mer fu un tens descomfite.

Béthenoble. En après l'om vet de *Rames* à *Betenuble* où il i a .v. liues, le quel chemin est mult durus pur les bucement de Bedeuins, ke ocient la gent ke vunt en *Ierusalem*. De *Betenuble* vet l'om à la *Mont Ioie*, tut dreit par soleil leuant, sauns aler ne sà ne là, où il i a .iij. liues, laquele est près de *Ierusalem*. De la *Mont Ioie* l'om descent en *Ierusalem*.

II

4. E qui dreitement vot entré, si deit entré par la *Porte Seint Estevene*, là où il fu lapidé, kar ceo est la plus especial entré[e] ki li soit. E pus ke l'om est entré, *S. Sépulcre.* l'om deit cercher par ordre les Seinz Liues. Primiére-

ment deit requere le *Verei Sepulcre* Ihefu Crift. Après en le quer eft le *Compas* e le *Cercle* où Nichodemus e Iofeph de Arimachie miftrent le cors Ihefu, kant il le voleint enfevelir.

5. A l'iffue de cuer à la feneftre main eft *Mont Calvarie*, où Deu fu mis en la croys, e ileukes fift feint Abraham facrifice à Deu. E par de futh eft *Golgatha*, où le fant Ihefu cheï e perça la roche, e unkore pert.

6. En après, derére la tribune del meftre auter futh *Mont Calvarie*, eft *Columpne* où Ihefu fu batu. *Calvaire.* E ilekes en cofte fi ad une defcendue de .xl. degréz iekes al liue où feint Helene trova la *Seint Croyʒ* Noftre Seingnur.

7. E en après à l'iffu del *Sepulcre* à main deftre eft un liue ke l'om apele la *Prifun Noftre Seignur*, où il *Prifon de N. S.* fu mis en prifon, e là foleit eftre aufi une chene dunt il fu liéz. De l'autre entré del *Sepulcre* fi ad .xlj. degréz contre val, iekes à une *Chapele* de Griffons, en la quele *Chapele* foleit eftre iadis la *Seint Croys* ki fu trovée e une *Ymage de Noftre Dame* ke parla à la Egipciene.

8. De hors vers boirre eft l'*Eglife de Carito* e fun enfeveli. De l'autre entré del *Sepulcre* près d'ilekes eft la *Latyna*, e un autre liue où la Magdalene e la Marie Che- *Ste Marie Latine.* ophé plorérent, kaunt Noftre Seignur murut en la croys. E ilekes en cofte eft le *Hofpital de Seint Iohan*.

9. Devant le fepulcre d'elekes tant com un arke put trere, à deus foyz vers le levant, eft le *Temple* de *Le Temple Domini.* Noftre Seignur, où funt .iiij. entrées e .xxij. portes. En mi le *Temple* eft la grand *Roche facrée* où foleit eftre ancienement l'Arche de Noftre Seignur, e la Verge *Aaron*, e les Tables del Veil Teftament, e les .vij. Chaundelabres d'or, e la Huche où efteit la Manne, ke vint de cel, e le Feu ke foleit devorer les facrifices, e le Oylle ke degutoit, dunt efteynt enoynz le roys e les prophetes.

10. Ilekes en coſte ſus la *Roche* fu Iheſu offert. Ilekes auſi vit Iacob le eſchele ke tochoit iekes al cel e vit les angeles montrer e deſcendre kaunt il s'endormi. A deſtre de cele *Roche* apparut li angeles à Zacharie le prophete. E la deſus eſt une chapele ke a nun *Sanƈta ſanƈtorum*. E ilekes pardona Noſtre Seignur les pecchés à la femme ke fu priſe en avoutére. Ilekes fu anomé ſeint Iohan le Baptiſte, e ilekes ore endreit aorent les Sarazins. E ilekes fu un auter où Abraham fiſt ſacrifice à Deu.

Roche de la Sahhra.

11. E ilekes fu une egliſe dunt ſeint Iake, ke fu frére Noſtre Seignur apelé, fu trebuché. De hors le *Temple* eſt un auter où Zakarie le fiz de Barachie fu occis, ceo eſt entre le *Temple* e le auter. A l'entré del *Temple* eſt une porte ke l'em dit *Specioſe*. Devers ponent, par devers demi cor, eſt le *Temple Salamon*. E près de cel temple eſt un liu ki eſt en forme de baing, e eſt apelé le *Baing Noſtre Dame & de Noſtre Seignur*. E ilekes ſoleit eſtre lur repos acune foyz. Aprèz de là eſt *Sepulture Seint Simeon*. E el *Temple Domini* vers le levant, eſt la *Porte* ke l'om apele *Ieruſalem*. E de hors vers cel iſſue apèrent les pas de l'auneſſe ke Noſtre Sire chivacha le ior de Paſche florie. E là deſus près de là ſunt *Portes Orreʒ*. Al *Temple* à iſſue devers boyre eſt la *Porte* ke l'om dit *de Parayſ*. E en coſte le mur del *Temple* eſt une piſcine ke l'om apele *Probatica Piſcina*. Après de là eſt *Seint Anne* e ſun monument. E ilekes dient akuns ke là eſt *Probatica Piſcina*. Sur *Seint Anne* eſt l'egliſe de la *Magdelene*. Vers mi ior ſur la cité eſt *Mont Syon*, e là eſt la grant egliſe abatu, où Noſtre Dame trepaſſa, e d'ilekes la portérent les apoſtles en *Ioſaphat*.

Temple Salomon.

Piſcine probatique.

12. Ilekes devant eſt une chapele où Noſtre Seignur fu iugéz, e eſcharniz e eſcoupéz, e flagelléz, e vituperéz e de eſpines corunéz; e ceo fu le *Pretorie Caïphas*, là où

Prétoire de Caïphe.

furent afembléz les Iuys an concil en contre Noftre Seignur. Sus la grant eglife abatue eft la *Chapele de feint Efperit*, fur les apoftles le ior de Pentecofte. E ilekes à main deftre fur le auter eft la *Table* fur quel Deu cena ou ces difciples, e là de futh eft le liu où Noftre Sire lava les pés à ces difciples, e unkore i pert la pyle. Ilekes entra il les portes clofes à ces difciples *vel* apoftles e lur dift : « Pais feit ou vous ! » E ilekes dift il à feint Thomas : « Metez ici ton dei & ta meyn en mon cofté, e ne feez mefcreant, mès feez feel. » *La Cène.*

13. De futh *Mont Syon* eft une chapele ke l'om *Mont Sion.* dift *Galilée*. Ilekes aparut Noftre Sire après fa refureccion à Simon Péres e à bones femmes. En *Mont Syon* fu li roys Salomon enoynt. Après de là amunt fus la cité, eft une pifcine ke l'om apele *Natatorie Syloe*. Ilekes après fu feint Yfaie le prophete mis. Sus *Natatorie Syloe* eft un champ ke l'em apele *Acheldemach* ; ceo *Acheldama.* eft le liue, ki fu ataché pur .xxx. deners pur la fepulture des pelrins.

De futh *Portes Orrez* en la valée eft le rufel ke a nun *Cedron*. En cel roiffel cuilli les .v. péres David des quels il ocift Golyas.

14. Près d'ilekes eft *Iofophat*, le liue où la virgine Marie fu mife. Ilekes derére eft *Geffaman* le liu où Deu *Gethfémani.* fu pris. En cel liu apérent les deys des mains Noftre Seignur, e là leffa noftre fire feint Pére e feint Iake e les autres difciples, kaunt il ala orer. E près d'elikes tant com eft le iet de une pére, eft le liu où il ora Deu le pére, e fua gutes de fanc decurranz en terre. En cel liu près furent mis feint Iake, e feint Simon e Zakarie le prophete.

Près de là eft *Mont Olivete*. De cel liu Noftre Seignur *Mont des Oliviers.* afcendift al ciel, le ior de l'Afcencion, e unkore pert la forme de pié feneftre. Ilekes commanda il à ces apoftles precher le evangelie à tote creature. Ilekes eſt la *Chapele de Seint Pelageon* [où] Noſtre Sire fiſt la *Pater noſtre*. Entre *Mont Olivete* e *Bethanie* reſuſcita il Lazare, e où il perdona les perchéz à la Magdalene.

Ilekes près eſt où Marie e la Magdalene cururent vers Noſtre Sire. De ſuth *Ieruſalem* vers ponent ſi ad une liue petite, iekes là où le arbre de la *Seint Croiz* cruſt. E devers mi ior ſi ad une lieu iekes à *Seynt Helyes*. Après un poi eſt le *Champ Ɉluri*, e de là un poi eſt la *Sepulture de Rachel*. De *Ieruſalem* par devers boyre ſi ad .ij. liues iekes à *Seint Samuel*. E ilekes eſt un mont ke l'en apele le *Mont de Mont Ioie*; vers orient eſt le liu où Noſtre Dame ſalua ſeinte Elizabet, e ilekes le Baptiſte fu néz. A ſa .ij. liues eſt *Amans*, où Noſtre Sire aparut à .ij. diſciples, à ſeint Luke e à Cleophas.

S. Hélie.

III

15. De *Ieruſalem* ad .vj. liues iekes à la *Quarenteine* où il iuna .xl. iurs. E là de ſuth eſt le *Gardin ſeint Abraham*, e près d'ilekes eſt *Ierico*. De là al flum *Iordan* ſi ad .ij. liues. Ilekes fu Noſtre Sire baptizé de ſeint Iohan le Baptiſt. De *Ieruſalem* en *Betleem* ad .ij. liues. *Bethleem* ſi eſt ſuth un mont où naſqui Noſtre Sire, e ilekes eſt le *Preſepe* où il fu mis. E d'autre part eſt le liue où les .iij. reys le honurérent. Ilokes en coſte del cuer à main deſtre, eſt le put où chaï l'eſteile, e au ſeneſtre giſent les *Innocens*. Par de ſuth l'encloiſtre giſt ſeint Ierome. De ſuth *Bethleem* eſt une chapele où Noſtre Dame ſe repoſa. E de là prent l'om la voie pur aler à *Seint Abraham* en *Ebron*.

Bethléem.

16. En *Ebron* fiſt Deu Adam e Eve. E près d'ilokes eſt la *Meſon Caym e Abel*. Ilekes près ſe demuſt Deu à Abraham en forme de la ſeint Trinité. Del flum

Hébron.

Iordan iekes al *Mont Synaï* ad .viij. iornées. llekes dona Noſtre Seignur la lei à Moyſen. En cel mont giſt ſeinte Katerine, e là ſunt mult de abayes de Griffons, e ſi ad mut beau païs, e mult de beſtes ſavages, ke ne vivent d'autre choſe fors de la manne, ke chét de ciel. De la *Sepulture de Seint Katerine* apertement oyle vent plus ſuef fleyrant de baume, dunt mult de malades gariſſent kant il ſunt ennoint.

De *Ieruſalem* à *Samarie* ke l'om apele *Naples*, ad .xij. liues. llekes parla Noſtre Sire à la Samaritane al *Put de Iacob*, e d'ilekes iekes à *Sebaſt* ad .ij. liues. lllekes fu ſeint Iohan Baptiſte decolé e là eſt ſa ſepulture. De *Sebaſt* iekes à *Mont Thabor* ad un autre mont ke l'om apele *Mont Hermon*, e de ſuth *Naym*, où Deu reſuſita le fiz de la vedue. Par de ſuth *Mont Thabor* eſt un caſal, ke a nun *Bourie* e ſoleit eſtre iadis cum un burke. *Naplouſe.*

De *Mont Thabor* iekes à *Tabarye* ad .iiij. liues e la *Mer de Tabarie*, en la quele *Noſtre Sire* fiſt geter la reyha ſeint Pére e Andreu. En cele mer fiſt il ſeint Pére prendre un peyſſum, dunt il priſtrent un dener d'argent, ke fu paé pur eus à truage. De là l'om vet à la *Table* Noſtre Seignur, dunt l'om diſt ke il magna ou ces deſciples. Entre *Tabarie* e la *Table* eſt *Capharnaüm* où il fiſt mult de miracles. En ſus un poi d'ilekes fu il mis en priſon. En ſus de la *Mer de Tabarie* à main deſtre eſt un mont, ke eſt plein de fein où il ſaula .v. mile hommes de .v. pains e .ij. peyſſuns, ſuth le quel mont près de là eſt [l'E]ſtant de Geneʒare[t]h, en la quele contré il fiſt mult de miracles. *Lac de Tibériade.*

De *Tabarie* iekes à *Cana Galilée* ad .v. liues où furent le noces Architriclin, e le ewe fu turné en vin, e unkore apert le liu où furent miſes les ydres. E ilekes auſi par de ſuth eſt un liu où l'om deſcent à croupetons en la roche où Noſtre Sire ſe muſſa pur les Iuis. *Cana.*

IV

Nazareth. 17. De *Cana Galilée* à *Nazareth* ad .iij. liues. Ilekes fu anuncie feinte Marie de l'aungele Gabriel, en un liu k'eſt à feneſtre de denz le egliſe à l'entrant en une caverote de denz la roche où il i a une chapele e apert le partus par de ſus là où le angle la ſalua.

De l'egliſe eſt la Anunciacion de Seinte Marie ad un grant tret d'ark iekes à la *Fontaigne Seint Gabriel*, la quele eſt mult ſeine e ſoleit eſtre iadis mult bele, e la cité de grant renom, ſur la quele eſt la *Mont Ioie*.

En ſus un poi de la cité de *Nazareth* à deſtre eſt une chapele ke l'om apele *Seint Zacharie*; e là ſeint Zacharie e ſeint Eliſabeth habitoient acune foiz, kant il venoient de *Ieruſalem* à *Nazareth*; e là eſt le auter où ſeint Zakarie chaunta. E ſus de *Seint Zacharie* ad deus mons où l'om diſt ke Noſtre Sire ſailli de l'un à l'autre.

Le Safran. De *Nazareth* vent l'om à *Saffran*, où il i ad .iiij. liues, aquel chemin l'om leſſe *Saffarie* à deſtre. D'autre part la montaigne par de ſuth, l'om trove une fontaigne ke l'om apele la *Fontaigne de Saffarie*. En après eſt par chemin une ewe, ke l'om apele *Kaladie*, e en après la *Fontaigne de Leon*. E puis i ad un liu k'eſt apelé *Kephar*, le quel eſt cum un caſelet. Près d'*El Phar* eſt le *Saffran*, *Saffran* un liu où ſeint Iake de Galice fu né, e unkore apert le liu en la roche, e ſoleit eſtre iadis mult beau liu & fort.

En après del *Saffran* vent l'om en *Acre*, où il i a .iij. liues. En quel chemin l'em trove *Saphet des Alemauns*, mès tut eſt abatu. Après hors de chemin à deſtre l'om vent à *Doch*. D'autre part à feneſtre a les molins de *Doch*. E utre un poi en là, l'om vent à *Ricardane*, e iſſi en *Acre*.

Par de hors *Acre* eſt un ſeint cimitére le quel noſtre *Acre*.
Sire Ieſu Criſt benequiſt, en quel cimitére ſeint Guil-
leme fet tel vertu ke il gariſt de cele maladie ke l'om
apele froid e chaud, kaunt l'om cuche par devocion
ſuth ſa ſepulture. Près de ſa ſepulture eſt une fontaigne,
la quele l'om diſt k'il fiſt, e pur ceo eſt apelé *Seint Guil-
lame*. Cel cimitére eſt en deus parties diviſé, l'une en
honur ſeint Nicholas, e l'autre en le honur ſeint Michel.
En cel cimitére i ad auſi mult de cors ſeins, plus ke
l'om ne ſet dire ne anunbrer.

XI

RUSTICIEN DE PISE

VOYAGES EN SYRIE

DE

NICOLO, MAFFEO ET MARCO POLO

[1269-1271]

MANUSCRIT:

Paris, Bibl. Nat., fr. 1116, vél., XIV f., in-f., f. 4 b-7 a.

ÉDITION:

Rec. de voy. & de mém., p. p. la Société de géographie, t. I (Paris, 1824, in-4), pp. 1-9.

RUSTICIEN DE PISE

VOYAGES EN SYRIE

DE

NICOLO, MAFFEO ET MARCO POLO

* * *

I

Comant meser Neicolao e meser Mafeo se partirent de Gostantinople por cercher dou monde.

IL fu voir que au tens qe Baudoin eſtoit enpe-raor de *Goſtantinople*, ce fu alés m. cc. l[v]. anç, meſire Nicolao Pol que pére meſſire March eſtoit & meſſiere Mafeu Pol que frére meſere Nicolau eſtoit, ceſti deus fréres eſtoient en la cité de *Goſtantinople*, qui i eſtoient alés de *Veneſe* con leur mechandie: nobli & ſaies & por-veant eſtoient ſan faille; il ont conſoil entr'aus, & diſtrent qu'il vuelent aler en la mer greingnor por gaangner & por fer leur profit, & adont achatoent pluſorç iolaus & ſe partirent de *Goſtantinople* in une n[e]s, & s'en alent en *Soldadie*.

II

Comant meser Nicolao e messer Mafeo se partirent de Soldadie.

Et quant il furent demoiré en *Soldadie*, auques il diſtrent que il hiront encore plus avant, & que voç en diroie? Il ſe partirent de *Soldadie*, & ſe miſtrent au chemin & chevauchen tant qu'il ne trevent aventure que amentovour face, qu'il furent venu à Barca Caan que ſire eſtoit d'une partie de *Tartar*, qui eſtoit accelui point à *Bolgara* & à *Sara*. Ceſtui Barcha fiſt grant honore à meſſer Nicolau & à meſſer Mafeu & mout ot grant leéſſe de leur venue. Les deus frérs li deunent toutes les ioiaus qu'il avoient aportés. Et Barch le priſt mult volentiers, & li pleient outre meſure. Il en fait leur doner bien deus tant qe les ioiaus ne valoient. Il les envoia à parer en ploſor parties, e furent mout bien parés. Et quant il furent demorés en la terre de Barca un an, adonch ſordi une ghere entre Barca & Alau, le ſire des *Tartar* dou levant. Il ala le un contre le autre con tout lor effors. Il ſe conbatirent enſenle & hi ot grant maus de gens & d'une parte & d'autre; mès au dereain là venqui Alau. E por l'achaiſon de celle bataille e de celle ghere, nulo home ne poit aler per chemin qui ne fuſt pris, & ce eſtoit deverç dont il eſtoient venu; mès avant pooient il bien aler. Et adonc les deus frérs diſtroient entr'aus: « Puis que nos ne poons retorner à *Goſtantinople* con notre mercaandie, or alon avant por la voie dou Levant, ſi poron retorner au paëſſe. » Il i s'aparoillent e ſe partirent de *Bacara* e s'en alent à una cité qui avoit à nom *Ouchacca* qui eſtoit la fin dou reingne dou ſire dou ponent. Et da *Oucaca* ſi partirent & paſent

f. 4 d.

le flum de *Tigri* & alérent par un deçert ki eſtoit lonc .xvij. iornée. Il ne trovent villes ne caſtiaus, for ſeulevant *Tartars* con lor tentes qui vivoient de lor beſtes.

III

Comant les .ij. frères paſſent un deſert, e vendrent à la cité de Bucara.

Et quant il ont paſſé cel deçert, adonc furent venu à une cité ki eſt apellé *Boccara*, mout noble & grant. La provence avoit auſſi à nom *Bucara*. En eſtoit roi un que avoit nom Barac. La cité eſtoit la meior que fuſt en toute *Perſie*. Les dous frèrs, quant il furent vinu à ceſt cité, il ne poſtrent plus aler avant ne torner arére, & por ce hi demorent trois anç. Et endementier qu'il hi demoroient, adonc hi vint un meſſaies d'Alau le ſire dou levant qui aloit au Grant Sire de tous les *Tartars* ke avoit à nom Croblai. Et quant ces meſaies voit meſſier Nicolao & meſer Mafeo, il n'a grant mervoille, por ce que iamès ne avoient veü nul latin en celle contrée. il diſt al deus frèrs: « Seingnors, » feı il, « ſe voç me volés croir, voç en avrés grant proſit & grant honor. » Les deus frèrs li diſtrent que il le creeront voluntier, por coi elle ſoit chouſe que il le penſent fair. Le meſaies lor dit: « Seingnoç, ie voç di que le grant ſire deç *Tartarz* ne vit unques nul latin, & a grant deſider & volunté de veoire, & por ce ſe voç volés venir avec moi iuſque à lui, ie voç di qu'il voç vera molto volunter, & voç fira grant honor & grant bien, & porés venir ſauvemant avec moi ſanç nul engonbrament. »

f. 5 a.

IV

Comant les .ij. freres trevent les mesaies au Grant Kaan.

Quant les deus frérs ont entandu ce que cest mesaies lor avoit dit, il apresta elç & distrent que il vont volunter avech lui. Et atant se mestrent à la voie con cest mesaies f. 5 b. & alérent un an por tramontane & por grec avant que il fussent là venu, e trovent grant mervoilles & diverses coses lesquelç ne voç conteron ci, por ce que messier March, fil de meser Nicolau, que toutes cestes choses vit, ansint le voç contera en ceste livre avant apertemant.

V

Comant le .ij. freres vendrent au Grant Kaan.

Et quant mesere Nicolau & mesere Mafeu furent venu au Grant Seingnor, il les recevi honorablamente & fait elç grant ioie & gran feste. Il a mout grant leésse de lor venue. Il les demande de maintes coses : primermant de les emperaors, comant il mantent lor segnorie & lor tere in iustice, & comant il vont à bataile & tous leur afer; & après lor demande des rois & des princes & d'autres baron.

VI

Comant le Grant Kaan demande as .ij. freres des afer des cristienç.

Et après lor demande de meser l'apostoille & de tous les fais dele yglise Romane, & des tous les costumes des

Latin. Et meſſere Nicolau e meſer Mafeu lui diſtrent toute la verité de chaſcun por ſoi bie & ordréemant & ſaiemant, come ſaies homes qu'il eſtoient, ke bien ſivoient la lengue de *Tartarç* & la *Tartareſce*.

VII

Comant le Grant Kan envoie les .ij. fréres por ſeç meſaies à l'apoſtoille de Rome.

Et quant le grant ſire que Cublai Kaan avoit à nom, qui eſtoit ſeingor de tous les *Tartarç* do monde, & de toutes les provinces & rengnes & region de celle gran-diſme partie do ſecle, ot entendu tous les fais des Latin, ſi come les deus fréers li avoient dit ben & apertemant, il li plet outre meſure. Il dit à ſoi meïſme qu'il envoiera meſaies à l'apoſtoile. Et adonc prie les deus fréers que il ailent en ceſte meſaierie cum un de ſeç baron. Il li repondirent que il firont tot ſon commandamant con de lor ſegnor lige. Adunc le gran ſire fait venir devant ſoi un de ſeç baron qui aun à nom Cogatal, & li dit qu'il vuelt qu'il aille avec les deus fréers à l'apoſtoil. Celui le dit: « Sire, ieo ſon votre home, e ſui por fair tot votre commandamant à mun poïr. » Après ce le grant ſire fait fair ſeç chartre en langue torques por envoier à l'apoſtoil, & les baille as deus fréeres & à ſon baron, & à lor en charge ce ke il vuelt qu'il dient por ſa part à l'apoſtoille, & ſachiés que en le chartre ſe contenoit & en l'abaſtrece quel li oïtes il mandoit defant à l'apoſ-toile que il li deüſt mander iuſque à cent ſaies homes de la criſtiene loy, & que encore ſeüſent les .vij. ars, & qe bien ſefent deſpuer & moſtrer apertamant à les ydules & à les autres converſation de iens, que tout lor autrament & toutes les ydres qu'il tient in lor maiſſon

& adorent, funt cofes de diables, e ke bien fetifent
mouftré clermant por raifon qe la loi criftiene eft meior
ke la lor. Encore encharge le grant fire as deus frères
qu'il li deüffent aporter de l'olio de la lanpe que ard for
le fepoucre de Deo en *Ierufalem*. En tel mainére con vos
aveç oï, fe contenoit en l'ambaxée ke le grant fire envoie
à l'apoftoile por les deus frérs.

VIII

*Comant le Grant Kan done as .ij. frères la table d'or
des comandemens.*

Et quant le grant fire ot enchargés as deus frères &
à fon baron tot l'anbaxée k'el mande à l'apoftoille, il
fait lor doner une table d'or en laquel fe contenoit ke
les trois meffaies en toutes les pars que il alaiffent lor
deüft eftre dounée toutes les meffions que lor baçon-
gnoit & chevalç & homes por lor efcordre de une
terre ad autre. Et quant meufer Nicolau & mefer Mafeu
& l'autre mefaies furent bien apareliés de toutes les
choufes ke lor eftoient beifoç, il priftrent conié au tré f. 6 a.
grant fire, puis montent à chevalç & fe miftrent à la
voie. Et quant il furent chevauchiés auquant, adonc lo
baron tartar, que avec les deus frérs aloit, cheï amalaides,
& no puet fevir la voie & remefe à une cité. Et quant
mefer Nicolau & mefer Mafeu virent que celui eftoit
amalaides, il le lairent & fe miftrent à la voie; & voç
di qe il eftoient fervi & honorés en toutes les pars où
il aloient de toute ce qu'il favoient commander. Et que
voç en diroie? il cheuvachérent tant por lor iornée ke il
furent venu à *l'Aias*, & voç di qu'il hi poinent aler
trois anç, & ce avint por ce k'il ne pooient toutes foies
chevaucher por le maus tens, & por les nois & por les
fluns qui eftoient grans.

IX

Comant les deus frés vendrent à la cité d'Acri.

Et de l'Aias se partirent & s'en alent ad Acri, & hi ioingent dou mois d'avril alés .m.cc.lx[ix]. anç de l'ancarnasion Ieçucrit, & trovant que meser l'apoſtoille eſtoit mort. Et quant meser Nicolau & meser Mafeu ont trové ke l'apoſtoile eſtoit mort que avoit à nom [Clement], il alérent à un saies cleres ki eſtoit legat por le yglise de Rome en tout le rengne d'*Egipte*. Il eſtoit home de grande autorité, & avoit à nom Teald de *Plaiençe*. Il li diſtrent l'ambasee por coi le grant sire des *Tartarç* les envoie à l'apoſtoille. Et quant le legat ot entendu ce ke les deus frérs li avoient dit, s'in a grant mervoie, & li senble que ce soit grant bien & grant honor de la creſtenté. Il dit as deus frérs : « Seingnors, » feit il, « voç veés que l'apoſtoille eſt mort, & por ce vos covendra sofrir iusque tant ke apoſtoille sera. Et quant pape seroit, voç porois faire votre enbasćée.» Les deus fréres que bien voient ke le legant disoit verité, diſtrent que endementier ke apoſtoille sera apelés, il vuelent aler à *Venisse* por veoir lor mesnie. Et adonch s'en partirent d'*Acri* & s'en alent à *Negrepont*, & de *Negrepont* se partirent en une nés, & naiérent tant k'il furent venu. Mesier Nicolau treuve que sa fame eſtoit morte, & les remés un filç de .xv. anç que avoit à nom Marc, & ce fut celui Marc de cui ceſtui livre paroile. Meser Nicolau & meser Mafeu demorent à *Venese* encor deus anç por atendre ke apoſtoille fuſt.

X

Comant les .ij. frères se partirent de Venese por retorner au Grant Kaan, e menèrent avec elz Marc ses filz meser Nicolao.

Et quant les deus fréres ont tant arandu con vos avés oï, & il voient que apoſtoille ne ſe faſoit, il diſtrent que deformès poroient il tropo demorer por retorner au Grant Kaan. Adonch ſe partirent de *Veneſe*, & moinent avech eleç Marc ſon filz, & s'en alent tout droit ad *Acri*, & hi trovent le legat que deſoure voç ai contéç. Il parolent con elz de ceſte coſes aſſéz, & li demandent conié d'aler en *Ieruçalem* por avoir de l'olio de la lanpe de Criſt, de quoi le Grant Can li avoit prié. Lo legant done elz conié qu'il doient aler. Adonc les deus fréres ſe partirent d'*Acri* & alent en *Ieruçalem*, & ont de l'oleo de la lanpe dou ſepolcro de Criſt. Il s'en retornent au legat en *Acri*, & li diſtrent: « Sire, puis que nos veon que apoſtoille n'eſt, nos volun retorner au Grant Sire, por ce que tropo avun demoré. » Et meſer lo legat que des greingnor ſire de toute la ygliſe de Rome eſtoit, diſt elz: « Pius qe vos volés retorner au Grant Sire il me plet bien. » Adonch fiſt ſeç lectres & ſa embaſcée por envoier au Grant Kan, & teſmonge comant meſſiere Nicolao & meſer Mafeu eſtoient venu por faire ſez anbaſcée, mès por ce ke apoſtoille n'eſtoit, ne l'avoient peü faire.

XI

Comant .ij. fréres alent à l'apoſtoille de Rome.

Quant les deus fréres ont eü les letres don legat, & il ſe partirent d'*Acri* & ſe miſtrent à la voie por retorner au Grant Sire. Il alent tant qu'il furent venu à *l'Aias*, & quant il furent là venu, il ne demore gueries que ceſtu legat fu eſleü apoſtoille, & s'apeloit pape *Gregor de Plaience*. Les deus frés en ont grant leéſſe, & après ce ne demore gueires ke un meſſaies vint à *l'Aias* por part do legat qui eſtoit eſleü pape, à meſer Nicolau & à meſere Mafeu, & lor mande diſant que ſe il n'eſtoient alés, qe il deveſent à lui torner. Les du frérs ont de ce grant ioie, & diſtrent que ce firont il volunter. Et que voç en diroi? Le roi d'*Armonie* fiſt armer une galée as deus fréres & les envoie ao legat honoréemant.

XII

Comant le .ij. fréres e Marc vindrent à la cité de Qemeifu là o le Grant Kan eſtoit.

Et quant il furent venu ad *Acri*, il s'en alent à meſer l'apoſtoille, & ſe humilent mout ver lui. Meſer l'apoſ‑toille les receut honoréemant & lor done ſa beneſion, & fait lor ioie & feſte. Adonc l'apoſtoile done à meſer
f. 7 a. Nicolau & à meſer Mafeu deus fréres precheors qe bien eſtoient les plus ſaies que en tute celle provence fuiſſent. L'une avoit nome frér Nicolau de *Vicenſe*, l'autre avote nome frér Guilielme de *Tripule*. Il done elz breviléies & carte & ſa enbaſée de ce qu'il voloit mander au Grant Kaan. Et quant meſer Nicolau & meſer Mafeu & les deus fréres preſceor ont recevu les breviléies & le carte & l'anbaxae de meſere l'apoſtoille, il ſe font doner ſa bene‑dicion, puis ſe partirent tuit, e quatre e com elç March le fil meſere Nicolau. Il s'ennalent tot droit à *l'Aias*. Et quant il furent là venus, adonc Bondocdaire, qe ſoldan eſtoit de *Babeloine*, vent en *Arminie* con grande hoſte, & fait grande domaies por la contrée; & ceſte meſaies

furent en aventure d'eftre mors. Et quant les deus fréres prefcaor virent ce, il ont grant dotance d'aler plus avant. Adonc diftrent que il ne iront mie. Il donent à mefer Nicolau & à mefere Mafeu tous les brevilés & carthe k'il avoient, & fe partirent d'elz & s'en alent avec le meftre deu Ten[ple]s.

VOYAGES EN SYRIE

DE

NICOLO, MAFFEO ET MARCO POLO

RÉDACTION DITE DE THIÉBAULT DE CÉPOY.

*

MANUSCRITS:

A. Londres, Muſ. brit., Reg. 19 D I, vél., XIV ſ., in-4, f. 58 & ſuiv.
B. Oxford, Bodl. 264, vél., XIV ſ., in-4, f. 218 & ſuiv.
C. Paris, Bibl. Nat., fr. 5649, vél., XV ſ., in-4, f. 6 & ſuiv.
D. Berne, 125, vél., XIV ſ., in-4, f. 4 & ſuiv.
E. Paris, Bibl. Nat., fr. 5631, vél., XIV ſ., in-4, f. 4 & ſuiv.
F. » » 2810, vél., XIV ſ., in-f., f. 1 & ſuiv.
G. Stockholm, Bibl. roy., fr. 37, vél., XIII ſ., in-4, f. 1 & ſuiv.
H. Paris, Bibl. Nat., nouv. acq. fr. 1880, pap., XVI ſ., in-4, f. 1 & ſuiv.
I. Bruxelles, 9309, vél., XIII ſ., vél. in-4, f. 1 & ſuiv.

* * *

I

Comment li .ij. frere ſe partirent de Conſtenti ble pour en cerchier du monde.

Il fu voirs *a* que *b* au temps que Bauduins *c* fu *d* emperéres de *Conſtentinnoble*, ce fu à *e* mil & cc & l[v] anz de Criſt, meſires Nicolaus Pol, qui péres *f* Marc eſtoit, & meſire Mafé *g*, qui fréres *h* Nicolaus eſtoit, cil .ij. frére eſtoient *i* en la cité *j* de *Coſtentinnoble* alé *k* de *Veniſe* avec leur marcheandiſe. Noble *l*

a. *H* Il fut vray. — b. que *m. d. A, B*. — c. *C* ung nommé B. — d. *E, F, G, H, I* eſtoit. — e. *F* l'an; *G, H* l'an de l'incarnacion Iheſu Criſt. — f. *G, H*, eſtoit péres; *I* péres eſtoit. — g. *G* Macé. — h. *E, F* fréres meſſire N.; *I* eſtoit frére au dit N. — i. *G, H* frére au dit monſigneur Nicholas, eſtoient. — j. *I* cité deſſus dite. — k. alé *m. d. E, F*. — l. *G, H* [*G &*] eſtoient mout pourveant ſanz faille.

& fage & pourveant eftoient fanz faille : il *a* orent confeil entr'eulz *b* & *c* priftrent d'aler en *Marmaiour* pour gaaignier ; il *d* achetérent *e* plufours ioiaus & fe partirent de *Conftentinnoble*, & alérent par mer en *Soldaie f*.

II

Comment li doi frére fe departirent de Soldaye.

Quant *g* il *h* furent venu en *Soldaye*, fi penférent & lor fambla bon *i* d'aler plus avant, & fe partirent de *Soldaye*, & fe miftrent au chemin & chevauchiérent *j* tant que il vindrent à un feignour *Tartar* qui avoit non Abarca *k* Caam, qui eftoit au *Sara* & à *Bolgar* *l*. Ceftui dit *m* Barca fift *n* grant hounour aus .ij. fréres *o*, & ot mout grant alegréce *p* de lor venue ; & il li *q* donnérent tous les ioiaus que il avoient aportéz *r*, & il *s* les reçut mout volentiers. Et quant il furent demouré avec le feignour .j. an, fi *t* li plorent mout *u*, & il leur fift donner *v* .ij. tans plus *x* que ce ne valoit qu'il li avoient donné *y*.

Si *z* fourdi *aa* une *bb* guerre entre Barca *cc* & Alau *dd*, le feignour des *Tartars* de *ee* levant, & firent grant *ff* oft d'une part *gg* & d'autre ; mais en la fin fu defconfis Barca *hh*, li

a. *G, H* il prindrent confeil entre eus d'aler. — b. *E, F ajoutent*: pris. — c. *I* pour aler au Marmois. — d. *G, H* fi. — e. *A, B* achetoient. — f. *A, B & ailleurs* Soladaye. — g. *G, H* Et quant. — h. *I* les deux fréres. — i. bon *m. d. C, D.* — j. *H* cheminérent. — k. *A, B* Abarta ; *E* Arbaca ; *F* Arbaga ; *G* Barta ; *H* Bartha. — l. *A, B* Bolgata ; *F* Rolgara ; qui ..... Bolgara *m. d. H.* — m. *G, H* Cis fires ; dit *m. d. D, E, I.* — n. *A, B, C, D, E, G, H, I* lor fift. — o. aus .ij. fréres *m. d. G, H.* — p. *D, E, F, H, I* ioie ; *G* liéfce. — q. *I* & iceulx fréres leur. — r. *I* portés. — s. *E, F, G, H, I* li fires. — t. quant ..... fi *m. d. C, D, E, F, G, H, I.* — u. *F* trop. — v. *E, F* fift mout bien ; *G, H* fift dou bien ; *I* fift bien donner. — x. plus *m. d. A, B, C.* — y. *D* deux fois autant qu'il valoient ; *E, F, I* que il ne valoient ; *G, H* .ij. tans [*H* deux foys autant] que li iouhel ne valoient. — z. *En tête, C, D, E, F, G, H, I placent* : Et quant il furent demouréz avecques le [*E* celui ; *I* le dift] feigneur [*G, H* bien] ung an [*m. d. I*]. — aa. *I* lui advint. — bb. *E, F, I* une grant. — cc. *I* le dift Barca. — dd. *I* Alaı. — ee. *D, E, F, I* devers foleil. — ff. grant *m. d. D.* — gg. *C, F* & d'une part. — hh. *I* le dift Alar.

VOYAGES DES POLO.   215

fires des *Tartars* de ponent[a], & morurent mout de gent de [b] part & d'autre, fi que par [c] l'achoifon de cefte [d] guerre, nus ne pooit aler par chemin qui [e] ne fuft pris. Mais ce peril couroit par ce [f] chemin où [g] il eftoient venu, fi que avant pooit chafcuns chevauchier feurement & [h] non tourner arriére [i]. Dès que [j] aus [k] .ij. fréres fambla [l] d'aler encore avant [m], puis que il ne pooient retourner, fi [n] fe partirent de Barca [o], & s'en [p] alérent en une cité qui avoit à non *Oufaca* [q], qui eftoit la fin du regne le feignour [r] de ponent. Et de *Oucaca* fe partirent [s], & pafférent le grant flun de *Tigry*, & alérent par .j. defert qui eftoit lonc .xiiij. [t] iournées : il ne trouvérent viles ne chaftiaus fors que [u] feulement que [v] *Tartars* avec leurs tentes qui vivoient [x] de leur beftes qui paiffoient aus chans.

III

Comment li .ij. frére pafsèrent j. defert & vindrent à la cité de Bocara.

Quant il orent paffé cel defert, fi vindrent à une cité qui eft appelée *Bocara* y, mout noble [z] & grant [aa]. La provence [bb] auffi a [cc] non *Bocara* [dd], & eftoit [ee] roys .j. [ff] qui [gg] avoit non [hh] Barac. La [ii] cité eftoit la meillour de toute *Perfie*, & quant il furent là venu, fi ne porent plus [jj] aler avant ne retourner

a. *F* fu Alain le feigneur des Tartars defconfit.— b. *A, B, I* d'une part. — c. *C, D, E, F, G, H* pour. — d. *I* defdictes. — e. *D, E, F* que il. — f. *E, F, G* le. — g. *E, F, G* par là où. — h. *A, B, C, D* & retourner; *H* & non retourner. — i. *Dans I depuis* nus ne, *on lit*: polt aler par le chemin où ils eftoient venu, dont par avant chafcun pouoit chevauchier feurement. — j. *E* De quoi; *F* Pour quoy; *H* Et dès que. — k. *I* Et pour ce fambla bon à yceulx.— l. *E, F, G, H ajoutent*: bon. — m. *C* plus avant. — n. *I* lors. — o. *I* Barthara. — p. *E, F* fe; s'en *m. d. D.* — q. *C* Oucata; *H* Outatha. — r. le feignour *m. d. H.* — s. fe partirent *m. d. I.* — t. *C, D, E, F, I* .xvij.; *G, H* .xvj. — u. que *m. d. E, F, G, H, I.* — v. que *m. d. E, F, G, H, I.* — x. *E, F, I* venoient; *H* fuivoient leur. — y. *F* Bacara; *I* Bacam. — z. *H* grant & noble. — aa. *D* mout grant. — bb. *I* & grant province &. — cc. *E, F, G, H* a auffi. — dd. *A, B* Barac. — ee. *E, F, I* en eftoit. — ff. *G, H* i avoit .j. roi. — gg. qui *m. d. D.* — hh. *C, D, E, F, I* à nom.— ii. *I* La dicte. — jj. *G, H* porent avant aler.

arriére, fi *a* que il demourérent en la *b* cité de « *Bocara* .iij. anz *d*. Endementres que il demourérent *e* en cele cité, fe vindrent *f* meffage *g* d'Alau *h*, le *i* feigneur de levant, l² quel aloient au Grant Seignour de touz les *Tartars* du monde. Et quant li *j* meffage virent ces .ij. fréres, fi *k* orent grant *l* merveille pour ce que onques *m* n'avoient veü nul latin en celle contrée *n*; fi diftrent *o* aus .ij. fréres : « Seignours, fe vous nous voulés croire, vous y *p* avréz grant pourfit & grant hounour. » Et *q* il *r* refpondirent que il les orroient *s* volentiers. De ce *t* fi *u* lor diftrent li meffage : « Li *v* Granz Caam ne vit onques nul latin & *x* a grant defir de veoir ent *y* aucun: & pour ce, fe vous voulez venir *z* à *aa* lui, fachiéz fanz faille *bb* que il vous verra volentiers, & vous fera grant hounour & grant bien, & *cc* pourréz *dd* venir feurement avec nous *ee* fanz nul *ff* encombrement *gg* de nule male *hh* gent *ii*. »

IV

Comment li .ij. frére crurent les meffages pour aler au Grant Caan.

Quant li *jj* frére furent appareillié pour aler avec les meffages, fi *kk* fe miftrent à *ll* la voie avec les meffages *mm*, &

a. *I* & par ce il. — b. *B* demourent en cele; *C, D, E, F, G, H, I* en la dite. — c. de *m. d. I.* — d. *E, F, H* ajoutent: &. — e. *A, B,* demourent; *E, F* feiournoient. — f. *A, B, C, D, E, F* vint. — g. *G* li meffage; *H* les meffages. — h. *A, B* de Lau; *C, D, G* de là où; d'Alau *m. d. H*; *I* & en feiournant en la dicte cité vint meffages du feigneur du levant qui a nom Lam. — i. *E, F, I* ajoutent: Kaan, le ; *G, H* ajoutent: Kaan. — j. *E, F* ces; *I* yceulx. — k. *I* fi en. — l. *G, H* mout grant; grant *m. d. E, F*. — m. *C, D, E, F, G, I* onques mais; *H* iamais. — n. *F, H* cefte terre; *G, I* cele terre. — o. *G* dient. — p. *E, F, G, H, I* en. — q. *H* li luy. — r. *E, F, G, I* cil leur [*G* li]. — s. *G, H* le croiroient. — t. *E, F, I* De quoy; *G, H* Adonc. — u. fi *m. d. G, H.* — v. *E, F, H, I* que le. — x. *E, F* & mout; *G, H* & fi; *I* & qu'il avoit mout. — y. *D, H* d'en veoir; *I* de eus veoir. — z. *E, F, G, H, I* ajoutent: avec nous. — aa. *C, D, E, F, G, H, I* iufques à. — bb. *I* faulte. — cc. *I* & fi. — dd. *A, B* perréz. — ee. *E, F, I* avec nous feurement. — ff. nul *m. d. I.* — gg. *E, F, G, H* encombrier. — hh. male *m. d. E, F, I.* — ii. de nule male gent *m. d. G, H.* — jj. *D, E, F, H, I* les deus; *G* li dui. — kk. *F* aler au Grant Kaan, fi. — ll. *G* avec aus avec; *H* avec eulx &. — mm. avec les meffages *m. d. I.*

chevauchiérent .j. an enterin *a* par montaignes & par gauz *b*, avant que il fuſſent là venu où eſtoit le Seignour. En *c* chevauchant trouvérent mout de *d* granz merveilles de *e* diverſetéz de *f* choſes, leſqueles nous ne conterons pas ore *g*, pour ce que meſire *h* Marc, qui toutes ces choſes vit auſſi *i*, le *j* vous contera *k* en ceſt livre tout *l* apertement *m*.

V

Comment li .ij. frére vindrent au Grant Caan.

Quant *n* il *o* furent venu au Grant Caan, il les reçut à grant *p* hounour & leur fiſt mout grant feſte & ot *q* mout grant ioie *r* de lor venue, & leur demanda de maintes choſes: premiérement des empereurs *s* & *t* comment il maintiennent lor ſeignourie & lor terre en iuſtice, & comment il vont en bataille, & de *u* tout leur afaire, & aprés leur demanda des roys & *v* des princes, & des autres barons.

VI

Comment li Granz Caan leur demanda encor du fait des creſtiens & proprement de l'apoſtoile de Romme.

Puis *x* leur demanda du pape & de tout le fait de l'egliſe de *Romme y* & de toutes les couſtumes des Latins; & les .ij. frére lui *z* en dirent toute *aa* la verité de *bb* chaſcune choſe par ſoi bien *cc* & ordenéement & ſagement, comme *dd* ſage homme *ee* qu'il eſtoient, car bien ſavoient la langue *ff* tartareſſe *gg*.

a. *C*, *D*, *E*, *F* entier; *G*, *H*, *I* tot entier. — b. *C*, *D*, *E*, *F*, *G*, *H*, *I* par tramontane & par grec [*I* grece]. — c. *E*, *F* Et chev.; *I* Et en chev. — d. de *m. d. E*, *F*, *G*, *H*, *I*. — e. *F* & de; *G*, *H* des. — f. *A*, *B* tel; *C*, *D*, *G*, *H* des; *I* diverſes. — g. *I* trouverons pas encore. — h. *I* le dict meſſires. — i. auſſi *m. d. I.* — j. *C* ie. — k. *A*, *B*, *C*, *D* conterai. — l. *C*, *D*, *E*, *F*, *G*, *H* en avant tout. — m. *G*, *H* ordenéement; tout apertement *m. d. I.* — n. *G*, *H* Et quant. — o. *F* les deux fréres. — p. *E*, *F* mout grant. — q. *H* y euſt; ot *m. d. A*, *B*, *F*. — r. *C* alegréce; *E*, *F* alegance; *G*, *H* lieſſe. — s. *A*, *B* emperéres. — t. & *m. d. I.* — u. *H* en. — v. & *m. d. G*, *H*. — x. *E*, *F*, *I* Et puis; *G*, *H* Aprés. — y. *E*, *F*, *I* & de l'egliſe & tout le fait de Romme. — z. *A*, *B*, *E*, *F* leur. — aa. toute *m. d. E*, *F*. — bb. *G*, *H* &. — cc. & *m. d. I.* — dd. *E* ſi coment; *F* ſi comme. — ee. homme *m. d. l.* — ff. *A*, *B*, *F* le langage. — gg. *I* des Tarters.

VII

Comment li Granz Caan envoia les .ij. frères, ses messages, au pape.

Quant li fires *a*, qui Cublay *b* avoit non *c*, seignour des *d* Tartars *e* *q*e *f* tout le monde & de toutes *g* provinces & *h* regnes *i* & regions de cele grandisme *j* partie du siécle *k*, ot *l* entendu tout le fait des Latins, si *m* comme li .ij. frère li avoient *n* conté, si li plot mout; si *o* pensa en *p* soi *q* meïsmes d'envoier les *r* en message à *s* l'apostoile. Si *t* leur pria *u* d'aler en cest message *v* avec *x* un de *y* ses barons, & *z* il *aa* respondirent qu'il feroient *bb* tout son commandement comme à *cc* lor seignour. Si manda li fires devant li *dd* un de ses barons *ee* qui avoit non *ff* Cogatal; si *gg* li dist que il s'apareillast, que *hh* il veut que il voise *ii* avec les *jj* frères à l'apostoile. Cil *kk* respondi *ll* qu'il *mm* feroit *nn* son commandement à son pooir. Après ce *oo* li fires *pp* fist faire ses chartres *qq* en langue *rr* turquoise *ss* pour envoier au pape, & les bailla aus .ij. frères &

---

a. *G, H* Et quant li Granz Kaans. — b. *A, B* que Cablay; *C, D, G, H* Cublay Kaan; *E, F* de Cublay Kaan. — c. *C, E, G, H* à nom; *F* qui estoit. — d. *G, H* de tos les. — e. *A, B* Tatars. — f. *I* Quant li Grant Kam que on nomme le seigneur de Cublay, kam & seigneur des Tarters & de. — g. *C* tous les; *D, E, F, G, H, I* toutes les. — h. *G, H* les regnes & les. — i. & regnes *m*. *d*. *I*. — j. *E, F* disme; *I* très grant. — k. *I* monde. — l. *E, G* &; *H* eûst. — m. si *m. d. I.* — n. *G, H* l'avoient. — o. *I* &. — p. *E, F, G* à. — q. *A* lor; *B* for. — r. *E, F, G, H* les messages; *I* iceulx frères en. — s. *G, H* au pape. — t. *I* & de ce. — u. *E, F, I* pria mout. — v. *C, D, E, G, H* ceste messagerie; *F* celle messagerie. — x. d'aler........ avec *remplacé dans I par:* & se leur bailleroit. — y. *A, B* des. — z. *H* il luy. — aa. *C, D, F, I* il lui; *E* il leur. — bb. *E, F, I ajoutent:* volentiers. — cc. *E, G, H* de. — dd. *E, F, I* si envoia le seigneur [*I* le dist Kaan] querre devant soi. — ee. *G, H* barons par devant soi. — ff. *G, H* à non. — gg. *C, D* & si; *E, F, G, H, I* &. — hh. *E, F, H, I* & que. — ii. *F* vouloit qu'il alast. — jj. *C, G, I* les deus. — kk. *C, D* Celui; *G* Si; *H* Il; *I* Et chis. — ll. *D, E, F, G, H, I* li respondi. — mm. *I* que volentiers. — nn. *H* feroit voulentiers. — oo. *C* ce que. — pp. *I* le dist Kam. — qq. *F* lettres. — rr. *A, B* langage. — ss. *A, B* tarquoise; *E, F, I* tartoise.

à son baron, & leur encharga *a* ce que il vout *b* & *c* que il deüssent *d* dire *e* à l'apostoile *f*. Et sachiés que en la chartre se *g* contenoit *h* si comme *i* vous orroiz: il mandoit disant *j* à l'apostoile que *k* il li envoioit *l* iusques à cent sages hommes *m* de nostre *n* loy crestienne, & que il seüssent de tous les .vij. ars & que bien seüssent desputer & moustrer apertement *o* aus *p* ydolastres & aus *q* autres conversations de genz *r* par force de raison comment la loy de Crist estoit *s* la meillour & que *t* toutes les autres *u* fussent *v* mauvaises & fausses *x*, & se il *y* prouvoient *z* ce, que *aa* il & toz *bb* ses pooirs denvenroient *cc* homme de l'eglyse. Encore leur encharga *dd* que il li demandassent à aporter *ee* de l'uile *ff* de *gg* la *hh* lampe qui art sur le sepulcre *ii* en *Iberusalem*. En tel maniére comme vous avéz entendu, contenoit *jj* leur message *kk* que li grans sire *ll* envoioit *mm* à *nn* l'apostoile par ses .iij. messages *oo*, le baron Tartar & les .ij. fréres mesire Nicolaus Pol & mesire Mafeo Pol.

a. *I* chargea. — b. *G, H, I* voloit. — c. & *m. d. E, F, G, H, I.* — d. *C, D* devoient. — e. *I* deissent. — f. *G, H* au pape. — g. *I* que la dicte charte. — h. *C, D, G, H* estoit contenu. — i. *E, F, G, H, I* ce que. — j. disant *m. d. I.* — k. *F* il manda à l'apostoile que se. — l. *C, D* deüst mander; *E, I* vousist envoier; *F* vouloit envoier; *G, H* deüst envoier. — m. *G, H* homes sages &. — n. *A, B, C, D* vostre; *F, I* la. — o. apertement *m. d. G.* — p. *G* à ses; *H* en ses. — q. aus *m. d. C, D.* — r. *G* des genz; de genz *m. d. F.* — s. *F* est. — t. *F* & comment. — u. *E* les loys autres; *G, H* autres loys. — v. *E, F, G, H, I* sont. — x. *F* fausses & mauvaises. — y. *F* & que s'il. — z. *A* prouvérent; *G* proveffent. — aa. *I* & se ce pooient prouver. — bb. toz *m. d. D.* — cc. *I* demourroient; *A, B* est dont son pooir devenroient; *E, F, G, H* ajoutent: crestien &. — dd. *I* chargea. — ee. *C, D, E, F* deüssent aporter; *G, H, I* aportassent. — ff. de l'uile *m. d. A, B, C, D.* — gg. *I* qui art en le lampe sus. — hh. la *m. d. C.* — ii. *C, D, E, F, G, H, I* ajoutent: [*H* de] Noftre Seigneur. — jj. *G, H* fisent. — kk. *C, D, E, F, G, H* messagerie. — ll. *I* kam. — mm. *A* envoient. — nn. *G, H* au pape. — oo. *Après ce mot, dans G, H, I, toute la fin est remplacée par:* dessus diz.

VIII

Comment li Granz Caam leur donna la table d'or de son commandement.

Quant li sires *a* lor ot enchargié tout son message *b*, si *c* lor fist donner une table d'or, en laquelle il *d* estoit contenu *e* que, li .iij. message en toutes les pars *f* que *g* il alaissent *h*, leur *i* deust estre donné *j* toutes leur mansions *k* que *l* besoing leur fust *m* & de chevaus & d'ommes pour leur seürté & *n* de toutes autres choses que il vousissent *o*. Et quant il furent tout troi appareillié, il s'en partirent *p*. Quant il orent *q* chevauchié maintes *r* iournées, si *s* acoucha *t* li barons touz *u* malades, si *v* que il ne pot *x* chevauchier *y* & demoura en une cité, & fut tant grevés de maladie qu'il ne pot plus *z* aler avant *aa*; si que *bb* aus .ij. frères *cc* sambla *dd* le mieus *ee* de là laissier le & de faire *ff* leur voiage *gg*; & il *hh* li plot mout *ii*.

a. *F* grant seigneur; *I* grant kam. — b. *C, D, E, F* toute sa messagerie; *G, H* lor mesaigerie; *F* ajoute: aux dis messagiers. — c. *E* &; *F, I* il. — d. il *m. d. G, H.* — e. *E, F, I* se contenoit. — f. *D* parties; *E, G, H, I* tous les pais; *F* tout le païs. — g. *E, F, G, H, I* où. — h. *H* yroient. — i. *La phrase est changée dans G, H*: fussent receu honorablement & que on lour trovast tos lour despens & tot ce que besoin lour fust & chevaus & genz por conduit [*H* conduire] & totes autres choses..... — j. *I* leur fust livré. — k. *E, F, I* toutes les choses. — l. *I* dont ils avoient besoing. — m. *D* seist. — n. *I* & offi. — o. que il vousissent *m. d. I.* — p. *Les autres mss. changent cette phrase*: *C*, Et quant tous ces trois embassadeurs furent appareilliéz de leur besoingnes; *D*, Et quant tous trois furent appareilliéz de leurs besoingnes ambaçaours; *E, F, I* Et quant furent bien appareillié de leurs besoingnes touz trois enbasaors; *G, H* Et quant li .iij. message furent bien [*H* esté] à Acre; *C, D, E, F, G, H, I* si pristrent congié au seigneur & s'en [*G, H* se] partirent. — q. *C, D* furent. — r. *C, D* auquantes; *E, F* ne say quantes; *G, H* plusours; *I* aucunes. — s. *G, H* li chevaliers tartars chei malaides. — t. *C, D, E, F, I* chei. — u. *C, D, E, F, I* tartar. — v. *I* tant. — x. *H* pouoit. — y. *C, D* cheminer. — z. plus *m. d. D.* — aa. & demoura..... avant *m. d. A, B.* — bb. *A, B* si ques. — cc. frères *m. d. D.* — dd. *G, H* si sambla aus .ij. frères. — ee. *C, G, H* pour le mieus; *F* bon; mieus *m. d. E.* — ff. *C, D, F, G, H, I* de le laissier & de fournir; *E* de laissier le & de fournir. — gg. *G, H, I* leur mesaige. — hh. il *m. d. H.* — ii. & il li plot mout *m. d. I.*

Et *a* il *b* fe miftrent à la voie, & vous di bien que en *c* toutes pars *d* où il aloient, eftoient *e* fervi & hounouré de *f* tout ce que meftier *g* leur eftoit & que *h* favoient *i* commander *j*, & avoient ce *k* par la table que il avoient *l* des commandemens au *m* feignour *n*. Si *o* chevauchiérent tant par leur iournées que il vindrent à l'Aias *p* en Hermenie; & vous di que il demourérent à cheminer à *q* l'Aias iufques à *r* .iiij. anz, & *s* ce avint pour ce que il ne pooient *t* pas toutes fois *u* chevauchier pour le mauvais temps & *v* nois & granz *x* pluies qu'il faifoit aucunes *y* foiz *z* & des granz flueves *aa* que il trouvoient qu'il *bb* ne pooient paffer.

IX

Comment li .ij. frére vindrent en la cité d'Acre.

De *cc* l'Aias *dd* fe partirent & fe *ee* vindrent en *ff* la cité d'Acre & y *gg* entrérent *hh* ou mois d'avril courant m.cc. lxix *ii* de *jj* Crift, & trouvérent que li papes *kk* eftoit mors *ll*, qui

a. *I* Lors. *La phrafe eft modifiée dans G, H:* Et vos di vraiement que en toz les lieus où il venoient, quant il furent mis à la voie, eftoient ..... — b. il *m. d. E, F, I*. — c. en *m. d. E, F*. — d. *I* places. — e. *I* ils eftoient. — f. *I* & de. — g. *E, F, G, H, I* befoins. — h. *C, D, E, F, G, I* & que il. — i. *E, F* feüffent; *I* voufiffent. — j. *I* demander. — k. *G, H* tout ce avoient il; *I* ils l'avoient. — l. que il avoient *m. d. I*. — m. *I* du. — n. *G, H* par la table d'or deffus dite. — o. *E, F* Si que il; *G, H* Or; *I* Et tant. — p. *B* Lais; *I* Laras. — q. *C, D, E, F, I* iufques à; *G, H* defci à. — r. iufques à *m. d. C, D, E, F, G, H, I*. — s. *Depuis ici jufqu'à la fin, G & H font différents*; & ce ne fu mie foulemant por le [*G* lon] chemin, mais pour les mavais tens de nois [*H* de vens] & de pluies & des granz fluves qui aucune foiz les atergérer [*H* fi aucune foiz les targeft]. — t. *C, D, E, F, I* porent. — u. pas toutes fois *m. d. I*. — v. *E, F, I* pour la nef & pour les. — x. granz *m. d. F*. — y. *I* plufieurs. — z. *F* faifoit moult granz. — aa. *C, D* & des granz fleumaires; *E* & des pluviaires; *F* & pour les pluviaires; *I* & de groffes yaues. — bb. *I* dont il. — cc. *E, F, G, H, I* Et de. — dd. *F* Laras. — ee. fe *m. d. C, D, E, F, G, I; H* fe mirent en chemin au mois d'avril en l'an de grace. — ff. *E, F, G, I* en Acre. — gg. *B* puis. — hh. & y entrérent *m. d. G, I; C, D* ioindrent du; *E, F* vindrent le. — ii. *A, B* m. cc. l.; *C, D, E, F, G, H* m.cc.lx. — jj. *C, D, E, F, I* ans de. — kk. *F* l'apoftolle. — ll. *F* ia mort; *E, F* ajoutent; & quant il virent que l'apoftoille eftoit [*F* ia] mort.

avoit ᵃ à ᵇ non papes [Clemens] ᶜ. Il alérent à .j. fage clerc qui eſtoit legas de tout le regne d'*Egypte* ᵈ : il ᵉ eſtoit homs ᶠ de grant auctorité & avoit à ᵍ non Thiebaus ʰ de *Plaiſence* ⁱ. Il li diſtrent ʲ le ᵏ meſage ˡ, pour ᵐ quoi il eſtoient venu ⁿ, & quant li legas ot oy ce ᵒ, ſi ᵖ en ᵠ ot mout grant ʳ merveille, & li ˢ ſambla que ce eſtoit granz biens & granz honours à ᵗ toute la creſtienté. Si reſpondi aus .ij. fréres meſſagiers ᵘ : « Seignours, vous veéz ᵛ bien que l'apoſtoiles ˣ eſt mor ʸ & pour ce vous convendra il ᶻ ſouffrir iuſques à ᵃᵃ tant que papes ᵃᵃ ſoit fais. Et quant il ſera fais, ſi ᵇᵇ porréz faire voſtre meſſage ᶜᶜ. » Il virent bien que li legas diſoit ᵈᵈ voir ᵉᵉ; ſi diſtrent que entre tant ᶠᶠ que papes ſoit fais ᵍᵍ, qu'il porront ʰʰ bien aler en *Veniſe* por veoir leur oſtel ⁱⁱ. Si ſe ʲʲ partirent d'*Acre* & ᵏᵏ alérent à ˡˡ *Negrepont* ᵐᵐ, & de *Negrepont* nagiérent tant qu'il vindrent en *Veniſe* ⁿⁿ. Si trouva meſire Nicolo ᵒᵒ ſa femme morte, & li ᵖᵖ eſtoit demouréz ᵠᵠ de ſa femme ʳʳ .j. filz de ˢˢ .xv. ans, li qués ᵗᵗ avoit non ᵘᵘ Marc, de

a. *G* ot. — b. à *m. d. F.* — c. *G, H* Innocens; *ce mot eſt en blanc dans A, B, C, D, E, F. On lit ainſi toute la phraſe dans I*: & quant il virent que ycelui pappe Clemens le quart eſtoit mort. *Ici G & H placent les mots*: & quant il virent ce. — d. *I* de Surie. — e. *E, F, I* &. — f. *F* legat; homs *m. d. E, I.* — g. à *m. d. F, I.* — h. *A, B, C, D, E* Ceabo; *F* Ceaba; *G, H* Cheabo. — i. *I ajoute*: & eſt archediacre de Leodun. — j. *H* & firent. — k. *G, H* leur. — l. *E, F* la meſſagerie ; *on lit dans I*: A ycelui contarent leur meſſage. — m. *G, H* & ce por. — n. *E, F, I* là venu. — o. *E, G* entendu ce ; *F, I* ce entendu; *H* atendu ce. — p. *G, H* il. — q. en *m. d. H.* — r. grant *m. d. E.* — s. *H* ſi. — t. *E, F, I* de; *H* en. — u. *C, D, E, G, I* meſſages. — v. *H* ſçavés; *C* ſavéz & veéz. — x. *G,*
H li papes. — y. il *m. d. E, F, I.* — z. iuſques à *m. d. I.* — aa. *E, F* li apoſtoilles ; *H* ung pape; *I* un aultre apoſtolle. — bb. *F, G, H, I* vos. — cc. *E* meſſagerie. — dd. *E, F, G, H, I* leur diſoit. — ee. *H* verité. — ff. *G* en dedens; *H* en atendant; *I* endementiers. — gg. *E, F, I* on fera un pape; *G, H* on feroit [*H* le] pape. — hh. *E, F, I* nous ⹁orrons bien aler; *H* qui partiront pour aler. — ii. *F, I* nos hoſtelz; *G, H* lour amis. — jj. ſe *m. d. H.* — kk. *C, D* ſi. — ll. *H* en. — mm. *A, B, C, D* Negentpont. — nn. *E, F, G, H ajoutent* : Et quant il furent venu ; *E, F* en Veniſe. — oo. *H* meſſ. N. trouva. — pp. *H* ſi. — qq. *C, E, F, G* remés; demouréz *m. d. H.* — rr. *I* de ſadicte femme demouré. — ss. *H* de l'aage de ; *I* en l'eage de. — tt. *I* qui. — uu. *E, F* à non.

cui *a* cest *b* livres parole. Li *c* .ij. frére demourérent à *Venise* .ij. ans, toutes foiz *d* atendant que papes fust levéz *e*.

X

Comment li .ij. frére se partirent de Venise & menérent avec eulz Marc, le filz de mesire Nicolo, pour mener le avec eulz au Grant Caan.

Quant li .ij. frére orent *f* atendu tant *g* comme vous avéz oy, & *h* veoient *i* que apostoiles *j* ne *k* se faisoit, si distrent que *l* il porroient trop *m* demourer *n* por *o* retourner au *p* Grant Caam. Si se partirent de *Venisse* & en *q* menérent Marc *r*, & s'en tournérent *s* droit en *Acre*, & *t* trouvérent *u* le dit *v* legat. Si parlérent asséz à lui de ce fait *x*, & pristrent *y* conseil *z* à lui *aa* d'aler en *Iherusalem* pour avoir de l'uile de la lampe du Sepulcre *bb* pour porter *cc* avec eulz *dd* au Grant Caam, si comme il *ee* lor ot *ff* commandé. Li *gg* legas lor *hh* donna congié *ii*; si se .ij. partirent d'*Acre* & s'en *kk* alérent en *Iherusalem* & orent de l'uile de la *ll* lampe du Sepulcre, & s'en retournérent *mm* encore *nn* en *Acre* *oo* au legat, & li distrent: « Puis *pp* que *qq* apostoiles *rr* n'est *ss*, nous voulons retourner

a. *F* de quoy; *I* duquel. — b. *E, F, G, H, I* ce. — c. *I* Yceulx. — d. toutes foiz *m. d. H*; *E, F, I* en. — e. *E, F, G, H, I* saiz. — f. *I* se partirent & orent. — g. *H* tant atendu; tant *m. d. I*. — h. *H* si. — i. *F, I* virent; *H* voient. — j. *G, H* on ne façoit point [*H* de] pape. — k. *I* point ne. — l. *I* que trop poroient. — m. *G, H* bien. — n. *E, F ajoutent*: hui mais; *G, H ajoutent*: d'ore en avant. — o. *H* trop pour. — p. *H* vers le. — q. en *m. d. C, D*; *H* amenérent. — r. *I* le dict Marc avec eux; *G* Marc avuec ces. — s. *C, D, H, I* retournérent. — t. *H* où; *I* & là. — u. Marc..... trouvérent *m. d. E, F*. — v. *G, H* legat desus dit. — x. de ce fait *m. d. H*. — y. *E, F, G, H, I* & [*m. d. H*] li demandérent. — z. *C, D, E, F, G, H, I* congié. — aa. à lui *m. d. E, F, G, H, I*. — bb. *C ajoute*: Nostre Seigneur. — cc. porter *m. d. E*. — dd. *F* avec eulx porter. — ee. il *m. d. H*. — ff. *E, F, G, H, I* avoit. — gg. *G, H* Et li; *I* Et le dict. — hh. *I* leur en. — ii. *H* leur acorda. — jj. se *m. d. F*. — kk. s'en *m. d. E, F, G, H, I*. — ll. *I* d'ycelle. — mm. *On lit après dans G, H*: par Acre au [*H* devers le] legat. — nn. *On lit après dans I*: au dict legault en Acre. — oo. *On lit après dans F*: & là trouvérent le legat. — pp. *A, B, C* que puis; *E, F, G, H, I* Puisque nous ne vrons. — qq. *H* qu'il ne se fait point de pappe. — rr. *G, I* papes. — ss. *C, E, F* n'est faiz; *G* n'est point faiz; *I* soit faiz.

au *a* Grant Seigneur *b*, car trop avons huimais *c* demouré *d* & avons *e* affez attendu *f*. » Et li *g* legas lor diſt *h* : « Puis *i* que vous *j* voulez retourner, il me plaiſt bien. » Si *k* fiſt faire ſes *l* lettres pour envoier au Grant Caam, qui *m* teſmoingnoient que *n* li .ij. frére eſtoient *o* bien venu *p* pour acomplir ſa beſoingne *q*, mais pour ce que apoſtoile *r* ne pooient avoir, ne *s* l'avoient peü faire.

XI

Comment li .ij. frére & maint autre avec euls ſe partirent d'Acre.

Quant *t* li .ij. frére orent les letres *u* du *v* legat, ſi *x* ſe partirent d'*Acre* pour retourner *y* au Grant Caam, & s'en vindrent à *z* l'*Aias*. Et quant il furent là venu, ne *aa* demoura gaires *bb* que cilz *cc* devant dis legas *dd* fu eſleüz à *ee* pape en *Acre*, & s'apeloit pape Grigoire de *Plaiſence ff*. De ce *gg* orent li doi frére *hh* mout grant ioie *ii* ; & ſeur ce leur vint à l'*Aias* de par le legat qui papes eſtoit, .j. meſſages qui leur diſt de par l'apoſtoile que il *jj* ne deüſſent plus avant aler *kk*,

a. *G, H* à noſtre. — b. *E, F* Kaan. — c. *E, F, I* dès ores mès ; *H* nous ; huimais *m. d. G.* — d. *F* attendu ; *I* ſeiorné. — e. *G, H* & affez avons [*m. d. H*]. — f. *F* demouré. — g. *I* lediét legat. — h. *I* reſpond. — i. *A, B, C, G* Depuis ; *E* Deſpuis. — j. *G* vous vous en. — k. *I* Et. — l. *H* leur. — m. *I* leſquelles. — n. *E, F, G, I* comment ; *H* comme. — o. *I* avoient bien accompli. — p. *G, H* venu bien. — q. *E, F, I* ſon commandement ; *G* lor meſaigerie ; *H* leur meſſage. — r. *E, F* apoſtoile n'i avoit ; *I* il n'i avoit d'apoſtolle ; *G, H* il n'i avoit pape. — s. *H* il n'avoient. — t. *G, H* Et quant. — u. *G, H* la letre. — v. *H* dudit. — x. *C, D, E, F, I* il. — y. *H* aler. — z. *H* en — aa. *E, F, I* il ne. — bb. *G, H ajoutent* : de tens. — cc. *C, D* celui ; *E, F, G, H* ceſtui legat. — dd. *E, F* dit devant ; *G, H* devant dit. — ee. à *m. d. F, G, H.* — ff. *On lit dans G, H*: papes & fu apeléz [*H* pappe] Gregoires. — gg. *E, F* De quoy ; *G, H* De laquele choſe. — hh. *E, F, G, H* les .ij. frères orent. — ii. *Toute la phraſe depuis que eſt allongée dans I*: que ycelui legat devant diſt en Viterbe, en la court où eſtoient les cardinaux fu eſleü pappe en Acre, & fu en ſeptembre l'an mil .cc. lxxj. De quoy les deux frères heurent moult grant ioye & s'apella puis pappes Gregoires de Plaiſance & fu Gergoire, le X*e* pappe de ce nom, quant vint à Viterbe en la court où il fu ſacréz. — jj. *G, H* à l'Aias .j. meſſage de part le dit pape que leur diſt qu'il. — kk. *E, F, G, H, I* n'alaſſent plus avant.

& « retournaiſſent *b* à lui maintenant *c* . Et que vous *d* diroie
ie *e* ? Li *f* rois d'*Ermenie* leur fiſt armer *g* une galie aus .ij.
fréres *h* meſſages & les envoia en *Acre* au pape.

XII

Comment li .ij. frère vindrent à l'apoſtoile.

Quant *i* il furent venu en *Acre*, mout hounouréement *j*
ſi *k* alérent devant le pape & s'umiliérent mout vers *l* lui.
Li *m* papes *n* les reçut à mout *o* grant hounour & *p* à mout
grant *t* feſte & à mout grant ioie, & leur donna *q* ſa *r* beneiſon
après leur donna *s* .ij. fréres preeſcheurs que *t* il deüſſent aler;
avec eulz au Grant Seigneur *u* pour fournir la beſoingne *v*,
& ſanz faille *x* il eſtoient à celui temps *y* li plus ſage cler qui
fuſſent *z*. Li uns avoit non frère Nicole de *Viſcence* & l'autres
frére Guillaume de *Triple*, & leur donna ſes *aa* previléges &
ſes chartres de la *bb* meſſagerie *cc* que il remandoit *dd* au ſei-
gnour *ee*. Et quant il orent receu ce *ff* que il devoient, ſi priſ-
trent congié du pape & leur donna *gg* ſa beneiçon *hh* & s'en *ii*
partirent tuit .iiij. enſamble d'*Acre* & *jj* avec euz Marc, li filz
meſire *kk* Nicholo, & *ll* s'en alérent à l'*Aias*. Et *mm* quant il
furent là venu, adonc *nn* Bendocquedar, ſoudans de Babiloine,

a. *E*, *F*, *I* ainſ; *G*, *H* & qu'il. —
b. *D* tournaſſent ; *F ajoute :* en
Acre. — c. *G*, *H* au pape en Acre
de maintenant. — d. *E*, *F* en-
e. Et ..... ie *m. d. G*, *H*, *I*. — f. *I*
Lors le. — g. *E*, *F*, *I* amener. —
h. aus .ij. fréres *m. d. G*, *H*. —
i. *F*, *I* Et quant. — j. *C*, *D*, *H*, *I*
honnorablement ; mout hounou-
réement *m. d. G*, *H*. — k. ſi *m. d.*
I. — l. *H* devers. — m. *F*, *H* &
le. — n. *A* pueples ; *B* puples. —
o. mout *m. d. G*, *H*. — p. *E*, *F* &
leur fiſt mout grant ioie & grant
feſte ; *G*, *H* & *I* abrègent : & leur
fiſt mout grant feſte. — q. *I* bailla.
— r. ſa *m. d. B*. — s. *I* bailla. —
t. *E*, *F*, *G*, *H* pour aler [*G*, *H* avec
eus] au G. S. [*G*, *H* Kaan) pour.

— u. que ..... Seigneur *m. d. I*. —
v. *I ajoute :* par devers le Grant
Kam. — x. & ſanz faille. *m. d. I*.
— y. Dans *E*, *F*, *G*, *H*, *I* à celui
temps *eſt placé après qui*. — z. *I*
rengnaſſent. — aa. ſes *m. d. A*, *B*.
— bb. *A*, *C*, *G*, *H* ſa; la *m. d. D*.
— cc. *I* & lettres du meſſage deſſus
dict. — dd. *G* qu'il envoieroit ; *H*
qu'il envoiot ; *I* comment il les
envoyoit. — ee. *F* Grant Seigneur ;
G, *H*, *I* Grant Kaan. — ff. *G* &.
— gg. & leur donna *m. d. C*, *D*, *E*
F, *G*, *H*. — hh. & leur donna ſa
beneiçon *m. d. I*. — ii. *H*, *I* ſe. —
jj. d'Acre & *m. d. I*. — kk. me-
ſire *m. d. I*. — ll. *I* puis. — mm. *F*
Adonc. — nn. adonc *m. d. F*.

entra en *Hermenie* à ^{a} tout grant ^{b} oſt de Sarrazins, & fiſt mout grant domage par les contrées, & ^{c} furent cil dit ^{d} meſſage en mout ^{e} grant ^{f} aventure d'eſtre mors ou pris. Si ^{g} que quant li doi frére preeſcheour virent ce, ſi orent mout grant paour d'aler ^{h} avant, & diſtrent qu'il ne vouloient plus aler avant ^{i}. Il donnérent à meſire Nicolo & à meſire Mafé Pol toutes les chartres & ^{j} tous les previléges que il avoient ^{k}, & ſe partirent d'eulz, & s'en alérent avec le maiſtre du Temple.

a. *E, F, G, H* avec. — b. *G, H, I* mout grant. — c. & *m. d. H.* — d. *G, H* devant dit; *I* yceulx. — e. mout *m. d. E, F, I.* — f. mout grant *m. d. G, H.* — g. *I* ℇ quant yceulx fréres. — h. *G, H* avant aler. — i. & ..... avant *m. E, F, I*; *ce bourdon prouve la parenté de ces trois mſſ.* — j. toutes les chartres & *m. d. G, H.* — k. que il avoient *m. d. I.*

XII

PELRINAGES ET PARDOUNS

DE ACRE

[v. 1280]

MANUSCRIT:

Londres, Muf. brit., Harl. 2253, vél., XIV f., in-f., f. 68c-70b.

PELRINAGES
ET
PARDOUNS DE ACRE
* * *

I

ES funt le pelrinages communes, que creftiens fount en la *Seinte Terre*. De la vyle de *Acres* à *Seynt Elye*: iiij. liwes; de cele terre, e de la *Cave Seynt Elye* à la *Carme*, .j. liwe; e de la *Carme* à *Seint Iohan de Tyr* .j. liwe. Là yl y a une vile de *Seint Iohan le Baptiftre*, e à .j. liwe de ileque eft le *Peroun* fur qui Dieu fe repofa, devant le *Chaftiel Pelryn*, e dedenz le *Chaftel* gift le cors feint Eufenie, e de près eft *Merle*: là feint André nafquis, e deprès fi eft la cave là où Noftre Dame fe muffa ou fon fitz, pur doute des Gyws. E de ileque à *Noftre Dame de Marreis* .iij. liwes: là Noftre Dame fe repofa. E d'yleoque à *Cefarie* .j. liwe. E de yleqe à *Iaphet* .xij. liwes: là eft un peron qe wn apele le *Peroun Seint Iak*, e une chapele où feint Abakuc foleint meindre. E de yleqe à *Rames*, là où feint George fuft martirizé, .iiij. liwes; e d'ileqe à *Betynoble* maweis chymyn .iij. liwes. E .ij. liwes à *Emaüs*, là où Ihefu parla ou Cleophas, e le conuft par fraccion de pain. E de yleque à

D'Acre à Jirufalem.

Montioie, .ij. liwes : e là fuſt enſevely Samuel le prophete.

Jéruſalem. 2. E d'yleque à la cité de *Ieruſalem* ſunt .ij. liwes de bel chymyn, e le entré en la cité eſt parmy la porte où feint Eſtevene fuſt lapidé, e puis vous vendréz à *ſeint Sepulcre* e la fréz vous vos oreyſouns. Le compas dedentz le cuer ne eſt mie loyns de le *Sepulcre*, e là eſt un peroun, lequel Dieu dit qe fuſt la meene du monde. *Mount Calvarie*, où Iheſu fuſt crucefié, eſt al deſtre part de le cuer, e uncore eſt le ſang apparyſant ſur la roche qu'eſt apelé *Golgatha* ; e de près yl y a une tounbe de piére où giſent les .vij. roys, qe furent iadis de la cité, e Godefroy de Boylloun ; deleis le haut auter, là eſt le piler à qui Iheſu fuſt lyé, quant fuſt flaelé. De près eſt la *Priſone* e la cheyne dont Dieu fuſt encheyné en meïſme la priſone, e là furent vewes le iour de Paſk treis Maries, e de lees deſcendréz .xl. degrees, e là trova feinte Eleyne la Seinte Croyz. E de près deſcendaunt .xl. degreez, là eſt la *Chapele gryffoune* ; e là eſt une ymage de Noſtre Dame, qe parla à la Egipciene e la empriſt la loy. E de coſte la Sepulcre, ne mie molt loyns, eſt le *Hoſpital Seint Iohan*, e là deprès ſi eſt la eſgliſe, *Seint Caryout*, e de lees ſi eſt *la Latyne* ; là les treis Maries decyrérent lur chevels, quant Dieu duſt eſtre crucifié. E de yleque le tret de un arc, ſi eſt *Templum*

Le Temple Domini. *Domini*, & là dedeinz ſunt pluſours merveilles, e dedenz ſunt .xx. hus e fortz portes ; là eſt la piére ſur qui Dieu fuſt mys le iour de la Chandelour, devant le vyel Symeon. Là viſt Iacob l'eſchéle, par ount deſcendirent angeies de ciel à terre, e per cele eſchéle vint un angle à Zacarie, qe ly anuncia qu'il avereit un fitz, qi anuncieret la advenement Dieu ; e là dedenz un arch ſi eſt la Verge Aaron, e les .vij. Chaundelabres de or, e les Tables Moyſes ; e là près Dieu pardona la femme que

Le S. Sépulcre.

fuſt pris en avoterie, come le Ewangelie teſmoigne. E la *Portes de Jéru-*
près eſt la porte où ſeint Pére e ſeint Iohan trovérent le *ſalem.*
countrèt qe lur demanda bien, e ſeint Pére ly diſt:
« Ie nay or ne argent, mès ce qe i'ay, ie vous dorray;
levéz, ſi aléz ſeyn. » E cele porte eſt apelé *Ieruſalem*, e la
porte del north eſt apelé *Parays*; là eſt la founteyne qe
eſt apelé *Parays*, dont ſeint Egliſe liſt qe eawe vyne
en iſſiſt. La porte de weſt eſt apelé *Specioufe*. La porte
de le eſt ſi eſt apellé *Porte Orryene*; e par cele porte
entra Dieu chevalchant le aſne, e uncore ſur la dure
roche les piés de la aſne ſunt appariſſauntz.

3. E de la part del north eſt *Probatica piſcina*, e là *Piſcine probatique.*
ſoleit un angle mover le ewe; e celi qe primes y entroit
ſoleit recoveryr ſaunté de cheſcune enfermeté; e bien
de yleque eſt le *Temple Salomon*, e plus amount eſt le *Temple de Salo-*
Bayn où Noſtre Dame ſoleit bayner ſoun fitz, e là molt *mon.*
près eſt le lyt où Iheſu ſoleit cocher. E de lees ſi eſt la
Tour David, e devant la *Tour*, ſi eſt une chapele; e
leynz eſt Seint Iohan bouche orriene, e autres reliques
pluſours; de là eſt une egliſe où ſeint Iame fuſt decolé,
e par là poéz paſſer vers le *Mount Syon*. Là devya
f. 69 b. Noſtre Dame, e les apoſtles la enſevelyrent graunt piéce
de yleque en le *Val de Ioſaphat*. En le *Mount Syon* fiſt *Mont Sion.*
Dieu ſa cene, e lava les pyés de ces apoſtles; e là vint
Iheſu à eux e lur dit: « Pax vobis! » E là moſtra ces
playes à ſeint Thomas, e noun pas loins de yleque eſt
le lew où Iheſu fuſt deſolee e coroné d'eſſpynes, e là
fuſt le paleis e la *Pretorie Cayphas*. E là près eſt la egliſe
où le ſeint Eſpirit deſcendi le iour de Pentecoſte deſuz
les apoſtles; e là près eſt la *Cave Galyqant* où ſeint Pére
refuſa conuſtre Iheſu. E de lees eſt la *Natorye Syloe*, e là
Iheſu eſlumina um qe fuſt nee veogle, e là fuſt enſevely
Yſaye le prophete. E de coſte eſt *Acheldemac*.

4. Entre le mount *Olyvete* e la cyté eſt le *Val de* *Val de Joſaphat.*

Iofaphat, dont avant eſt dit; e de près le val yly a un lyw, qe um apele *Seint Anne*. Là fuſt Noſtre Dame primes norye; e là près eſt *Ieſſemany*, là fuſt Iheſu pris e ces dois ſunt uncore apariſauntz ſur la dure roche, où yl miſt ſa meyn, e un petit de yleque eſt une *Egliſe de Seint Salveour*. Là ala Dieu tot ſoul pour orer à ſon pére devant ſa Paſſioun, e là ſua Dieu ſang. E deſuz le *Mount de Olyvete*, dont eynz eſt dit, eſt un lyw où Dieu veauntz ces diſciples mounta en ciel. E là eſt un peroun, ſur qui Dieu miſt ſoun un pié, qe uncore eſt appariſaunt e tous iours ſerra. E là près eſt enſevely une feynte femme, par quy nul peccheour puet paſſer ne aproſcher à ſa tounbe. Là près eſt le lu où Dieu fiſt la *Pater noſtre*. E là près eſt un lu où Dieu ſe moſtra le iour de Paſche à ces diſciples.

Gethſemani.

Mont des Oliviers.

f. 69c.

5. E de ileque à le amountance de une lywe engleſhe eſt *Bethphagé*. De yleqe maunda Dieu Phelip & Iohan à Iheruſalem pur le aſne le iour de Palmes, à quel iour le greindre honour qe Dieu avoit en terre les enfauntz hebreus li fyrent. E de yleqe avéz à *Bethanye*, où Dieu reſuſcita Lazer, .ij. liwes, & près fuſt eveſque de *Marcille*. E yleque en la *Meſoun Symono* Dieu pardona la Magdaleyne ces pecchiés. E de ileque à la *Quaranteyne*, où Dieu iuna .xl. iours e nuytz, ſunt .vij. liwes.

Bethphagé.

6. E là près ſi eſt *Ierico*; e de yleque à la flum *Iordan* ſunt .ij. liwes à le lu où ſeint Iohan baptiza Dieu, e une colombe deſcendi ſur Diu en forme de ſeinte Eſpyryt; e pur ceſt chemyn ne poéz vous paſſer avant, mès ſi vous aléz de *Iheruſalem* vers la cité de *Bedlehem*, vous irréz par *Seinte Elye* .j. liwe de la cyté de *Iheruſalem*, e là de lees ſi eſt le *Champ Flory*, un trés bel lu; e là recevera, à ce qe um dit, cheſcuny ſolum ce qu'il avera ſi deſervi. E là de près giſt ſeint Rachel.

Le Jourdain.

Champ Fleuri.

DE ACRE.   233

E de yleque à .j. liwe eſt *Bedlehem*, e là vindrent les *Bethléem.*
trois rois fere lur preſent: Iaſpar, Melchyor e Baltazar;
e cheſcun de eux porta or, mirre e encenz. De lees le
cuer eſt un *Put* où la eſteyle chey, qe amena les treis
rois; de l'autre part ſunt les *Innocens* que furent ocis; e
f. 69 d. a .j. liwe de yleoqe apparuſt le aungel as berchers,
anunciant la nativeté Dieu.

7. E de *Iheruſalem* à *Seint Habraham* ſunt .vij. liwes, *S. Abraham.*
e là fuſt Adam fourmé. E là deprés eſt *Spelunca dupplici*, e
là ſount enclos de mur, en char e en os, le treis patriar-
kes, Habraham, Yſaac e Iacob; e là eſt la *Sepulture Ewe*
e les treis femmes des patriarkes en un lywe. E de coſte
la vile eſt une *Cave* où Adam longement habita, e
autres merveilles ſunt yleque.

8. E de *Iheruſalem* eſt .j. liwe à la lywe où cruſt le
arbre dount la Seinte Croiz fut fet; e de ileque à .ij.
liwes eſt *Seint Iohan de Boys*, e là naſqui ſeint Iohan le
Baptiſt; e là ſunt autres pelrynages pluſours. E de *Iheru-
ſalem* à *Naples* ſunt .xij. liwes: là eſt le *Puytz Iacob*, où *Naplouſe.*
Dieu parla ou la Samaritane; e de ileque à *Baſque*, là
où ſeint Iehan le Baptiſt fuſt decolee. ſunt .ij. liwes; e
de yleque à *Mount Hermon* ſunt .ix. liwes. E de ſouth
eſt la cyté *Names*, e à la porte de la vile, Iheſu reſuſcita
le fitz de une vedue.

9. E de yleque à *Mount Tabour* ſunt .ij. liwes, e *Mont Thabor.*
là eſt une egliſe où Dieu ſe moſtra à Piére e à Iehan,
qe il fuſt Dieu e homme; e tot fuſt veſtu de blanc, e
ceux qe là furent cheyérent palmés à terre. E de yleque
à *Bebie* ſunt .v. liwes, e de là ſi eſt la *Mer de Galylée*, *Lac de Tibériade.*
e là entour en diverſe lyws, Dieu fiſt meinte myracle; e
là prés Dieu puſt ou .ij. peſshouns e .v. payns .v. .m.
de homes, e Piére e André là près leſſérent lur batyl e
ſiwérent Dieu, e autres myracles feſoient là pluſours.

10. E là de coſte eſt la *Chaſtiel Magdalon*; là fuſt la *Magdala.*

Magdalyne née; e de ileque poéz aler à *Naʒareʒ*, là où Noſtre Dame naſqui, e al lu où le annunciatioun fuſt fet à Noſtre Dame, qe ele concevereit le Salveour de ciel e de terre. Là eſt une *Fonteyne de ſeint Gabriel*; là ſoleit Noſtre Dame e ſoun fitz Iheſu quere eawe; e là près eſt le ſaut là où le Gyws commandérent Iheſu ſayler pur ce que il lur apriſt la parole Dieu, e ileque diſt Dieu qe nully ſerra tenu pur prophete in ſoun pays demeyne. E de *Naʒareʒ* à *Zaphory* eſt .j. liwe, e ileque naſ-qui ſeint Anne, la mére Marie, la mére Dieu. E de yleqe eſt j. liwe à la *Cane Galylée*, là où Noſtre Seignour fiſt vyn de eawe en la meſoun Architelin, e ce fuſt un des primére myracles que Dieu apertement fiſt. E de yleque à la *Egliſe de Seint Soffroun* ſunt .ij. liwes e là furent ſeint Iohan & ſeint Iame nee; e de yleque ſunt .iij. liwes à la *Egliſe Seint Nycholas*, e là giſt meynt ſeint cors, e pardoun à demeſure graunt eſt graunté à tous que là vendront.

11. De *Acres* à *Koket* eſt .j. liwe; là devynt Dieu aignel, e priſt fourme de aignel. E de yleque à *Sur* ſunt .ix. liwes. Là precha Ieſus la parole Dieu, e une femme ly dit: « Benet ſeit le ventre, qe vous porta e les mameles qe vous alettérent! » E Iheſu la reſpondy: « Benet ſoient que oyent la parole Dieu e que la garde bien! » E de ileque à *Puteus aquarum* eſt .j. liwe. E de *Sur* à *Serphent* ſunt .iiij. liwes; là fuſt ſeint Elye maundé à une povre femme pur delyvrer ly e ſa meiſné de poverté; e de yleque à *Seete* ſunt .iij. liwes; là eſt une *Eſgliſe de Seint Salveour*; e là ſunt relykes pluſours. Là delivera la femme Cananée Dieu par ſa pieté, e autres merveilles ſunt la pluſours. E de yleque à *Baruch* par terre ou par eawe, ſunt .ix. liwes. Là fuſt en temps aun-cien un ymage de Noſtre Seignour, e un Giwz le fery de une launce e le coſté, e meyntenaunt en iſſi ſang e

Fontaine de S. Gabriel.

Cana.

Tyr.

Sidon.

Beyrouth.

eawe; e pur cefte myracle plufours Gywzs fe convertyrent à Dieu, e de cet fang eft en plufours terres: à Rome, Fraunc, Engletere & en autres liws devers, de qy Dieu fet meynte myracle.

12. Plufours autre pelrynages funt en cele terre que *Sardenay.* ie ne pus ne ne fay treftouz nomer. De *Sardayne*, de le *Mont Synay* e autres pelrynages qe funt en celes countrés, ne ay ie parlé rien, quar les paffages funt eftroytes e les veyes longes.

II

13. Ces funt les pardouns de *Acres*: à la bourde *S. Jean d'A.re.* la vile .iiij. aunz [.j.] k[arantaine]; à *Seint Nicholas* .iiij. aunz, .iiij. k[arantaines]; as *Alemauns* .iiij. auns, chefcun iour, .c. iours; à *Seint Leonard* .j. an .c. iours; à *Seint Romant* .xl. iours; à *Seint Eftevene* .iiij. aunz, .xl. iours; à *Seint Samuel* .j. an .xl. iours; à *Seint Lazer de Bethayne* .viij. aunz, .iiij. k[arantaines]; à [*Seint*] *Sepulcre* .vij. aunz, .iiij. k[arantaines]; à *Noftre Dame de Chevalers* .v. aunz; à *Noftre Dame de Sur* .iij. aunz; à *Seinte Croyz* .iij. aunz, .xl. iours; à *Seint Marc de Venyfe* .v. aunz; à *Seint Lorenz* .xl. iours; à *Iofaphat* .iiij. aunz, xl. iours; à *La Latyne* .j. an; à *Seint Pére de Pyfe* .v. aunz; à *Seint Anne* .v. aunz; à *Seint Efpyrit* .vij. aunz; à *Bedlehem* .vij. aunz; à *Seint André* .v. aunz; al *Temple* .viij. aunz, .vj.ˣˣ iours; as *Fréres prefchours* .iiij. aunz, .xl. iours; à *Seint Michel* .iiij. aunz, .iiij. k[arantaines]; as *Fréres defakés* .c. .xl. iours; à le *Hofpital Seint Iohan* .viij. aunz, e tant de foyz come vous aléz entour le paleis de malades .xl. iours, e le digmangt à proceffioun .vj. k[arantaines]; à *Seint Gyle* .v. k[arantaines]; à la *Magdaleyne* .xj. aunz; à la *Katerine* .iiij. aunz, .iiij. k[arantaines]; à la *Trinité*

.j. an; à *Seinte Bryde* .viij. aunz; à *Seint Martin de Bretons* .iiij. aunz, .xl. iours; à *Lazer de Chevalers* .xv. k[arantaine]; à *Seint Thomas* .xv. aunz, e chefcun mardi .vij. aunz; à *Seint Bartholomeu* .iiij. aunz, .iiij. k[arantaines]; à *Seint Antoyne* .iiij. aunz, .xl. iours; as *Frères menours* .ccc. iours; à *Repentires* .j. an, .xl. iours; à *Seint Denys* .iiij. anz, .iiij. k[arantaines]; à *Seint George* .vij. aunz.

14. A taunt finent le pelrynages de celes parties e les pardouns de *Acres* que Dieu eit merci de los vyfs e les mortz! Amen!

XIII

LA DEVISE

DES

CHEMINS DE BABILOINE

[1289-1291]

MANUSCRITS:

A. Paris, Bibl. Nat., lat. 7470, vél., XIV f., in-fol., f. 163a-172a.
B.   »   Bibl. Ste-Genev., E. l. 28, vél., XIV f., in-4, f. 143 b-147 d.
C. Berne, 280, pap., XV f., in-fol., f. 74b-78b.

ÉDITION (fragment) :

Sinner, *Catalogus codicum mss. bibliothecæ Bernensis* (1770, 8º), t. II, p. 319-329.

LA DEVISE

DES

CHEMINS DE BABILOINE

* * *

A f. 163 a.
B f. 143 b.
C f. 74 b.

I commence .j. traictié qui fut pieça fait oultre la mer, ordené par le meftre & par le couvent de l'Ofpital & par aultres preudes hommes qui ont demouré [outre mer] & fcévent *a* le pooir du foudan & des Sarrazins, & eft fait pour favoir quans hommes à armes le foudan puet avoir en tot le pooir des Sarrazins & en quiex lieux & dedens quans iors il les puet affambler enfamble *b*.

B f. 143 c.
C f. 75 a.

Par ceftui *c* efcrit peut eftre feü & coneü le poer des mefcreans Sarrazins qui regnent hui le *d* iour au *e* royaume de *Babiloine* proprement *f*.

---

a. *C* fervent. — b. *Tout ce paragraphe, depuis le commencement, eft en latin dans A :* Incipit tractatus dudum habitus ultra mare per magiftrum & conventum hofpitalis & alios probos viros qui diu fteterunt ultra mare & fciunt poteftatem foldani & Sarracenorum, ad fciendum quot homines armorum poteft facere dictus foldanus cum toto poffe Sarracenorum, & in quibus locis & infra quot dies poteft eos fimul congregare. — c. *B, C* ceft. — d. *B, C* en ceft. — e. *B* el ; *C* ou. — f. proprement *m. d. B, C.*

I

Pouvoir du sultan d'Egypte.

Premiérement le Soudan iſtra de ſon hoſtel o ᵃ .m. homes à cheval, grans & meens.

Item après ᵇ a .xxiiij. amiraux, chevetaines de l'oſt ; & chaſcun peut faire .c. chevaliers.

Item ᶜ encores y a .lxxx. amiraux, de quoi les uns ont poer de .lx. homes à cheval, les autres ᵈ de .l. & aucuns de .xl. ; des quieus la ſomme de cez ᵉ monte .iiij^m. homes à cheval.   A f. 163 b.

Item ᶠ encores y a .xxx. amiraux, des quieus chaſcun de cez ᵍ a poer de .x. homes à cheval.

Item ʰ encores il y a .lxx. elmeccadem ⁱ, e ʲ chaſcun elmeccadem ᵏ a poer de .xl. homes à cheval, & s'apelent la Bahrye ˡ, qui ſont tout adès ᵐ entour la tente du ſoudan.

Item ⁿ encors ᵒ y a autres elmeccadems, qui ſont .lxxx. ; chaſcun de cez a poer de .xl. homes à cheval. Et devéz ᵖ ſavoir que touz ᑫ amiraux peuent ʳ ben faire iſſir de lour meiſnée ſur ˢ plus entour .m. homes à cheval & plus.   C f. 75 b.

Some de *Babiloine* : .xiiij^m. e .vij^c.   B f. 143 d.

Et touz cez homes d'armes qui ſont ci noméz, ſont ᵗ partiz ſur les .xxiiij. chevetaines ᵘ qui ſont avant noméz.

Et ce eſt tout le poer dou royaume de *Babiloine*.

Le poer dou *Som* ᵛ :

Premiérement à *Guadres* .vij^c. homes à cheval.

Item ˣ au *Saphet* .ix^c. homes à cheval.

a. *B, C* avec. — b. *C* Derechief. — c. *C* Derechief. — d. autres *m. d. B, C*. — e. *C* deſſus. — f. *C* Derechief. — g. de cez *m. d. B, C*. — h. *C* Derechief. — i. *C* elmercadem. — j. *B, C* deſquels. — k. *B* elmecradens; *C* & le mercadem. — l. *A* la Bahrpe; *B* Bahire. — m. *B, C* tous iours. — n. Item *m. d. C.* — o. encors *m. d. B.* — p. *B, C* eſt aſſavoir. — q. *B* tous les deſus dis ; *C* tous les devant dit. r. *C* peulent. — s. *B* ſeur le ; *C* ſans. — t. *B* partis ; *C* partie. — u. *B, C* chevetains devant. — v. *Ce membre de phraſe eſt répété dans A ; B de* Soyn ; *C du* Saulin. — x. *Dans toute la fin de ce paragraphe, C remplace* Item *par* Derechief.

DES CHEMINS DE BABILOINE.

A f. 164 a. Item à *Domas*[a] .iiij[m]. homes à chival.
Item à la *Chamele*[b] .iij[c]. homes à chival.
Item à *Hama* .m. homes à cheval.
Item à *Halappe* .ij[m]. homes à cheval.
Item à *Triple* .m. homes à cheval.
Some l'oſt dou *Som*[c] .ix[m]. ix[c].

Some des .ij. ſomes de tout le poer du ſoudan en *Babiloine* & aus *Som*[d] :
.xxiiij[m]. .vj[c]. homes à cheval; des quieus bien les .xv. mile ſont ci povres que à peinnes peut chaſcun ſouſtenir ſon cheval.

II

B f. 144 a. Deſoz y a eſcrit[e] la deviſe des chemins qui vont en *Babiloine* & au *Caire*, c'eſt aſavoir ſi com il ſont departiz par terre & par le ſ flum de quel que part que home vuille comencer de lonc en lonc la marine, c'eſt aſſavoir : d'*Alixandre* en iuſques à *Guadres*, de quelque lieuc que home voudra monter as deſus diz lieus par les A f. 164 b. chemins qui ſont cogneüz & uſéz[g], & le nom des villes, des paſſages dou flum, des iornées & des liues qu'il y a de leuc en leuc, & des herberges qui ſont à paſſer le deſert de *Guadres* en *Babiloine*, & le nom des herberges & là où[h] l'oſt eſt uſé de herberger, & les lieus où[i] il tignent chevaux pour les corriers qui s'apelent berith[j] :

De Gaza au Caire.

Premiérement de *Guadres* au *Daron*[k] liues .ij. & demie.
Item[l] du *Daron*[m] iuſques au *Rephah* liues[n] .ij.

a. *B, C* Dama.. — b. *B, C* Chanelle. — c. *B* Soyn; *C* Soin. — d. *B* Soyn ; *C* Soin. — e. *B, C* Ci deſſous eſt eſcrite. — f. *C* fleuves. — g. *B* hantéz ; *C* acouſtumés. — h. *A* eu. — i. *B* qui. — j. *B, C* berich. — k. *B, C* Baron. — l. *C* remplace partout Item par Derechief. — m. *B, C* Baron. — n. *B* & *C* portent: .ij. lieues ; *de même plus loin* .v. lieues, *& ainſi de ſuite en intervertiſſant les chiffres & les mots de A.*

31

Item du *Rephaph* iufques au *Zaheca* liues .v.
Item dou *Zaheca* iufques au *Karrobler* liues .v.
Item dou *Karrobler* iufques au *Harifs* .iiij. liues.
Item de *Harifs* iufques à la *Oarrade* liues .x.
Item de la *Oarrade* iufques à la *Soade* liues .v.
Item del *Soade* iufques *El Montayleb* liues .iv.
Item de *El Montaleb* iufques *Elmahane* liues .v.
Item d'*El Mahane* iufques à la *Katye* liues .iij.
Item d'*El Katye* iufques *El Gorabi* liues .v.

Item d'*El Gorabi* iufques au *Cofair* liues .iiij. Ceft eft une garde auquel lieu tiennent fanon de nuit pour les berith qu'il n'en perdent le chemin, & là non a aigue; que une cifterne pour les garcheus dou lieuc, & oft n'i puet herbergier là; & le lac de *Tenis* eft iuignant, de quoi, quant le floum eft en fon creffant, il abreuve une province qui s'apele *Laffarquye*. Après ce que la terre a pris fon faoul, brifent les efclufes & les aigues qui s'efcolent vont en celui lac. De quoi le dit lac creft & deftorbe le chemin de .ij. legues, & qui vodroit paffer de nuit, de legier il peut forveer & periller, fi n'eft par l'avoyement dou fanon.

Item d'*El Cofair* iufques à la *Salechie* liues .ix. Entre ces n'y a point d'aigue, & quant le flum eft à fon amer-

C f. 76 a.
B f. 144 b.

A f. 165 a.

B f. 144 c.

A f. 165 b.

a. *B, C* du. — b. *B* Laorrade; *C* Laorade. — c. *B* El Montaibeb; *C* à Montaillec. — d. *B* d'El Montaibeb; *C* de Montailec. — e. *C* Caythe. — f. *B* à El Gorabi; *C* Helgoraby. — g. eft m. d. *B, C.* — h. *C* où il. — i. *C* faucons. — j. *B* berich; *C* berit. — k. *C* n'a nulle yaue. — l. *B, C* gardiens. — m. *C* d'Occenis. — n. *A* ioignent. — o. *A* & abevrent. — p. *C* eft appelée. — q. *B* Sarquie; *C* Serquie. — r. *B, C* Et après. — s. *B, C* en a. — t. *B, C* lors brifent. — u. *B, C* ce. — v. *B, C* Et par ce le lac croift. — x. *B* par. — y. *A* pout; *C* il pourroyt. — z. *B, C* Sachie. — aa. *Avant ce mot C ajoute*: Derechief de la Salchie !ufques. — bb. *B, C* ces deux lieus n'a point.

mant *a*, il n'y a lors *b* que .vij. ligues. Et là fine le defert & eſt l'entrée de *Babiloine*.

Item de *c* la *Salechie* iuſques El *d Deccan* liues .v.
Item d'*El e Deccan* iuſques à la *f Cattara* liues .iiij.
Item d'*El Cattara* iuſques à la *Sehidye g* liues .iiij.
Item de la *Sehidye h* iuſques à *i Belbeys* liues .iij.
Item de la *Belbeys* iuſques à *Bir el Bayna j* liues .iiij.
Item de *Bir el Bayna k* iuſques *El Heſſe* liues .ij.
Item d'*El Heſſe* iuſques au *Caire l* liues .iij.

Some de *Guadres* iuſques au *Caire* liues .lxxxix. & demye.

III

De Damiette au Caire.

L'entrée dou flum de *Damyate m*: ſy a au millieuc dou flum la *Tour de la Coſberye n* qui eſt bien une mile de *Damyate*, qui *o* garde le paſſage de touz les vaiſſiaux qui vont & viennent.

B f. 144 *d*.

A f. 166 *a*. A comencer le chemin de *p Damyate*, à aler par terre *q* iuſques au *Caire*:

C f. 76 *b*. Premiérement de *Damyate r* iuſques au guey dou braz dou flum là où le conte d'Artoys paſſa, a liues .iiij. Le quel braz dou flum vait au marrays d'une vile qui s'apele *s Semon erroman t* & le dit *u* marrays eſt ioignant au lac de *Tenis*, & ſi y a .j. pont de lignyaum *v* par deſſus le dit braz. Et *x* nul ne puet iſſir de *Damyate* à *y* paſſer le pont, ſi il n'y a la bolle dou baillif au braz *z*;

a. *B* droit eſtat; *C* eſtat. — b. lors *m. d. A.* — c. *B, C* de Salchie. — d. *B, C* au Daran. — e. *B, C* du Daran. — f. la *m. d. C.* — g. *C* Celhydie. — h. *C* Celhydie. — i. *B, C* à la. — j. *B, C* Buel Bahina. — k. *B, C* Buel Bahina. — l. *B & C ajoutent:* le droit chemin uſé. — m. *B a partout la forme:* Damiete. — n. *C* Coſberie. — o. *B, C* &. — p. *B, C* qui va de. — q. à aler par terre *m. d. B, C.* — r. *C* Damaſſe. — s. *B, C* eſt appellée. — t. erroman *m. d. B, C* — u. *C* devant dit — v. *B, C* fuſt. — x. *B, C* Ne. — y. *B, C* pour. — z. *Ce qui ſuit eſt ainſi changé dans B, C*: & briſent ce

lequel pont se il sentront que grant effors d'ost de crestiens vient à yaus, il le brisent.

Item dou dit gué iusques à la *Herberge des Sarrazins*, là où il furent desconfiz, a une grosse *a* liue.

Item de la *Herberge* iusques à la *Mensore b*, là où le conte d'Artoys fu desconfiz, liues .ij.

Item de la *Mensore* iusques à *Iamar c* liues .iij.   B f. 145 a.

Item de *Iamar* iusques à *Menyet Zefca d* & *Menyet Gauire e* liues .ix.

Item de *Menyet Guaire* & *Menyet Zefca* iusques à A f. 166 b. *Benhel f el Hacel* liues .v.

Item de *Benhel el Hacel* iusques à *Menyet el Chanezir* liue .j.

Item de *Menyet el Chanezir* iusques à *Sendoe g* liues .ij.

Item de *Sendoe* iusques à *Hallyob h* liues .ij.

Item de *Halliob* iusques au *Caire* liues .ij.

Some de *Damiate* iusques au *Caire:* liues .xxxj.

Et cestui *i* chemin desus nomé si vait près du flum, & les villes desus nomées sont bones villes, & en la contrée qui s'apele *j* *Laffarquie* sy *k* a mout de casaus *l*, & sont entre cestui chemin & la *Salchie*; & se poer *m* d'ost arrive à *Damyare*, & il veuillent monter par terre *n* au *Caire*, il ne lour covendra ia *o* passer le flum que par le braz desus nomé au gué *p*, lequel *q* passèrent *r* la gent dou roy de B f. 145 b. France; & *s* lour galées & lour vaissaux lour porront porter lour vitaille & lour garnison, quant le flum est A f. 167 a. en son creissant.

pont quant il sevent que grant ost de crestiens vient sur eulz. — a. *Les mots* a une grosse . . . Item [de la Mensore] *m. d. C.* — b. B Maçozre. — c. C Gamal. — d. B, C Zefra. — e. B Gaivre; C Ganire. — f. B, C Beriel. — g. B, C Sendre. — h. C Halbyob. — i. B cest;

C ce. — j. B, C est appelée. — k. B, C sont mout. — l. B, C chastiaus. — m. B, C puissance. — n. terre au *m. d. C.* — o. ia *m. d. A, B.* — p. au gué *m. d. C.* — q. B, C par la où. — r. C passent. — s. & *m. d. C.*

IV

L'entrée de la fouffe *a* du *Reſſid* *b* iufques à la *tour* *a* une groſſe liue & demye.

<small>De Roſette à Fua & Meh-allet-el-Emir.</small>

Item du *Reſſid* iufques à *El Hatphe* *c* qui eſt contre la *Foe*, la bone ville, qui a paſſage par vaiſſiaux *d* d'une ville à l'autre, a liues .iij. Les quieus lieus font de legier *e* à gaſter & prendre quanque *f* il y a à poi de galées, & fe ciaux *g* qui defcendent à la *Foe* ont .ij *c*. homes à cheval & aubaleftriers *h*, il fe peuvent *i* eftendre entre terre en la *Gefire* *j* *de la Garbye* qui s'apele *k* *El Mehala*, & ardre & gaſter *l* mout de cafiaus *m* & retorner en lour vaiſſiaux fans nul periller *n* ; & fe l'en doute que *o* en cele faifon dou creiſſant dou flum, que les Sarrazins les *p* puiſſent grever par brifer les efclufes & laiſſer corre les aigues, celui *q* qui ceſtui a fait emprent de conduire les par tieus chemins o l'aye de Dieu que il ferront lour befoignes fans nul peril d'aigues ; & fi il ont effors de galées, il puent *r* monter iufques en *Babiloine* & au *Caire*.

<small>C f. 77 a.</small>

<small>B f. 145 c.</small>

<small>A f. 167 b.</small>

V

Encores de l'autre part dou flum devers *Alixandre*, fy a .j. cafal *s* qui s'apele *t* *la Schidye* où il y a .j. braz dou flum qui vait à .j. cafal *u* qui a nom *Er[c]hou* *v*, & fait un

<small>Château d'Edkou.</small>

---

a. *B* foe. — b. *B* de Refis ; *C* de Refol. — c. *C* Tachle. — d. *B* batiaus. — e. *C* de rechief. — f. *C* tout quant ques. — g. *B* il. — h. *C* arbaleftres. — i. *C* peulent. — j. *C* Sefire. — k. *B*, *C* eſt apelée. — l. *C* ardoit & guaſtoit. — m. *B*, *C* maiſons. — n. *B*, *C* peril & fans nul doubte. — o. *C* quant le fon ; *B*, *C* que le flun croiſt que les. — p. les *m. d. B, C*. — q. *La phraſe eſt remplacée dans B & C* : *B* il qui les amaine, *C* ceulx qui les ont amenées ; *B, C* pour ceſt domage faire les puet emprendre à mer par tieus chemins que à l'aide de Dieu il. — r. *C* peulent. — s. *B, C* eſt un chaftel. — t. *B, C* eſt appelé. — u. *B, C* chaftel. — v. *B, C* eſt nommé ; *B* Erhton ; *C* Etheon.

petit lac, par lequel braz fe portent ᵃ les marchandies dou *Sehid* & dou *Caire* & de *Babiloine*, & les defchargent ᵇ au dit cafal ᶜ *Ethcou* ᵈ ; & de là portent ᵉ en *Alixandre* ᶠ par terre pour la doute qu'il ont à defcendre à la fouffe ᵍ dou *Reffid*, & paffer par mer, pour les ʰ galées ⁱ des creftiens.

Et dou *Reffid* iufques au dit cafal ʲ *Ethcou* fy a une liue, pour quoi les galées oveuc poi de gent à cheval & aubaleftriers a pié puent defcendre au *Reffide* & aler par terre brifer celui dit cafel ᵏ & prendre toutes les marchandifes qui fe ˡ troveront fanz nul ᵐ peril, car là n'y a nule gent d'armes, & fi le cri vait ⁿ iufques en *Alixandre*, ii y a bien .viij. liues groffes, & au milieuc dou chemin B f. 145 d. a .j. braz d'aigue falée qui ᵒ vient de ᵖ la mer & defcent A f. 168 a. en .j. lac qui eft là, & ᵍ a de large une mile ʳ & a nom *Leftul* ˢ. Et celui que ne faveroit paffer le dit braz, il ᵗ porroit perir. Et ᵘ nule gent n'en peuent ᵛ venir au cri que ˣ le baillif d'*Alixandre* ovec .xl. homes à cheval & entour .c. *Baudoyns* à cheval qui font habitans en *Alixandre*, & ʸ dou *Caire* n'en ᶻ porront avoir focours dedens ᵃᵃ .vj. iours ou plus.

VI

De Rofette au Caire par le Nil.

Et fe grant hoft veut arriver au *Reffid*, lour galées & lour vaiffiaux puent ᵇᵇ monter parmi le flum & la gent

---

a. *B* par lequel; *C* par quoy; *B, C* font portées. — b. *C* charge. — c. *B, C* chaftel. — d. *B* Erhton; *C* Efthcon. — e. *C* porte on. — f. en Alixandre *m. d. B, C.* — g. *B* Foé du Refib. — h. à defcendre ... pour les *m. d. C.* — i. *C* des galées. — j. *B, C* chaftel. — k. *B, C* ceft chaftel. — l. *B, C* que il. — m. nul *m.* d. *B, C.* — n. *B, C* aloit. — o. *C* &. — p. *A* à. — q. *B, C* qui. — r. *B, C* liue. — s. *B, C* eft nommé; *C* l'eftril. — t. il *m. d. B, C.* — u. *B, C* Ne. — v. *C* peulent. — x. *B* aveques; *C* fors. — y. *B, C* ne. — z. *B* il ne pueent; *C* il ne peulent — aa. *B, C* devant à. — bb. *C* peulent.

DES CHEMINS DE BABILOINE. 247

à cheval & à pié *a* aler par terre cofteant touz iours le flum iufques en *Babiloine.* Et fi y a villes & cafiaus *b* par celui *c* chemin & n'eft *d* chemin mout ufé pour ce qu'il eft trop lonc pour les eftorces *e* dou flum & eft enuyous
C f. 77 *b.* pour ce qu'il y a mout de branches dou flum à paffer. Mais fe l'oft a *f* bien qui les guye *g*, il les avoyera en
B f. 146 *a.* plufors lieus de brifer les efclufes, & les aigues s'efco-
A f. 168 *b.* leront, fi que il pafferont plus legiérement.

VII

Et fe l'oft vient en autre faifon *h* que au creffant dou *De Rofette au Caire*
flum, il puent *i* paffer celui chemin fans grevance de *par terre.*
nul ruiffauz, & ne lour covendra brifer les efclufes ni efcoler les aigues. Et les *j* noms des villes & les *k* herberges qui font en ceftui *l* chemin :
Premiérement dou *Reffid* iufques à la *Sehidye* liues .ij.
Item de la *Sehidye* iufques *m* *El Harphe* liue .j.
Item d'*El Harphe* iufques à *Dairffob* *n* liues .ij.
Item d'*El Dairffob* *o* iufques à *Mehallet Habde el Rohman* *p* liues .iij.
Item d'*El Mehaliet Habde el Rohman* iufques à *Mehallet Sa* liues .v* q*.
Item d'*El Mehallet Sa* iufques à la *Vaherie* *r* qui eft au *s* chief dou braz qui vait en *Alixandre* liues .v.
Item de la *Veharie* iufques à *Zaouiet* *t* elffaic liues .viij.
B f. 146 *b.* Item d'*El Zaouyet eiffaic* iufques *Al Tarrane* liues .ix.

a. *B, C* à pié & à cheval. — b. *B, C* chaftiaus. — c. *B* ce ; *C* ceft. — d. *A* ne. — e. *B, C* torfes. — f. *C* eft. — g. *B, C* governe & maine. — h. faifon *m. d. C.* — i. *C* peult. — j. *B, C* Cy après font les. — k. *B* des. — l. *C* ce. — m. *C* ufques à. — n. *B, C* Darifob. — o. *B, C* Darifob. — p. *B* el Rithnan; *C* el Rochman. — q. *Ce membre de phrafe m. d. B.* — r. *C* Baherie. — s. *C* le. — t. *B* Zaoniet; *C* Zaouet.

Item d'*El Terrane* iusques en *Babiloine* liues .ix. A 169 a.
Some: liues .xliiij.

VIII

De Rosette à Degua.

Encors y a autre chemin à [a] l'autre partie dou flum de *Ressid* qui est de la *Garbye* en l'isel[e] [b] dou *Mehalla* [c], & doit commencer à prendre terre à la *Foe*, qui est desus escrite, & doit descendre tout l'ost [d] là.

Premiérement d'*El Foe* venir [e] iusques à *Senhore el Medine* [f] liues .iij.

Item del *Senhore el Mideme* iusques à *Caum* [g] *Enneyar* liues .iiij.

Item del *Caum* [h] *Enneyer* iusques *Assonbraubesson* [i] liues .iij.

Item d'*El Sombraubession* iusques *Ahrerie* liues .iiij.

Item de la *Aahrerie* iusques à *Berine* [j] qui est mout bel casal [k] & sont tous crestiens, liue j.

Item de *Berine* iusques à *Melig* liues .vj. Et a mout de casiaus [l], & là entour si [m] sont .ij. casiaus [n] grans & nobles: l'un a nom [o] *Tambede* & [p] l'autre a nom *Mehallet el Mehrom*.

Item de *Melig* iusques as *Sobre el Vahle* a liues .v. B f. 146 c.
Somme: liues .xxvj. A f. 169 b.

IX

De Degua au Caire.

Et par devant *Sobre el Vahle* est l'une des grans branches dou flum [q] qui vait à *Damyate*, & dou braz de

a. *B, C* d'autre. — b. *B, C* l'ille. — c. *B* Bahel. — d. *B, C* tout l'ost descendre. — e. *B* renir; *C* benin. — f. *B, C* el Mecdine. — g. *B* Quaum; *C* Coum. — h. *B* Quaum; *C* Coum. — i. *B* a Soyn Braudesyon; *C* a Som Brambession. — j. *B* Bernie; *C* Bervie. — k. *B, C* noble chastel. — l. *B, C* chastiaus. — m. si *m. d. B, C.* — n. *B, C* chastiaus. — o. *B, C* est nommé. — p. & *m. d. B.* — q. *C* Damas.

DES CHEMINS DE BABILOINE. 249

Reſſid à partir del *Foe* iuſques à *Sobre el Vahle*, là où le braz dou flum de *Damyate*[a] le paſſe. Ores covent que C f. 78 a. les galées &[b] les vaiſſiaux montent[c] iuſques là où le flum ſe forche[d], & là deſcendre iuſques devant *Soubre el Vahi*[e], là où l'oſt eſt, & là charge la[e] gent & les chameaus[f], & prendre[g] terre de l'autre part à .j. caſal[h] qui s'apele[i] *Degoe*[j]. Et en celui lieuc paſſent toute la gent qui viennent d'*Alixandre* & vont en *Babiloine* en[k] une barche par une corde qui eſt de l'une rive à l'autre, & auſſi de *Babiloine* iuſques en *Alixandre*[l]. Et là peut venir l'oſt de *Babiloine* & contreſter à l'arriver. Et ſe il avient que par lour orgoill il paſſent le flum pour venir B f. 146 d. à la *Garbye* por combatre ovec l'oſt de creſtiens avant A f. 170 a. que les galées n'en iuignent au paſſage, la bataille ſerra plus profitable pour les creſtiens que pour les Sarrazins, car ſe il ſont deſcomfit, nul de aux n'en porra eſchaper pour ce que il ſerront dedens l'iſle, & les galées avironneront[m] le flum.

Et d'*El Degoe* qui eſt de l'autre part vers *Babiloine* iuſques à *Iohour*[n] *el Semné* liue .j.

Item d'*El Iohour el Semné* iuſques à *Karamſil*[o] liue .j.

Item de *Karamſil* iuſques à *Sendebis*[p] liue .j.

Item de *Sendebis*[p] iuſques à *Kallioub* liue .j.

Item de *Kallioub* iuſques au *Caire* liues .ij.

Some de *Degoe* iuſques au *Caire* liues .vj.

Some des ſomes[r] del *Foe* iuſques au *Caire* liues .xxxij.

a. *C* Damaſſe. — b. *B* & tous. — c. *B*, *C* ſe montent. — d. *C* forge. — e. *C* de la. — f. *A* chuivaux. — g. *C* prennent. — h. *B*, *C* chaſtel. — i. *B*, *C* eſt appelé. — j. *C* de Gotz. — k. *B*, *C* par. — l. *B ajoute*: & vont en Babiloine par une barge. — m. *A* circumdederunt. — n. *C* Sanhin a Iohur. — o. *B* Karanſil; *C* Kamſil. — p. *B* Aſcendebis; *C* Albandebis. — q. *B*, *C* Carmſil. — r. *B*, *C* ſomme des lieues.

X

D'Alixandrie au Caire.

Et fe il avient que les Sarrazins nen veullent venir combatre à ᵃ la dite ifle de la *Garbye*, & il eft en faifon ᴮ ᶠ· ¹⁴⁷ ᵃ· dou creiffant dou flum, la prémiére befoigne & ᵇ plus profitable que ᶜ l'oft puiffe faire eft que ᵈ celui qui les doit ᵉ guyer ᶠ les doit aveer de brifer les chauffées em ᴬ ᶠ· ¹⁷⁰ ᵇ· plufors lieux, fi que fe Sarrazins vuillent ᵍ laiffer courre les aigues, pour grever l'oft des creftiens, toutes les aigues s'efcoleront & iront en .j. lac qui fe ʰ clame *Behaireth Neftrou* ⁱ ; & pour ce nen laira l'oft de creftiens à chevaucher par toute la dite ifle & prendre ʲ & gaaignyer quanque ᵏ il y a.

D'*Alixandre* iufques en *Babiloine* fy a .ij. chemins :

L'un eft communaulment mult ufé de marchans & d'autres gent qui vont d'*Alixandre* en ˡ *Babiloine*.

Premiérement d'*Alixandre* iufques à *Camloquin* liues .iij.

Item de *Camloquin* iufques à *Tharhet Therange* ᵐ liues .iij.

Item de *Tharhet Therange* à ⁿ *Demenhour* ᵒ liues .iiij.

Item de *Demenhour* iufques à la *Cane* ᵖ liues .ij.   ᶜ ᶠ· ⁷⁸ ᵇ·

Item de la *Cane* iufques à la *Freftac* liues .iij ᑫ ; & là ᴮ ᶠ· ¹⁴⁷ ᵇ· covient paffer l'une ʳ des branches dou flum qui vait au *Reffid* & defcendre en la *Garbye* en une ville qui ᴬ ᶠ· ¹⁷¹ ᵃ· s'apele ˢ *Freftac*.

Item de le *Freftac* iufques à la *Aahrerie* liues .ij. Et là fe ioignent les .ij. chemins, celui d'*Alixandre* & del *Foe* au propre chemin qui vait en *Babiloine*, lequel eft defus efcrit.

Some d'*Alixandre* iufques à la *Aahrerie* liues .xxvij.

---

a. *B, C* en. — b. ⅔, *C* eft la plus. — c. *C* &. — d. eft que m. d. *A*; *C* ce que. — e. *A* dée. — f. *B, C* conduire. — g. *B, C* voloyent. — h. *B* eft appeley; *C* eft nommé. — i. *B* Nefcitur; *C* Beftitur. — j. *A* prerer. — k. *B* tout quanques y a; *C* tout tant qu'il y a. — l. *B, C* iufques. — m. *B* Therauge. — n. *B, C* iufques à. — o. *C* Definehour. — p. *C* Cave. — q. liues .iij. m. d. *A*. — r. *A* l'un. — s. *B, C* eft nommée.

DES CHEMINS DE BABILOINE.   251

Item l'autre chemin qui part d'*Alixandre* iufques *ᵃ* à *Babiloine*, cofteant au defert fanz peril d'aigues ne paffage de flum ; qui voudra monter au *Caire* & en *Babiloine*, & là *ᵇ* l'oft de *Babiloine* peut legiérement paffer le flum, fi veut avoir la bataille pour ce qu'il ont grant multitude de vaiffaus.

Tout *ᶜ* premiérement à partir d'*Alixandre* iufques à *Blouc* liues .iij.

B f. 147 c.   Item de *Blouc* iufques à *Tharange*, laquel *ᵈ* eft bone ville & de grant fair, liues .ij.

Item de *Tharange* iufques *al Zahfarani* *ᵉ* liues .viij.

A f. 171 b.   Item d'*El Zahpfarani* iufques à *Hauvramfis* *ᶠ* liues .vij.

Item d'*El Hauvramfis* iufques à la *Terrana* liues .viij.

Item d'*El Terrene* iufques au *Caire* liues .ix.

Some d'*Alixandre* iufques au flum devant *Babiloine* liues .xxxvij.

XI

Item le large de la *Garbye* de l'une branche qui vait *De Rofette à Semennoud.* au *Reffid* iufques à l'autre branche qui vait à *Damiate* *ᵍ*, d'un cafal *ʰ* qui eft par defus le branche dou flum qui vait au dit *Refid*, lequel *ⁱ* a *ʲ* nom *Mehallet Ebo Hali* iufques à *Senhour el Medine* liue .j.

Item de *Senhour el Medine* iufques à *Sandele* liues .ij.

Item de *Sandele* iufques à *Mehallet el Cafob* liues .ij.

Item de *Mehallet el Cafob* iufques à *Sacha* liues .ij.

A f. 172 a.   Item de *Sacha* iufques à *Daram* *ᵏ* *el Bacar* liues .vj.

B f. 147 d.   Item de *Daram* *ˡ* *el Bacar* iufques à la *Mehalle* liues .iij.

Item de la *Mehalle* iufques à *Semennot* *ᵐ* liue .j.

a. *B, C* & va en. — b. *A* là o. — c. Tout *m*. *d. B, C*. — d. *B, C* qui. — e. *B* Zahfram; *C* Zafrin. — f. *B* Hamirainfis; *C* Hamirancis. — g. *C* Damaffe. — h. *B, C* chaftel. — i. *B* qui. — j. *B, C* eft appellés. — k. *B, C* Darqui el Bathar. — l. *B, C* Darqui. — m. *B* Samennot; *C* Semonnet.

Some dou large de l'une branche iufques à l'autre liues .xvij.

Et *a* ceſte *b* fufdite *Garbye*, laquel eſt entre les .ij. branches fus *c* nomées, eſt une iſle, & fy a *d* dedens .v*c*. villes, que petites que grandes *e*.

a. *B, C* Ceſte Garbie deffus dicte, qui. — b. *A* ceſt. — c. *B, C* devant dictes. — d. *B* qui a ; *C* & font. — e. *B, C* grans.

XIV

LES CASAUS DE SUR

[avant 1291]

MANUSCRITS:

A & B. Vienne.
C & D. Venise.

ÉDITION:

Tafel & Thomas, *Fontes rerum Auſtriacarum*, t. III, p. 398-400.

LES
CASAUS DE SUR

* * *

'EST le capiſtre des .x. caſaus franches de mon ſeignor de *Sur alamonaſſe*[a] e la deviſe:

  Haïnabou Habdelech,
  la *Caſemie,*
  Sedin[b],
  Mehlep,
  le *Mabouc*[c],
  la *Hamadie,*
  Raſhelaïn,
  la *Tor de l'Oſpital,*
  Batiol[e],
  la *Garoudie*[d].

E toz les .x. caſaus de devant dites ſon de mon ſengnor de *Sur,* à totes lur raiſons & lur deviſes, & totes lur terres, & ce qui entre en les devant diz caſaus, & ce qui ſe part de iaus. E ce eſt lo coumandement, que le meſage de mon ſeignor de *Sur,* ſire Iacob, porta as amiraus de *Safed* de par le Soudan, por le fait dou caſau de *Batiole*: que il dovent enquere dou fait de la gaſtine & de la tere[e], que le Soudan dona, à tot[f] le caſau

---

a. *Peut-être* a! mahrouſſa, *la bien gardée?* — b. *Mſ.* Ledin. — c. *Mſ.* Babouc. — d. *Mſ.* Garridie. — e. *Mſ.* l'autre. — f. à tot. *m. d. les mſſ.*

de *Batiole*, à mon feignor de *Sur*, fe la tere eftoit del devant dit cafau, & ce la tere dou devant dit cafau eft prife & proprie & mis à la gaftine.

Et l'enquefte doit eftre par droit & par raifon, par les anciens gens de la tere & par l'aveginanfe & que vos deiés enquere lial enqueftre fe la tere eft de *Baftiole*, fi come el dice, ou de la gaftine.

Et ce la tere eft de la raifon de *Batiole*, ou de la gaftine, ou partie ou tot, & il ne put eftre que l'on*ᵃ* n'euit devifes couneues & teres & coulounes de garenties & entrefeines; & que il ne le fafent afavere la fertenitiét de l'enquefte, & ce à cele fagon, que le Soudan dona les .x. cafaus à mon feignor de *Sur*, & il prift de .v. & le remant des cafaus demera en partifon, e fe le devant dit cafaus *Batiole* eftoit un de .x. cafaus, & par aventure, que le moafefe le themoine le non de x cafaus, & ne put eftre que le devant dit cafau n'avet adonque tere counehue, & com en put eftre que *Batiole* n'en a fors une foule charrue*ᵇ*, & la gaftine avra xxxvj; & fe aucun de mouqtas ai fait outrage fans raifon; que vos mandés la fertinité dou fait, & nos avons mandé noftre commandement que vos enqueréz la verité de fes teres par le convenant de la trive, fe la tere eft de lur cafau ou non.

a. *Mſſ*. lus. — b. *Mſſ*. chauure.

INDEX

*

A

Aahrerie, Daharieh, 248, 250.
AARON (La verge d'), 94, 165, 183, 193, 230.
ABACUC, 229; voy. Chapelle S. Abacuc.
ABARCA CAAM, voy. BARCA.
Abbayes : *de Béranie*, 48, 160 ; — des frères *Déchauſſés (Acre)*, 235 ; — des *Géorgiens*, 45, 47 ; — *Gloria in excelſis Deo*, 66 ; — des *Jacobins (Jéruſ.)*, 35, 52, 95, 147, 151 ; — des frères *Mineurs (Acre)*, 236 ; — du *Mont Olivet*, 51, 162, 169 ; — des frères *Prêcheurs (Acre)*, 235 ; — des filles *Repenties (Acre)*, 236 ; — S. *Jean*, 70 ; — de S. *Jean de Tyr*, 90, 104², 180, 190, 229 ; — de S. *Paul (Jéruſ.)*, 27 ; — de S. *Zacharie*, 60, 81 ; — de *Ste Anne (Jéruſ.)*, 49, 96, 104², 161, 167, 232 ; — de *Ste Marguerite du Carme*, 89, 90, 104², 180, 189 ; — de *Ste Marie de Joſaphat*, 24, 32, 50, 144, 145, 161 ; — de *Ste Marie du Mont Sion*, 23, 24, 31, 32, 44, 144, 156 ; — de *Ste Marie la Grande (Jéruſ.)*, 34, 147 ; — de *Ste Marie latine (Jéruſ.)*, 6, 35, 94, 116, 147, 165, 183, 193, 230 ; — des *Nonnains de Sur (Jéruſ.)*, 104² ; — du *Temple (Acre)*, 235 ; — du *Temple (Jéruſ.)*, 39, 41.
ABEL (Maiſon d') & de CAÏN, 99, 186, 196.
Abel (Mt), 73, 83.
Abilant, 8.
Abli, 18.
ABRAHAM, 65, 66, 73, 83, 95, 99, 115, 122, 164, 165, 170, 171, 183, 186, 193, 194, 196, 233. — Le jardin d'A., 169, 196.
Acaron, Achon, voy. *Acre*.
Aceldama, voy. *Caudemar*.
Acre, 11, 15, 41, 60, 68, 72, 81, 89, 100, 102, 103, 104, 104², 134, 135, 136, 137, 153, 179, 187, 188, 189, 190, 198, 199, 209, 210, 211, 221, 222, 223, 224, 225, 229, 234, 235, 236. — le *Burg*, 135, 136 ; la *Chaine*, 136 ; le *Charnier*, 136 ; le *Château du roi*, 136 ; le cimetière S. *Guillaume*, 199 ; — S. *Michel*, 199, 235 ; — S. *Nicolas*, 136, 199, 235 ; les *Déchauſſés*, 235 ; les Egliſes : *Notre Dame de Bethléem*, 235 ; — N. D. *de Joſaphat*, 235 ; — N. D. *de Sur*, 235 ; — N. D. *des Chevaliers*, 235 ; — S. *André*, 235 ; — S. *Antoine*, 236 ; — S. *Barthélemi*,

33

236; — *S. Denis*, 236; — *S. Esprit*, 235; — *S. Etienne*, 235; — *S. Georges*, 236; — *S. Gilles*, 235; — *S. Laurent*, 235; — *S. Lazare de Bétanie*, 235; *S. Lazare des Chevaliers*, 135, 136, 236; — *S. Léonard*, 235; — *S. Marc de Venise*, 235; — *S. Martin des Bretons*, 236; — *S. Pierre de Pise*, 235; —*S. Romain*, 235; — *S. Samuel*, 235; — *S. Sépulcre*, 136, 235; — *Ste Anne*, 235; — *Ste Bride*, 236; — *Ste Catherine*, 235; — *Ste Croix*, 235; — *Ste Marie Latine*, 235; — *Ste Marie Madeleine*, 235; — *Ste Trinité*, 235; l'hôpital *des Allemands*, 136, 235; — *S. Jean*, 136, 235; les *Hospitaliers*, 137; la maison du *Connétable*, 136; — du *Patriarche*, 136; — *S. Thomas*, 136, 236; les *Mineurs*, 236; le *Mont Musard*, 136; la porte du *Moulin de Dokes*, 136; — *S. Nicolas*, 136, 199; les *Prêcheurs*, 235; le *Quartier des Anglais*, 136; les *Repenties*, 236; le *Temple*, 235; les *Templiers*, 136, 137; la Tour des *Génois*, 136; — des *Pisans*, 136; — *Maudite*, 136.
ADAM, 46, 47, 93, 99 104², 104⁵, 110, 115, 127, 158, 159, 170, 182, 186, 196, 233. — Le chief d'A., relique, 163.
Adagre, 15.
Adraon, 17.
Adrason, Adrasson, 13, 18.
Adultère (la femme), 39, 95, 104⁵, 151, 166, 183, 194, 230.
Afre, 15.
Aias (*L'*), *Ayas* (en *Turquie d'Asie*), 208, 209, 211, 221, 224, 225.
Afrique, 138.
ALAU, voy. HOULAGOU.

Albana, fleuve, aujourd'hui *le Bárada*, 126.
Albanice, 16.
Alep, 129, 241.
ALEXANDRE LE GRAND, 56, 78, 125.
Alixandre, Alexandrie (*Egypte*), 119, 134, 138, 241, 245, 246, 247, 249, 250, 251.
Alixandre (minor), 17.
Allemagne, 163.
Allemands (Hôpital des), à *Acre*, 136, 235; à *Jérusalem*, 38, 150.
Allemands (Rue des), à *Jérusalem*, 38, 150.
Allemands (Le *Saphet* des), 198.
Alphane, 11.
Amans, voy. *Emmaüs*.
ANANIAS, 126.
Anavrase, 17.
ANDRÉ (S.), apôtre, 59, 101, 104¹, 187, 197, 229, 233.
Anegie ou *Avegie* (Terre d'), 47, 158.
Anerie (*L'*), à *Jérusalem*, 41, 42, 153, 154.
Anesse (*Le pas de l'*), 95, 97, 104⁵, 167, 184, 194.
Anglais (Quartier des), à *Acre*, 136.
Angleterre, 235.
ANNE (Ste), mère de N. D., 72, 104, 167, 184, 194, 234. — Le monument de S. A., 184, 194.
Anne (sur mer), 90, 104², 180, 190.
Annonciation à N.-D., 108, 198, 234.
Anople, 18.
Antioche, 11, 15, 134, 135; — la *Noire montagne*, à *A.*, 134.
Antioche la petite, 18.
ANTIOCHUS, 134.
Antinori, 18.
Antipatrida, 12.

INDEX.

Apame, 16.
Apatas, 12.
Arabe, Arabie, 6, 13, 55, 63, 68, 77, 82.
Aram, 65, 83.
Arc Judas (Rue de l'), à *Jérusalem*, 43, 156.
Arche (La fainte), 94, 165, 183, 193, 230.
Arche à la manne, voy. Huche.
Arche de Noé, 55, 56, 78, 126.
ARCHEDECLIN, ARCHITRICLIN (feigneur des noces de *Cana*), 58, 80, 101, 104¹, 112, 119, 187, 197, 234.
Arches, Archa, 55, 78.
Aretufe, 16.
ARIMATHIE (JOSEPH d'), 93, 104⁴, 116, 182, 193.
Arindine, 13.
Arménie, 16, 17, 126, 211, 221, 225, 226.

Arménien (culte), 100, 104; — à *Jérufalem*, 52, 162.
Armon ou *Hermon* (Mont), 101, 104¹, 171, 187, 197, 233.
Arfuf, voy. *Affur*.
ARTOIS (Le comte d'), frère de S. LOUIS, 243, 244.
Afcalon, 11, 14, 41, 85, 92, 137, 153, 181, 192.
Afcenfion (Eglife de l'), fur le Mont des Oliviers, 169.
Afcenfion (Le jour de l'), 185, 195; — (le lieu de l'), 97, 117, 144, 232.
Affaffins, 128, 129.
AfonbraubefJon,Affonbroulefon,248.
Affur, 12, 91, 92, 104⁴, 131, 132, 181, 191.
Atre de Salomon (*Jéruf.*), 40, 151.
Auguftople, 13.
Auftadom, 17.
Avegis, voy. *Anigis*.

B

Babeloine, Babiloine, le nouveau Caire, 129, 134, 174, 211, 225, 239, 240, 241, 243, 245, 246, 247, 248, 249, 250, 251.
Bacar (Val de), 56, 78.
Bahrye (La), *en arabe* bahriyyeh, garde mamelouque du fultan, 240.
Bain (Le) *N.-S.*, à *Jérufalem*, 95, 104³, 166, 184, 194.
Bains (Les) *de Notre Dame*, à *Jérufalem*, 194; — à *Tabarie*, 104³.
BALTHAZAR, roi mage, 99, 233.
BARAC, BORAK (roi de Boukharie), 205, 215.
Barbarie (Côte de), 138.
BARCA (Khan tartare), 204, 214, 215.

BARRACHIE, père du prophète ZACHARIE, 95, 107, 166, 183, 194.
Baruch, Baruth, voy. *Béryte*.
Batiole (cafal de *Sur*), 255, 256.
Baudas, Bagdad, 129.
BAUDOUIN, roi de *Jérufalem*, empereur de *Confiantinople*, 71, 92, 181, 203, 213.
Bafque, pour *Sébafte*.
Bavière (La), 3.
Bebie, 233.
BÈDE, xxj.
Bédouins, 129, 192, 246.
Behaireth Neftrou (Le lac de), 250.
Belbeys, Bilbeis, 243.
Belinas, Céfarée de Philippe, 11, 15, 56, 57, 58, 78, 79, 80.

BENDOCQUEDAR, voy. BONDOK-
   DARI.
Benhel el Hacel, Binha el-afel, 244.
Berch, Bers, voy. *Berceau.*
Berceau (Eglife du), à *Jérufalem,*
   40, 152.
Berim, Berrim, 248.
Berith, *en arabe* berid, courrier,
   242.
BERNARD LE TRÉSORIER, XV, XIX.
Berrie (La), en *Egypte*, 134.
Berfabée, 14.
Bervenden, 17.
Beryte, Beyrouth, 11, 15, 85, 135,
   174, 234.
Bétanie, 51, 52, 97, 104[7], 113, 118,
   169, 185, 196, 232.
Bétanie (Abbaye de), 48, 160.
Bétenoble, 93, 104[4], 181, 192, 229.
Beteron, Bouteron, 13, 15, 74, 85.
Béthel, 73, 83.
Bethléem, 44, 65, 92, 98, 99, 104[6],
   109, 110, 111, 112, 119, 121,
   127, 156, 170, 186, 196, 232,
   233. — la crèche, 111, 170,
   186, 196. — Eglife *Notre Dame*
   à B., 170; — *S. Paul* à B., 92.
Bethunti, voy. *Beteron.*
Betphagé, 51, 97, 113, 162, 185,
   232.

Betfan (Le), voy. *Sticople.*
Bexel, voy. *Béthel.*
BIBARS, voy. BONDOKDARI.
Bir el Bayna, 243.
Blans (Moines), 51, 162.
Blé (Marché au), à *Jérufalem,*
   34, 146.
Bleux, 251.
Boamins *ou* Boavins (Abbayes
   des), à *Jérufalem*, 52, 162; —
   (églifes des), à *Jérufalem*, 52,
   162.
Bocara, Bucara, Bokhara, 205,
   215, 216.
Bolgara, ville tartare, 204, 214.
BONDOCDAIRE, voy. BONDOK-
   DARI.
BONDOKDARI, furnom de BIBARS,
   fultan d'*Egypte*, 211, 225.
Boucherie (La), marché à *Jérufa-
   lem,* 38, 150.
BOUDOCAR, XIX.
Bourgogne (La), 3.
Bourie (cafal fur le *Mont Thabor*),
   197.
Bras de S. SIMÉON, relique, 5.
Bugie, Bougie, 138.
Burg (Le) ou *Mont Mufard,* à
   Acre, 135, 136.
Bufeltre, 17.

C

Caifas, Caipha, 12, 15, 89, 91,
   104[2], 137, 179, 180, 189, 190.
   — Fleuve de *Caiphas*, 190.
CAÏPHE (Maifon de), à *Jérufa-
   lem,* 96, 104[6], 114, 168, 184,
   231; (prétoire de), 96, 104[6],
   168, 184, 194, 231.
CAÏN (Maifon d'ABEL & de), 99,
   186, 196.
Caïn (Mt), 73, 83.

Caire (Le), 127, 174, 175, 241,
   243, 244, 245, 24[C], 249, 251.
Calbanice, 16.
Calice (Le) de la Cène, relique, 5.
Calvaire (Chapelle du), 163.
Calvaire (Mt le), 24, 25, 33, 35,
   36, 37, 48, 93, 104[4], 115, 116,
   145, 147, 148, 149, 160, 163,
   164, 182, 193, 230.
Camloquin, 250.

Campifeble, 17.
Cana (Noces de), 58, 80, 101, 104¹, 112, 172, 187, 197, 198, 234.
Cane Galilée, voy. *Cana*.
Cane (La), *Kamha*, 251.
Canges, voy. *Changes*.
Canis, 14.
Capharnaum, 59, 80, 90, 102, 104¹, 180, 187, 190, 197.
Capitoile, 12, 15.
CARCAPHILA (JOSEPH), 126; voy. JOSEPH D'ARIMATHIE.
Carme, Carmel (Mont), 89, 90, 104², 179, 180, 189, 229. — *Ermites du Mt C.*, 90, 104², 180, 190. — *N.-D. du C.*, 90, 104², 180, 190. — *Ste Marguerite du Carme*, abbaye grecque, 89, 90, 104², 180, 189.
Carmont, fleuve, 190.
Carron, 16.
Cartaphilus (nom d'*Antioche*), 134.
Casaus (Les) de Sur, xxxiij, 255.
Casemie (La), casal de *Sur*, 255.
Caspiens (Mts), 125.
Castavali, 18.
CATHERINE (Ste), 63, 93, 197. — Sépulture, 63, 98, 104⁷, 119, 186, 197.
Cattara, Kattarah, 243.
Caudemar, Chaudemar (Le charnier de), 45, 104⁶, 157, 168, 184, 195, 231.
Caum enneyar, 248.
Cauvaire, voy. *Calvaire*.
Cave (La) de TOBIE, 102, 104².
Cedar, 15.
Cedmareu, 16.
Cedron, torrent, 97, 114, 158, 184, 195.
Celone, voy. *Ascalon*.
Cène (Maison de la), à *Jérusalem*, 113, 144, 167, 184, 195, 231.
Césaire, Césarée, 12, 75, 91, 92, 104³, 104⁴, 137, 180, 181, 190, 191, 229.
Césarée de Philippe, Belinas, 11, 15, 56, 57, 58, 78, 79, 80.
Chaine (La), à *Acre*, 136.
Chamaille (La), *la Chamele*, 129, 241.
Champ fleuri, 66, 98, 104⁵, 186, 196, 232.
Chandeleur (La), 230.
Chandeliers (Les sept) d'or, 94, 181, 183, 191, 193, 230.
Changes des Latins, à *Jérusalem*, 34, 43, 147, 149, 150, 155.
Changes des Syriens, à *Jérusalem*, 26, 27, 33, 34, 37, 38, 42, 43, 146, 149, 150.
Chanson du voyage de Charlemagne à Jérusalem, xj, 3.
Chapelles: du *Calvaire*, 163; — d'*Elie*, 90, 170, 180, 189; — de la *Flagellation* (*Jéruf.*), 96, 104⁶; — de *Galilée*, 184, 195; des *Grecs* (*Jéruf.*), 94, 104⁴, 182, 193; — de *Notre Dame du Marais*, 91, 104³, 181, 190, 229; — de *S. Abacuc*, 192, 229; — de *S. Corneille*, 91, 180; — du *S. Esprit* (*Jéruf.*), 96, 104⁶, 121, 184, 195; — de *S. Pélage*, 97, 104⁷, 169, 185, 196; — de *S. Zacharie*, 100, 104, 198; — de *Ste Hélène* (*Jéruf.*), 37, 149; — de *Ste Marie-Madeleine*, 191; — de *Ste Trinité* (*Jéruf.*), 35, 147; — de *Sancta Sanctorum* (*Jéruf.*), 95, 104⁵, 165, 183, 194. — Voy. Eglises.
CHARLE, CHARLEMAGNE, 3, 4, 5, 6, 7. — Voyage de Charlemagne à Jérusalem (chanson), xj, 3.
Charnier (Le), à *Acre*, 136.
Charnier (Le) *au lion*, 45, 157, 171.

262 INDEX.

Charnier (Le) de *Caudema* (*Chaudemar* ou *Haceldama* ou *Aceldama*), 45, 104⁶, 157, 168, 184, 195, 231.
Château du *Detain*, 72.
— (Le) *du roi d'Acre*, à *Acre*, 136
— d'*Emmaüs*, voy. *Emmaüs*.
— du *Gérin*, 72.
— du *Thoron*, 56, 78.
Château Magdalon, *Magdala*, 233.
Château Pèlerin, 90, 91, 104², 137, 180, 190, 229.
Château S. Paul, 85.
Cheanne, voy. *Cana*.
Chef d'ADAM, relique, 163; — de S. LAZARE, relique, 5.
Chemins & pèlerinages de la Terre Sainte, xxvij, 179, 189.
Chricppus, 13.
Cicar, voy. *Sichar*.
Cimetières à *Acre* : S. *Guillaume*, 199; — S. *Michel*, 199, 235; — S. *Nicolas*, 136, 199, 235.
Cipon, 12.
Citerne (La) *rouge*, 70.
Claudiople, 18.
CLÉMENT IV, 209, 222.
CLÉOPHAS, disciple, 99, 186, 196, 229.
Climaftolis, 14.
Clous (Les), reliques, 5, 37, 90, 149, 180, 190.
COGATAL, baron de KHOUBILAÏ, 207, 218.
Colonne de la flagellation, à *Jérusalem*, 93, 104⁶, 115, 182, 193, 230.
Comane, 13.
Comifaricon, 14.
Comifariotas, 14.
Comifcapron, 14.
Comifjuluamos, 14.

Comifnieĉlis, 14.
Comifpeĉlis, 14.
Comifpirgoarethon, 14.
Comiftracomos, 14.
Comifvefdamos, 14.
Commiffinali ou *Conmofinali*, 14.
Comocoreatas, 14.
Comogeros, 14.
Comos, 14.
Conaathari, 17.
Connétable (*La maison du*), à *Acre*, 136.
Conflance (en *Arménie*), 16, 17.
CONSTANTIN, empereur romain, 116.
Conflantine (en *Palefline*), 12.
— (en *Syrie*), 14.
Conflantinople, 8, 116, 174, 203, 204, 213, 214.
Corichos, 16.
CORNEILLE (S), 91, 191. — Sépulture, 180, 191.
Cofair (Le), 242.
Cofberys (Tour de la), 243.
COSDROÉ, COSROÈS, roi de Perfe, 171.
Couronne (La) d'épines, relique, 5, 37, 149.
Couteau de la Cène, relique, 5.
Couverte (rue), à *Jérufalem*, 38, 43, 150, 155.
Crac (*Le*), *Karac i*, 13, 55, 62, 63, 65, 66, 71, 82, 170.
Crifople, *Crofople*, 11, 17.
Crèche (La), à *Bethléem*, 111, 170, 186, 196.
CROBLAI, voy. KHOUBILAÏ-KHAN.
Croix (La Ste), relique, 37, 40, 46, 47, 93, 94, 99, 104⁶, 104⁷, 149, 158, 164, 170, 182, 186, 193, 196, 230, 233.
CUBLAI, voy. KHOUBILAÏ-KHAN.
Cycem, voy. *Sichem*.

D

Dain, une des deux sources du *Jourdain*, 55, 57, 77, 79, 127.
Dairfob, 247.
Dalixandres, 18.
Damas, 18, 72, 74, 85, 103, 126, 127, 129, 131, 136, 143, 170, 173, 188, 241; — *Porte S. Paul*, 126; — les *Tours de Damas*, 126.
Damiette, 134, 137, 243, 244, 248, 249, 251.
Danabie, 19.
DANIEL (Mſ. du P.), xiij.
Daram el bacar, 251.
Daron (Le), 137, 241.
DAVID (Le roi), 94, 97, 110, 113, 131, 133, 165, 183, 184, 195.
David (Porte), à *Jéruſalem*, 25, 26, 33, 41, 45, 145, 153, 157, 170.
— (Rue ou grant rue), à *Jéruſalem*, 27, 33, 34, 43, 146, 155.
— (La tour), à *Jéruſalem*, 25, 26, 27, 33, 34, 104[8], 145, 146, 231.
Deccan (El), 243.
Déchauſſés (Frères), à *Acre*, 235.
Décollation de S. JEAN-BAPTISTE, 57, 78, 100, 104[7], 186, 197.
Degoe, *Degua*, 248, 249.
Deicon, 14.
Demenhour, 250.
DEMITRE (S.), reliques, 104[8].
Démoniaques, 59, 60, 80, 81.
DENIS (S.), 89, 104[2], 179, 189.
Dewiſe, 14, 17.
Diſert (Le) des serpents, 68.
Detenuble, voy. *Bitenuble*.
Devise (La) des chemins de Babiloine, xxxj, 239.
Diable (Mer du), voy. *Morte* (mer).
Diocéſaire, 18.
Diolicanople, 14.
Dock, 198; — Moulins de *Dock*, 198; — Porte du moulin de *Dock*, à *Acre*, 136.
Dokes, voy. *Dock*.
Dolichi, 17.
Domas, voy. *Damas*.
Domeciople, 18.
Domini (Le Temple), voy. le *Temple*.
Dominus vidit (lieu du sacrifice d'ABRAHAM), 122.
Dore, 12.
Douloureuſe (Porte), à *Jéruſalem*, 48, 160.
Dotain (Le), château, 72.
Drap (Marché au), à *Jéruſalem*, 43, 150, 155.
Dyas, 13.
Dyocéſaire, 15.

E

Ebron, 11, 14, 65, 83, 99, 104[8], 121, 170, 186, 196.
Ecuelle (L') de la Cène, relique, 5.
Edeſſe, 11, 16.
Effulion, 12.
Eglises: de l'*Aſcenſion* (Mt des Oliviers), 169; — du *Berceau* (Jéruſ.), 40, 152; — de *Gethſamani*, 162, 169; — *Notre Dame* (*Bethléem*), 170; — *Notre Dame de Bethléem* (*Acre*), 235; — *Notre Dame de Joſaphat* (*Acre*), 235; — *Notre Dame de Sardenay*, 103, 120, 126, 131, 173, 188,

235; — *Notre Dame de Sur* (*Acre*), 235; — *Notre Dame des chevaliers* (*Acre*), 235; — *Notre Dame du Carmel*, 90, 104², 180, 190; — du *Paternoster*, 4, 51, 52, 97, 104⁷, 117, 162, 169, 185, 196, 232; — du *Repos* (*Jéruf.*), 49, 161; — *S. André* (*Acre*), 235; — *S. Antoine* (*Acre*), 236; — *S. Barthélemi* (*Acre*), 236; — *S. Christophe* (*Jéruf.*), 167; — *S. Denis* (*Acre*), 236; — *S. Esprit* (*Acre*), 235; — *S. Etienne* (*Acre*), 235; — *S. Etienne* (*Jéruf.*), 41, 153; — *S. Georges* (*Acre*), 236; — *S. Georges* (entre *Acre* & le *Saphet*), 102, 104², 188; — *S. Georges* (*Lidde*), 192; — *S. Gilles* (*Acre*), 235; — *S. Gilles* (*Jéruf.*), 38, 150; — *S. Jacques de Galice* (*Jéruf.*), 26, 33, 104⁵, 145; — *S. Jacques des Jacobites* (*Jéruf.*), 35, 52, 95, 147, 162; — *S. Jacques & S. Jean* (près de *Safran*), 100, 104, 187, 198; — *S. Jacques le Mineur* (*Jéruf.*), 39, 41, 151, 183, 194; — *S. Jean l'évangéliste*, 48, 160; — *S. Laurent* (*Acre*), 235; — *S. Lazare de Bétanie* (*Acre*), 235; — *S. Lazare des chevaliers* (*Acre*), 135, 136, 236; — *S. Léonard* (*Acre*), 235; — *S. Marc de Venise* (*Acre*), 235; — *S. Martin* (*Jéruf.*), 43, 156; — *S. Martin des Bretons* (*Acre*), 236; — *S. Nicolas* (près de *Safran*), 234; — *S. Paul* (*Bethléem*), 92; — *S. Paul* (*Jéruf.*), 27; — *S. Pierre* (*Jaffa*), 92, 104⁴, 181, 191; — *S. Pierre* (*Jéruf.*), 43, 156; — *S. Pierre de Pife* (*Acre*), 235; — *S. Pierre en Gallicante*, 44, 104⁶, 156, 168, 231; — *S. Roman* (*Acre*), 235; — *S. Samuel* (*Acre*), 235; — *S. Samuel* (*Mt Monjoie*), 93, 181, 196; — *S. Sauveur* (*M: des Oliviers*), 51, 104⁷, 162, 232; — *S. Sauveur*, (*Sidon*), 234; — *S. Sépulcre* (*Acre*), 136, 235; — *S. Sépulcre* (*Jéruf.*), 24, 25, 27, 28, 33, 34, 35, 36, 37, 38, 42, 43, 48, 93, 54, 104⁴, 104⁵, 116, 132, 133, 145, 146, 147, 148, 149, 150, 153, 54, 155, 160, 163, 164, 165, 167, 182, 183, 193, 230; — *Ste Anne* (*Acre*), 235; — *Ste Bride* (*Acre*), 236; — *Ste Catherine* (*Acre*), 235; — *Ste Chariton* (*Jéruf.*), 94, 104⁵, 182, 193, 230; — *Ste Croix* (*Acre*), 235; — *Ste Marie du Mont Sion*, 167, 168, 184, 194; — *Ste Marie Latine* (*Acre*), 235; — *Ste Marie latine* (*Jéruf.*), 6, 35, 94, 116, 147, 165, 183, 193, 230; — *Ste Marie Madeleine* (*Acre*), 235; — *Ste Marie Madeleine* (*Jéruf.*), 49, 96, 161, 167, 184, 194; — *Ste Trinité* (*Acre*), 235; — du *Temple* (*Jéruf.*), 4, 33, 38, 39, 41, 46, 47, 48, 49, 61, 85, 94, 95, 104⁵, 116, 132, 133, 145, 150, 151, 152, 153, 158, 159, 160, 161, 165, 166, 167, 183, 184, 193, 194, 230; — du *Temple de Salomon* (*Jéruf.*), 25, 95, 104⁵, 112, 113, 132, 151, 152, 166, 183, 194, 231. — Voy. Chapelles.

Eguas, 18.

Egypte, 63, 64, 65, 72, 74, 85, 91, 104², 108, 109, 112, 129, 133, 137, 138, 172, 174, 191, 209, 222.

EGYPTIENNE (Ste MARIE L'), 94, 104⁴, 182, 193, 230.

ELAINE, voy. HÉLÈNE.

INDEX.

ELIE, prophète, 62, 82, 90, 104⁸, 119, 170, 180, 189, 234.
Elie (Chapelle d'), 90, 170, 180, 189.
ELISÉE, prophète, 70; — Fontaine d'E., 69, 118.
ELIZABETH (Ste), 60, 81, 99, 170, 186, 198.
Elmeccadem, en *arabe* moukaddem, chef, préposé, 240.
Eluci, 13.
Emmaüs (Château d'), 99, 104⁷, 159, 171, 186, 196, 229. — Fontaine d'E., 47, 159.
Ephifaine, 16, 17.
ERACLE, HERACLIUS, empereur romain, 40, 152.
Eracle (Mff. de l'), xix. — *Eracle-Rothelin*, xxiv, 143.
Ermites à *Jérufalem*, 104⁸; — de *Josaphat*, 51; — lati : du *Carmel*, 90, 104³, 180, 190.
Ermon (Mont), voy. *Armon* (Mont).
ERNOUL (auteur), xiij, xv, xviij, 31, 55.
Efcalone, Afcalon, 11, 14, 41, 85, 92, 137, 153, 181, 192.

Efcomafon, 12.
Efpagne, 7.
Eflang de Nazareth, voy. *Tabarie* (mer de).
Eftat (L') de la cité de Jérufalem, 1º anor yme, xiij, 23; 2º d'ERNOUL, xv, 31.
Eftoires d'outremer & de la naiffance Salehadin, xiv, xvj, xviij.
Efuis, 13.
Ethiope, Ethiopie, 138.
ETIENNE (S.), martyr, 27, 41, 153, 163, 192, 230. — Reliques de S. E., 5.
Etchou, Edkou (Château d'), 245, 246.
EUPHÉMIE (Sépulture de Ste), 91, 180, 229.
Eurie, 19.
Europe, 137.
Europhi, 17.
Euftinii, 17.
EVE, 99, 110, 115, 186, 196; — Sépulture d'E., 170, 233.
Ezechias (Maifon d'), à *Jérufalem*, 108.

F

Fara Elenople, 15.
Farfar, fleuve, aujourd'hui *El-Awadji*, 126.
Femenie (Terre de), 47, 158.
Fenufle, 13.
Feu (Le) pour le facrifice, 95, 183, 193.
— (Le) facré, 164.
Figuier (Le) maudit, 51.
Flagellation (Chapelle de la), à *Jérufalem*, 96, 104⁶.
Flagellation (Colonne de la), à *Jérufalem*, 93, 104⁴, 115, 182, 193, 230.
Flavias, 18.

Foe, Fuâ, 245, 248, 249, 250.
Fontaines : d'*Emmaüs*, 47, 159; — d'ELISÉE, 69, 118; — de *Leon*, 198; — de *Paradis (Jéruf.)*, 95, 104⁵; — de *S. Denis*, 89, 104³, 179, 189; — de *S. Gabriel* (Naz.) 100, 104, 198, 234; des *SS. Maries (Jéruf.)*, 104⁵; -- de *Saphorie*, 71, 72, 198; -- de *Siloé*, 43, 44, 51, 96, 104⁶, 121, 132, 156, 162, 168, 184, 195, 231; — de *Tubanie*, 72.
Forbelet, 71.
Forbye (Bataille de), 192.
Français, 7.

France, 3, 5, 6, 7, 163, 235.
Francheville, 89, 179, 189.
Freflac, 250.

FRETELLUS, xxj.
Fuer (Le) de *Gadres*, 78.

G

Gabrie, 11.
GABRIEL, archange, 108, 117, 164, 172, 198.
Gadres, *Gazeres*, *Cazres*, *Guadres*, voy. *Gaza*.
Gadres (Le *Fuer* de), 78.
Galice, 181, 198.
Galilée, 12, 55, 57, 73, 77, 78, 84, 104[7], 168, 172. — *Mer de G.*, voy. *Tabarie* (mer de).
Galilée (Defcription de la), xiv, xviij, 55.
Galilée (*Cane*), voy. *Cana*.
Galilée (Chapelle de), 184, 195.
Gallicante (*S. Pierre en*), églife, 44, 104[6], 156, 168, 231.
Gamal, voy. *Jamar*.
Garbye (La), la *Garbyeh*, 248, 249, 250, 251, 252. — La *Gefire de la Garbye*, l'île de la *Garbyeh*, 245, 248, 250. — Voy. *Mehalla*.
Gardirom, 12.
Garoudie (La), (cafal de *Sur*), 255.
Gaza, 14, 92, 134, 181, 192, 240, 241, 243.
Geneveis, *Génois* (La tour des), à *Acre*, 136.
GEORGES (S.), 93, 229.
Géorgiens (Abbaye des), près de *Jérufalem*, 45, 47.
Gérin (Le), château, 72.
GERMAIN, 26, 44, 157.
Germain (Le lac), 44, 157.
Germanicople, 18.
Gefire (La) *de la Garbye*, l'île de la *Garbyeh*, 245, 248, 250. — Voy. *Mehalla*.
Gefon, 17.
Gethfemani, 49, 51, 97, 104[7], 114, 161, 169, 185, 195, 232.
Gethfemani (Eglife de), 162, 169.
Gibelet, 12, 15.
Ginople, 18.
Gloria in excelfis Deo, abbaye, 66.
GODEFROID DE BOUILLON, 56, 78, 230.
Gog (nom de géant donné à une terre paienne), 125.
Golgotha (Le), 35, 93, 104[6], 115, 163, 182, 193, 230.
GOLIATH, 97, 184, 195.
Gomorre, 66, 67.
Gorabi (*El*), 242.
Gorgatas, voy. *Golgotha*.
Grec (Rite), 60, 63, 70, 81, 82, 90, 190, 197; à *Jérufalem*, 94, 104[2], 104[6], 148, 162, 182, 193, 230.
Grèce, 3.
Grecs (Chapelle des), à *Jérufalem*, 94, 104[6], 182, 193.
GRÉGOIRE X, 209, 211, 222, 224.
Griffon, voy. Grec.
Guillaume, 13.
GUILLAUME (S.), 199. — Sépulture de S. G. à *Acre*, 199.
GUILLAUME DE TRIPOLI (frère prêcheur), 211, 225.
GUILLAUME DE TYR (Le continuateur de), xxiv, 143.
Guitume (La Roche de), 8.

H

Haceldama, voy. *Caudemar*.
Hainabou Hab delech (casal de *Sur*), 255.
Haiman, lieu de naissance d'ABRAHAM, 65, 83.
Halap, Halappe, Alep, 129, 241.
Halliob, Kalyoub, 244, 249.
Hama, 241.
Hamadie (La), (casal de *Sur*), 255.
Hardani, 19.
Harifs, F' Arich, 242.
Hatphe (El), *Atfeh*, 245, 247.
Hautz Assis, Assassins, 128, 129.
Hauvramsis, 251.
Hébron, voy. *Ebron*.
HÉLÈNE (Ste) trouve les reliques, 37, 94, 104⁶, 116, 149, 164, 182, 193, 230.
Hélie, voy. *Elie*.
Herberge des Sarrazins, 244.
Herbes (Rue des), à *Jérusalem*, 34, 37, 43, 146, 149, 155.
Hermins, voy. *Arméniens*.
Hermon (Mt), voy. *Armon* (Mt).

HÉRODE, 12, 57, 75, 78, 85, 111, 112, 174.
Herri, 17.
Hesse (El), *el Hisseh*, 243.
Heume, 16.
Hôpital (Maison de l') à *Jérusalem*, 26, 27, 34, 35, 41, 45, 146, 147, 153, 157.
Hôpital (porte de l') à *Jérusalem*, 35.
Hôpitaux, à *Acre* : des *Allemands*, 136, 235; *St-Jean*, 136, 235; — à *Jérusalem* : des *Allemands*, 38, 150; *St-Jean*, 94, 104⁸, 165, 183, 193, 230; — près de *Césarée* : *St-Jean*, 190.
Hongrie (La), 3
Hospitaliers (Les), 72, 92, 190, 193, 239; — à *Acre*, 137. — Voy. *Hôpital*.
HOULAGOU (Khan tartare), 204, 205, 214, 216.
Huche (La) à la manne, 94, 183, 193.
Huile (La sainte), 95, 183, 193, 210, 223.

I

Ierapel, 13.
Ieraple, 13.
Ierasson, 13.
Inde (L'), 126, 138.
Innocents (Sépulture des), 99, 104⁶, 112, 170, 186, 196, 233.
Innominatus I : « Si quis ab occidentalibus partibus..., » xxij.

IrreHomon, 13.
ISAAC, 65, 73, 83, 171. — Sépulture d'I., 65, 104⁶, 122, 170, 233.
ISAÏE (Sépulture d'), 96, 104⁶, 118, 168, 184, 195, 231.
Ismaëlites, 102, 188.
Israël, 64, 65, 67, 72.

J

JACQUES (S.) de Galice, 33, 61, 80, 82, 97, 100, 104, 104⁸, 145, 181, 185, 187, 191, 195, 198, 231, 234. — Le perron de S. J. à

Jaffa, 92, 104⁴, 181, 191, 229.
JACQUES (S.) de *Galilée*, voy. JACQUES (S.) de Galice.
JACQUES (S.) le Mineur, 39, 151, 166, 169.
JACOB, patriarche, 73, 84, 95, 98, 104⁶, 121, 165, 183, 186, 194, 230, 233. — Sépulture de J., 65, 104⁶, 122, 170.
— seigneur de *Sur*, 255.
Jacob (Le puits de), voy. *Puits de la Samaritaine.*
Jacobins (Aobaye des) à *Jérusalem*, 35, 51, 95, 147, 162.
Jaffa, 14, 92, 104⁴, 134, 136, 137, 181, 191, 192, 229. — S. *Pierre* à *J.*, 92, 104⁴, 181, 191. — Le *Perron de S. Jacques*, 92, 104⁴, 181, 191, 229, 231. — *Tour du Patriarche*, à *J.*, 191.
Jaffe, Japhe, voy. *Jaffa.*
Jamar ou *Gamal*, 244.
Jamnias, 12.
Jardin (Le) *d'Abraham*, 169, 196.
JASPAR, roi mage, 99, 233.
JEAN BAPTISTE (S.), 60, 81, 90, 95, 98, 99, 104³, 104⁷, 119, 165, 180, 183, 185, 190, 194, 196, 229, 232, 233. — Décollation, 57, 78, 100, 104⁷, 171, 186, 197. — Sépulture de S. J. B., 75, 85, 183, 186, 194, 197.
JEAN (S.) BOUCHED'OR ou CHRYSOSTOME (Reliques de), 104⁵, 231.
JEAN (S.) l'évangéliste, 33, 61, 82, 100, 115, 117, 130, 145, 166, 185, 231, 233, 234.
Jéricho, 7, 12, 15, 67, 69, 70, 71, 98, 104⁷, 118, 127, 169, 170, 185, 196, 232.
JÉROME (S.) (Sépulture de), 99, 104⁶, 170, 186, 196.
Jérusalem, passim. Abbayes : des *Jacobins*, 35, 52, 95, 147, 162 ; — de S. *Paul*, 27 ; — de S*te*

Anne, 49, 96, 104⁵, 161, 167, 232 ; — de S*te Marie la Grande*, 34, 147 ; — de S*te Marie latine*, 6, 35, 94, 116, 147, 165, 183, 193, 230 ; — des *Nonnains de Sur*, 104⁵ ; — du *Temple*, 39, 41. Chapelles : de la *Flagellation*, 96, 104⁶ ; — des *Grecs*, 94, 104⁴, 182, 193 ; — du S. *Esprit*, 96, 104⁶, 121, 184, 195 ; — de S*te Hélène*, 37, 149 ; — de S*te Trinité*, 35, 147 ; — du *Sancta Sanctorum*, 95, 104⁵, 165, 183, 194. Eglises : du *Berceau*, 40, 152 ; — du *Repos*, 49 ; 161 ; — S. *Christophe*, 167 ; — S. *Etienne*, 41, 153 ; — S. *Gilles*, 38, 150 ; — S. *Jacques de Galice*, 26, 33, 104⁵, 145 ; — S. *Jacques des Jacobites*, 35, 52, 95, 147, 162 ; — S. *Jacques le Mineur*, 39, 41, 151, 183, 194 ; — S. *Martin*, 43, 156 ; — S. *Paul*, 27 ; — S. *Pierre*, 43, 156 ; — S. *Sépulcre*, 24, 25, 27, 28, 33, 34, 35, 36, 37, 38, 42, 43, 48, 93, 94, 104⁴, 104⁵, 116, 132, 133, 145, 146, 147, 148, 149, 150, 153, 154, 155, 160, 163, 164, 165, 167, 182, 183, 193, 230 ; — S*te Chariton*, 94, 104⁵, 182, 193, 230 ; — S*te Marie latine*, 6, 35, 94, 116, 147, 165, 183, 193, 230 ; — S*te Marie-Madeleine*, 49, 96, 161, 167, 184, 194 ; — du *Temple*, 4, 33, 38, 39, 41. 46, 47, 48, 49, 61, 85, 94, 95, 104⁵, 116, 132, 133, 145, 150, 151, 152, 153, 158, 159, 160, 161, 165, 166, 167, 183, 184, 193, 194, 230 ; — du *Temple de Salomon*, 25, 95, 104⁵, 112, 113, 132, 151, 152, 166, 183, 194, 231. Fontaines : de *Paradis*, 95, 104⁵ ; — des SS.

Maries, 104[8]. Hôpitaux : des *Allemands*, 38, 150; — *S. Jean*, 94, 104[5], 165, 183, 193, 230. Marchés : au blé, 34, 146; — au drap, 43, 150, 155; — au poisson, 34, 146, 155; — à la viande (boucherie), 38, 150. Monuments divers : l'*Ânerie*, 41, 42, 153, 154; *Âtre de Salomon*, 40, 151; le *Bain N.-S.*, 95, 104[5], 166, 184, 194, 231; les *Bains de N.-D.*, 194; la *Colonne de la Flagellation*, 93, 104[4], 115, 182, 193, 230; *Maison de Caïphe*, 96, 104[6], 114, 168, 184, 231; *Maison de la Cène*, 113, 144, 167, 184, 195, 231; *Maison d'Ezechias*, 108; *Maison de l'Hôpital*, 26, 27, 34, 35, 41, 45, 146, 147, 153, 157; *Maison de Pilate*, 49, 114, 161; la *Maladrerie*, 42, 154; le *Mur des Juifs*, 107; le *Pavé du Temple*, 39, 151, 152; la *Pierre de Salomon*, 107; la *Pierre de Zacharie*, 107; le *Prétoire de Caïphe*, 96, 104[6], 1.8, 184, 194, 231; le *Prétoire de Pilate*, 114; la *Prison de Jésus*, 49, 94, 10 , 104[2], 114, 161, 164, 182, 193, 230; la *Tour David*, 25, 26, 27, 33, 34, 104[5], 145, 146, 231. Portes : *David*, 25, 26, 33, 41, 45, 145, 153, 157, 170; — *Douloureuse*, 48, 160; — de l'*Hôpital*, 35; — de *Josaphat*, 49, 50, 161; — *Mestre Porte*, 154, 155; — du *Mont Sion*, 42, 43, 44, 155, 156; — *Oires* ou *dorées*, 25, 26, 27, 33, 38, 39, 40, 41, 44, 50, 95, 97, 104[5], 104[7], 113, 145, 146, 150, 151, 152, 153, 156, 166, 184, 194, 195, 231; — de *Paradis*, 95, 104[5], 194, 231; — du *Patriarche*, 154; — *Précieuse*, 38, 39, 150, 151; — *S. Etienne*, 25, 26, 41, 42, 48, 93, 104[4], 153, 154, 155, 159, 163, 182, 192, 230; — de *Tabarie*, 25, 26; — de la *Tannerie*, 48. Poternes : de *Josaphat*, 40, 152; — *S. Lazare*, 42, 154; — de la *Tannerie*, 42, 155, 160. Rues : des *Allemands*, 38, 150; — de l'*Arc Judas*, 43, 156; — *Couverte*, 38, 43, 150, 155; — *David* (ou *Grant rue David*), 27, 33, 34, 43, 146, 155; — des *Herbes*, 34, 37, 43, 146, 149, 155; — de *Josaphat*, 48, 49, 160, 161; — de la *Juiverie*, 49, 160; — des *Latins*, 155, 162; — *Malcuisinat* (ou *Malcuisinal*), 38, 43, 149, 150, 155; — du *Mont Sion*, 33, 34, 43, 146, 155; — du *Patriarche*, 26, 27, 34, 42, 146; — *S. Etienne*, 42, 155; — du *S. Sépulcre*, 42, 155; — des *Syriens*, 27; — du *Temple*, 38, 43, 150; — de la *Tour David*, 25.

Jérusalem (porte de), porte du *Temple*, 184, 194, 231.

Johour el Semné, *Djidjhoum es-semen*, 249.

Jorjans, voy. Géorgiens.

JOSAPHAT (Le roi), 168, 185.

Josaphat (Ermites de), 51.

— (Porte de), à *Jérusalem*, 49, 50, 161.

— (Poterne de), à *Jérusalem*, 40, 152.

— (Rue de), à *Jérusalem*, 48, 49, 160, 161.

— (Val de), 24, 25, 31, 33, 44, 50, 51, 56, 78, 96, 97, 104[7], 117, 121, 132, 144, 145, 156, 161, 162, 167, 168, 169, 184, 185, 194, 195, 231.

JOSEPH, mari de N.-D., 109, 110, 112, 133.

JOSEPH, patriarche, 65, 72, 73, 84, 102, 104², 121, 188. — Sépulture de J., 170.
— D'ARIMATHIE, 93, 104⁴, 116, 126, 182, 193.
Jofeph (Le puits de), 102, 104², 188.
Jour, une des deux fources du *Jourdain*, 55, 57, 77, 79, 127.
Jourdain (Le), fleuve, 55, 57, 62, 67, 76, 77, 79, 82, 98, 104⁷, 119, 120, 127, 170, 185, 196, 197, 232.
JUDAS, 43, 45, 114, 156, 157.
Judée (La), 108.
JUDITH, 75.
Juifs (Les), 70, 74, 85, 102, 104², 109, 114, 115, 151, 166, 168, 169, 174, 197, 229, 234, 235. — Mur des J., à *Jérufalem*, 107.
Juiverie (Rue de la), à *Jérufalem*, 49, 160.

K

Kaladie (cours d'eau), 198.
Kallioub, 244, 249.
Karamfil, 249.
Karotée, 19.
Karrobier, *Karroûb*, 242.
Katye, *Catieh*, 242.
Kelenderis, 18.
Kephar (cafelet), 198.
Kerchifie, 16.
Kevifnion, 14.
KHOUBILAÏ-KHAN, Grand Seigneur ou Grand Chan des Tartares, 205, 206, 207, 208, 210, 211, 216, 217, 218, 220, 223, 224, 225.
Koket, 234.

L

Lac (Le) de *Behaireth Neftron*, 250.
— de *Leftul*, 246.
— de *Tenis* ou *Menzaleh*, 242, 243.
— du *Patriarche*, 45, 157.
— *Germain*, 44, 157.
LADRE (S.), voy. LAZARE (S.).
Lalice, 3, voy. *Liche* (la).
Lamos, 18.
Lariffe, 16.
Laffarquye, province de *Charkiyyeh*, 242, 244.
Latin (Rite), 101, 102, 104¹, 104², 180, 188, 190; — à *Jérufalem*, 34, 51, 52, 94, 147, 162, 163, 183.
Latins (Changes des), à *Jérufalem*, 34, 43, 147, 155.
— (Rue des), à *Jérufalem*, 155, 162.
LAZARE (S.), 98, 104⁷, 118, 169, 185, 196, 232. — Reliques, 5.
Leon (Fontaine de), 198.
Leftul (Lac de), 246.
Liban (Mt), 46, 47, 55, 56, 77, 78, 127, 159.
Liche (La), 11, 19.
Lidde, 11, 14, 192. — Eglife S. Georges à L., 192.
Ligtim, 15.
Lion (Charnier au), 45, 157, 171.
Livres de MOYSE, 165.
Londres, 125.
LONGIN, 115, 164.
Lorée, 17.
Lorraine, 3.
LUC (S.), 99, 186, 196.

M

Mabouc (Le), (cafal de *Sur*), 255.
Madavien, 13.
MADELEINE, voy. MARIE-MADELEINE.
MAFFEO POLO, 203, 204, 205, 206, 207, 208, 209, 210, 211, 212, 213, 226.
Magdala, château, *Magdalen*, 233.
Mages (Les rois), 99, 111, 186, 196, 233.
Magog (nom de géant donné à une terre païenne), 125.
Mahane (*El*), 242.
MAHOMET, 127, 130.
Maladrerie (La), à *Jérufalem*, 42, 154.
Malbech, *Heliopolis* (*Baalbek*), 16.
Malcuifinat ou *Malcuifinal* (Rue), à *Jérufalem*, 38, 43, 149, 150, 155.
Malles, 16.
Manne (La huche à la), 94, 183, 193.
Maraclée, 15.
Marais (*Notre-Dame du*), chapelle, 91, 104[1], 181, 190, 229.
Marchés à *Jérufalem* : au blé, 34, 146; — au drap, 43, 150, 155; — au poiſſon, 34, 146, 155; — à la viande (boucherie), 38, 150.
MARCO POLO, 203, 206, 209, 210, 211, 213, 217, 222, 223, 225.
Marcople, 16.
Mariant, 16.
MARIE (Ste), voy. NOTRE-DAME.
— CLEOFÉ, 117, 165, 183, 193.
— (Ste) L'ÉGYPTIENNE, 94, 104[4], 182, 193, 230.
— JACOBÉ, 165.
— MADELEINE, 98, 104[7], 113,
118, 164, 165, 183, 185, 193, 196, 232, 234.
MARIE SALOMÉ, 117.
Maries (Fontaines des Saintes), à *Jérufalem*, 104[1].
MARIES (Les trois), 116, 117, 165, 230.
Marmaieur, *Mer Noire*, 214.
Marmaple, 17.
Marroch, *Maroc*, 138.
Marfeille (S. LAZARE, évêque de), 232.
Marteau (Le), relique, 37, 149.
MARTIN (S.), reliques, 104[1].
Mafceier (La), la *Maffeure*, 134.
Maffeure (La), 134, 244.
MATTHIEU PARIS, xxij, 125.
Maudite (La tour), à *Acre*, 136.
Mauroune, 15.
Mauretaine, *Mauritanie*, 138.
MAXENCE, empereur romain, 119.
Mech, la *Mecque*, 129.
Mehalla (Ile du), 245, 248, 250.
— Voy. *Garbye*.
Mehalle (La), 251.
Mehallet Ebe Hali, *Mehallet Abu Ali*, 252.
Mehallet el Cafob, 251.
Mehallet el Mehrem, 248.
Mehallet Habde el rohman, *Mehallet leben* (?), 247.
Mehallet Sa, 247.
Mehlep (Cafal de *Sur*), 255.
MELCHIOR, roi mage, 99, 233.
Melig, 248.
Menfidos, 13.
Menfore (La), voy. *Maffoure* (la).
Menyet el Chanenzir, *menyet el-Khanazir*, 244.
— *Guairs*, 244.
— *Zufca*, 244.

Mer de Galilée ou *de Tabarie*, voy. *Tabarie* (Mer de).
— *du Diable*, voy. *Morte* (Mer).
— *du Sel*, voy. *Morte* (Mer).
— *Morte*, voy. *Morte* (Mer).
— *Rouge*, voy. *Rouge* (Mer).
Merinas, 14.
Merle, *Mirla*, 229.
Michel (S.), archange, 117.
Mineurs (Frères), à *Acre*, 236.
Miramumelin, voy. Murmelin.
Meftre porte, grande (*Jéruf.*), 154, 155.
Midraon, 17.
Milio, 18.
Mirul, 12.
Mobde, 18.
Monjoie (La), montagne, 93, 104[4], 181, 192, 196, 198, 230. — *S. Samuel*, églife fur la *M.*, 93, 181, 196.
Mont *Abel*, voy. *Abel* (Mt).
— *Armon* ou *Ermon* ou *Hermon*, voy. *Armon* (Mt).
Montayleb (*El*), 242.
Mont *Carmel*, voy. *Carmel*.
— de *Caïn*, voy. *Caïn* (Mt).
— de *Calvaire*, voy. *Calvaire* (Mt de).
— de la *Quarantaine*, 61, 69, 70, 98, 104[7], 169, 185, 196, 232.
— des *Oliviers*, 24, 25, 32, 33, 51, 97, 104[7], 114, 117, 127, 144, 145, 161, 162, 169, 185, 195, 196, 231, 232.
— du *Saut*, voy. *Saut* (Mt du).
— *Liban*, voy. *Liban* (Mt).
— *Monjoie*, voy. *Monjoie* (la).

Mont *Mufard*, voy. *Mufard* (Mt).
— *Roial*, voy. *Roial* (Mt).
— *S. Abraham*, voy. *S. Abraham* (Mont).
— *Ste Marguerite*, voy. *Ste Marguerite* (Mt).
— *Sinaï*, voy. *Sinaï* (Mt).
— *Sion*, voy. *Sion* (Mt). — Abbaye du *Mont Sion*, voy. *Ste Marie du Mont Sion*.
— *Sion* (Porte du), à *Jérufalem*, 42, 43, 44, 155, 156.
— *Sion* (Rue du), à *Jérufalem*, 33, 34, 43, 146, 155.
— *Thabor*, voy. *Thabor* (Mt).
Montagne (*La Noire*), à *Antioche*, 134.
Montagne (Le vieux de la), 128, 129.
Monts *Cafpiens*, 125.
Monument (Le), voy. *S. Sépulcre*.
Morte (Mer), 62, 65, 66, 82, 83, 127.
Moulin de Dokes (Porte du), à *Acre*, 136.
Moulin (Le) des Turcs, 104[4].
Mousket (Philippe), xxj, 107.
Moyse, 62, 63, 64, 82, 83, 85, 98, 104[7], 119, 186, 197. — Livres de M., 165. — Tables de M., 230.
Multiplication (Lieu de la) des pains, 58, 80, 102, 104[2], 181, 188, 191, 197.
Mur des Juifs, à *Jérufalem*, 107.
Murmelin ou Mumelin, émir africain, 138.
Mufard (Mt), à *Acre*, 136.

N

Nabugodonosor, 25, 74, 85.
Naim, 59, 80, 101, 104[1], 171, 187, 197, 233. — Le fils de la veuve de N., 59, 80, 101, 104[1], 171, 187, 197, 233.
Names, voy. *Naim*.

INDEX.

Naom, voy. *Naïm*.
Naples (dans le royaume de *Séleucie*), 18.
— (en *Syrie*), 13.
— voy. *Naploufe*.
Naploufe, 14, 72, 73, 74, 75, 76, 83, 84, 85, 100, 104[7], 114, 171, 186, 197, 233. Voy. *Samarie*.
Natatoria Siloë, voy. *Siloë*.
Nativité N. S., 170.
Nazareth, 11, 12, 15, 60, 61, 72, 75, 81, 100, 103, 104, 104[1], 127, 172, 187, 188, 198, 234.
— *Eftang de N.*, voy. *Tabarie* (Mer de). — Fontaine de *S. Gabriel* à *N.*, 100, 104, 198, 234.
Négrepont, Eubée, 209, 222.
Neilon, 17.
Neocefaire, 17.
Nephelie, 18.
Neftoriens (Eglifes & abbayes des), à *Jérufalem*, 52, 162.
Newi, 13.
Niban, voy. *Liban*.
NICHODÈME, 93, 104[1], 182, 193.
NICOLE de Vicence, frère prêcheur, 211, 225.
NICOLO Polo, 203, 204, 205, 206, 207, 208, 209, 210, 212, 213, 219, 222, 223, 225, 226.
Nicople, Nicopolis, 12.
Nil, fleuve, 64.
Ninive, 126.
Noé (Arche de), 55, 56, 78, 126.
Noire (La) *montagne*, à *Antioche*, 134.
Noirs (Eglifes & abbayes de moines) ou grecs, 34, 94, 101, 102, 104[1], 104[2], 147, 180, 183, 188, 189.

Non-catholiques (Cultes), à *Jérufalem*, 52, 162.
Nonnains de Sur, abbaye (*Jéruf.*), 104[8].
NOTRE-DAME, 24, 32, 60, 72, 81, 96, 99, 100, 102, 103, 104, 104[2], 104[6], 108, 109, 112, 116, 117, 132, 133, 166, 167, 168, 170, 171, 172, 174, 175, 184, 185, 186, 187, 188, 194, 195, 196, 198, 229, 230, 231, 232. — Bains N.-D., 104[2], 194. — Image de N.-D., 94, 104[6], 182, 193. — Nativité N.-D., 108. — Sépulture de N.-D., 50, 97, 104[7], 117, 121, 132, 144, 161, 167, 168, 184, 185, 194, 195. — Reliques N.-D., 6.
Notre-Dame, églife (*Bethléem*), 170.
Notre-Dame à la Roche, voy. *Notre-Dame de Sardenay*.
Notre-Dame de Bethléem, églife (*Acre*), 235.
Notre-Dame de Jofaphat, à *Acre*, 235.
Notre-Dame de Sardenay, églife, 103, 120, 126, 131, 173, 188, 235.
Notre-Dame de Sur, églife (*Acre*), 235.
Notre-Dame des chevaliers, églife (*Acre*), 235.
Notre-Dame du Carmel, églife, 90, 104[2], 180, 190.
Notre-Dame du Marais, chapelle, 91, 104[2], 181, 190, 229.
Notre-Dame la Grande, voy. *Ste Marie la Grande*.

O

Oarrade, Warrâdeh, 242.
Oires (Portes) ou *dorées*, à *Jérufalem*, 25, 26, 27, 33, 38, 39, 40, 41, 44, 50, 95, 97, 104[2],

104[7], 113, 145, 146, 150, 151, 152, 153, 156, 166, 184, 194, 195, 231.
OLIFERNE, HOLOPHERNE, 75.
Olivet (Mont), voy. *Oliviers* (Mont des).
Olivet (Mont), abbaye du —, 51, 162, 169.
Oliviers (Mont des), 24, 25, 32, 33, 51, 97, 104[7], 114, 117, 127, 144, 145, 161, 162, 169, 185, 195, 196, 231, 232.

Omis, 12.
Orcimon, 17.
Orfèvres, à *Jérusalem*: latins, 34, 43, 147; — syriens, 34, 146. Voy. *Changes des latins & Changes des Syriens*.
Oropi, 18.
Ortonfe, 15.
Ospital, voy. Hôpital.
Oucaca, Oukak (en *Tartarie*), 204, 215.
Outremer, 89.

P

Paienime, pays paien, 129.
Pain perdu (tour de S. Lazare), 91, 104[8], 181, 190.
Pairs (Les douze) de CHARLEMAGNE, 4.
Palestine, 127, 137.
Palmes (Jour des), voy. Pâques fleuries.
Palmier (Le) de la Vierge, 175.
Panuplon, 19.
Paradis (Fontaine de), à *Jérusalem*, 95, 104[8].
Paradis (Porte de), à *Jérusalem*, 95, 104[8], 194, 231.
Paralytique (Le), 50.
Parauble, 17.
Pardons (Les) d'Acre, xxx, 235.
PARIS (Matthieu), auteur supposé, xxij, 125.
Pâques (Le jour de), 116, 144, 164, 166, 171, 230, 232.
Pâques fleuries (jour des Palmes ou Rameaux), 152, 162, 166, 184, 185, 194, 232.
Parri, 17.
Pas (Le) *de Panoffe*, à *Jérusalem*, 95, 97, 104[8], 167, 184, 194.
Paternostre (Eglise du), 4, 51, 52, 97, 104[7], 117, 162, 169, 185, 196, 232.

Patriarcats de Jérusalem & d'Antioche, xij, 11.
Patriarche (Lac du), 45, 157.
Patriarche (La maison du), à *Acre*, 136.
Patriarche (Porte du), à *Jérusalem*, 154.
Patriarche (Rue du), à *Jérusalem*, 26, 27, 34, 42, 146.
Patriarche (La tour du), à *Jaffa*, 191.
PAUL (S.), 85, 126.
Paumers (La), fleuve, 190.
Paumereie, 12.
Pavé du Temple, à *Jérusalem*, 39, 151, 152.
Pêche (La) miraculeuse, 171, 172.
Pecine, voy. *Piscine*.
PELAGE (S.) (Sépulture de), 97, 104[7], 169, 185, 196.
Pèlerin (Château), 90, 91, 104[8], 137, 180, 190, 229.
Pèlerinages (Les) d'Acre, xxx, 229.
Pèlerinages (Les) pour aler à Jérusalem, xix, xxv, 89.
Pelou, 13.
Pentaconne, 14.
Pentecôte (La), 144, 166, 184, 195.
Penthacome, 13.

INDEX.

Perron de S. Jacques de Galice, à *Jaffa*, 92, 104⁴, 181, 191, 229.
Perſans (Les), 3.
Perſe (La), 25, 40, 75, 85, 129, 152, 205, 215.
Phar (El), voy. *Kephar*.
Pharaon (Le) d'*Egypte*, 64, 85.
Philadelfe, Philadelphie, 13, 17.
Philadelphie la petite, 18.
Philiople, 17.
Philiple, 13.
PHILIPPE, apôtre, 232.
PHILIPPE baptiſe l'eunuche, 91.
PHILIPPE, frère d'HÉRODE, 57, 78.
PHILIPPE MOUSKET, xxj, 107.
Pierre (La) *du déſert*, 13.
PIERRE (S.), 44, 57, 58, 59, 61, 62, 79, 80, 82, 91, 97, 101, 102, 104¹, 104², 112, 113, 114, 134, 156, 166, 168, 174, 180, 184, 185, 187, 188, 191, 192, 195, 197, 231, 233. — Reliques de S. P., 5.
Pierre de Salomon (*Jéruſ.*), 107.
Pierre de Zacharie (*Jéruſ.*), 107.
PILATE, 104⁴, 114, 116; — maiſon de P. (*Jéruſ.*), 114; — prétoire de P. (*Jéruſ.*), 114.
Piſcine probatique (la même que la piſcine *Ste Anne*), 49, 96, 104⁸, 113, 161, 167, 184, 194, 231.
Piſe (RUSTICIEN de), xxix, 203.
Place d'*Hélène*, à *Jéruſalem*, 149.
Plaiſance, 209, 211, 222, 224.
Poderade, 16.
Poiſſon (Marché au), à *Jéruſalem*, 34, 146, 155.
POLO (Maffeo), 203, 204, 205, 206, 207, 208, 209, 210, 211, 212, 213, 226; — (Marco), 203, 206, 209, 210, 211, 213, 217, 222, 223, 225; — (Nicolo), 203, 204, 205, 206, 207, 208, 209, 210, 212, 213, 219, 222, 223, 225, 226. — Voyages des Polo, xxviij, 203, 213.
Pont (Le) du *Saphet*, 102.
Pont de *Tabarie*, 57, 79.
Porte (meſtre), grande porte, à *Jéruſalem*, 154, 155.
Porte *S. Paul*, à *Damas*, 126.
Portes à *Acre*: — *du moulin des Dokes*, 136; — *S. Nicolas*, 136, 199.
Portes à *Jéruſalem*: — *David*, 25, 26, 33, 41, 45, 145, 153, 157, 170; — *Douloureuſe*, 48, 160; — de l'*Hôpital*, 35; — de *Joſaphat*, 49, 50, 161; *Meſtre porte*, 154, 155; — du *Mont Sion*, 42, 43, 44, 115, 156; — *Oires* ou *dorées*, 25, 26, 27, 33, 38, 39, 40, 41, 44, 50, 95, 97, 104⁶, 104⁷, 113, 145, 146, 150, 151, 153, 156, 166, 184, 194, 195, 231; — de *Paradis*, 95, 104⁸, 194, 231; — du *Patriarche*, 154; — *Précieuſe*, 38, 39, 150, 151; — *S. Etienne*, 25, 26, 41, 42, 49, 93, 104⁴, 153, 154, 155, 159, 163, 182, 192, 230; — de *Tabarie*, 25, 26; — de la *Tannerie*, 48.
Poternes de *Jéruſalem*: — de *Joſaphat*, 40, 152; — *S. Lazare*, 42, 154; — de la *Tannerie*, 42, 155, 160.
Prêcheurs (Frères), à *Acre*, 236.
Précieuſe (Porte), à *Jéruſalem*, 38, 39, 150, 151.
Preſepe, voy. *Crèche*.
Prétoire de CAÏPHE, à *Jéruſalem*, 96, 104⁸, 168, 184, 194, 231; — de PILATE, 114.
Priſon de Jéſus (*Jéruſ.*), 49, 94, 102, 104², 114, 161, 164, 182, 193, 230.
Probatique (*Piſcine*), 49, 96, 104⁸, 113, 161, 167, 184, 194, 231.
Promiſſion (Terre de), 55, 65, 67, 77, 79, 83, 131, 173, 190.

Ptolemais, voy. *Acre*.
Puits (Le) de *Joseph*, 102, 104⁸, 188.
Puits (Le) de la *Samaritaine* ou de *Jacob*, 73, 84, 100, 104⁷, 171, 186, 197, 233.
Puteus aquarum, 234.

Q

Quane Galilée, voy. *Cana*.
Quarantaine (Mont de la), 61, 69, 70, 98, 104⁷, 169, 185, 196, 232.
Quiſtre, 18.

R

Rabit, 127.
RACHEL, femme de JACOB, 186; — sépulture de R., 98, 104⁶, 170, 186, 196, 232.
Rama, 92, 93, 104⁴, 181, 192, 229.
Rameaux (Les), voy. Pâques fleuries.
Rames, voy. *Rama*.
Raphanie, 6.
Raſhelain (caſal de *Sur*), 255.
Reliques: d'*Adam*, 163; le *Calice* de la Cène, 5; la *Couronne* d'épines, 5, 37, 149; les *Clous*, 5, 37, 90, 149, 180, 190; le *Couteau* de la Cène, 5; la *Croix*, 37, 40, 46, 47, 94, 97, 99, 104⁶, 104⁷, 149, 158, 164, 170, 182, 186, 193, 196, 230, 233; — de S. *Demitre*, 104⁸; l'*Ecuelle* de la Cène, 5; — de S. *Etienne*, 5; — de S. *Jean Chryſoſtome*, 104⁸, 231; — de S. *Lazare*, 5; le *Marteau*, 37, 149; — de S. *Martin*, 104⁸; — de *Notre-Dame*, 6; — de S. *Pierre*, 5; — de S. *Siméon*, 5; le *ſaint Suaire*, 5.
Reliques (Bonnes), 90, 104³, 116, 231, 234.
RENAUT (Le prince), 64, 77, 83.
Repenties (Abbaye des filles), à *Acre*, 236.
Rephah, 241, 242.
Repos (Egliſe du), à *Jéruſalem*, 49, 161.

Reſſid, *Roſette*, 245, 246, 247, 248, 249, 250, 251.
Ricardane (près d'*Acre*), 198.
RICHARD (Le comte), 137.
Roais, *Edeſſe*, 11, 16.
Roche (La) de *Guitume*, 8.
Roche (N.-D. à la), voy. N.-D. de *Sardenay*.
Roche ſacrée ou *bénite* ou *de la Sakra*, 94, 95, 104⁸, 183, 193, 194.
Rochetaillée, 92, 104⁴, 181, 191.
Roial (Mont), 170.
ROLAND (le preux), 7.
Romain (Rite), à *Jéruſalem*, 51, 52, 94, 162, 163.
Romaine (Egliſe), 206, 217.
Romanie, empire latin, 3.
Rome, 116, 207, 209, 210, 235.
Ronoquorre, 19.
Roſette, 245, 246, 247, 248, 249, 250, 251.
Roſos, 18.
Rothelin (Mſ. dit de), contenant la continuation de GUILLAUME DE TYR, xxiv, 143.
Rouge (Mer), 63, 64, 83.
RUBEN (frère de JOSEPH), 104².
Rues à *Jéruſalem*: des *Allemands*, 38, 150; — de l'*Arc Judas*, 43, 156; — *Couverte*, 38, 43, 150, 155; — *David* (ou *Grant rue David*), 27, 33, 34, 43, 146, 155; — des *Herbes*, 34, 37, 43,

INDEX. 277

146, 149, 155; — de *Jofaphat*, 48, 49, 160, 161; — de la *Juiverie*, 49, 160; — des *Latins*, 155, 162; — *Malcuifinat* (ou *Malcuifinal*), 38, 43, 149, 150, 155; — du *Mont Sion*, 33, 34, 43, 146, 155; — du *Patriarche*, 26, 27, 34, 42, 146; — *S. Etienne*, 42, 155; — du *S. Sépulcre*, 42, 155; — des *Syriens*, 27; — du *Temple*, 38, 43, 150; — de la *Tour David*, 25.

RUSTICIEN DE PISE, xxix, 203.

S

Sabath, voy. *Sebafte*.
Sacha, 251.
Saete, Sidon, 11, 15, 135, 234.
Saffain (Le), 15.
Safran, 100, 104, 187, 198, 234.
S. *Abacuc*, chapelle, 192, 229.
S. *Abraham*, 14, 63, 65, 82, 83, 99, 104⁸, 122, 186, 196, 233.
— Mont S. A., 73, 83.
S. *Acarie*, voy. S. *Zacharie*.
S. *André*, églife (*Acre*), 235.
S. *Antoine*, églife (*Acre*), 236.
S. *Barthélemi*, églife (*Acre*), 236.
S. *Carifto*, voy. Ste *Chariton*.
S. *Chriftophe*, églife (*Jéruf.*), 167.
S. *Corneille*, chapelle près de *Céfarée*, 91, 180.
S. *Denis*, églife (*Acre*), 236.
— (Fontaine), 89, 104², 179, 189.
S. *Elie*, 15, 98, 104⁸, 186, 196, 229, 232.
S. *Efprit*, chapelle (*Jéruf.*), 96, 104⁶, 121, 184, 195.
— églife (*Acre*), 235.
S. *Eftievene*, voy. S. *Etienne*.
S. *Etienne*, églife (*Acre*), 235.
— églife (*Jéruf.*), 41, 153.
— (porte), à *Jérufalem*, 25, 26, 41, 42, 49, 93, 104⁴, 153, 154, 155, 159, 163, 182, 192, 230.
— (rue), à *Jérufalem*, 42, 155.
S. *Gabriel* (fontaine à *Nazareth*), 100, 104, 198, 234.
S. *Georges*, églife (*Acre*), 236.
— églife (*Lidde*), 192.

— églife (entre *Saphet* & *Acre*), 102, 104², 188.
S. *Gilles*, églife (*Acre*), 235.
— églife (*Jéruf.*), 38, 150.
S. *Guillaume* (cimetière), à *Acre*, 199.
S. *Jacques de Galice*, églife (*Jéruf.*), 26, 33, 104⁵, 145.
S. *Jacques des Jacobites*, églife (*Jéruf.*), 35, 52, 95, 147, 162.
S. *Jacques & S. Jean*, églife près de *Safran*, 100, 104, 187, 198.
S. *Jacques le Mineur*, églife (*Jéruf.*), 39, 41, 151, 183, 194.
S. *Jean*, abbaye, 70.
— hôpital près de *Céfarée*, 190.
— hôpital (*Acre*), 136, 235; — (*Jéruf.*), 94, 104⁸, 165, 163, 193, 230.
S. *Jean de Tyr*, abbaye, 90, 104², 180, 190, 229.
S. *Jean du Bois*, 170, 233.
S. *Jean l'évangélifte*, églife, 48, 160.
S. *Ladre*, voy. S. *Lazare*.
S. *Laurent*, églife (*Acre*), 235.
S. *Lazare* (poterne), à *Jérufalem*, 42, 154.
— (Tour de), voy. *Pain perdu*.
S. *Lazare de Bétanie*, églife (*Acre*), 235.
S. *Lazare des Chevaliers*, églife (*Acre*), 135, 136, 236.
S. *Léonard*, églife (*Acre*), 235.
S. *Marc de Venife*, églife (*Acre*), 235.

S. *Martin*, églife (*Jéruf.*), 43, 156.
S. *Martin des Bretons*, églife (*Acre*), 236.
S. *Michel* (cimetière), à *Acre*, 199, 235.
S. *Nicolas* (cimetière), à *Acre*, 136, 199, 235; — (porte), à *Acre*, 136.
— église (près de *Safran*), 234.
S. *Paul*, abbaye (*Jéruf.*), 27.
— (château), 85.
S. *Paul*, églife (*Bethléem*), 92.
— églife (*Jéruf.*), 27.
— (porte), à *Damas*, 126.
S. *Pélage* (chapelle), 97, 104[7], 169, 185, 196.
S. *Pierre*, églife (*Jaffa*), 92, 104[4], 181, 191.
— églife (*Jéruf.*), 43, 156.
S. *Pierre de Pife*, églife (*Acre*), 235.
S. *Pierre en Gallicante*, églife, 44, 104[6], 156, 168, 231.
S. *Roman*, églife (*Acre*), 235.
S. *Samuel*, églife (*Acre*), 235.
— églife fur la *Monjoie*, 93, 181, 196.
S. *Sauveur*, églife (*Mt des Oliviers*), 51, 104[7], 162, 232.
— églife (*Sidon*), 234.
S. *Sépulcre*, églife (*Acre*), 136, 235.
— églife (*Jéruf.*), 24, 25, 27, 28, 33, 34, 35, 36, 37, 38, 42, 43, 48, 93, 94, 104[4], 104[5], 116, 132, 133, 145, 146, 147, 148, 149, 150, 153, 154, 155, 160, 163, 164, 165, 167, 182, 183, 193, 230.
— (Rue du), à *Jérufalem*, 42, 155.
S. *Thomas* (Maifon), à *Acre*, 136, 236.
S. *Zacharie*, abbaye près de *Nazareth*, 60, 81.
— chapelle, 100, 104, 198.
Ste *Anne*, abbaye (*Jéruf.*), 49, 96, 104[5], 161, 167, 232.
— églife (*Acre*), 235.

— (pifcine), 49, 104[5], 161. Voy. *Pifcine probatique*.
Ste *Bride*, églife (*Acre*), 236.
Ste *Catherine*, églife (*Acre*), 235.
— (Jour de la), défaite de SALADIN, 181.
Ste *Chariton*, églife (*Jéruf.*), 94, 104[1], 182, 193, 230.
Ste *Croix*, églife (*Acre*), 235.
Ste *Hélène*, chapelle (*Jéruf.*), 37, 149.
— (place), à *Jérufalem*, 149.
Ste *Marguerite* (Mt), 189, 190.
Ste *Marguerite du Carme*, abbaye, 89, 90, 104[3], 180, 189.
Ste *Marie de Jofaphat*, abbaye, 24, 32, 50, 144, 145, 161.
Ste *Marie du Mont Sion*, abbaye, 23, 24, 31, 32, 44, 144, 156.
— — églife, 167, 168, 184, 194.
Ste *Marie la Grande* ou N.-D. la grande, abbaye, à *Jérufalem*, 34, 147.
Ste *Marie latine*, abbaye (*Jéruf.*), 6, 35, 94, 116, 147, 165, 183, 193, 230.
— — églife (*Acre*), 235.
— — églife (*Jéruf.*), 6, 35, 94, 116, 147, 165, 183, 193, 230.
Ste *Marie Madeleine*, chapelle, près de *Céfarée*, 191.
— — églife (*Acre*), 235.
— — églife (*Jéruf.*), 49, 96, 161, 167, 184, 194.
Ste *Trinité*, chapelle (*Jéruf.*), 35, 147.
— églife (*Acre*), 235.
SS. *Maries* (Fontaine des), à *Jérufalem*, 104[5].
Sakra (Roche de la), voy. *Roche facrée*.
SALADIN (Le fultan), 55, 71, 72, 77, 92, 143, 163, 181.
Saladin (Eftoires d'outremer & de la naiffance), xiv, xvj, xviij.

Salechie (La), *Salekieh*, 242, 243, 244.
Salines de l'hôpital S. Jean, près de *Céſarée*, 190.
SALOMON (Le roi), 96, 113, 120, 131, 133, 151, 184, 195.
Salomon (Atre de), à *Jéruſalem*, 40, 151; — (Pierre de), à *Jéruſalem*, 107; — (Temple de), à *Jéruſalem*, 25, 95, 104⁸, 112, 113, 132, 151, 152, 166, 183, 194, 231.
— (Verſion françaiſe du premier livre de), xiij.
SAMUEL (Sépulture du prophète), 230.
Samaire, Samarie (anc. nom de *Napleuſe*), 11, 73, 74, 84, 85, 100, 186, 197.
Samaritain (Le bon), 70, 71.
Samaritaine (Le puits de la) ou puits de *Jacob*. 73, 84, 100, 104⁷, 171, 186, 197, 233.
Samaritains (Les), 73, 74, 83, 85.
SAMSON, 92, 192.
SanEta SanEtorum, chapelle (*Jéruſ.*), 95, 104⁵, 165, 183, 194.
Sandele, Sandeleh, 251.
Sang de S. ETIENNE, relique, 5.
Saphet (Le) des Allemands, 198.
— (Château), 56, 78, 102, 104⁸, 128, 129, 188, 240, 255. — Pont du *Saphet*, 102.
Saphorie, 72, 100, 104, 187, 198, 234.
— Fontaine de S., 71, 72, 198.
Sara (ville tartare), 204, 214.
Sardaine, voy. *Sardenay*.
Sardenay (*N.-D.* de), 103, 120, 126, 131, 173, 188, 235.
Sarraſins (Les), *paſſim*.
Sauren, 16.
Saut (Le), en *Arabie*, 13.
— (Le), en *Paleſtine*, 12.
— (Mont du), 61, 100, 104.
Sebaſte, 11, 15, 75, 85, 100, 104⁷, 171, 186, 197, 233.

Sebaſte (en *Cilicie*), 16.
Sedin (caſal de *Sur*), 255.
Sehid, 246.
Sehidye, 243, 245, 247.
Sel (Mer du), voy. *Morte* (Mer).
Seleuniſte, 18.
Seleucie, 18.
Seleucoval, 16.
Semennot, Semennoud, 251.
Semon erroman, Achmoun er-rouman, 243.
Sendebis, 249.
Sendoe, Sendoueh, 244.
Senhore el Medine, 248, 251.
Sépulcre (Le), voy. *S. Sépulcre* (Egliſe du).
Sépultures : — *d'Abraham*, 65, 104⁸, 122, 170, 233; — *d'Adam*, 115, 170; — de *Ste Catherine*, 63, 98, 104⁷, 119, 186, 197; — de *S. Corneille*, 180, 191; — de *Ste Euphémie*, 91, 180, 229; — *d'Eve*, 115, 170, 233; — de *S. Guillaume*, 199; — des *Innocents*, 99, 104⁸, 112, 170, 186, 196, 233; — *d'Iſaac*, 65, 104⁸, 122, 170, 233; — *d'Iſaïe*, 94, 104⁸, 112, 168, 184, 195, 231; — de *Jacob*, 65, 104⁸, 170, 233; — de *S. Jean-Baptiſte*, 75, 85, 171, 183, 186, 194, 197; — de *S. Jérome*, 99, 104⁸, 170, 186, 196; — de *Joſeph*, 170; — de Notre-Dame, 50, 97, 104⁷, 117, 121, 132, 144, 161, 167, 168, 184, 185, 194, 195; — de *S. Pélage*, 97, 104⁷, 169, 185, 196; — de *Rachel*, 98, 104⁸, 170, 186, 196, 232; — de *Samuel*, 230; — de *S. Siméon*, 97, 166, 169, 185, 194, 195.
Serpents (Déſert des), 68.
Séſaire, voy. *Céſaire, Céſarée*.
Sevale, 18.
Sibidi, 18.
SIBILE (La reine), 46.

Sichar, 73, 74, 84.
Sichem, 73, 84, 121.
Sidon, 11, 15, 135, 234. — Eglife S. Sauveur, à S., 234.
Siloé (Fontaine de *ou* natatoria), 43, 44, 51, 96, 104^6, 121, 132, 156, 162, 168, 184, 195, 231.
Siméon (S.), 112, 165, 191, 230.
— Reliques de S. S., 5. — Sépulture de S. S., 97, 166, 169, 185, 194, 195.
Simon le lépreux (Maifon de), 97, 104^7, 113, 169, 185, 232.
Simon (S.), apôtre, 113.
Sinai (Mont), 15, 63, 82, 98, 104^7, 119, 185, 197, 235.
Sion (Mt), 23, 24, 26, 31, 32, 33, 34, 44, 96, 104^8, 120, 121, 132, 143, 145, 156, 168, 184, 194, 195, 231.
Sifie, 18.
Sifon (nom du *Nil*), 64.
Soade, 242.
Sobre el Vahle, *Chobra en Nakléh*, 248, 249.
Sodome, 67.
Sodomites, 67.
Soldaie, *Soldadie*, *Soudak* (en Crimée), 203, 204, 214.
Som, Syrie, 240, 241.
Sorfem, voy. *Sichem*.

Sorti, 12.
Soudak (en *Crimée*), 203, 204, 214.
Soudan (Le), 239, 240, 255, 256.
Spécieufe (Porte), porte du Temple de *Jérufalem*, 95, 104^5, 166, 183, 194, 231.
Spelunca dupplici, 233.
Sticople ou *le Betfan*, 12.
Suaire (Le) de Jéfus, relique, 5.
Sur (Nonnains de), abbaye, à *Jérufalem*, 104^5.
Sur, *Tyr*, 11, 15, 56, 78, 135, 234, 255, 256. Voy. *Tyr*. — Le Seigneur de *Sur alamonaffe*, 255.
Surie Sobal, 13.
Suriens, voy. *Syriens*.
Syrie, 240, 241. — Voyages en S., 203, 213.
Syrien (quartier), à *Jérufalem*, 149, 160.
Syriennes (Eglifes & abbayes), à *Jérufalem*, 51, 162.
Syriens (Marchands), en *Paleftine*, 127.
Syriens (Changes des), à *Jérufalem*, 26, 27, 33, 34, 37, 38, 42, 43, 146, 149, 150, 155.
— (Rue des), à *Jérufalem*, 27.
Syrraquin, 19.

T

Tabarie (Mer de) ou *de Galilée*, *eftang de Nazareth*, lac de Tibériade, 57, 58, 60, 62, 79, 80, 82, 101, 102, 104^1, 104^2, 120, 171, 187, 197, 188, 233.
— (Pont de), 57, 79.
— (Porte de), à *Jérufalem*, 25, 26.
Tabarie, Tibériade, 11, 13, 15, 25, 57, 58, 71, 72, 79, 80, 101, 102, 104^1, 104^2, 187, 188. — Bains N.-D., 104^2.
Tabita, reffufcitée par S. Pierre, 192.

Table (La), lieu de la multiplication des pains, 58, 80, 102, 104^2, 181, 188, 191.
Tables de Moyse ou de l'ancien Teftament, 94, 95, 183, 193, 230.
Tambede, 248.
Tanaphom, 13.
Tannerie (Porte de la), à *Jérufalem*, 48.
Tannerie (Poterne de la), à *Jérufalem*, 42, 155, 160.
Tapfaron, 16.

Tarrane (Al), Teraneh, 247, 248, 251.
Tarse, 11, 16.
Tartare (Langue), 207, 217.
Tartares, 125, 204, 205, 207, 209, 214, 215, 216, 218, 219.
Tartarins, 125. Voy. *Tartares*.
TEBALDO DE PLAISANCE, plus tard le pape GRÉGOIRE X, 209, 211, 222, 224.
Temple (Abbaye du): à *Acre*, 235; — *Jérusalem*, 39, 41.
— (Le) (Templum domini), église (*Jérus.*), 4, 33, 38, 39, 41, 46, 47, 48, 49, 61, 85, 94, 95, 104^6, 116, 132, 133, 145, 150, 151, 152, 153, 158, 159, 160, 161, 165, 166, 167, 183, 184, 193, 194, 230.
— (Rue du), à *Jérusalem*, 38, 43, 150.
Temple de Salomon (Le), église (*Jérus.*), 25, 95, 104^6, 112, 113, 132, 151, 152, 166, 183, 194, 231.
Templiers, 39, 56, 72, 78, 91, 151, 180, 190, 212, 226,; — à *Acre*, 136, 137.
Tenis (Lac de) ou *Menzaleh*, 242, 243.
Terdeney, voy. *Sardenay*.
Terre de promission, terre de *Chanaan*, 55, 65, 67, 77, 79, 83, 131, 173, 190. Voy. aussi *Terre Sainte*.
Terre Sainte, 100, 104, 131, 157, 159, 163, 173, 179, 189, 190, 229. Voy. aussi *Terre de promission*.
Tetracoine, 12.
Thabor (Mont), 15, 61, 82, 100, 101, 104^1, 104^7, 119, 120, 127, 171, 186, 187, 197, 233.
Tharange, 251.
Tharhet Therange, 250.

THIÉBAUD DE PLAISANCE, voy. TEBALDO.
THIÉBAULT DE CÉPOY, xxvij, 213.
THOMAS (S.), l'apôtre, 23, 31, 96, 144, 167, 184, 195, 231.
Theron (Le), château, 56, 78.
Tibériade, voy. *Tabarie*.
Tigeri, fleuve, 205, 215.
Tine, 16.
Tison (Le) miraculeux, 102, 104^2.
TOBIE (La cave de), 102, 104^2.
Tochor, 122. Voy. *S. Abraham*.
Tolomaida, voy. *Acre*.
Tombeau de Notre-Dame, voy. Sépultures.
Tortose, 12, 15, 103, 174, 188.
Tour *David* (La), à *Jérusalem*, 25, 26, 27, 33, 34, 104^8, 145, 146, 231.
Tour *David* (Rue de la), à *Jérusalem*, 25.
Tour de la *Cosberye*, 243.
Tour (La) de *l'Hôpital* (casal de *Sur*), 255.
Tour de *S. Lazare*, voy. *Pain perdu*.
Tour des *Génois* (*Acre*), 136; — des *Pisans* (*Acre*), 136; — maudite (*Acre*), 136.
Tour (La) du *patriarche*, à *Jaffa*, 191.
Tours (Les) de *Damas*, 126.
Touxe, 12.
Transfiguration (La), 62, 82, 101, 104^1, 120, 171.
Triple, *Tripoli de Syrie*, 12, 15, 55, 56, 78, 211, 225, 241.
Tubanie (Fontaine de), 72.
Turcs (Les), 3. — le *Moulin des Turs*, 104^6.
TURPIN, l'archevêque, 6.
Tyr, *Sur*, 11, 15, 56, 78, 135, 234, 255, 256. — Abbaye de *S. Jean de Tyr*, 90, 104^2, 180, 190, 229.

U

Uevi, 17.

V

Val de *Bacar*, 56, 78.
Val de *Josaphat*, 24, 25, 32, 33, 44, 50, 51, 56, 78, 96, 97, 104[7], 117, 121, 132, 144, 145, 156, 161, 162, 167, 168, 169, 184, 185, 194, 195, 231.
Vallane, 16.
Varvals, 17.
Vathuon, 16.
Veharie (La), *Baherie*, 247.
Venieria, 16.

Venise, 203, 209, 210, 213, 222, 223.
Verge (La) d'Aaron, 94, 165, 183, 193, 230.
Vespasien, 74, 84.
Veuve de *Naim* (Le fils de la), 59, 80, 101, 104[1], 171, 187, 197, 233.
Vicence, 211, 225.
Vieux (Le) de la montagne, 128, 129.
Virchi, 16.
Viroffe, 13.

Y

Yatridée, 19.
Ycoine, image de *N.-D. de Sardenay*, 120. Voy. *Sardenay*.
Ydom (Terre d'), 104[7].
Yeapi, 18.

Yrinople, 18.
Yrinople (La petite), 17.
Yzacharias, le même que Zacharie, père de S. Jean-Baptiste.

Z

Zacharie, père de S. Jean-Baptiste, 60, 81, 95, 99, 104[5], 165, 171, 186.
Zacharie, prophète, fils de Barrachie, 95, 97, 107, 166, 169, 183, 185, 194, 195, 198, 230.

Zachée, 69, 118.
Zaheca, Zaca, 242.
Zahfaram, 251.
Zaouiet el Sait, 247.
Zora, 13.
Zoroime, 17.

Additions & Corrections.

P. xxix. Aux neuf mss. des *Voyages des Polo* que nous avons désignés par les neuf premières lettres de l'alphabet (p. 213), il faut en ajouter un nouveau, le ms. de la bibliothèque de l'Arsenal, 5219 (anc. *H. fr.* 675). Ce ms., écrit sur vélin à la fin du xve siècle, se rattache à la famille des deux mss. *G & H.*

P. xxx. Le baron de Nordenskiöld vient de donner une édition en fac-similé (1882, in-4) du ms. de Stockholm, qui doit être attribué non au xiiie siècle, mais au xive.

Page 6, vers 193. *juit,* lisez *jiut.*
    7, vers 237. *Francéis,* lisez *Franceis.*
    91, ligne 20. *Paine perdue,* lisez *Pain perdu.*
    117, v. 10865. *Tamain,* lisez *tamain.*
    126, colonne 2, ligne 21. Mettez un point entre *Albana* & *Farfar.*
    131, avant-dernière ligne, *vée[e],* lisez *vee[s],* forme anglo-normande de *vits.*
    134, colonne 2, ligne 20. Après *Cartaphilis,* ajoutez *Christophili* (?).
    193, ligne 3. *Arimachie,* corrigez *Arimathie.*
    213. Voyez plus haut les additions aux pages xxix & xxx.
    245, ligne 21. *Schidye,* corrigez *Schidys.*
    247, lignes 24 & 25, *elssaic,* corrigez *elssait.*
    251, lignes 11 & 12. *Zahfarani,* lisez *Zahfaram.*

Dans l'*Index* mettez *Basque* après *Barque* & *Jacques* après *Jacob.*

Original en couleur
NF Z 43-120-8

SOCIÉTÉ
POUR LA
PUBLICATION DE TEXTES
RELATIFS
A L'HISTOIRE & A LA GÉOGRAPHIE
DE
L'ORIENT LATIN

STATUTS
1881

Libraires de la Société :

PARIS   **LEIPZIG**

ERNEST LEROUX   **OTTO HARASSOWITZ**

Service des foufcriptions
& de la diftribution des publications :
M. ERNEST LEROUX,
28, rue Bonaparte.

L'Académie des Inscriptions & Belles-Lettres a entrepris, & poursuit avec persévérance la publication du Recueil des historiens des croisades, œuvre monumentale, destinée désormais à servir de fondement à toute étude historique sérieuse sur l'ORIENT LATIN (royaumes de Jérusalem, de Chypre & d'Arménie, principautés d'Antioche & d'Achaïe, empire latin de Constantinople).

Mais, en dehors de ces textes étendus, &, pour ainsi dire, classiques, il existe, dans les dépôts publics de l'Europe, une grande quantité de documents historiques & géographiques d'ordre secondaire : ces documents, ou encore inédits, ou devenus d'une rareté telle, que certaines pièces de Terre-Sainte arrivent aujourd'hui à atteindre, dans les ventes publiques, de véritables prix de fantaisie, ne sauraient, avant de longues années, trouver place dans le Recueil académique : le plus grand nombre d'ailleurs, & en particulier les pèlerinages en Terre-Sainte, ont été, dès le principe, écartés du plan de cette collection.

Il a donc semblé qu'il pourrait y avoir une certaine utilité à rassembler & à publier, sur un type & d'après des règles uniformes, ces matériaux divers, dont la simple bibliographie est encore, en partie, à faire, & qui, pourtant, une fois réunis, seront d'un si grand secours, soit pour l'histoire du Moyen-Age, soit même pour l'archéologie biblique.

C'est dans cet esprit, & pour satisfaire à la fois, & aux désirs des bibliophiles, & aux besoins des travailleurs, que s'est formée, en 1875, à l'imitation des clubs anglais, la SOCIÉTÉ DE L'ORIENT LATIN.

SOCIÉTÉ
POUR LA
PUBLICATION DE TEXTES
RELATIFS A L'HISTOIRE ET A LA GÉOGRAPHIE
DE
L'ORIENT LATIN

* * *

I

RÈGLEMENT GÉNÉRAL.

Article 1. La Société se compose de cinquante *membres titulaires* & de quarante *associés* français ou étrangers.

Art. 2. Les établissements publics de la France & de l'étranger peuvent être inscrits comme *membres titulaires* de la Société, jusqu'à concurrence du nombre de six, & comme *associés* jusqu'à concurrence du nombre de quatre; ils sont représentés au sein de la Société, soit par leurs chefs respectifs, soit par des mandataires, préalablement agréés par le président de la Société.

Art. 3. Au reçu de chacune des distributions spécifiées à l'art. 16, tout *membre titulaire* s'engage à verser une somme de *cinquante* francs, tout *associé* une somme de *trente-cinq* francs.

Art. 4. Les *membres titulaires* & les *associés* non résidant à Paris doivent y être représentés par un correspondant chargé de recevoir, en leur nom, les publications de la Société & de verser leur cotisation annuelle.

Art. 5. Les *membres titulaires* se réunissent, une fois par an, en séance générale, à Paris, dans le mois qui suit les fêtes de Pâques; les associés ont le droit d'assister à cette séance.

Art. 6. Les *membres titulaires*, non résidant à Paris, peuvent se faire représenter dans les assemblées générales, en vertu d'un mandat écrit, adressé en temps utile au secrétaire-trésorier. Ce mandat doit porter le nom d'un des *membres titulaires* résidant ou présents à Paris, auquel il confère une nouvelle voix délibérative; cependant un seul & même *membre titulaire* ne peut réunir en sa personne plus de cinq de ces voix substituées.

Art. 7. Dans cette séance annuelle, la Société procède aux élections en remplacement des *membres titulaires* & des *associés*, décédés ou démissionnaires, à la vérification des comptes de l'exercice précédent, à la désignation des publications de l'exercice suivant.

Art. 8. La Société, en dehors de ses séances, est représentée, d'une façon permanente, par un Comité de direction. Ce Comité, choisi parmi les membres titulaires, fait fonction de bureau; il est nommé pour trois ans & rééligible.

Art. 9. Le Comité de direction se compose de:

   1 président,
   1 vice-président,
   1 secrétaire-trésorier,
   1 secrétaire-adjoint,
   4 commissaires responsables.

Art. 10. Le Comité de direction peut, en cas de besoin, s'assurer le concours de un ou plusieurs commissaires responsables adjoints, qui ont voix consultative, & peuvent être pris hors du sein de la Société.

Art. 11. Le Comité de direction se réunit, au moins une fois, dans le premier semestre de chaque année, au domicile de l'un de ses membres; il peut, en cas d'urgence, convoquer une séance générale extraordinaire de la Société.

Art. 12. La Société s'adjoint, sous le nom de *souscripteurs*, les personnes & les établissements publics, français & étrangers, qui désirent recevoir régulièrement les volumes de textes qu'elle publie; le nombre de ces *souscripteurs* ne peut dépasser cent.

Art. 13. Au reçu de chacune des distributions spécifiées à l'art. 16, les *souscripteurs* paient une somme de *quinze* francs, augmentée des frais de port & de recouvrement afférant à ces distributions.

II

PUBLICATIONS.

Art. 14. Les publications de la Société se composent de volumes de textes & de phototypographies de pièces imprimées uniques ou rarissimes.

Art. 15. Chaque volume de textes est tiré à cinq cents exemplaires numérotés, savoir:

Grand papier, gr. in-8.	50	exemplaires.
Papier à la cuve, in-8.	50	»
Papier ordinaire, »	400	»

Les réimpreſſions phototypographiques ſont tirées à 90 exemplaires, ſavoir :

Sur peau de vélin, 50 exemplaires.
Sur papier vélin, 40

Art. 16. Les publications de la Société ſe diviſent en diſtributions, dont chacune comprend :

1° Pour les *membres titulaires :*

2 volumes de textes, format gr. in-8°.
1 faſcicule de réimpreſſions phototypographiques tiré ſur peau de vélin. Chacun de ces volumes ou réimpreſſions porte au verſo du titre le nom du membre titulaire auquel il eſt deſtiné.

2° Pour les *aſſociés :*

2 volumes de textes ſur papier vélin, format in-8°.
1 faſcicule des réimpreſſions phototypographiques ſur papier vélin.

3° Pour les *ſouſcripteurs :*

2 volumes de textes ſur papier ordinaire, format in-8°.

Art. 17. La Société met en vente, ſur chaque diſtribution :

Papier vélin : 10 exemplaires de chaque volume de textes, au prix de 24 fr. l'exemplaire.
Papier ordinaire : 300 exemplaires au prix de 12 fr. l'exemplaire.

Ces prix peuvent être augmentés par le Comité de direction, en raiſon de l'importance exceptionnelle de certains volumes.

Les réimpreſſions phototypographiques, excluſivement réſervées aux *membres titulaires* & aux *aſſociés*, ne ſont pas miſes dans le commerce.

Art. 18. La Société fait choix d'un ou pluſieurs libraires-éditeurs, auxquels elle concède, au mieux de ſes intérêts, le droit de vendre ceux des exemplaires de ſes publications qui ſont réſervés au commerce.

Art. 19. Les publications de la Société ſont faites ſous la ſurveillance du Comité de direction, & la garantie du secrétaire-tréforier & de l'un des commiffaires refponfables.

Art. 20. Au cas où l'un des volumes a, pour éditeur ou pour commiffaire refponfable, le fecrétaire-tréforier, le contre-feing de ce dernier eft remplacé par celui du vice-préfident.

III

PLAN DES PUBLICATIONS.

A) SÉRIE GÉOGRAPHIQUE.

Collection chronologique des pèlerinages en Terre-Sainte & des defcriptions de la Terre-Sainte & des contrées voifines.

1 *Textes latins*. — Imprimés & inédits de 300 à 1400. — Inédits ou rariffimes de 1400 à 1600.

2 *Textes français*.
3 » *italiens*.
4 » *efpagnols*.
5 » *allemands*.
6 » *anglais*.

} Imprimés & inédits jufqu'en 1500. — Inédits ou rariffimes de 1500 à 1600.

7 *Textes fcandinaves*.
8 » *flaves*.
9 » *grecs*.
10 » *hébraïques*.
11 » *arabes*.

} Imprimés & inédits jufqu'en 1600. — (Accompagnés d'une verfion.)

B) SÉRIE HISTORIQUE.

1 Poéfies & poèmes relatifs aux croifades, 1100-1500.
2 Chartes
3 Lettres hiftoriques } inédites, 1095-1500.
4 Petites chroniques
5 Projets de croifades inédits, 1250-1600.

Les textes de chacune de ces féries font publiés, par volumes d'environ 300 *pages, dans le format & fur le modèle des* Chronicles and memorials of the Great Britain.

La diſtribution des volumes a lieu de telle ſorte que, — à la fin de chaque période décennale de la publication, — les trois cinquièmes (12 volumes) aient été pris dans la ſérie géographique, & les deux autres cinquièmes (8 volumes) dans la ſérie hiſtorique.

Les phototypographies reproduiſent:

1º Les pèlerinages en Terre-Sainte, feuilles volantes, journaux de croiſade, &c., &c., imprimés au XVe, & dans les 25 premières années du XVIe ſiècle.

2º Les pièces analogues qui, quoique de date poſtérieure, n'exiſtent qu'à l'état d'exemplaires uniques ou rariſſimes.

Une courte notice bibliographique, de même format, accompagne chaque phototypographie.

La Société, qui a déjà patronné la NUMISMATIQUE DE L'ORIENT LATIN, par M. G. Schlumberger, ſe propoſe également de favoriſer la publication de:

a) La CARTOGRAPHIE DE L'ORIENT LATIN au Moyen-Age;
b) La SIGILLOGRAPHIE & l'ÉPIGRAPHIE DE L'ORIENT LATIN.
c) La BIBLIOGRAPHIE DE L'ORIENT LATIN.

COMITÉ DE DIRECTION

DE LA SOCIÉTÉ

pour la période 1881-1883.

PRÉSIDENT:

M. le marquis DE VOGÜÉ.

Vice-Président : MM. SCHEFER.
Secrétaire-Trésorier : le c^{te} RIANT.
Secrétaire-adjoint : le c^{te} de MARSY.

Commissaires :

MM.

A. de BARTHÉLEMY.   le c^{te} de MAS LATRIE.
EGGER.   E. de ROZIÈRE.

MEMBRES TITULAIRES:

MM.

1 ANCEL, député de la Mayenne, 146 avenue des Champs-Elysées, Paris.
2 ANTROBUS (R. P. Frederick), Oratory, Londres.
3 BARTHÉLEMY (Anatole de), 9 rue d'Anjou-St-Honoré, Paris.
4 BARRÈRE (E. de), ancien consul-général de France à Jérusalem, 42 rue Vignon, Paris.

5 Bouche (L'abbé), Chaffignoles, par la Châtre, Indre.
6 Clercq (Louis de), 5 rue Mafferan, Paris
7 Combettes du Luc (Le comte de), Rabaftens-fur-Tarn, Tarn.
8 Delpit (Martial), 74 faubourg St-Honoré, Paris, & à Caftang par Bouniagues, Dordogne.
9 Dreux-Brézé (S. G. Mgr de), évêque de Moulins, Moulins.
10 Dura (Giufeppe), 40 ftrada S. Carlo, Naples.
11 Egger (Emile), membre de l'Inftitut, profeffeur à la Faculté des Lettres, 68 rue de Madame, Paris.
12 Fournier (Félix), 115 rue de l'Univerfité, Paris.
13 Goujon (Paul), 52 rue Paradis-Poiffonnière, Paris.
14 Hennessy (Raymond), 79 rue Marbeuf, Paris..
15 Khitrowo (S. Exc. M. Bafile de), confeiller d'Etat, 93 quai de la Moïka, St-Péterfbourg.
16 Lair (Le comte Charles), 18 rue Las Cafes, Paris.
17 Lair (Jules), directeur des Entrepôts & Magafins généraux, 204 boulevard de la Villette, Paris.
18 Langénieux (S. Exc. Mgr), archevêque de Reims, Reims.
19 Léotard, docteur-ès-lettres, 3 cours Morand, Lyon.
20 Mac Grigor (A. B.), 19 Woodfide Terrace, Glafcow, Ecoffe.
21 Marsy (Le comte de), Compiègne.
22 Mas Latrie (Le comte de), chef de fection aux Archives de France, 229 boulevard St-Germain, Paris.
23 Meyer (Paul), profeffeur au Collége de France, 63 rue Raynouard, Paris-Paffy.
24 Michelant, confervateur fous-directeur à la Bibliothèque Nationale, 11 avenue Trudaine, Paris.
25 Mignon (A.), 18 rue de Malefherbes, Paris.
26 Pécoul (Augufte), 58 rue de Ponthieu, Paris.
27 . . . .
28 Rebours (L'abbé le), curé de la Madeleine, 8 rue de la Ville-l'Evêque, Paris.
29 Rey (Emmanuel), 22 rue des Ecuries d'Artois, Paris.
30 Riant (Le comte), membre de l'Inftitut, 51 boulevard de Courcelles, Paris.
31 Riant (Ferdinand), membre du Confeil municipal, 36 rue de Berlin, Paris.

Membres titulaires.

32 Rozière (Eugène de), membre de l'Inftitut, infpecteur général des Archives, 8 rue Lincoln, Paris.
33 Saige (Jules), ingénieur des Ponts & Chauffées, 65 rue d'Amfterdam, Paris.
34 Durrieu (Paul), 66 rue de la Chauffée d'Antin, Paris.
35 Schefer, membre de l'Inftitut, adminiftrateur de l'École nationale des langues orientales vivantes, 2 rue de Lille, Paris.
36 Schefer (Jules), agent & conful-général de France en Bulgarie Sophia.
37 Schlumberger (Guftave), 140 faubourg St-Honoré, Paris.
38 Delaville le Roulx (Jofeph), 10 rue de Lifbonne, Paris.
39 Torella (Le prince de), Naples.
40 Vogüé (Le marquis de), membre de l'Inftitut, 2 rue Fabert, Paris.
41 Olry, ingénieur des Mines, 2 rue de Bruxelles, Lille.
42 Masson (Frédéric), 89 rue de la Boétie, Paris.
43 Popelin (Claudius), 7 rue de Téhéran, Paris.
44 Kermaingant (P.-L. de), ingénieur des Mines, 102 avenue des Champs-Elyfées, Paris.

ÉTABLISSEMENTS PUBLICS

45 Bibliothèque royale de Bruxelles.
46 Bibliothèque royale de Copenhague.
47 Bibliothèque royale de Naples.
48 Bibliothèque nationale de Paris.
49 Société nationale de Géographie de Paris.
50 Bibliothèque Bodléienne d'Oxford.

ASSOCIÉS

MM.
51 Drême (Le premier préfident), Agen.
52 Bordier (Henri), 182 rue de Rivoli, Paris.
53 Laborde (Le marquis de), 4 rue Murillo, Paris.
54 Duclos (L'abbé), curé de St-Eugène, 52 faubourg Poiffonnière, Paris.
55 Broët-Plater (Le comte de), Rovno, par Dombrovitza, Volhynie, Ruffie.
56 Arséniew (Serge d'), membre de la Commiffion des requêtes, 13 Manègeny Péréoulok, Saint-Péterfbourg.
57 Hagenmeyer (Henri), Groffeicholzheim, par Mofbach, grand-duché de Bade.
58 Bishop (Edmund), 4 Lancafter Terrace Regent's Park, Londres.
59 Mély (Fernand de), au Mefnil-Germain, par Fervacques, Calvados.
60 Raynaud (Gafton), 28 rue de Conftantinople, Paris.
61 Delaborde (François), Palais de l'Inftitut, Paris.
62 Raynaud (Furcy), Septfontaines, par Luxembourg, grand-duché de Luxembourg.

PUBLICATIONS DE LA SOCIÉTÉ

SÉRIE GÉOGRAPHIQUE

Itinera hierofolymitana & defcriptiones Terræ Sanctæ latine confcripta.
1 & 2. Tomi I, 1 & 2, ed.: Titus Tobler & A. Molinier.

3. *Itinéraires français.* I.
Éd.: MM. Henri Michelant & Gaston Raynaud.

SOUS PRESSE:

4. *Itinera & defcriptiones latine confcripta.*
Tomus II, ed.: A. Molinier & C. Kohler.

EN PRÉPARATION:

Itinera & defcriptiones latine confcripta.
Tomi III & IV, ed.: Georgius Thomas.

Itinerarj italiani.
Tomo I, ed.: Cav. L. Belgrano.

Itinera græca.
Tomus I, ed.: V. Guérin.

SÉRIE HISTORIQUE

1. *La prife d'Alexandrie*, par Guillaume de Machaut.
   Éd.: Mr L. DE MAS LATRIE.

2. *Quinti belli fcriptores minores.*
   Ed.: R. RÖHRICHT.

3. *Teftimonia minora de V bello facro.*
   Ed.: R. RÖHRICHT.

SOUS PRESSE:

4. *Cronica de Morea.*
   Éd.: M. MOREL-FATIO.

EN PRÉPARATION:

Récit verfifié de la 1re croifade, d'après Baudri de Dol.
Éd.: M. Paul MEYER.

--

RÉIMPRESSIONS PHOTOTYPOGRAPHIQUES
(réfervées aux membres titulaires)

Prologus Arminenfis in mappam Terre Sancte.
In-fol., f. l. n. d., f. xv.
Ire, IIme & IIIme livraifons.

PUBLICATIONS PATRONNÉES PAR LA SOCIÉTÉ

I. NUMISMATIQUE DE L'ORIENT LATIN
par G. Schlumberger.
Paris, Leroux, 1877, 1 vol. in-4.

II. DE PASSAGIIS IN TERRAM SANCTAM
Excerpta heliographica e codice Marciano 399 : ed. C. M. Thomas.
Venetiis, Ongania; Parif., E. Leroux, 1879, in-fol.

III. ARCHIVES DE L'ORIENT LATIN
Tome I.
Paris, Erneft Leroux, 1881, in-8.

SOUS PRESSE :

IV. NUMISMATIQUE DE L'ORIENT LATIN
par G. Schlumberger.
(Supplément.)
Paris, Erneft Leroux, in-4.

Original en couleur
NF Z 43-120-8